大專用書

銀行會計(上)

金桐林　著

三民書局　印行

國家圖書館出版品預行編目資料

銀行會計／金桐林著.－－革新初版二刷.－－臺北市；三民，2002
冊；　公分
ISBN 957-14-2756-X　(上冊：平裝)
ISBN 957-14-2757-8　(下冊：平裝)
1. 銀行會計

562.38　　87000397

網路書店位址　http://www.sanmin.com.tw

著作人　金桐林
發行人　劉振強
著作財產權人　三民書局股份有限公司
臺北市復興北路三八六號
發行所　三民書局股份有限公司
地址／臺北市復興北路三八六號
電話／二五〇〇六六〇〇
郵撥／〇〇〇九九九八——五號
印刷所　三民書局股份有限公司
門市部　復北店／臺北市復興北路三八六號
重南店／臺北市重慶南路一段六十一號
革新初版一刷　西元一九九八年二月
革新初版二刷　西元二〇〇二年十月法規修正
編　號　S 56057
基本定價　拾元貳角
行政院新聞局登記證局版臺業字第〇二〇〇號

ISBN　957-14-2756-X　(上冊：平裝)

序

民國七〇年代以來，在銀行業務自由化、多樣化，與銀行作業電腦化、自動化的發展下，不僅對銀行業務的經營造成相當的衝擊，也使得銀行的業務與會計處理帶來新的面貌；而對「銀行會計」理論與實務的研究與應用，亦產生極大的影響。

作者於民國五十八年八月與李兆萱教授曾合著《銀行會計》乙書，民國六十六年九月雖曾全面修訂增補，惟距今已有相當時日，內容有待翻新增補。作者爲應讀者殷切的需求，乃利用銀行公務之餘，以新的面貌，獨力完成本書的編撰。

本書編撰的要點，略述如下：

一、「財政部所屬行局會計制度之一致規定」爲我國銀行業設計個別會計制度的主要依據，亦爲銀行會計實務作業的準則，本書特將其最新版本的基本規定，納入相關章節中。

二、「銀行法」爲銀行經營及從事業務操作的圭臬，亦爲銀行從業人員辦理業務的準則，本書特以最新修正的規定，分別融會於有關業務說明中。

三、行政院主計處爲配合機器處理會計資料之需，特訂頒國營事業「會計科目名稱及其編號表」，其中銀行業適用部分，並曾因應銀行法的修訂及配合銀行業新種業務的創設而增訂。本書所引用的會計科、子目名稱、釋義及借貸分錄，均係以上項主計處最新核定者爲準；並配合銀行業務國際化的需求，亦一併列示英文科目名稱，以供銀行實務上編製英文會計報告的參考。

四、我國銀行業在政府推動作業自動化政策下，傳統的人工作業已漸不適用，現大多已完成不同電腦廠牌、機型的電腦化連線作業、磁性墨水電子閱讀分類票據交換作業（MICR）、自動櫃員機（ATM）自行及跨行作業以及金融機構跨行通匯等系統。櫃員可自任何乙台電腦終端機受理存款、放款、匯兌、外匯等業務的登錄帳卡、存摺,傳票驗證，自動計息、計費，累計各櫃員科目日結單，編製各種分析表報等功能。本書特將此等電腦自動化系統有關的業務及會計作業方法，以及與人工作業的差異所在，於有關章節中予以擇要介述；並另闢第六章專章説明銀行業務及會計電腦化的具體內容。

五、近年來由於金融管制的放寬，銀行業務、服務的創新以及市場競爭性的加劇等因素的衝擊，銀行業的經營正逐漸擺脱傳統的巢臼，而朝向業務多元化，服務大眾化趨勢邁進。本書除概述銀行一般存款、放款、匯兑、外匯等傳統業務內容外，並將各項新產品、新業種，例如綜合存款，可轉讓定期存單；國內信用狀、商業本票保證、票券經紀、自營、簽證、承銷，信用卡等；以及經由電腦化、自動化作業所衍生的新種業務，例如 ATM 的自行、跨行，自行及跨行電腦匯款，全行通存、通提等，特於相關業務中，對各該新商品、新業務的性質及會計處理等，予以釋明。

六、在資本大眾化及財務公開的潮流下，無論公營或民營銀行，大多已辦理股票上市、上櫃。此等銀行的會計處理，以及財務報告的編製、揭露(必須經會計師簽證)，尚需遵照證券管理委員會的規範，本書特於「決算」乙章中予以釋例説明。

七、銀行會計爲實用科學，既有一定的方法與程序，復須配合銀行業務的處理，是以本書在討論銀行會計方法前，先就銀行業務的內容撮要説明，並將處理程序，以及電腦化作業方式充分利用圖表列示。

在會計方法闡明之後，更透過實例多方引證，以期讀者對各種交易事項自發生以訖完結的整個過程，有一系統的觀念，對各項會計方法如何配合業務，有一具體的了解。

八、管理會計爲現代會計技術的最高運用，可加強管理，增進經營績效。民國八十年間政府大幅開放新銀行的設立，迄今已有萬通銀行等十六家新銀行核准設立，使銀行間業務競爭加劇；再加票券金融、證券金融、證券投資信託…等金融週邊機構的大幅開放設立，更使銀行業務市場被侵蝕。銀行業者體認業務經營艱辛、獲利不易，乃加強運用「管理會計的方法與技術」，以期管理控制成本，增進盈餘，以提高經營管理績效。本書特將作者多年於「金融研究訓練中心」講授該類課程的內容要點，於最後乙章予以介述，以供讀者參考。

九、本書分上、下兩冊，可供大專學校商學科系「銀行會計」或「銀行實務」一學年課程之用，並可供銀行從業人員的參考。

上述諸端，旨在敍明本書編撰要點，惟自揣才疏學淺，掛一漏萬，在所難免，尚祈大家有以正之。

金桐林　謹識

八十七年元月

銀行法於八十九年十一月一日，再一次經立法院三讀通過並經總統明令公布施行，本次內容變動頗多。本書趁修訂之時，將本書引用部分，以修正後之新規定為準，於此一併敘明。

金桐林　謹識

九十一年九月

銀行會計（上）

目　次

序

第一章　緒論

第二章　會計科目

第五章　現金出納與票據交換

第六章　銀行業務的電腦化

第七章　支票存款

第八章 存摺及存單存款

第一章　緒　論

第一節　銀行的意義及功能

一、銀行的意義

「銀行」乃是居於資金供給者與需要者之間，經營信用授受，以調劑社會金融，繁榮社會經濟的一種營利機構。銀行一方面憑其本身信用以收受存款、滙款等業務，吸收資金；同時則由放款、貼現、透支及押滙等業務，將資金貸出。社會大衆是資金的供給者；工商企業是資金的需要者。存款、滙款等爲接受他人的信用；放款、貼現、透支等爲授予他人信用。銀行居間營運，互通有無，創造信用，本身旣可藉此獲利，而社會經濟也賴以繁榮。

又依照銀行法第二條規定：「本法稱銀行，謂依本法組織登記，經營銀行業務之機構」。就上項條文分析，銀行法所謂的「銀行」，一則必須依照銀行法的有關規定組織登記；二則必須依照銀行法第三條所定的業務範圍內，經營中央主管機關所核定或經中央銀行特許的銀行業務；三則縱令辦理銀行業務，如未依銀行法組織登記，亦不能就此視同銀行。

二、銀行的功能

現代的銀行不但應具有溝通儲蓄與投資的功能，並且兼有創造貨幣的機能，其業務經營對整個經濟的安定與成長，均極重要。具體言之，現代銀行的功能，應有下列各點：

(一)創造貨幣繁榮社會經濟

由於存款貨幣是現代經濟社會中的主要交換媒介，所以銀行可經由信用創造的功能，直接影響貨幣數量的大小。同時銀行亦能透過放款與投資數量的增減，立即使貨幣市場的資金供給發生增減變動，隨而影響經濟社會的利率、價格、投資與儲蓄等經濟活動。所以現代銀行的業務活動，實與社會經濟的榮枯，息息相關。

(二)鼓勵國民儲蓄助長資本形成

有銀行的設立，國民可將剩餘所得存入銀行生息，提高國民儲蓄的意念。另一方面銀行又能集腋成裘，將社會零星資金，滙集大量資本，用於生產之途。

(三)調劑資金供需提高資金效能

社會資金的供需，每因事業種類或產銷性質而有不同，資金有剩餘者可存入銀行，資金不足者可向銀行融通，銀行從中調劑，平衡供需，成爲社會資金的總樞紐。此外，由於季節或區域經濟特殊原因，各地區間常發生資金過剩或不足現象，亦需賴銀行居間調撥挹注，方能平衡供需，而促進各地區的均衡發展。

(四)創造信用工具節省貨幣的使用

銀行本身可創造諸如支票、本票、滙票等各種信用工具，作爲交易的媒介，以代替貨幣的使用。在信用制度發達的國家，銀行並創新金融商品諸如信用卡、簽帳卡、轉帳卡等塑膠貨幣，可簽帳消費或預借現金等，使清算支付更爲便捷而有效率。

㈤提供滙兌的便利促進貿易發展

銀行及其分行普遍設立後，提供了國內外滙兌的便利，兩地或兩國之間，交易所發生的各種債權債務，即可利用滙兌方式加以清理，促進國內外貨物與資本的流通。

㈥信託服務溝通儲蓄與投資

銀行經營信託業務，代客經理、運用資金及財產，提供財務服務，創造有利投資環境，促進資本形成，除增進個人財富外，並使儲蓄與投資易於溝通。

第二節　銀行的種類

一、銀行法上的分類

各國對於銀行的分類，多係兼顧銀行學理與實務需要，而以法令作爲根據。我國銀行法第二十條的規定，亦係折衷學理上「銀行」的廣狹兩義，並兼顧我國當前現實金融環境，而將銀行分爲下列三類：

㈠商業銀行

指以收受支票存款，供給短期信用爲主要任務的銀行，商業銀行經營的支票存款，其本身即可爲社會大衆用爲支付的工具。是以商業銀行的主要特質，在其不僅收受支票存款貨幣，且可創造此項貨幣，同時並以供給短期信用爲主要任務。

㈡專業銀行

指爲便利專業信用的供給,經中央主管機關指定或許可設立的銀行。根據銀行法第八十八條的規定，專業信用可分爲工業、農業、輸出入、中小企業、不動產及地方性等六類。除供給地方性信用的銀行稱爲國民銀行外，其餘五類卽用其信用名稱作爲銀行名稱。專業銀行的主要特質，在其可發行金融債券而未必以收受存款爲其資金來源,同時在授信方面,則又指定其專業信用的範圍及任務。專業銀行又可分爲下列六種:

1.工業銀行

以供給工、礦、交通及其他公用事業所需中、長期信用爲主要任務的銀行。

2.農業銀行

以調劑農村金融，及供應農、林、漁、牧的生產及其有關事業所需信用爲主要任務的銀行。

3.輸出入銀行

以供給中、長期信用，協助拓展外銷及輸入國內工業所必需的設備與原料爲主要任務的銀行。

4.中小企業銀行

以供給中小企業中、長期信用，協助其改善生產設備及財務結構，暨健全經營管理爲主要任務的銀行。

5.不動產信用銀行

以供給土地開發、都市改良、社區發展、道路建設、觀光設施及房屋建築等所需中、長期信用爲主要任務的銀行。

6.國民銀行

以供給地區發展及當地國民所需短、中期信用爲主要任務的銀行。國民銀行應分區經營，在同一地區內以設立一家爲原則；對每一客戶的放款總額，亦不得超過一定的金額。

㈢信託投資公司

指以受託人地位，按照特定目的收受、經理及運用信託資金與經營信託財產，或以投資中間人的地位，從事與資本市場有關特定目的投資的金融機構。信託投資公司的主要特質，在其以受託人或中間人的地位，取得以中長期資金爲主的資金來源，並依「特定目的」從事中長期資金的融通及投資。

就我國目前現有的銀行分類，上述三類中當屬商業銀行的分支機構較多，營業範圍較廣，所佔地位亦較重要。故本書對各種銀行業務會計處理方法的探討，當以商業銀行爲主加以論述，但對他類銀行特屬的業務及其不同的會計處理方法，亦當於有關章節中兼予說明。

二、外國銀行

依銀行法第一百十六條的規定:「本法稱外國銀行，乃依照外國法律組織登記的銀行，經中華民國政府認許，在中華民國境內依公司法及本法登記營業的分行」。外國銀行得經營的業務，由中央主管機關於商業銀行業務範圍內，以命令定之；目前限於收受存款、辦理國外滙兌、簽發國外信用狀、辦理國外保證業務等；其涉及外滙業務者，並應經中央銀行的特許。

三、現有依銀行法規定設立的銀行

銀行法第二十條將銀行分為商業銀行、專業銀行及信託投資公司等三類。

㈠商業銀行

商業銀行爲我國金融體系的中堅，其資金運用雖以短期信用爲主，但爲遷就現實環境的需要，銀行法准許商業銀行附設儲蓄部及信託部而兼營儲蓄銀行及信託投資公司業務。國內屬於商業銀行範疇者原有臺灣銀行、第一商業銀行、華南商業銀行、彰化商業銀行、臺北銀行、高雄市銀行、中國國際商業銀行、上海商業儲蓄銀行、世華聯合商業銀行及華僑商業銀行等十家。八十年六月，財政部核准十五家新商業銀行申請設立，分別爲：萬通、大安、聯邦、中華、華信、萬泰、亞太、玉山、泛亞、中興、台新國際、大衆、寶島、遠東國際、富邦等商業銀行；八十一年六月，財政部又核准安泰商業銀行。此外，中國信託投資公司經財政部核准變更登記爲中國信託商業銀行，國泰信託投資公司亦改制爲慶豐商業銀行，合計商業銀行達二十八家。其餘專業銀行如交通銀行、中國農民銀行、中央信託局、臺灣土地銀行、臺灣省合作金庫及各區中小企業銀行也都兼辦商業銀行業務。至於外國銀行在臺分行，是依據「外國銀行設立分行及代表人辦事處審核準則」的規定設立，它的業務範圍則依銀行法商業銀行章所列舉的商業銀行以及儲蓄銀行與信託投資公司章所列舉的業務加以核定，可視爲本國商業銀行的型態。

㈡專業銀行

為便利工業、農業、輸出入、中小企業、不動產及地方性等專業信用的供給，經中央主管機關指定或許可設立的銀行。目前我國專業銀行計有：

1. 工業信用的交通銀行（已改制爲開發銀行並兼負創導性投資任務）。
2. 農業信用的中國農民銀行。
3. 不動產信用的臺灣土地銀行。
4. 輸出入信用的輸出入銀行。
5. 中小企業信用的臺灣中小企業銀行及臺北、臺中、臺南、高雄、花蓮、臺東等七家地區性中小企業銀行。

以上專業銀行，除中國輸出入銀行執行它的專業任務外，其餘也都以商業銀行爲其主要業務，未能充分發揮它的專業性任務功能；而臺灣省合作金庫的情況則更爲特殊，該庫是以調劑合作事業暨農漁業金融、發展國民經濟爲宗旨，是合作金融的總樞紐，它的業務的對象以合作事業暨農、林、漁、牧等業爲主要對象，事實上則以商業銀行型態經營。

㈢信託投資公司

由於信託投資公司業務的本質屬信託業務，與一般銀行業務不同；但目前成立的亞洲、第一、中聯、中華開發及臺灣土地開發等五家信託投資公司，除中華開發及臺灣土地開發外，它的業務經營也是偏向商業銀行爲主，對於眞正的信託業務尙未積極開拓。另外由銀行所附設的信託部，是經營經中央主管機關核准的銀行法第一百零一條信託投資公司業務範圍的有關業務項目。至於中華開發信託投資公司，除了擔任保證、信託與代理信託業務外，還經營工業銀行及創導性投資業務。

第三節 銀行的業務

一、銀行法規定的業務範圍

依照銀行法第二條對銀行的定義解釋，凡銀行法中所謂的銀行，其經營的業務自應以第三條所列的二十二項爲限。換言之，儘管同法第二十條將銀行分爲商業銀行、儲蓄銀行、專業銀行及信託投資公司等四類，但任何一類銀行經營的業務，均不能逾越下列二十二項的範圍：

1.收受支票存款。

2.收受其他各種存款。

3.受託經理信託資金。

4.發行金融債券。

5.辦理放款。

6.辦理票據貼現。

7.投資有價證券。

8.直接投資生產事業。

9.投資住宅建築及企業建築。

10.辦理國內外滙兌。

11.辦理商業滙票承兌。

12.簽發信用狀。

13.辦理國內外保證業務。

14.代理收付款項。

15.承銷及自營買賣或代客買賣有價證券。

16.辦理債券發行的經理及顧問事項。

17.擔任股票及債券發行簽證人。

18.受託經理各種財產。

19.辦理證券投資信託有關業務。

20.買賣金銀及外國貨幣。

21.辦理與前列各款業務有關的倉庫、保管及代理服務業務。

22.經中央主管機關核准辦理的其他有關業務。

上列二十二項業務,係爲所有銀行或各類銀行所得經營的業務範圍,但並非所有銀行或各類銀行皆須經營上列全部業務;是以銀行法第四條又規定:「各銀行得經營的業務項目,由中央主管機關按其類別,就本法所定的範圍內分別核定,並於營業執照上載明之。但其有關金銀、外幣的買賣,及涉及外滙各款業務的經營,須經中央銀行的特許」。根據上述銀行法第四條的規定,各家銀行所得經營的業務,應由中央主管機關的財政部，按該銀行所屬類別分別核定；如屬商業銀行應以銀行法第七十一條所列十三項業務項目爲其範圍；如屬儲蓄銀行應以第七十八條所列十五項業務項目爲其範圍；如屬信託投資公司係以第一百零一條所列十七項業務項目爲其範圍；如屬專業銀行則依第八十九條的規定，根據該專業銀行的主要任務，並參酌經濟發展的需要，就第三條所定的二十二項爲範圍規定之。

二、商業銀行得經營的業務項目

本節第一目中業已述及，銀行法先於第三條就各類銀行經營的業務範圍，全部列擧規定爲二十二項，繼而於第四條規定各銀行所得經營的業務項目，由中央主管機關按其類別，就上述二十二項範圍內分別核定；其意係指中央主管機關的財政部，於核定商業銀行、儲蓄銀行及信託投資公司的業務項目時，應分別根據同法第七十一、七十八及一百零一等條所列各項目爲其範圍；至於專業銀行的業務項目，依據同法第八十九條的規定，則授權財政部視各該專業銀行的主要任務，並參酌經濟發展的需要，就第三條所規定的二十二項範圍內規定之。

下文先行說明銀行法第七十一條商業銀行所得經營的業務項目，以確立學者進一步研究各種銀行業務會計處理方法的基礎，其他各類銀行的業務項目，則留待以後有關章節再予說明。銀行法第七十一條所規定的業務項目，係參照現代商業銀行業務發展情形，按「負債」、「資產」及「服務」項目的順序重加排列；其中收受支票存款、辦理短期放款、辦理票據貼現、辦理國外滙兌及簽發國內外信用狀等項，乃商業銀行特有的業務項目：

1. 收受支票存款。
2. 收受活期存款。
3. 收受定期存款。

4.辦理短期及中期放款。

5.辦理票據貼現。

6.投資公債、國庫券、公司債券及金融債券。

7.辦理國內外滙兌。

8.辦理商業滙票的承兌。

9.簽發國內外信用狀。

10.辦理國內外保證業務。

11.代理收付款項。

12.代銷公債、國庫券、公司債券及公司股票。

13.辦理與前列各款業務有關的倉庫、保管及代理服務業務。

14.依中央主管機關核准辦理的其他有關業務。

此外，尚可依銀行法第二十八條的規定，附設儲蓄部及信託部，兼辦儲蓄銀行及信託投資公司的一部分業務，但各該部資本、營業及會計必須獨立。

三、銀行各種業務對會計要素的影響

上文銀行法規定的銀行業務範圍共達二十二項，各項業務的經營，對銀行資產、負債的資金變動，以及對收入、支出的損益結果，將發生何種影響，學者在作詳細及深入的探討之前，觀念上宜先有初步瞭解。茲特依其性質予以歸納為十四項，並說明如下：

㈠存 款

乃銀行受社會大衆的信賴，所收存的各類款項，爲銀行資金的主要來源，亦爲一切業務的基礎。銀行對所收存款，負有償還責任，所以是一種負債。支付予存款人的利息，則爲銀行的主要營業成本。

㈡金融債券

乃銀行爲供給中期或長期信用，依照銀行法的規定所發行的債券，發出的債券即爲銀行的債務憑證，亦爲銀行取得資金的一種方法。對債券持有人所支付的債券利息，亦屬銀行的營業成本。

㈢放款

乃銀行貸放與外界款項的總稱，爲銀行的債權，故爲一種資產，亦爲銀行運用資金的主要途徑。向借款人所收取的利息，又構成銀行的主要營業收入。

㈣貼現

乃銀行購入未到期的票據，預扣自貼現日起至到期日止的利息，而付以票面餘額的一種業務。此種授信業務使銀行取得一種票據債權，爲銀行的一種資產。貼現時預扣的利息，於實現時則屬營業收入的一種。

㈤投資

乃銀行爲生利或爲配合國家政策，運用資金買進各種有價證券，或將資金直接投資於有關的生產事業。投資所取得的證券及股權，爲銀行的一種資產。按期領取的債券利息，以及決算分配所得的股利，均屬營業收入的一種。

㈥滙兌

乃銀行與其外地聯行或同業利用滙票或款項劃撥方式，代理兩地間或國內外的債權人與債務人收付款項，以清理債權債務的一種業務。銀行辦理滙兌業務所收受的款項，於兌付之前即構成一種負債，向客戶收取的滙費或手續費，即屬一種營業收入。

(七)承兌

乃銀行應客戶委託，對其應行付款的商業滙票，依約代其承兌付款，而由客戶於滙票到期前將票款繳交銀行備付的一種授信業務。銀行承兌滙票後，就發生一種票據債務的負債；同時對於請求承兌的顧客，又發生一種債權的資產。向顧客徵收的承兌手續費，則屬一種營業收入。

(八)押滙

爲銀行居間就兩地或兩國間的商業交易，或應進口商之請簽發信用狀，向對方承擔付款責任或墊付貨款；或應出口商之請，對根據信用狀條件所簽發並隨附提貨單據的滙票，予以承兌或付款的業務。押滙亦爲一種授信業務，銀行兌出或墊付的款項應爲一種資產，向客戶收取的手續費或利息，則可產生營業收入。

(九)保證

乃銀行應客戶委託，對其所應履行的付款或其他債務責任，依約向其相對債權人出具書面憑證，保證其必承擔付款或履行責任的一種授信業務。銀行依約保證後，對相對債權人就發生一種保證責任的或有負債；同時對請求保證的客戶，又發生一種或有資產。向客戶收取的保證手續費，則屬於營業收入。

(十)信託

此類業務乃銀行以受託人的地位，按照特定目的收受、經理及運用客戶所信託的資金或財產。從信託人（即委託人）收受的資金或財產，銀行僅以受託人的地位予以營運，與銀行本身的資產、負債應有所劃分，而須獨立設帳處理；至於依信託契約所收取的信託費或手續費，則爲銀行的營業收入。

㈩倉庫及保管

爲銀行自建倉庫供客戶堆存貨品,以收取倉租；或建造保險箱庫房，代客戶保管重要文件，證券及其他貴重物品，以收取手續費的服務性業務。此類業務僅使銀行發生妥善保管的責任，在會計上並無資產負債的發生；至於向客戶收取的倉租及保管手續費，則爲一種營業收入。

㈪代理

乃銀行代理客戶收付款項或承銷、買賣有價證券的服務性業務。代收或代賣而尚未付予委託人的款項，爲一種負債；代付或代買而尚未向委託人收回的款項，爲一種資產。向委託人所收的手續費，則爲一種營業收入。

㈫買賣金銀及外國貨幣

乃銀行經中央銀行特許後，按規定牌價從事生金銀及外國貨幣的買賣。買進的金銀及外國貨幣，於經售客戶之前，當爲銀行的一種資產。買賣及兌換上所發生的差價利益或手續費，則屬一種營業收入。

㈬財務服務

乃銀行以其專業的經驗及技術，爲客戶辦理證券的發行、簽證、投資，以及代理各公司的股務事務。此類服務性業務，在會計上往往不發生資產負債的增減；但依約收取的手續費，則爲一種營業收入。

第四節　銀行的組織

一、銀行的基本組織

我國銀行的基本組織系統，依銀行法第五十二條的規定：「除法律另有規定或前經專案核准者外，應以股份有限公司組織者爲限」。股東大會、董事會及監察人會等三部分，是銀行的基本組織。股東大會爲銀行最高權利機構，惟以股東大會召集不易，故大部分權力均交由股東大會所選出的董事會處理。董事會代表全體股東執行股東大會決議的重要事項，決定全行業務方針，並任免總經理、副總經理、協理、經理等重要職員；董事會互選數人爲常務董事，並推選一人爲董事長，主持董事會及對外代表銀行。另有股東大會選任監察人，組成監察人會，負責監督銀行業務的執行，並推選一人或數人爲常駐監察人，常川駐行辦公。

二、對銀行董監事的特別規定

商業銀行設立標準第八條規定：「銀行之設立，擔任監察人者，其配偶、二等親以內之血親或一親等姻親，不得擔任同一銀行之董事、經理人。」

又商業銀行設立標準第九條規定：「銀行之設立，董事、監察人應具備良好品德，且其中五分之一以上應具備第六條第一款至第三款所列資格之一。其設有常務董事者，應有一人以上具備上述資格。」第六條第一款至第三款所列資格即能擔任銀行副總經理、協理、經理應具備的資格條件。

三、銀行的內部組織

銀行內部各部門工作及職掌的劃分，須視各行規模的大小與業務的繁簡而定，大體言之，可分爲下列各部門：

㈠總行方面

1. 秘書室

掌理機要、文書、印信、會議、事務、財產、服務、公共關係及不屬其他部門的事項。

2. 企劃室

掌理組織、制度、章則的擬訂；經營合理化及中長期經營計劃的擬訂；以及經營績效的分析、考核與業務的研究發展等事項。

3. 業務部

掌理全行存款、匯兌、證券、投資、倉庫、保管及代理等業務的調查、設計、審核、執行，以及全行資金運用的統籌等事項。

4. 審查部

掌理全行放款、貼現、承兌、保證等授信業務的研究、審核、執行及督導、管理事項。

5. 國外管理部

掌理全行外匯業務計畫的擬定、推展與督導，外匯業務的管理及外匯資金的營運等事項。

6. 信託部

掌理信託投資業務的管理及營業事項。

7. 徵信室

掌理經濟、金融、物價的調查、分析；徵信資料的收集、整理、分析；以及有關書刊的編譯、發行等事項。

8. 稽核室

掌理業務、帳務、財務及各項庫存保管品的稽核等事項。

9. 資訊室

掌理全行自動化作業的規劃、操作及資料管制事項。

10.總務室

掌理事務、物品採購，房地產購租、營繕，對外投資，有價證券及其他財產的登記管理事項。

11.會計室

掌理會計制度、會計事務處理程序的設計擬訂；預算、概算及結決算的審核、彙編；會計報告的統計分析及總分行往來事項的清查等事項。

12.人事室

掌理全行任免、調遷、考績、訓練、福利、保防安全等人事管理及人事政策的擬訂、與執行等事項。

13.營業部

實際從事辦理存款、放款、匯兌、倉庫、承兌、保證及各種代理業務等事項。

14.國外營業部

辦理國外匯兌、開發信用狀、進出口押匯以及外幣存款、放款、保證等外匯業務。

15.儲蓄部

掌理儲蓄部存款、放款業務的調查、設計、審核及公債、庫券及公司債等證券買賣事項。

在上述總行各部室之下，可再視實際業務需要分科辦事。

(二)營業部門的分科

營業部門及分支行係對外實際辦理存款、放款及匯兌等業務的單位，可依業務繁簡分爲一、二、三等級，並可視實際需要分科、分課或分股辦事。一般而言係分設下列各科（或課或股)。

1.存款科

掌理各種存款的招徠、收受、支付及各種存款明細帳的記載等事項。

2. 放款科

掌理各種放款的貸放、催收；票據承兌、貼現；客戶信用的調查；以及放款、貼現等明細帳的記載等事項。

3. 匯兌科

掌理國內匯兌、押匯、外埠同業往來及代理業務的處理，以及本科各有關明細帳的記載等事項。

4. 出納科

掌理現金、票據的出納、保管；票據的交換；資金的調撥等事項。

5. 會計科

掌理銀行主要帳簿及不屬其他部門明細帳的記載；傳票及各項帳表的覆核；本單位月算、概算、結算及決算的編擬等事項。

6. 事務科

掌理文書的收發；公用器具及物品的收發、佈置、保管以及各項費用的支付等事項。

茲綜合以上所述，再將銀行組織系統圖，列示如下頁。

四、銀行最低資本額的訂定

根據美國銀行家協會的觀點，銀行維持一定水準的資本有四個目的：

1. 承受銀行經營可能遭受的損失，以提供存款人存款安全的保障。

2. 提供銀行營業場所、設備及其他一切非生利資產的資金來源。

3. 爲符合銀行監理當局有關資本適足性的規定。

4. 使外界確信銀行有迅速清償一切債務的能力；縱使在經營發生虧損時，仍能維繫存款人的信心。

尤其隨著金融自由化的進展，各銀行面臨激烈的競爭。逐漸增加經營「高收益、高風險」的業務，遭遇意外損失的可能性增加。爲使各銀

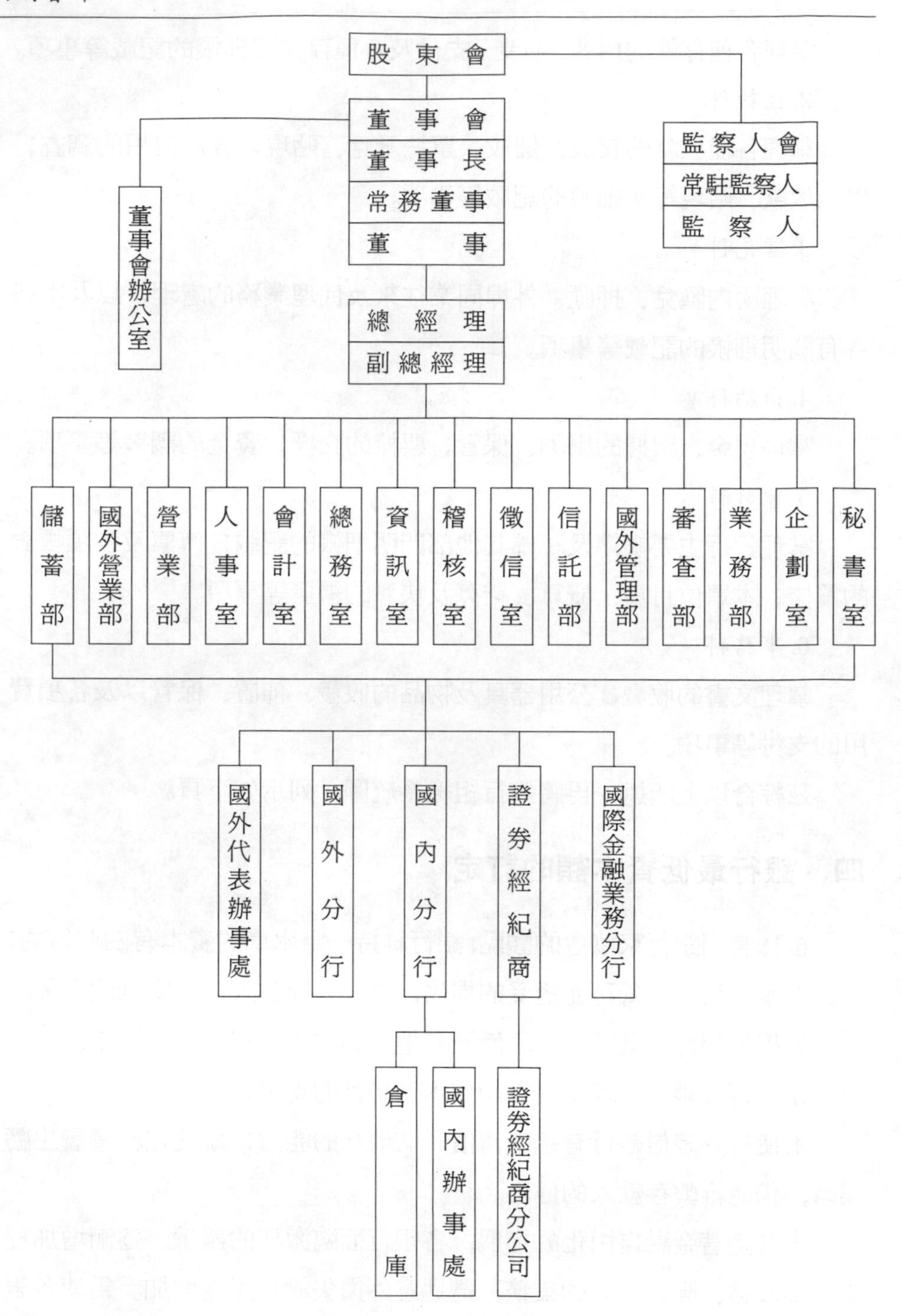
股東會
董事會
董事長
常務董事
董事
董事會辦公室
監察人會
常駐監察人
監察人
總經理
副總經理
儲蓄部
國外營業部
營業部
人事室
會計室
總務室
資訊室
稽核室
徵信室
信託部
國外管理部
審查部
業務部
企劃室
秘書室
國外代表辦事處
國外分行
國內分行
證券經紀商
國際金融業務分行
倉庫
國內辦事處
證券經紀商分公司

行能因應意外的損失，並保護存款人起見，各國金融主管當局皆十分重視銀行自有資本的提高及充實問題。

由於負債經營是銀行經營的特性，一旦銀行經營不善，資產發生虧損，極易發生資本不足以彌補虧損而倒閉的現象，故今世各國對銀行資本大抵皆有最低額的規定。

銀行法第二十三條規定:「各種銀行資本的最低額，由中央主管機關將全國劃分區域，審酌各區域人口、經濟發展情形，及銀行的種類，分別核定調整之。銀行資本未達前項調整後的最低額者，中央主管機關應指定期限，命其辦理增資，逾期未完成增資者，應撤銷其許可。」由上述規定可知我國銀行法爲防止資本不足銀行的濫設，對銀行資本定有最低額的限制。

目前臺灣省構成一個區域，人口多寡及經濟發展在實際上不必加以區分，故僅以銀行種類的不同爲審核的標準。根據第二十三條的授權，財政部特補充規定：

1.商業銀行暨專業銀行中的工業、農業及不動產信用銀行最低資本額均各爲新臺幣 4 億元，國民銀行爲新臺幣 3 億元，信託投資公司爲新臺幣 4 億元。(財政部七十九年另訂「商業銀行設立標準」第二條中已規定申請設立商業銀行最低實收資本額爲新臺幣 100 億元)

2.民營區合會儲蓄公司改制爲地區性中小企業銀行，其最低實收資本額分別訂定爲：臺北區新臺幣 4 億元，高雄區新臺幣 3 億元，臺中區新臺幣 3 億 5 千萬元，新竹區及臺南區新臺幣 1 億 5 千萬元，臺東區及花蓮區爲新臺幣 5 千萬元。

3.銀行附設儲蓄部或信託部，在各該部的最低資本額各爲新臺幣 5 千萬元，上項資本額應與本行的最低資本額分別核計。

4.現有銀行資本未達前項規定最低資本額者，應於文到三個月內按其實際情形，擬具增資計畫報部，以便分別核定期限，辦理增資。

部分專業銀行爲達成特殊任務而不以吸收存款爲主要資金來源者，其資本額則個別核定，例如交通銀行及中國輸出入銀行資本額高達 100 億元，中國農民銀行資本額爲 50 億元。近年來因經營規模迅速擴大，各銀行爲充實資本改善財務結構以適應業務發展需要，紛紛以「現金增資」及以「盈餘」或「各項公積金」轉增資方式調高資本額，故資本額在新臺幣 50 億元以上的銀行不斷增多；交通銀行及中國農民銀行並分別預定增資至新臺幣 200 億元及新臺幣 100 億元。

財政部依據銀行法第五十二條第二項的授權規定所訂定的「商業銀行設立標準」，其中第二條規定:「申請設立商業銀行其最低實收資本額爲新臺幣 100 億元，發起人及股東之出資以現金爲限。」

五、銀行自有資本比率的訂定

面對國際間銀行相互競爭的壓力，爲確保國內各銀行儲備未來進軍國際金融市場的能力，當須健全國內金融機構的財務結構，以增加應付意外事件的能力。財政部爲保障存款人的安全及擴大銀行營運的基礎，並貫徹銀行健全經營原則，乃參酌國際清算銀行對銀行自有資本與風險性資產最低標準的要求，乃於銀行法第四十四條規定:「銀行自有資本與風險性資產之比率，不得低於百分之八；必要時，主管機關得參照國際標準，提高比率。銀行經主管機關規定應編製合併報表時，其合併後之自有資本與風險性資產之比率亦同。

前項所稱自有資本與風險性資產，其範圍及計算方法，由主管機關定之。主管機關於必要時，得對銀行之風險性資產予以限制。

凡實際比率低於規定標準之銀行，主管機關得限制其分配盈餘並為其他必要之處置或限制；其辦法，由主管機關定之。」

六、銀行股權的分散

為使銀行股權分散，讓所有權與經營權分離，以避免金融壟斷，銀行法第二十五條規定：

「銀行股票應為記名式。

同一人或同一關係人持有同一銀行之股份，超過銀行已發行有表決權股份總數百分之十五者，應通知銀行，並由銀行報經主管機關核准。但同一人或同一關係人持有同一銀行之股份，除金融控股公司、政府持股，及為處理問題金融機構之需要，經主管核准者外，不得超過已發行有表決權股份總數百分之二十五。

同一人或同一關係人持有同一銀行已發行有表決權股份總數超過百分之十五者，應於每月五日以前，將其上月份之持股變動及設定質權之情形通知銀行；銀行應於每月十五日以前，彙總向主管機關申報。

前二項所稱同一人，指同一自然人或同一法人；同一關係人之範圍，包括本人、配偶、二親等以內之血親，及以本人或配偶為負責人之企業。

同一人或本人與配偶、未成年子女合計持有同一銀行已發行有表決權股份總數百分之一以上者，應由本人通知銀行。」

上項銀行法規定目的在確認銀行爲社會的公器，不得由少數人操縱，以避免銀行投資人藉銀行的經營謀取不當利益。

另外，財政部所訂商業銀行設立標準第三條的規定：「銀行發起人應於發起時按銀行實收資本額認足股份總額百分之八十，其餘股份應公開招募……依第一項規定公開招募的股份，每一申購人的申購數量不得超過一萬股。」亦係加強銀行股權分散的補充規定，因銀行係社會的公器，故應於制度上避免家族企業財團掌握銀行經營，藉對外公開募股的程序，其用意係要使銀行財務能更公開，並使社會大衆對銀行經營能產生監督的效果；且對外募股比例愈大，則銀行經營受公衆監督的程度愈高，而更能約束銀行經營者不致脫軌經營。

第五節　銀行會計的意義及特點

一、銀行會計的意義

爲適應銀行業務性質特殊的需要，根據雙式簿記的原理，就銀行所發生的各種交易事項，作有系統的記錄、整理、分析，以明確表示銀行財務狀況及經營結果的特種會計方法，稱爲「銀行會計」。

二、銀行會計的特點

銀行會計雖以雙式簿記的原理原則爲依歸，但與一般商業會計仍有差別，茲將其特點列舉於下：

㈠設置銀行專用會計科目

銀行經營存款、放款、匯兌、承兌、保證及進出口外匯等特殊金融業務，性質與一般企業迥異。爲配合需要，乃設有適於記錄、彙總、分析此等交易過程的會計科目。

㈡採用嚴密傳票制度

銀行的業務複雜，款項的收付和帳目的處理又極繁多，如無嚴密的傳票制度，不僅帳務處理失其依據，且內部牽制的功效亦無法發揮。

㈢使用單式傳票

銀行內部工作分工精細，一項交易往往涉及幾個部門，爲便於各事項的分別記載和傳票的相互傳遞，達到迅速正確的目的，乃採取單式傳票制度，每一張傳票祇記一個會計科目。

㈣充分運用明細分類帳

銀行交易的性質特殊，平日往來的客戶爲數極多，若無詳盡的明細記錄，對於每一交易的變動情形或每一客戶的存款餘額，就無法作適時的明確表示。明細帳的格式，分爲甲種、乙種、丙種、丁種、特種等五類，所適用的科目也有一致的規定。

㈤編製各種日報表

銀行係一金融機構，現金庫存的結計最爲重要，必須逐日造具庫存現金表，以確示結餘的金額和內容。又銀行帳務的工作相當繁重，許多會計事務又須分由營業人員處理，稍有不愼，極易發生錯誤或弊端；所以每日有編製日計表的必要，一面試算當日記錄的正誤，同時又可觀察每日營業變動的情況。除以上兩種主要日報表以外，由於業務上的需要，尙有其他各項日報表。

㈥利用傳票直接過帳

銀行的交易旣極複雜，而各種序時帳簿又分設在各不同部門，如將交易一一從序時帳簿過入總分類帳，至爲不便，乃採取科目日結單也就是總傳票的過帳辦法。

㈦序時帳簿職能減少

銀行業由於實際作業上的需要，傳票制度極爲發達，且分類帳簿均係利用傳票過帳，序時帳簿僅係作爲區分交易借貸，核對錯誤有無，以及便於整個交易情形的查考而已。現時一般銀行均已不復設置日記簿，而用訂冊的傳票或收付現金的備忘性表單，以及日計表等代替。

(八)會計制度統一化

財政部在民國七十六年以前即訂有「財政部所屬行局會計制度的統一規定」，民國七十六年七月復修正為「財政部所屬行局會計制度的一致規定」，銀行公會所屬各銀行皆比照適用。其中對於科目的選用，帳簿組織與格式的規劃，編表期限與報表規格的釐訂，以及一切帳務處理的程序與原則，皆有一致規定，俾各銀行有所依據，尤為我國銀行會計的一大特色。

(九)會計作業充分電腦化

銀行存款、放款、外匯或票據託收等各項業務，其業務量甚為龐大，為迅速有效處理業務，乃全面採用電腦處理；進而其相關的會計處理有關的作業如：傳票的登錄、交易的入帳、每日的結帳、各項會計報告的編製，以及應收、應付利息的計算等，均充分採用電腦自動化作業；除了可減少龐大的人力，提高工作效率之外，並可迅速正確提供各種會計資訊數據，以供管理、決策及比較、分析的參考。

第六節　銀行會計制度的一致規定

一、制訂的經過

政府播遷來臺，為配合財政上的革新，及促使國營事業經營企業化，特致力於全國各業統一會計制度的規劃。於四十二年重行研訂「銀行業統一會計制度」。此項統一會計制度其優點為使各金融機構會計事務處理的原則與方法趨於一致，會計報告便於綜合彙編及比較分析。惟其缺點為不易適應各金融機構業務的特殊性，故於五十四年間，另復由事業機構分別設計其個別會計制度，財政部所屬行局，亦經於五十七年底前先後分別研訂，並奉核定。

由於銀行業統一會計制度，其內容範圍，僅限於報表、科目、簿籍、憑證及普通會計事務處理程序，不足爲各金融機構訂定個別會計制度的依據，且金融事業發展迅速，業務日益增繁，機構衆多，性質不一，欲以一種統一制度予以概括，難免顧此失彼，考慮至再，決定以財政部所屬行局爲範圍，自五十八年五月開始設計，經三年的時間，集會二百餘次，於六十一年訂定財政部所屬行局會計制度的統一規定付諸實施，民國六十八年爲配合新銀行法及金融業務的發展，經依規定報請行政院主計處核定修訂統一規定，民國七十一年復將部分條文予以修正。民國七十六年爲配合一般公認會計原則及有關法令的變更暨實際業務發展的需要，乃予重作修訂，同時將制度名稱修正爲:「財政部所屬行局會計制度的一致規定」，以資適應。由於時代、環境變化甚速，且金融創新快速進行，法令亦有更替，上述會計制度的規定仍有未盡符合現實環境及一般會計原則之處。財政部乃於民國八十一年再予重新修正；該項修正案於八十二年送行政院審議，據聞由於會計法、所得稅等法尙未修正，故尙未奉核定實施。

上項會計制度的一致規定，除財政部所屬交通、農民、中信局及輸出入等行局一律採用外，省屬行庫及其他民營銀行亦都參照辦理。

二、統一會計制度的內容要點

上述財政部所屬行局會計制度的一致規定，係根據各項會計法規及有關法令，參照各銀行業務實際情形，採用現代會計的新理論、新方法，規劃擬訂而成。舉凡會計報告的編造，科目的選用，簿籍的設置，憑證的塡製，各項會計程序的訂定，內部審核的施行，預決算的編審，以及成本計算、管理會計、機器處理會計等觀念的引用，均作原則性或示範性的規定，以便各銀行設計個別會計制度及實際處理會計事務時，在在有所準繩。茲將其內容要點介述於下：

㈠會計報告

會計報告就其內容所表達的期間分爲日報、月報、半年報（結算報告）、年報（決算報告）等類，分別規定其名稱、格式及說明等項。對外報告，爲便於有關機關的綜合彙編與督導考核，必須依照規定編報。對內報告，各行局得視實際需要自行訂定。爲充分顯示各行局財務狀況，資產負債表內有關信託代理及保證業務，所發生對轉性的或有資產與負債，予以劃分表達，以免影響實際財務狀況的分析與比較。

㈡會計科目

本制度的會計科目，爲配合行政院主計處機器處理會計資料所訂頒國營事業會計科目統一分類，並參酌各行局內部提供經營管理所需資料而設置。採五級編號，第一級爲「大類」，第二級爲「中類」，第三級爲「小類」，第四級爲「總分類帳科目」，第五級爲「子目」。爲便利機器統一處理，及綜合彙編與督導考核起見，四級以上科目及編號，對外會計報告必須遵照辦理，各行局基於管理需要修正或增刪時，應專案報准後辦理。五級以下科目係示範性質，提供各行局對各種不同業務所需會計資料爲較詳細紀錄時參考之用，得視實際需要增減之。

業務費用與管理費用的明細分類，亦係統一規定，如需變更，並應事先報准。

㈢會計簿籍及憑證

本制度的會計簿籍與會計憑證，僅爲示範性質，各行局在不違背現行法令規定之下，依據會計準則處理各種會計事務，得視實際需要在個別會計制度內訂定之，並力避冗繁重複。序時帳簿，在本制度內不作爲過入總分類帳的依據，各行局得視實際情形以傳票代替之，記帳憑證，採用單式傳票爲原則，並儘量利用各種原始憑證代替傳票，同時依事實需要儘可能與其他有關憑證一次套寫，以省手續，減少錯誤機會。

㈣會計事務處理的程序

爲期各行局發揮會計協助管理的功能，分別訂定各種會計事務處理程序，其中涉及各行局內規非能共同適用者，僅爲原則性的規定，俾資因應。其中包括下列各項：

1. 會計事務處理準則

根據現行有關法令及公認的會計原則，按資產、負債、業主權益、收入與支出的性質，以及會計報告的編報等，訂定其一般必須遵循的準則，以爲依據。

2. 普通會計事務處理程序

根據現行有關法令及一般性會計事務必須遵循的過程，會計紀錄必須具備的要件，針對各行局業務性質，就日常會計工作處理程序及應辦事項，予以分別規定，俾有所遵循。

3. 業務會計事務處理程序

銀行各種業務收支的處理，每一環節，貫通相接，實務上可謂會計工作的延伸，爲使銀行業務會計的一貫作業，在會計制度內作整體的表達，明確顯示業務收支與會計管理制衡的關係，將各行局業務收支的處理有關會計部分予以納入，以增進管理效能。

4. 出納會計事務處理程序

銀行業務的主要活動在受授信用，其信用的受授大都涉及現金票據及有價證券，故出納管理，佔財務管理的重要部分，本制度特就其管理的原則、收付、交換及保管訂定程序，並特別著重制衡作用。

5. 財物會計事務處理程序

固定資產爲企業營運所必需，如何與需要適相配合，不使閒置或不足，如何維護保管，以增進資產運用效能，以及資本支出與收益支出的劃分暨資產的評價等，關係經營成果與資金運用，自應予以有效管理。本制度特就其增置、減少、移轉、保管、帳務、重估價等必須具備的程序與標準加以規定，俾有所循。同時對物品的採購、驗收、存儲、發用、登記、報核、列帳及廢品處理等，亦作原則性規定，俾資準繩。

6. 成本分析程序

成本分析有助於銀行業務的管理決策。本制度引用成本會計的原理與方法，採用統計表報分析方法，以各業務部門主管各項業務爲主幹，設置成本中心，並根據銀行業務特質劃分營運資金業務及非營運資金業務，分別計算損益，更就營運資金業務按其一體之兩面，分別就資金來源及資金運用業務項目，分析其營運績效，特訂定計算、分析、編報的程度，各行局得視業務實際情形及人力配備狀況採行之。

7. 管理會計事務處理程序

管理會計爲現代會計技術的最高運用，歸集、分析、運用有關財務及成本資料，供各階層管理決策、計劃、控制、考核之用，以加強管理，增進經濟效益。本制度分別按利潤策劃、財務分析、統計方法等在管理上的應用，訂定準則，演繹成具體方法，並爲釋例，各行局得視實際情形採行。

8. 機器處理會計資料程序

機器處理會計資料，已漸爲各事業所採用，銀行業務交易繁多，尤重時效，本制度經就其處理程序，作原則性的訂定，以便各行局採用時的參考。

(五)內部審核的處理程序

內部審核爲現代企業管理內部控制的重要一環，亦爲發揮會計管理功能不可或缺之工具。爲期各行局對會計、財務、財物、業務、績效等，自行作廣泛深入的查核、分析，並作公正合理的鑑定與評述，以發揮高度管理功能起見，本制度特就其權責範圍、工作方法等予以規定，以利推行。

第㈠項至第㈢項以及第㈣項的1.至5.等屬一般銀行會計範疇，本書當奉爲圭臬，於有關章節分別予以引用申論；至於第㈣項6.至7.以及第㈤項等則屬銀行管理會計，本書於最末乙章予以擇要例釋外，完整詳細的討論擬另編專書；至於第㈣項的8.機器處理會計資料部分，以銀行業務交易繁多，且重時效，採用機器代替人工處理會計資料，已爲所有銀行全面採行，研習銀行會計者對其實際運用情形，應有具體的瞭解，本書將於有關章節分別予以介紹說明。

問題

一、試就一般通說及銀行法的規定，說明「銀行」的意義。

二、在現代經濟社會中，銀行具有何種功能？試列述之。

三、試就銀行法的規定，說明我國銀行的分類。

四、依銀行法第三條的規定，銀行所得經營的業務項目有幾？試列舉之。

五、銀行經營存款、放款、貼現、投資、匯兌、承兌、押匯、保證、信託等業務，對會計要素有何種影響？試分別說明之。

六、試就銀行法的規定，說明商業銀行的業務項目。

七、銀行法對銀行的「最低資本」、「董監事」及「股權分散」，有那些具體的規定？試列述之。

八、銀行法對銀行「自有資本比率」有何規定，其立法意旨爲何？

九、何謂銀行會計？銀行會計有那些特點？

十、試略述銀行業統一會計制度的內容。

第二章　會計科目

第一節　會計科目的性質與類別

一、會計科目的意義

會計科目是每一個帳戶的特定名稱,用以彙集同類會計事項的金額,以記錄有關某項資產、負債、資本及收入、費用的增減變化情形。會計事項發生後,應即就交易內容,加以分析,凡性質相同的事項,歸入同一科目,作爲登帳的依據。如此方能使各類資產、負債、資本、收入及費用有確當的記錄,而據以編製明確的報表,表示企業的眞正財務狀況與經營結果。對於任何會計事項的記載,如果不按科目歸類或所用科目失當,非僅影響財務狀況和損益結果的眞實,而且使會計資料的比較分析失去意義。由此可知,會計科目實爲會計帳表的骨幹。

銀行業爲適應業務需要,訂有專用會計科目,如各種存款、放款、匯兌等。財政部所訂銀行會計制度的一致規定將銀行業所用會計科目,分別擬定劃一名稱,彙總統一編號,並將每科目的適用範用作簡單的詮釋。全國銀行業所用會計科目,無不以該制度所規定的科目爲準則,縱因情形特殊不能適用時,亦先呈請主管機關核准,再作變更或增設的措施。

二、會計科目設計的原則

會計科目貴能顯示業務的性質，彙集同類會計事項的金額，以表達其在企業財務狀況或經營結果的地位，其設計的原則如下：

1. 會計科目設置的多寡，應視規模大小與業務繁簡，而決定某類會計事項有無表達的必要。

2. 會計科目應便利上級或有關機關的綜合彙編與比較考核。

3. 會計科目的設置，應兼用收付實現事項及權責發生事項。

4. 會計科目應正確表達該項會計事項在財務狀況或經營績效中的地位。

5. 會計科目採三級分類，四級編號，四級以上科目應依行政院主計處統一規定，倘需要增刪或修正，應先行報准。五級以下科目（即子目或細目），除業務與管理費用外，各銀行得視實際需要自行增減。

6. 五級科目各銀行得視實際需要提昇爲總帳科目，惟對外編製報表時，仍應按四級科目辦理。

7. 業務費用與管理費用明細科目的分類編號及名稱，亦係統一規定，如需變更時，亦應事先報經核准。

二、會計科目的分類與排列

依照銀行會計制度的一致規定，會計科目分爲下列各類：

1. 資產類

(1)流動資產　(2)買匯貼現及放款　(3)基金及長期投資
(4)固定資產　(5)無形資產　(6)其他資產
(7)往來及兌換

2. 負債類

(1)流動負債　(2)存款及匯款　(3)央行及同業融資
(4)長期負債　(5)其他負債　(6)往來及兌換

3. 業主權益

⑴資本　⑵資本公積　⑶保留盈餘

⑷權益調整

4. 收入

⑴營業收入　⑵營業外收入

5. 支出

⑴營業成本　⑵營業費用　⑶營業外費用

銀行業爲一信用授受機關，無論對內對外，既須充分表達資金借貸的信用授受狀況，又須顯示各會計項目間流動性、固定性、和重要性的區別，因此銀行業的資產負債類會計科目，均先採用「職能性」的分類。凡職能相同的科目歸入一類，每類科目的排列次序，再依流動性的大小爲標準，亦即資產按變現性大小，負責按償還期先後排列。損益類科目則就銀行業務的立場加以分析，而按重要性大小排列；如收入類科目先列各項放款的利息收入，次列手續費收入；支出方面先列各項存款的利息支出，次列手續費支出。

第二節　資產類會計科目的說明

有關我國銀行業所用各會計科目的中英文名稱、略名及適用範圍等，特於下文分別加以說明，目的在使學者對所有科目的性質及用法，先得到初步瞭解，而於銀行會計的研究，可獲莫大助益。

一、流動資產類的科目

凡現金及在業務程序中即可變爲現金，或減少現金支出，以及債權隨時可以收回，而具有流動性質的資產，均屬流動資產，內容如下：

(一)現金

1. 庫存現金（Cash on hand）「略名同」

凡庫存的現金屬之。

2. 庫存外幣（Foreign currency on hand）「略名同」

凡庫存的外幣屬之。

3. 週轉金（Petty cash）「略名同」

凡撥付特定用途或零星支出週轉的現金屬之。

4. 待交換票據（Checks for clearing）「略名交換票據」

凡當日未及提出交換的票據屬之。

5. 運送中現金（Cash in transit）「略名運現」

凡在運送中尚未到達的現金屬之。

(二)存放央行

6. 存放央行（Due from Central Bank）「略名同」

凡存放中央銀行的準備金及其他款項屬之。本科目可分設「存款準備金」、「一般往來」、「外匯清算戶」三子目。

7. 轉存央行存款（Deposit transferred to Central Bank）「略名轉存央行」

凡轉存中央銀行的外幣或其他存款屬之。

8. 存出信託資金準備（Due from Central Bank-reserve for trust funds compensation）「略名存出信託準備」

凡依法繳存中央銀行的信託資金準備屬之。

9. 抵繳存出信託資金準備——證券（Due to Central Bank-securities reserve for trust funds compensation）「略名抵繳信託準備」

凡以公債庫券或中央銀行所認可的有價證券抵繳信託資金準備屬

之。本科目爲存出信託資金準備的減項。

㈢存放銀行同業

10.存放銀行同業（Due from banks）「略名存同」

凡存放國內外同業的款項屬之。本科目可分設「存放本埠同業」、「存放外埠同業」、「存放外商同業」、「存放國外同業」四子目，各子目並可再按每一往來銀行分戶。

11.銀行同業透支（Banks' overdraft）「略名同透」

凡同業訂約透支的款項屬之。本科目可分設「本埠同業透支」、「外埠同業透支」、「外商同業透支」、「國外同業透支」四子目，各子目並可再按每一往來銀行分戶。

12.拆放銀行同業（Call loans to bank）「略名拆同」

凡放於同業的款項，以拆息計算者屬之。本科目可分設「拆放本埠同業」、「拆放外商同業」二子目。

㈣買入票券

13.買入有價證券（Securities purchased）「略名同」

凡購入可於市場立即變現及不以控制被投資者或與其建立業務關係爲目的的有價證券屬之。

14.買入定期存單（Negotiable certificate of deposits purchased）「略名買入定存單」

凡買入可轉讓的定期存單屬之。

15.買入承兌匯票（Acceptances purchased）「略名同」

凡買入隨時可變現的承兌匯票屬之。

16.買入商業本票（Promissory notes purchased）「略名同」

凡買入隨時可變現的商業本票屬之。

17.買入國庫券（Treasury bill Purchased）「略名同」

凡不以長期投資爲目的，購入中央銀行發行的國庫券屬之。

18.備抵買入票券跌價損失（Allowance for decline in market value）「略名備抵票券跌價」

凡短期投資有價證券按成本與市價孰低法評價而提列的備抵跌價損失屬之。

㈤應收款項

19.應收票據（Notes receivable）「略名同」

凡因業務經營及提供勞務等收到可按票載日期收取一定款項的票據屬之。

20.應收帳款（Accounts receivable）「略名同」

凡因業務經營及提供勞務所發生應收未收的帳款屬之。

21.備抵呆帳——應收帳款（Allowance for bad debts-accounts receivable）「略名備抵呆帳」

凡依法計算的應收票據、應收帳款等的備抵呆帳屬之。本科目爲抵銷科目，編製資產負債表時，應於應收票據、應收帳款科目下減除之。

22.應收退稅款（Refundable income tax）「略名同」

凡已繳納而應退回的各項稅款屬之。

23.應收收益（Accrued income receivable）「略名同」

凡應收屬於本期的各項收益屬之。

24.應收承兑票款（Customers' liabilities under acceptances）「略名應收承兑」

凡代顧客承兑匯票時，應向顧客於匯票到期前收取的款項屬之。

25.應收利息（Accrued interest receivable）「略名同」

凡已發生而尚未收入的利息屬之。按利息收入科目分設子目。

26.託辦往來（Trust Accounts under contracts）「略名託辦」

凡受外界委託代辦各項業務與委託單位的往來款項屬之。

27.應收出售遠匯款(Forward exchange contracts receivable）「略名同」

凡訂定預售遠期外匯契約,應按約定遠期匯率兌收新臺幣款項屬之。

28.應付遠匯款——外幣（Forward exchange contracts payable-Foreign currency）「略名同」

凡訂定預售遠期外匯契約，應付外幣按即期匯率（非避險性契約按遠期匯率）折合新臺幣款項屬之。本科目係「應收出售遠匯款」的抵銷科目。

29.應收遠匯款——外幣(Forward exchange contracts receivable-Foreign currency）「略名同」

凡訂定預購遠期外匯契約，應收外幣按即期匯率（非避險性契約按遠期匯率）折合新台幣款項屬之。

30.應付購入遠匯款(Forward exchange contracts payable）「略名同」

凡訂定預購遠期外匯契約,應按約定遠期匯率兌付新臺幣款項屬之。本科目係「應收遠匯款——外幣」的抵銷科目。

31.其他應收款（Other accounts receivable）「略名應收款」

凡應收未收各款，除專設科目處理者外屬之。

32.備抵呆帳——應收各項收益（Allowance for bad debts-accrued incomes receivable）「略名備抵收益」

凡依法計算的各項應收收益的備抵呆帳屬之。本科目爲抵銷科目，編製資產負債表時，應於各該應收科目下減除之。

註：於編製資產負債表時

⑴若「應收出售遠匯款」小於流動負債類「應付遠匯款——外幣」

時，則「應收出售遠匯款」應改列於流動負債類，作爲「應付遠匯款——外幣」的抵銷科目。

⑵若「應收遠匯款——外幣」小於流動負債類「應付購入遠匯款」，則「應收遠匯款——外幣」應改列於流動負債類，作爲「應付購入遠匯款」的抵銷科目。

㈥期收款項

33.期收款項（Accounts receivable under forward contracts）「略名期收」

凡賣出有價證券等依約到期交割應收的款項屬之。

34.買入期證券（Forward securities bought）「略名買期券」

凡依約到期交割應收買入的有價證券屬之。

㈦預付款項

35.預付費用（Prepaid expenses）「略名同」

凡已付未耗的各項費用屬之。

36.預付利息（Prepaid interest）「略名同」

凡預付尚未到期的利息費用屬之。

37.預付稅款（Prepaid tax）「略名同」

凡預付或預繳的各項稅款屬之。

38.預付股息紅利（Prepaid dividend）「略名預付股利」

凡預付的股息紅利屬之。

39.其他預付款（Other prepayments）「略名預付款」

凡預付各款，除專設科目處理者外屬之。

40.短期墊款（Temporary advances）「略名短墊」

凡短期墊付的款項屬之。

二、買匯、貼現及放款類的科目

此類科目包括買匯、貼現、押匯及短期、中期、長期放款等項，內容如下：

(一)買匯及貼現

1. 買入匯款（Bills purchased）「略名買匯」

凡買入各種匯票（光票）或旅行支票等屬之。

2. 進口押匯（Inward documentary bills）「略名進押」

凡接到國外銀行貨運單證，憑押匯通知代進口商墊付貨款屬之。

3. 出口押匯（Outward documentary bills）「略名出押」

凡憑出口商的申請及國外銀行信用狀，跟單匯票或出口貨物提單等單證作爲質押擔保而墊付出口廠商貨款屬之。

4. 貼現（Discount）「略名同」

凡以折扣方式或預收利息而購入遠期匯票或本票所付的款項屬之。

5. 備抵呆帳——買匯及貼現（Allowance for bad debts-bills purchased and discounted）「略名備抵買匯及貼現」

凡依法計算買匯及貼現的備抵呆帳屬之。本科目爲抵銷科目，編製資產負債表時，應於「買匯及貼現」的有關科目下減除之。

(二)短期放款及透支

6. 透支（Overdrafts）「略名同」

凡支票存款戶，訂立契約透支款項但無擔保品者屬之。

7. 短期放款（Short-term loans）「略名短放」

凡無擔保品的放款，其約定期限在一年以內（含一年）者屬之。

8. 備抵呆帳——短期放款及透支（Allowance for bad debts-short-

term loans and overdrafts)「略名備抵短放」

凡依法計算短期放款及透支的備抵呆帳屬之。本科目爲抵銷科目，編製資產負債表時，應於「短期放款及透支」有關科目下減除之。

㈢短期擔保放款及透支

9.擔保透支（Overdrafts secured）「略名擔透」

凡支票存款戶，提供擔保品訂約透支的款項屬之。

10.短期擔保放款（Short-term loans secured）「略名短擔放」

凡提供擔保品的放款，其約定期限在一年以內（含一年）者屬之。

11.備抵呆帳——短期擔保放款及透支（Allowance for bad debts-short-term loans and overdrafts secured）「略名備抵短擔放」

凡依法計算短期擔保放款及透支的備抵呆帳屬之。本科目爲抵銷科目，編製資產負債表時，應於「短期擔保放款及透支」有關科目下減除之。

㈣中期放款

12.中期放款（Medium-term loans）「略名中放」

凡無擔保品的放款，其約定期限超過一年而在七年以內（含七年）者屬之。

13.備抵呆帳——中期放款（Allowance for bad debts-medium-term loans）「略名備抵中放」

凡依法計算中期放款的備抵呆帳屬之。本科目爲抵銷科目，編製資產負債表時，應於「中期放款」有關科目下減除之。

㈤中期擔保放款

14.中期擔保放款（Medium-term loans secured）「略名中擔放」

凡提供擔保品的放款，其約定期限超過一年而在七年以內(含七年)者屬之。

15.備抵呆帳——中期擔保放款(Allowance for bad debts-medium-term loans secured)「略名備抵中擔放」

凡依法計算中期擔保放款的備抵呆帳屬之。本科目爲抵銷科目，編製資產負債表時，應於「中期擔保放款」科目下減除之。

㈥長期放款

16.長期放款（Long-term loans)「略名長放」

凡無擔保品的放款，其約定期限超過七年者屬之。

17.備抵呆帳——長期放款（Allowance for bad debts-long-term loans)「略名備抵長放」

凡依法計算長期放款的備抵呆帳屬之。本科目爲抵銷科目，編製資產負債表時，應於「長期放款」科目下減除之。

㈦長期擔保放款

18.長期擔保放款（Long-term loans secured)「略名長擔放」

凡提供擔保品的放款，其約定期限超過七年者屬之。

19.備抵呆帳——長期擔保放款（Allowance for bad debts-long-term loans secured)「略名備抵長擔放」

凡依法計算長期擔保放款的備抵呆帳屬之。本科目爲抵銷科目，編製資產負債表時，應於「長期擔保放款」科目下減除之。

註：上述6、7、9、10、12、14、16、18等科目，如要需要，可按授信業別或資金用途分設子目。

三、基金、長期投資類的科目

此類科目乃指撥充各部資本、業務基金及投資於各種事業等，具有長期性的款項而言，內容如下：

㈠基金

1. 儲蓄部基金（Capital fund for savings department）「略名儲蓄基金」

凡撥出基金以充儲蓄部資本者屬之。

2. 信託部基金（Capital fund for trust department）「略名信託基金」

凡撥出基金以充信託部資本者屬之。

3. 分支行基金（Capital funds for branches）「略名同」

凡撥出基金以充分支行資本或行局內部其他單位營運資金者屬之。

4. 其他基金（Other funds）「略名同」

凡撥出不屬於上列各項用途的基金屬之。

㈡長期投資

5. 長期股權投資(Long-term equity investments)「略名長期投資」

凡投資事業或買入其他企業股票具有下列情形之一者皆屬之：⑴被投資公司股票未在公開市場交易或無明確市價者；⑵意圖控制被投資公司或與其建立密切業務關係者。

6. 備抵長期股權投資跌價損失（Allowance for loss on long-term investments）「略名備抵長期投資」

凡計算備抵各項企業投資的損失屬之。本科目爲抵銷科目，編製資產負債表時，應於「長期股權」科目下減除之。

7. 長期債券投資（Investment in long-term bonds）「略名長期債券」

凡購入長期持有爲目的的各項債券屬之。

8. 未攤銷投資溢價（Unamortized premium）「略名未攤溢價」

凡購入債券的溢價而未攤銷者屬之（長期債券投資加項）。

9. 未攤銷投資折價（Unamortized discount）「略名未攤折價」

凡購入債券的折價而未攤銷者屬之（長期債券投資減項）。

10. 備抵跌價損失——長期債券投資（Allowance for loss on investments-bonds）「略名備抵債券投資」

凡計算備抵各項債券投資的損失屬之。本科目爲抵銷科目，編製資產負債表時，應於「長期債券投資」科目下減除之。

四、固定資產類的科目

凡土地、房屋、機械、交通運輸及其他各項設備等，具有固定性質的資產均屬固定資產，內容如下：

㈠土地

1. 土地（Land）「略名土地」

凡所有房屋建築的土地屬之。

㈡房屋及建築

2. 房屋及建築（Buildings and structures）「略名房屋」

凡所有房屋及其增添建築與附屬設備屬之。

3. 累計折舊——房屋及建築（Accumulated depreciation-building & structures）「略名累計房屋折舊」

凡提列房屋及建築的累計折舊屬之。本科目爲抵銷科目，編製資產負債表時，應於「房屋及建築」科目下減除之。

(三)機械設備

4. 機械設備（Machinery equipment）「略名機械」

凡所有輔助業務處理的各項機械及設備屬之。

5. 累計折舊——機械設備（Accumulated depreciation-machinery equipment）「略名累計機械折舊」

凡提列機械設備的累計折舊屬之。本科目爲抵銷科目，編製資產負債表時，應於「機械設備」科目下減除之。

(四)交通及運輸設備

6. 交通及運輸設備（Transportation and communication facilities）「略名交通」

對供交通運輸及通訊用的各項設備屬之。

7. 累計折舊——交通及運輸設備（Accumulated depreciation-transportation and communication facilities）「略名累計交通折舊」

凡提列交通及運輸設備的累計折舊屬之。本科目爲抵銷科目，編製資產負債表時，應於「交通及運輸設備」科目下減除之。

(五)其他設備

8. 其他設備（Miscellaneous equipments）「略名同」

凡不屬於土地、房屋、機械及交通運輸的其他設備屬之。

9. 累計折舊——其他設備（Accumulated depreciation-miscellaneous equipments）「略名累計其他設備折舊」

凡提列其他設備的累計折舊者屬之。本科目爲抵銷科目，編製資產負債表時，應於「其他設備」科目下減除之。

㈥未完工程

10.未完工程 (Construction work in progress)「略名同」

凡正在建造裝置，尚未完工的工程屬之。

五、無形資產類的科目

凡長期供營業使用且具有未來經濟效益及無實體存在的各種排他專用權皆屬之。

1.電腦軟體 (Computer software)「略名同」

凡外購或委託外界設計開發供自用的電腦軟體屬之。

六、遞延借項類的科目

此類科目專供記載，已支出而應分期攤銷的遞延費用，及未經攤銷的各項損失之用，內容如下：

㈠遞延費用

1.開辦費 (Organization expenses)「略名同」

凡籌備期間的各種費用屬之。

2.租賃權益 (Leasehold)「略名同」

凡由租賃取得的資產使用權益及其改良費用屬之。

3.債券折價 (Bond discount)「略名同」

凡發行債券所發生的折價，尚未分攤者屬之。

4.債券發行費用 (Bond issuance expenses)「略名債券費用」

凡發行債券所發生的費用，尚未攤銷者屬之。

5.其他遞延費用 (Other deferred charges)「略名同」

凡應分期攤銷的費用，除專設科目處理者外屬之。

㈡未攤銷損失

6. **未攤銷損失**（Unamortized losses）「**略名未攤損失**」

凡對基於戰時及非常災害等所發生的損失，經規定分期攤銷者屬之。

七、其他資產類的科目

凡不屬於上列資產範圍內的各項資產，就歸入其他資產類，所包括的科目如下：

㈠信託代理及保證資產

1. **信託資產**（Trust assets）「**略名同**」

凡代顧客經理各種信託保管事務所承受的信託資產，除專設科目處理者外屬之。本科目與負債類「信託負債」科目對轉。

2. **保管有價證券**（Securities under custody）「**略名保管證券**」

凡受顧客或同業委託所保管的有價證券屬之。本科目與負債類「應付保管有價證券」科目對轉。

3. **保管品**（Property under custody）「**略名同**」

凡代爲保管的物品屬之。本科目與負債類「應付保管品」科目對轉。

4. **代售旅行支票**（Consignment travellers' checks）「**略名代售旅支**」

凡受同業委託代售旅行支票，尚未售出者屬之。本科目與負債類「受託代售旅行支票」科目對轉。

5. **應收代收款**（Collection receivable for customers）「**略名未收**」

凡受顧客或同業委託代收的款項，尚未收到者屬之。本科目與負債類「受託代收款」科目對轉。

註：本科目部分銀行仍沿用「未收代收款」舊名稱。

6. **應收代放款**（Joints loans）「**略名代放款**」

凡代放的款項屬之。此科目與負債類「受託代放款」科目對轉。

7. **應收保證票據**（Guarantee notes receivable）「**略名應收保證票**」

凡代他人持有票據行使背書、保證或辦理分期付款方式等收到客戶作爲擔保用的票據屬之。本科目與負債類「存入保證票據」科目對轉。

8. **存出保證票據**（Refundable guarantee notes）「**略名存出保證票**」

凡存出本行開具的票據作爲擔保，或以有價證券抵繳保證金者屬之。本科目與負債類「應付保證票據」科目對轉。

9. **代理期收款項**（Accounts receivable under forward contracts for customers）「**略名期收**」

凡代理賣出期證券，應收的期款屬之。本科目與負債類「代理賣出期證券」科目對轉。

10. **代理買入期證券**（Forwards securities bought for customers）「**略名代買期券**」

凡代理顧客買入訂期交割的證券屬之。本科目與負債類「代理期付款項」科目對轉。

11. **承銷有價證券**（Consignment securities）「**略名承銷證券**」

凡受委託承銷的有價證券屬之。本科目與負債類「受託承銷有價證券」科目對轉。

12. **應收保證款項**（Customers' liabilities under guarantee）「**略名應收保證**」

凡代顧客保證時，顧客應負的償還責任屬之。本科目與負債類「保證款項」科目對轉。

13. **應收信用狀款**（Customers' liabilities under letters of credit）「**略名應收信用狀**」

凡受顧客委託簽發信用狀，顧客應負的償還責任屬之。本科目與負債類「信用狀款項」科目對轉。

14.保證品 (Guarantee effects)「略名同」

凡保管顧客存入作保證用現金以外的財物屬之。本科目與負債類「存入保證品」科目對轉。

以上十四科目係屬會計上所謂的「對轉科目」，因銀行辦理信託、代理、保證及簽發信用狀等業務，常同時發生或有資產及或有負債，故會計上必需設置若干對轉科目；俾於交易發生時，以某一資產科目與另一負債科目對轉，其金額及餘額一定相等，但借貸則相反。

(二)待整理資產

15.追索債權 (Claimed debts)「略名追索權」

凡催收款項，經依規定程序，作呆帳轉銷後，其債權仍可保留追索者屬之。本科目與下列「待抵銷追索債權」科目對轉。

16.待抵銷追索債權 (Contra account-claimed debts)「略名抵銷追索權」

凡催收款項，經依規定程序，作呆帳轉銷後，仍可保留追索的債權，以備抵銷者屬之。本科目爲抵銷科目，編製資產負債表時，並應列於「追索債權」科目下抵銷之。

17.其他待整理資產 (Other assets to be adjusted)「略名同」

凡國內外失去控制的資產，由原資產科目轉入者屬之。按資產類科目名稱分設子目。

(三)雜項資產

18.催收款項 (Account receivable overdue)「略名催收」

凡各項放款或應收款，到期屆滿六個月尚未受償或雖未屆滿六個月，但已向債務人或保證人訴追及處理擔保品中，按照規定由原科目轉入者屬之。

19.**備抵呆帳——催收款項**（Allowance for loss on account receivable overdue）「**略名備抵催收**」

凡計算備抵催收款項的呆帳屬之。本科目爲抵銷科目，編製平衡表時，應於「催收款項」科目下減除之。

20.**存出保證金**（Guarantee deposits）「**略名存出金**」

凡存出款項作爲保證金屬之。

21.**存出保證品**「**略名同**」

凡存出保證品，作爲保證者屬之。

22.**承受擔保品**（Pledged properties taken-over）「**略名承受品**」

凡依法或洽定承受借戶的原有擔保品或補交的物品，以抵還欠款者屬之。

八、往來及兌換類的科目

凡內部各項往來及各種貨幣的兌換，均用此類科目入帳，內容如下：

(一)內部往來

1.**內部往來**（Inter-departmental account）「**略名同**」

凡總分行與本行內會計獨立的儲蓄、信託、保險等部及其分部間相互往來的款項屬之。

2.**聯行往來**（Inter-branch accounts）「**略名同**」

凡總分支行各單位相互間往來的款項屬之。

(二)兌換

3.**兌換**（Exchange）「**略名同**」

凡平時兌進兌出的各種貨幣屬之，於原幣與本位幣兌換調整記錄時使用。

以上三科目係屬資產負債共同科目，借方記列資產的增加及負債的減少，貸方則記列資產的減少及負債的增加。而其借餘屬資產，貸餘屬負債。

第三節 負債類會計科目的說明

一、流動負債類的科目

凡隨時或短期應予償付而具有流動性質的負債，皆屬流動負債，所包括的科目如下：

(一)央行存款

1. 央行存款（Due to Central Bank）「**略名同**」

凡中央銀行存入的款項屬之。

(二)銀行同業存款

2. 銀行同業存款（Due to banks）「**略名同存**」

凡國內外同業存入的款項屬之。本科目可分設「本埠同業存款」、「外埠同業存款」、「外商同業存款」、「國外同業存款」四子目，各子目並可再按每一往來銀行分戶。

3. 透支銀行同業（Overdraft on banks）「**略名透同**」

凡向國內外銀行同業訂約透支的款項屬之。本科目可分設「透支本埠同業」、「透支外埠同業」、「透支外商同業」及「透支國外同業」四子目，各子目並可再按每一往來銀行分戶。

4. 銀行同業拆放（Call loans from banks）「**略名同拆**」

凡向同業借入短期款項，以日拆計息者屬之。本科目可設「本埠同業拆放」及「外商同業拆放」二子目。

㈢應付款項

5.應付票據（Notes payable）「略名同」

凡因業務經營所簽發於約定日期支付一定款項的票據屬之。

6.應付帳款（Accounts payable）「略名同」

凡因業務經營所發生應付未付的帳款屬之。

7.應付費用（Expenses accrued）「略名同」

凡應付未付的各項費用屬之。

8.應付稅款（taxes payable）「略名同」

凡應付未付的各項稅款屬之。

9.應付股息紅利（Dividends payable）「略名應付股利」

凡應付未付的股息紅利屬之。

10.承兌匯票（Acceptance）「略名承兌」

凡代顧客承兌匯票到期付款屬之。

11.應付利息（Accrued interest payable）「略名應付息」

凡已發生而尚未付的利息屬之。按利息支出科目分設子目。

12.應付代收款（Collection for customers）「略名同」

凡依約爲政府或顧客代收的稅款或其他款項屬之。

13.託辦往來（Trust accounts under contracts）「略名同」

凡受外界委託代辦各項業務與委託單位的往來款項屬之。

14.應付購入遠匯款

15.應收遠匯款——外幣（爲14.的抵銷科目）

16.應付遠匯款——外幣

17.應收出售遠匯款（爲16.的抵銷科目）

註：14.～17.四科目的意義請參閱第37頁的說明。

18.其他應付款（Other payables）「**略名應付款**」

凡應付未付各款，除專設科目處理者外屬之。

㈣期付款項

19.期付款項（Accounts payable under forward contracts）「**略名期付**」

凡買入有價證券等依約到期交割應付的價款屬之。

20.賣出期證券（Forward securities sold）「**略名賣期券**」

凡依約到期交割應付賣出的有價證券屬之。

㈤預收款項

21.預收收入（Income collected in advance）「**略名同**」

凡預收的各種收入屬之。

22.預收利息（Interest collected in advance）「**略名預收息**」

凡預收未實現的利息收入屬之。

23.其他預收款（Other accounts collected in advance）「**略名預收款**」

凡預收各款，除專設科目處理者外屬之。

二、存款及匯款類科目

凡支票、活期、定期、儲蓄等存款及匯款等的科目，均歸入存款及匯款一類，分述於下：

㈠支票存款

1.支票存款（Checking account deposits）「**略名同**」

凡由存戶隨時用送款簿存入及簽發支票提取的存款屬之。

2. **本行支票**（Cashier's checks）「**略名同**」

凡開出即期本行付款的支票屬之。

3. **旅行支票**（Travellers' checks）「**略名旅支**」

凡應顧客便利旅行需要開出的支票屬之。

4. **公庫存款**（Government treasury deposits）「**略名公庫存**」

凡公庫存入的款項屬之。

㈡活期存款

5. **活期存款**（Pass-book account deposits）「**略名活存**」

凡存款由存戶憑存摺隨時存取者屬之。

6. **外匯活期存款**（Foreign currency demand deposits）「**略名外匯活存**」

凡存戶以外幣或外匯隨時存取者屬之。

㈢定期存款

7. **定期存款**（Time deposits）「**略名定存**」

凡存款訂明支取本息期限者屬之。

8. **外匯定期存款**（Time deposits-foreign currency）「**略名外幣定存**」

凡以外幣或外匯存入訂明支期本息期限者屬之。

9. **郵匯局轉存款**（Deposit transferred by the Postal Remittances and Saving Bank）「**略名同**」

凡收受郵政儲金匯業局以儲金存入的存款屬之。

㈣儲蓄存款

10.活期儲蓄存款（Demand savings deposits）「略名活儲存」

凡收受個人或非營利法人以積蓄資金爲目的依約隨時支付的存款屬之。

11.行員儲蓄存款（Staff savings deposits）「略名員儲」

凡本行行員依照規定存儲的款項屬之。

12.零存整付儲蓄存款（Club savings deposits）「略名零存整付」

凡收受個人或非營利法人以儲蓄資金爲目的，約定年限及數額，將本金分次匀存，到期本息一併提取的儲蓄存款屬之。

13.整存零付儲蓄存款(Annuity savings deposits)「略名整存零付」

凡收受個人或非營利法人以積蓄資金爲目的，約定年限及數額，將本金一次存入，再分期匀支本息的儲蓄存款屬之。

14.整存整付儲蓄存款（Time savings deposits）「略名整存整付」

凡收受個人或非營利法人以積蓄資金爲目的，約定年限及數額，將本金一次存入，到期本息一併提取的儲蓄存款屬之。

15.存本取息儲蓄存款（Interest drawing savings deposits）「略名存本取息」

凡收受個人或非營利法人以積蓄資金爲目的，約定年期及數額，將本金一次存入，分期支取利息，期滿收回原本的儲蓄存款屬之。

㈤匯款

16.匯出匯款（Remittance and drafts issued）「略名匯款」

凡收到匯款人委託依約匯出的款項屬之。

17.應解匯款（Remittances outstanding）「略名同」

凡受國內外通匯銀行委託，應解付的匯款屬之。

三、央行及同業融資類的科目

凡以貼進的票據、擔保的債權及其擔保品轉向中央銀行融資，或以票據及其他方式向同業融資者，屬於央行及同業融資類科目，內容如下：

(一)央行融資

1. 央行貼現轉融資 (Bills rediscounted with Central Bank)「略名同」

凡以未到期貼現票據，轉向中央銀行貼現融資者屬之

2. 央行放款轉融資 (Loans transferred to Central Bank)「略名同」

凡以擔保放款的債權及其擔保品，轉向中央銀行融資者屬之。

3. 央行其他融資 (Other funds borrowed from Central Banks)「略名同」

凡不屬於上列的其他向央行的融資屬之。

(二)同業融資

4. 同業融資 (Funds borrowed from banks)「略名同」

凡以票據或其他方式向同業融資的款項屬之。本科目分設「票據借款」及「借入款」二子目。

四、長期負債類的科目

凡發行債券及具有長期性質的負債科目屬於長期負債類，其內容如下：

1. 金融債券 (Bank bonds payable)「略名同」

凡依照銀行法的規定所發行的金融債券屬之。

2. 待發行金融債券 (Bank bonds to be issued)「略名待發債券」

凡待發行的金融債券屬之，本科目爲抵銷科目，編製資產負債表時，應列於「金融債券」科目下減除之。

3. 長期借款（Long-term loans payable）「略名同」

凡向銀行或其他機關借入款項，其償還期在一年以上，除已專設科目處理者外屬之。

4. 撥入放款基金（Appropriated loan funds）「略名撥放基金」

凡爲執行政府政策，依照規定撥由行局作指定放款的資金屬之。

5. 撥入放款基金積餘（Cumulative earning on loan fund）「略名撥放基金積餘」

凡運用撥入放款基金，所發生的累積盈餘屬之。本科目爲撥入放款基金的加項。

五、遞延貸項類的科目

凡遞延收益之應按期計攤的收入屬本類科目，內容如下：

1. 遞延收益（Deferred revenue）「略名同」

凡未經分攤的遞延收益屬之。

2. 債券溢價（Bond premium）「略名同」

凡發行債券所發生的溢價而未計攤者屬之。

3. 遞延兌換利益（Deferred foreign exchange gain）「略名同」

凡爲規避進出口交易外幣承諾的匯率變動風險所訂遠期外匯契約，因即期匯率變動對該外幣承諾所產生的遞延利益屬之。

4. 買賣遠匯溢價（Premium for foreign currency forward transaction）「略名遠匯溢價」

凡訂定遠期外匯契約的遠期匯率與即期匯率間的兌換溢價屬之。

六、其他負債類的科目

凡不屬於上列各類的負債均稱其他負債，此類科目有下列各項：

㈠信託代理及保證負債

1. 信託負債（Trust liabilities）「略名同」

凡代顧客經理各種信託保管事務所發生的信託負債，除專設科目處理者外屬之。此科目與資產類「信託資產」科目對轉。

2. 應付保管有價證券（Securities under custody for customers payable）「略名應付保管證券」

凡受顧客委託保管的有價證券屬之。此科目與資產類「保管有價證券」科目對轉。

3. 應付保管品（Custodies effects payable）「略名同」

凡應付受委託保管的物品屬之。本科目與資產類「保管品」科目對轉。

4. 受託代售旅行支票（Travellers' checks consignment-in）「略名受託代售旅支」

凡受同業委託代售旅行支票尚未售出者屬之。本科目與資產類「代售旅行支票」科目對轉。

5. 受託代收款（Collections for customers）「略名代收」

凡受顧客或同業委託代收的款項屬之。本科目與資產類「應收代收款」科目對轉。

6. 受託代放款（Liabilities on joint loans）「略名受託代放」

凡受託代放的款項屬之。此科目與資產類「應收代放款」科目對轉。

7. 存入保證票據（Returnable guarantee notes）「應略名存入保證票」

凡代他人持有的票據行使背書、保證或辦理分期收款方式銷貨等應付客戶存入作爲擔保用的票據屬之。本科目與資產類「應收保證票據」科目對轉。

8.應付保證票據（Guarantee notes payable）「略名應付保證票」

凡應付未付各種因保證而開出的票據，或以有價證券抵繳保證金者屬之。本科目與資產類「存出保證票據」科目對轉。

9.代理期付款項（Collection for customers-contracted payment）「略名代期付款」

凡代理買入期證券，應付的期付款屬之。本科目與資產類「代理買入期證券」科目對轉。

10.代理賣出期證券（Collection for customers-forward security sold）「略名代賣期券」

凡代理顧客賣出訂期交割的證券屬之。本科目與資產類「代理期收款項」科目對轉 。

11.受託承銷有價證券（Securities consignment in）「略名託銷證券」

凡受委託承銷的有價證券屬之。本科目與資產類「承銷有價證券」科目對轉。

12.保證款項（Guarantee）「略名保證」

凡受顧客委託簽發憑證對外負保證責任者屬之。本科目與資產類「應收保證款項」科目對轉。

13.信用狀款項（Letters of credit）「略名信用狀」

凡受顧客委託簽發信用狀，對外負償還責任者屬之。本科目與資產類「應收信用狀款項」科目對轉。科目之下分設即期信用狀及遠期信用狀二子目。

14.存入保證品（Guarantee effects received）「略名存入品」

凡存入現金以外的財物作保證者屬之。本科目與資產類「保證品」科目對轉。

㈡待整理負債

15.其他待整理負債（Other liabilities to be adjusted）「略名待整理負債」

凡國內外有待整理清償的負債，由原負債科目轉入者屬之。按負債類科目名稱分設子目。

㈢雜項負債

16.存入保證金（Guarantee deposits received）「略名存入金」

凡收到客戶、廠商存入款項，作爲保證金者屬之。

17.存入典金（Mortgage funds deposited in）「略名同」

凡將不動產使用及收益權典予他人所收存的典金屬之。

18.撥入備放款（Appropriation for loans）「略名撥入款」

凡由有關機關撥入備放的款項屬之。

七、營業及負債準備類的科目

凡爲營業及負債提存的各項準備皆屬之，包括：

㈠營業準備

1.兌換損失準備（Reserve for foreign exchange loss）「略名兌換準備」

凡依照規定提存備抵供沖抵外幣兌換損失的準備屬之。

2.保本保息準備（Reserve for interest and principal repayment）「略名保本息」

凡提存的保本保息準備屬之。

3.保證責任準備（Reserve for guarantees）「略名保證準備」

凡辦理保證業務依規定提列備供客戶無法履約時，代償一切債務的準備屬之。

4. 買賣票券損失準備（Reserve for loss on trading bills and securities）「略名票券損失準備」

凡依證券商管理規則提存的買賣票券損失準備屬之。

5. 輔導特別準備（Special reserve for advising and traning）「略名同」

凡依財政部證券管理委員會規定提存供為證券經紀業務研究發展、培訓人才、增添設備及發展市場資訊系統等用途的款項屬之。

6. 意外損失準備（Reserve for contingencies）「略名意外準備」

凡備供發生證券經紀錯帳、違約、應收信用狀轉列呆帳及其他意外損失，所提列的款項屬之。

㈡負債準備

7. 退休及離職金準備（Reserve for retirement plan）「略名退休金準備」

凡為員工退休，依照規定提存的退休及離職金準備屬之。

8. 遞延應付所得稅（Deferred income tax payable）「略名遞延所得稅」

凡應付所得稅依規定遞延至以後年度繳納的數額屬之。

9. 待整理資負差額準備（Reserve for valuation of affected area assets and liabilities）「略名差額準備」

凡待整理資產負債經整理後轉入相當科目時，調整價格所發生的差額屬之。

八、往來及兌換類的科目

本類科目爲資產負債共同科目，包括內部往來、聯行往來及兌換三項，意義說明已見上文，不再贅述。

第四節　業主權益類會計科目的說明

一、資本類的科目

關於資本主投資方面的科目，計有下列二項：

1. 資本（Capital）「略名同」

凡依法繳納或經核定的資本總額，以及依法撥充各部的資本屬之。

2. 未收資本（Subscribed capital receivable）「略名同」

凡已認未繳的資本屬之。本科目爲抵銷科目，編製資產負債表時，應列於「資本」科目下減除之。

二、資本公積類的科目

凡非由營業所產生的淨資產增加數皆屬之。其內容如下：

1. 收入公積（Renvenue surplus）「略名同」

凡處分固定資產溢價的稅後盈餘屬之。

2. 土地重估增值準備（Reserve for land revaluation increment）「略名土地增值準備」

凡土地依據公告地價重估增值扣除預計土地增值稅準備後的差額屬之。

3. 固定資產漲價補償準備（Reserve for property revaluation increment）「略名資產漲價準備」

凡固定資產遇有劇烈的漲價，將原折舊額依取得，製造或建築年份躉售物價指數與當年度同項指數比例伸算，就其超過原折舊額所提列的漲價補償準備屬之。

4. 資產增值準備（Reserve for assets revaluation increment）「略名同」

凡物價上漲達百分之二十五以上時，土地以外的固定資產辦理重估增值之數屬之。

5. 受贈公積（Donation surplus）「略名同」

凡受贈各項資產屬之。

6. 其他資本公積（Other capital surplus）「略名其他資積」

凡不屬於以上各項的其他資本公積屬之。

三、保留盈餘類的科目

凡依規定保留於事業的盈餘或待填補的虧損皆屬之。其內容如下：

1. 法定公積（Legal surplus）「略名法積」

凡每屆分配盈餘時，照章提存未供指定用途的公積屬之。

2. 特別公積（Appropriated surplus）「略名特積」

凡每屆分配盈餘時，除法定公積外，遵照政府法令或經股東會決定，從營業盈餘所提存供指定用途的公積或特別準備屬之。

3. 累積盈餘（Accumulated profit）「略名同」

凡每屆決算後，未經撥用的盈餘屬之。

4. 累積虧損（Accumulated loss）「略名同」

凡每屆決算後，未經彌補的虧損屬之。

5. 上期損益（Profit or loss from previous period）「略名同」

凡上期或上年結轉的純損或純益屬之。銀行業每年度分上下兩期辦理結算，上期結算的「本期損益」科目餘額，於下期開業日，應即轉列改用本科目。而至辦理下期結算時，除應先於「本期損益」科目結計下期份的純損或純益外，應再將期初轉到本科目的上期份純益或純損，一併轉入「本期損益」科目，以結出全年度的純損或純益。待至次年度開始營業時，上年度的「本期損益」科目餘額，又須再結轉入本科目，以待依法召開股東大會後，辦理盈餘的分配或虧損的彌補。

6. 上年度損益整理（Profit or loss adjustment account last year）「略名上年損益整理」

凡年度決算經審計機關審定後，關於損益修正增減的金額屬之。公營或半公營的銀行，每年決算結果，須由上級主管機關及審計機關分別派員查核，並由審計機關對決算損益結果，作最後的審定。此項審查結果，往往須於決算後若干時日始能定案，而受審年度的損益帳目，早已結束並另行開立新帳。於是有關以往年度決算損益的修正數，需專設本科目處理。

7. 本期損益（Profit or loss-current period）「略名同」

每期結算時，將本期損益類各科目餘額，依其借貸過入本科目，所結出的純損（借餘時）或純益（貸餘時）屬之。本科目每年上期結算時餘額，於下期開業日，應結轉「上期損益」科目；而下期結算的「本期損益」，則應先將當年度上期份的「上期損益」，轉回本科目，以結出全年度的純損或純益；至次年度開始營業時，須再將本科目餘額全數結轉「上期損益」科目。

四、權益調整類的科目

凡未實現長期股權投資損失，累積換算調整數及兌換差價準備等業主權益的調整項目皆屬之。

1. 未實現長期股權投資損失（Unrealized loss on long-term equity investment）「略名未實現長期投資損失」

凡長期投資上市公司股票，期末按成本與市價孰低法評價的總市價低於總成本差額屬之。市價下跌損失之數，記入借方；市價回升在原跌價損失範圍內沖銷之數，記入貸方（本科目應與「備抵長期股權投資損失」科目同時使用）。

2. **累積換算調整數**（Adjustment for the cumulative translation）「**略名同**」

凡在國外轉投資事業及分支機構財務報表按歷史匯率、現時匯率或當期加權平均匯率換算所產生的兌換差額，暨具有長期投資性質外幣墊款不擬於可預見將來結清的兌換差額，及為規避國外淨投資風險所訂遠期外匯買賣合約的匯率變動影響數屬之。增加之數，記入貸方；減少之數，記入借方。

3. **兌換差價準備**（Reserve for the differential foreign exchange）「**略名同**」

凡中央銀行外幣資產或負債依法按結帳匯率評價所發生的未實現利益屬之。評價所發生未實現利益之數，記入貸方；減少或抵沖之數，記入借方。

第五節　收入類及支出類會計科目的說明

一、營業收入類的科目

凡直接因營業所發生的收入，分別利用下列各營業收入類科目記載：

㈠金融業務收入

1. **利息收入**(Interest revenue)「**略名收入息**」

凡收入各項利息，除內部及聯行往來利息外屬之。本科目設下列各子目：

(1)存放央行息　(2)轉存央行存款息　(3)存放同業息

(4)同業透支息 (5)拆放同業息 (6)買入匯款息
(7)進口押匯息 (8)出口押匯息 (9)貼現息
(10)透支息 (11)擔保透支息 (12)短期放款息
(13)短期擔保放款息 (14)中期放款息 (15)中期擔保放款息
(16)長期放款息 (17)長期擔保放款息 (18)遠期信用狀息
(19)存款準備金息 (20)逾期息 (21)雜項收入息

2. 手續費收入(Commission revenue)「略名同」

凡收入各項手續費屬之。本科目可設下列各子目:

(1)匯費收入 (2)承兌手續費 (3)保證手續費
(4)代理收付手續費 (5)代放手續費 (6)出口押匯費
(7)信用狀開發費 (8)信用狀更改展期費 (9)預繳外匯費
(10)分割信用狀費 (11)出口簽證費 (12)信用狀通知費
(13)進口簽證費 (14)進口託收費 (15)進出口代收費
(16)註銷退票手續費 (17)代售旅行支票手續費 (18)信託手續費
(19)保管手續費 (20)保險手續費 (21)信用卡年費
(22)有價證券承銷費 (23)雜項手續費

3. 儲運收入(Revenue from warehousing & transportation operations)「略名同」

凡儲運業務所發生的收入屬之。

4. 證券經紀收入(Revenue from broker's operation)「略名同」

凡辦理證券經紀業務所發生的收入屬之。

5. 買賣票券利益(Gain on trading bills and securities)「略名同」

凡買賣各種票券所發生的利益屬之。本科目分設下列各子目:

(1)有價證券收益 (2)定期存單收益 (3)承兌匯票收益
(4)商業本票收益 (5)國庫券收益

6. 長期股權投資利益(Gain on investment enterprises)「略名長期

投資利益」

凡長期股權投資或轉投資經營事業所獲配的現金股息紅利及處分投資的利益屬之。

7.兌換利益(Gain on exchange)「略名同」

凡外幣資產或公債因匯率變動實際兌換或評價的利益屬之。

㈡其他營業收入

8.營業資產租金收入(Rental earned from operating properties)「略名租金收入」

凡屬營業資產出租所收的租金屬之。

9.其他營業收入(Other operating revenue)「略名同」

凡不屬於以上各項的其他營業收入屬之。

㈢內部損益

10.內部收入(Inter-office revenue)「略名同」

凡內部往來或託辦所發生的收入屬之。本科目分設下列子目：

⑴內部利息收入　⑵聯行利息收入　⑶內部手續費收入
⑷聯行手續費收入　⑸總處(局)經費收入　⑹內部其他收入

二、營業外收入類的科目

凡非直接因營業所發生的收入，均分別記入營業外收入類科目，內容如下：

1.財產交易利益(Gain on sale of properties)「略名同」

凡固定、遞耗及無形資產變賣、交換等所獲得的利益屬之。本科目在分配盈餘時，應與「財產交易損失」軋抵並扣營利事業所得稅後，以其餘額轉列收入公積。

2. 雜項收入(Miscellaneous revenue)「略名雜收」

凡無相當科目可歸的其他收益，或其他非因營業結果所產生的收益屬之。

⑴收回呆帳　⑵收回保證責任準備　⑶過期帳收入
⑷其他

註：銀行出租房地產所收租金，如金額不大而未專設「營業資產租金收入」科目整理者，亦可列入「雜項收入」科目。

三、營業成本類的科目

凡直接因營業所發生的支出，均分別用本類科目入帳，計有：

㈠金融業務成本

1. 利息支出(Interest expenses)「略名支出息」

凡支出各項利息，除內部及聯行利息外屬之。本科目可設下列各子目：

⑴央行存款息　⑵同業存款息　⑶透支同業息
⑷同業拆放息　⑸活期存款息　⑹外幣活期存款息
⑺公庫存款息　⑻定期存款息　⑼外幣定期存款息
⑽活期儲蓄存款息　⑾行員儲蓄存款息　⑿零存整付息
⒀整存零付息　⒁整存整付息　⒂存本取息息
⒃貼現轉融資息　⒄放款轉融資息　⒅其他融資息
⒆同業融資息　⒇遠期信用狀息　(21)長期借款息
(22)金融債券息　(23)雜項支出息

2. 手續費支出(Commission expenses)「略名同」

凡支出各項手續費屬之。本科目可設下列各子目：

⑴保管手續費　⑵保證手續費　⑶代理收付手續費

(4)信用狀通知費 (5)進出口代收費 (6)票據交換手續費
(7)徵信查詢手續費 (8)託辦手續費 (9)信託手續費
(10)跨行業務手續費 (11)經紀商手續費 (12)雜項手續費

3.儲運費用(Expenses of warehousing & transportation on operations)「略名同」

凡儲運業務所發生的支出屬之。

4.證券經紀支出(Expenses on broker's operation)「略名同」

凡辦理證券經紀業務所發生的支出屬之。

5.買賣票券損失(Loss on trading bills and securities)「略名同」

凡買賣各種票券其因買賣等所發生的損失屬之。本科目可設下列子目:

(1)有價證券損失 (2)定期存單損失 (3)承兌匯票損失
(4)商業本票損失 (5)國庫券損失

6.長期股權投資損失(Loss on investment enterprises)「略名長期投資損失」

凡投資企業所發生的損失屬之。

7.兌換損失(Foreign exchange loss)「略名同」

凡外幣資產或負債因匯率變動實際兌換或評價的損失屬之。惟對國外分支機構長期墊款與規避國外淨投資所訂遠期外匯買賣合約的匯率變動影響數,及中央銀行依法對外匯評價所產生的兌換差額,應分別作爲股東權益調整項目及遞延兌換差價損失。

8.各項提存(Appropriation for reserve accounts)「略名提存」

凡營業上的各項提存,除已專設科目者外屬之。本科目可設下列子目:

(1)提存呆帳準備 (2)提存保證責任準備 (3)提存兌換損失
(4)提存意外損失準備 (5)其他提存

9. 呆帳(Bad debts)「略名同」

凡依規定報准轉銷債權超出已提存的備抵呆帳之數屬之。

10.現金運送費(Freight on transportation of cash)「略名運現費」

凡運送現金的一切費用屬之。

(二)其他營業成本

11.營業資產出租費用(Expenses on assets rented)「略名出租費用」

凡以營業資產出租所支付的費用屬之。

(三)內部損益

12.內部支出(Inter-office expenses)「略名同」

凡內部往來或託辦所發生的支出屬之。本科目分設下列子目:

(1)內部利息支出　(2)聯行利息支出　(3)內部手續費支出
(4)聯行手續費支出　(5)總處(局)經費支出　(6)內部其他支出。

二、營業費用類的科目

1. 業務費用(Business expenses)「略名業務費」

凡業務部門所發生或攤計的各項費用屬之。本科目按費用的用途別分設子目，其名稱及適用範圍，於下文說明。

2. 管理費用(Administrative expenses)「略名管理費」

凡管理部門所發生或攤計的各項費用屬之。亦按費用的用途別分設子目。目前一般銀行對營業單位所發生的各項費用，均作業務費用處理，但對總行各項費用的處理，則頗不一致。有一部分銀行，將總行費用全部以管理費用入帳；有一部分銀行以部門爲區分的標準，將業務、審查、徵信、會計、稽核、企劃等部門費用歸入業務費用，而將秘書、人事、總務等部門費用歸入管理費用；更有一部分銀行，僅就用人費用按部門性質區分而分別歸入業務或管理費用，其他費用則一律視爲管理費用。

政府爲促進公營銀行經營的企業化、合理化，及爲保持預算的彈性運用起見，特於預算執行辦法中規定，在預算所核定的經營比率範圍內，業務費用中各子目的支用數，可隨實際業務量的增長而增加之；但管理費用則應受核定預算數的絕對限制。

3. 研究發展費用(Research and development expenses)「略名研展費」

凡爲研究發展新產品，改進新技術，改善製程，節約能源，防治污染及產品市場調查等有關費用屬之。

4. 員工訓練費用(Employee training expenses)「略名員訓費」

凡爲推廣業務，加強管理及改進技術等有關訓練員工費用屬之。

5. 其他營業費用(Other operating expenses)「略名其他費用」

凡不屬於以上各項的其他營業費用屬之。

三、營業外費用類的科目

凡非直接因營業所發生的支出，皆歸入營業外支出處理，包括下列各科目：

1. 財產交易損失(Loss on sale of properties)「略名同」

凡出售資產而發生的損失屬之。本科目在分配盈餘時，應與「財產交易利益」軋抵。

2. 資產報廢損失(Loss on disposal of properties)「略名報廢損失」

凡資產報廢而發生的虧損屬之。

3. 雜項支出(Miscellaneous expenses)「略名雜支」

凡無相當科目可歸的其他支出，或其他非因營業結果所發生的損失均屬之。

第六節　費用子目的說明

銀行經常性或臨時性的各項費用開支，係以「業務費用」與「管理費用」兩科目入帳，爲便於分析比較及考核起見，兩科目之下先分設用人費用，其他服務費用等類目，於類目之下再分設若干項目，而於每一項別下再按用途別設置若干子目。茲將各費用子目的名稱及適用範圍等，根據行政院主計處的最新規定說明於下文。

一、用人費用類的子目

㈠正式員額薪資

1.董監事報酬

凡董監事的定額車馬費或給與屬之。

2.顧問人員報酬

凡顧問人員給與屬之。

3.職員薪金

凡編制內正式職員薪給屬之。

4.工員工資

凡編制內正式工員工資屬之。

5.警餉

凡警衛人員薪給屬之。

㈡臨時人員薪資

6.聘用人員薪金

凡臨時聘用人員的固定給與屬之。

7.臨時職員薪金

凡編制外臨時職員薪給屬之。

8.臨時工員及外包工資

凡臨時僱用的工員及外包工員工資屬之。

㈢超時工作報酬

9.加班誤餐費

凡員工因業務需要而加班或因業務無法休假而改發的加班費屬之。

10.值班誤餐費

凡員工的值班費屬之。

11.午餐費

凡員工的午餐費屬之。

12.不休假加班費

凡員工於國定假日、例假日、特別休假日、執行職務而支領的加班費屬之。

㈣津貼

13.國外津貼

凡依照規定發給員工國外分行地域加給屬之。

14.出納津貼

凡依照規定發給的出納人員津貼屬之。

㈤獎金

15.獎金

凡依照規定給與的各項獎金屬之。

16.研究發明獎金

凡員工在業務上有所創作或發明，經評審合格而發給的獎金屬之。

17.其他獎金

凡不屬於上列而依照規定得發給的其他獎金屬之。

㈥退休及卹償金

18.職員退休及離職金

凡依照規定發給的職員退休及離職金屬之。

19.工員退休及離職金

凡依照規定發給的工員退休及離職金屬之。

20.卹償金

凡員工死亡按規定核給的撫卹金屬之。

㈦福利費

21.分擔員工保險費

凡由行方負擔的職員及工員各項保險費屬之。

22.分擔員工眷屬保險費

凡由行方負擔的員工眷屬各項保險費屬之。

23.傷病醫藥費

凡員工因公傷病醫療費用屬之。

24.提撥福利金

凡依照員工福利金條例規定所提撥的福利金經費屬之。

25.體育活動費

凡員工體育、康樂等活動費用屬之。

26.福利互助費

凡依福利互助辦法規定由行方補助的互助費屬之。

27.其他福利費

凡不屬於上列的其他福利費用，經核定辦理者屬之。

二、服務費用類的科目

㈠外購水電

1. 工作場所電費

凡營業場所所耗用的電費屬之。

2. 員工宿舍電費

凡支付員工宿舍的電費屬之。

3. 工作場所水費

凡營業場所所耗用的水費屬之。

4. 員工宿舍水費

凡支付員工宿舍的水費屬之。

5. 瓦斯費

凡向外購入煤氣或天然瓦斯所支付的價款屬之。

㈡郵電費

6. 郵費

凡支付各種郵票、信箱租金等費用屬之。

7. 電話費

凡使用電話繳交電話局或電信局的費用屬之。

8. 電報費

凡拍發各種電報及使用電報機所支付的費用屬之。

9. 數據通信費

凡通訊線路、數據及其他特別用途的數據線路與設備的費用屬之。

㈢旅運費

10.國內旅費

凡員工調任或出差，經呈准報支的國內旅運、日用雜費屬之。

11.國外旅費

凡員工因公出國，經呈准報支的旅運、日用雜費屬之。

12.其他搬運費

凡除現金以外的公物搬運所支付的費用屬之。

㈣印刷裝訂與廣告費

13.印刷費

凡購買各種印刷材料，印刷品及一切印刷費用屬之。

14.複製費

凡委託複印或購買複印材料等費用屬之。

15.裝訂費

凡各種帳冊、簿籍等的裝訂費用屬之。

16.廣告費

凡爲推展業務所支付的一切廣告費用屬之。

17.公告費

凡爲業務需要所支付的各種刊登公告費用屬之。

㈤修理保養費

18.一般房屋修護費

凡除宿舍以外所有房屋及其附屬設備如電梯、中央系統冷氣機等的修繕維護費用屬之。

19.員工宿舍修護費

凡員工宿舍的修繕維護費用屬之。

20.其他建築修護費

凡其他建築及其附屬設備的修繕維護費用屬之。

21.交通運輸設備修護費

凡交通運輸及電訊設備的修護費屬之。

22.其他設備修護費

凡不屬於房屋建築及設備、交通運輸設備等的其他設備修繕及維護費用屬之。

(六)保險費

23.一般房屋保險費

凡一般房屋的保險費用屬之。

24.員工宿舍保險費

凡員工宿舍的保險費用屬之。

25.交通運輸設備保險費

凡各種車輛及電訊設備的保險費用屬之。

26.其他設備保險費

凡各種事務設備及其他設備保險費屬之。

27.現金及存款保險費

凡投保運送中現金意外險及存款保險的保險費屬之。

(七)專業服務費

28.代理費

凡委託證券公司代理本行股務過戶、合併零股、通函股務郵費等費用屬之。

29.會計師公費

凡因業務需要聘請會計師簽證查帳，諮詢等所支付的費用屬之。

30.法律事務費

凡因業務訴訟所支付的律師費、裁判費、公證費及法律諮詢等費用屬之。

31.委託調查研究費

凡因業務需要辦理調查或研究所支付的費用屬之。

32.電子計算機軟體服務費

凡電腦軟體服務所支付之費用屬之。

33.工程設計及技術諮詢費

凡委託其他機關或專家辦理工程的可行性研究規劃設計監工諮詢及技術等費用屬之。

34.講課鐘點及稿費

凡辦理講習訓練聘請講師演講或授課的鐘點費及委託撰稿翻譯等酬勞費用屬之。

㈧公共關係費

35.公共關係費

凡爲公共關係的需要所支付的費用屬之。

三、材料及用品費類的子目

㈠使用材料費

1.燃料

凡各種車輛及其他運輸設備所耗用的油料、燃料等費用屬之。

2.油脂

凡各種設備所耗用的油脂費用屬之。

3. 設備零件

凡購置一切設備的零配件屬之。

㈡用品消耗

4. 事務用品

凡支付文具、紙張、印章等一切辦公用品費用，及爲整理票券所耗的物料等屬之。

5. 報章雜誌

凡訂閱各種報章、雜誌及購買各種書籍等費用屬之。

6. 環境美化及清潔費

凡爲環境的美化及清潔所耗費用屬之。

7. 服裝

凡依照規定發給工作人員服裝費用屬之。

8. 票券整理用品

凡出納部門票券整理用品的費用屬之。

9. 其他

凡不屬上列用品消耗的其他消耗品費用屬之。

四、租金類的子目

㈠地租

1. 一般土地租金

凡向外租用地所支付的租金屬之。

㈡房租

2. 一般房屋租金

凡向外租用一般房屋建築所支付的租金屬之。

3. 員工宿舍租金

凡對外租賃的員工宿舍租金屬之。

㈢機器租金

4. 電子計算機租金及使用費

凡向外租用電子計算機租金或使用費屬之。

㈣交通運輸設備租金

5. 車租

凡爲接洽業務所支付的車資屬之。

6. 電信設備租金

凡租用電信設備所支付的租金屬之。

㈤其他設備租金

7. 其他設備租金

凡向外租用會計或事務等機器及其他設備所支付的租金屬之。

五、折舊及攤銷類的子目

㈠房屋折舊

1. 一般房屋折舊

凡一般房屋建築計提的折舊屬之。

2. 員工宿舍折舊

凡員工宿舍計提的折舊屬之。

3. 其他建築折舊

凡按期提列其他建築的折舊費用屬之。

㈡機械及設備折舊

4. 機械及設備折舊

凡各種機械及設備折舊費用屬之。

㈢交通運輸設備折舊

5. 交通運輸設備折舊

凡各種車輛及通訊設備計提折舊屬之。

⑴運輸設備折舊

⑵電訊設備折舊

⑶廣播設備折舊

㈣其他設備折舊

6. 其他設備折舊

凡不屬於房屋建築、交通運輸設備的其他設備計提的折舊屬之。

⑴機具設備折舊

⑵計數設備折舊

⑶電器設備折舊

⑷儲放設備折舊

⑸辦公傢具設備折舊

⑹其他雜項設備折舊

7. 攤銷開辦費

凡攤銷籌備期間的開辦費屬之。

8. 攤銷租賃權益

凡攤銷租賃取得的資產使用權益屬之。

六、稅捐及規費類的子目

(一)土地稅

1.土地增值稅

凡土地所有權移轉所繳納的土地增值稅屬之。

2.一般土地地價稅

凡一般土地依法所繳納的地價稅款屬之。

3.員工宿舍基地地價稅

凡員工宿舍基地依法所繳納的地價稅款屬之。

4.田賦

凡依法繳納的田賦屬之。

(二)契稅

5.契稅

凡購置、承典、交換、受贈、分割或佔有而取得土地及其定著物所有權繳納的契稅屬之。

(三)房屋稅

6.一般房屋稅

凡一般房屋依法所繳納的房屋稅屬之。

7.員工宿舍房屋稅

凡員工宿舍依法所繳納的房屋稅屬之。

(四)消費與行爲稅

8.汽車燃料使用費

凡各種車輛依規定繳納的車輛燃料使用費屬之。

9.使用牌照稅

凡各種車輛依法繳納的車輛使用牌照稅屬之。

10.營業稅

凡依營業稅法所繳納的營業稅屬之。

11.印花稅

凡依法繳納的印花稅及購備的印花稅票屬之。

㈤特別稅課

12.其他稅捐

凡不屬於上列各項稅捐費用屬之。

㈥規費

13.行政規費

凡向行政機關申請各種謄本、書類等所支付的規費屬之。

七、會費捐助與分擔類子目

㈠會費

1.國際組織會費

凡參加或申請加入國際組織所支付的會費屬之。

2.學術團體會費

凡參加或申請加入各種學術團體所支付的會費屬之。

3.職業團體會費

凡因業務加入銀行公會等職業團體所支付的會費屬之。

㈡捐助

4. 捐助社團

凡對社團捐助屬之。

5. 捐助政府機構

凡對政府機構捐助屬之。

6. 公益支出

凡因公務必須協助地方建設、公益建設及敦親睦鄰等費用屬之。

㈢分擔

7. 分擔保全費用

凡因駐警關係由其他團體撥來分擔的費用屬之。

8. 分擔大樓管理費

凡營業場所所支付大樓管理費用屬之。

9. 分擔其他費用

凡因業務或公共關係由其他職業團體撥來分擔的非常性費用屬之。

第七節　會計科目運用釋例

為使學者對於會計科目的運用，能有進一步的瞭解，特舉15項交易事項，並將其有關的借貸分錄列示於下：

例一　支票存款# 3001迪化公司存入外埠華南銀行——臺中分行付款支票一紙計50,000元，寄本行臺中分行代收。

借：應收代收款　　　　　$ 50,000.00

　　貸：受託代收款　　　　　$ 50,000.00

例二　接到聯行收款報單，上項迪化公司託收票據，經已收妥。

①借：受託代收款 $ 50,000.00

貸：應收代收款 $ 50,000.00

②借：聯行往來——臺中分行 $ 50,000.00

貸：支票存票——迪化公司 $ 50,000.00

例三 活期存款# 1023 戶大通文具行，携來存摺，塡具存款憑條10,000元，請求付現。

借：活期存款——大通文具行 $ 10,000.00

貸：現　金 $ 10,000.00

例四 上項大通文具行戶上半年結息，計應支付利息 43,250 元，並扣繳所得稅 4,325 元。

借：應付利息——活存息 $ 43,250.00

貸：活期存款——大通文具行 $ 38,925.00

貸：其他應付款

——代扣利息所得稅 4,325.00

例五 林玉麗以現款 50,000 元存作定期存款，期限六個月，年息 6.00%，簽發存單交林君收執。

借：現　金 $ 50,000.00

貸：定期存款 $ 50,000.00

例六 貸款與克寧公司，爲期三年，年利率 9.65%，提供土地爲擔保物，金額 15,000,000 元，轉入該公司支票存款戶。

借：中期擔保放款

——克寧公司 $ 15,000,000.00

貸：支票存款

——克寧公司 $ 15,000,000.00

例七 貸與吉林公司的短期擔保放款 100,000 元，爲期一年，年息 9.25%，到期屢催不還已達六個月，連同積欠的利息 5,000 元，轉入催收款項。

借：催收款項　$ 105,000.00

貸：短期擔保放款　$ 100,000.00

應收利息　5,000.00

例八　支票存款戶萬隆公司來行申請訂立承兌匯票契約，最高額度爲 5,000,000 元，今該公司開具匯票一紙計 1,000,000 元，期限爲承兌後三個月付款，連同交易憑證等來行請求承兌，並收到手續費 6‰現金。

借：應收承兌票款　$ 1,000,000.00

貸：承兌匯票　$ 1,000,000.00

借：現　金　$ 1,500.00

貸：手續費收入

——承兌手續費　$ 1,500.00

例九　顧客林大同君來行申請電匯外埠彰化銀行——臺中分行活期儲蓄存戶陳明德君 50,000 元，連同匯費 20 元，跨行服務費 15 元，收到現金數。

借：現　金　$ 50,035.00

貸：匯出匯款　$ 50,000.00

手續費收入——匯費　20.00

其他應付款

——跨行服務費　15.00

例一〇　上列款項接臺中彰銀退匯通知，以陳君帳戶有誤，無法代解。

借：匯出匯款　$ 50,000.00

貸：其他應付款——其他　$ 50,000.00

例一一　買入每張面額 10,000 元公債 400 張，買入市價每張 10,090 元，買入時含息 80,000 元。

借：買入有價證券　　　　　$ 3,956,000.00
　　應收利息　　　　　　　　　80,000.00
　　貸：現　金　　　　　　　　　　$ 4,036,000.00

例一二　本行與其他投資人共同發起設立中興建築經理股份有限公司，資本額 500,000,000 元，本行投資 5%計 25,000,000 元，即簽發臺灣銀行支票一紙繳納全部股款。

借：長期股權投資　　　　$ 25,000,000.00
　　貸：存放銀行同業——臺銀　$ 25,000,000.00

例一三　假設上項投資收到分配的現金股利 50,000 元，並代扣繳所得稅 15%。

借：現　金　　　　　　　　$ 42,500.00
　　預付所得稅　　　　　　　7,500.00
　　貸：投資利益　　　　　　　　$ 50,000.00

例一四　華南銀行向本行折借 100,000,000 元，日息 6%，期爲五天，除扣利息 300,000 元外，餘款付以現金。

借：拆放銀行同業　　　　$ 100,000,000.00
　　貸：現　金　　　　　　　$ 99,700,000.00
　　　　利息收入　　　　　　　　300,000.00

例一五　大昌公司來行辦理國內即期信用狀業務，開狀金額爲 500,000元，並同時繳交 50,000 元保證金及 500 元的開狀手續費。

借：應收信用狀款項
　　　　——國內即期信用狀　　$ 500,000.00
　　貸：信用狀款項
　　　　　——國內即期信用狀　　$ 500,000.00

借：現　金　　　　　　　　$ 50,500.00

貸：存入保證金　　$ 50,000.00

手續費收入

——開狀手續費　　500.00

問　題

一、試說明銀行業會計科目設計的原則。

二、請列述我國銀行業會計科目的分類。

三、解釋下列各資產類科目的意義:

待交換票據、拆放銀行同業、應收承兌票款、透支、短期放款、中期擔保放款、儲蓄部基金、長期股權投資、租賃權益、應收保證票據、催收款項、承受擔保品、聯行往來。

四、解釋下列各負債類及業主權益類科目的意義:

透支銀行同業、銀行同業拆放、支票存款、活期存款、匯出匯款、央行貼現轉融資、撥入備放款、保證責任準備、收入公積、特別公積、上期損益、上年度損益整理、累積換算調整數。

五、解釋下列各損益類科目的意義:

儲運收入、證券經紀收入、買賣票券利益、兌換利益、呆帳、各項提存、現金運送費、內部支出、雜項支出。

六、何謂對轉科目? 試舉例說明之。

七、何謂資產負債共同科目? 試舉例說明之。

八、一家銀行對中央銀行及對其他同業的款項往來, 係以那些科目整理? 試一一列述之。

九、試說明「本期損益」、「上期損益」及「累積盈餘」三科目的用法。

十、試說明「兌換」、「兌換損失」及「兌換損失準備」三科目的區別。

土、試就銀行會計的觀點, 舉例說明下列各名詞的意義:

流動資產、遞延借項、流動負債、營業收入。

主、銀行業的金融業務收入有那幾項? 試列舉之。

習　題

一、某銀行某日總分類帳各科目的餘額如下:

庫存現金	$800,000	支票存款	$3,000,000	其他應收款	$70,000
銀行同業存款	250,000	存放銀行同業	300,000	買入有價證券	500,000
待交換票據	100,000	出口押匯	120,000	預付費用	30,000
存放央行	300,000	透支	900,000	其他預收款	90,000
應付利息	200,000	其他應付款	170,000	擔保透支	1,000,000
匯出匯款	230,000	其他預付款	50,000	應付代收款	190,000
應收利息	150,000	貼現	430,000	房屋及建築	400,000
長期股權投資	400,000	租賃權益	140,000	存入保證金	200,000
資本	2,000,000	累積盈餘	10,000	開辦費	100,000
其他設備	250,000	中期擔保放款	6,600,000	短期放款	4,300,000
法定公積	1,000,000	利息收入	800,000	備抵呆帳	600,000
收入公積	200,000	利息支出	400,000	公庫存款	130,000
交通及運輸設備	200,000	土地	300,000	手續費收入	50,000
預收利息	40,000	手續費收入	30,000	雜項收入	10,000
定期存款	4,000,000	存出保證金	60,000	累計折舊	300,000
特別公積	200,000	手續費支出	20,000	各項提存	100,000
公庫存款	1,200,000	活期存款	2,800,000	業務費用	150,000
行員儲蓄存款	490,000	現金運送費	10,000	雜項支出	10,000

試根據上列資料計算該銀行資產、負債及業主權益的數額。

二、下列各項應以何種科目入帳，試分別列示之。

1.應收回的員工各項借支。

2.暫付購置器具的部分價款。

3.撥出基金以充儲蓄部資本。

4.營建櫃臺設備的價款。

5.承租行舍內的改修設備費用。

6.繳存票據交換所的保證金。

7.購買行舍所付的契稅。

8.應付未付的各項費用。

9.收入放款的部分本息。

10.以公債抵繳票據交換所保證金。

11.經營倉庫所得的倉租收入。

12.公司債的利息收入。

13.行有土地出租的租金收入。

14.器具設備報廢出售的價款低於帳面價值的差額。

15.依銀行法與公司法的規定所提存的公積金。

16.存放於中央銀行的準備金。

17.買入隨時可變現的商業本票。

18.將本金分次勻存，到期本息一併提取的儲蓄存款。

19.有擔保品而期限超過七年的放款。

20.由存戶憑存摺隨時存取的存款。

三、下列各項費用應以何項子目出帳，試分別列示之。

1.臨時僱用人員的薪金。

2.員工午膳的伙食費。

3.郵遞函件的郵資。

4.洽談存款所付的車資。

5.購置的各項零星消耗物品。

6.加入銀行公會的會費。

7.影印文件的費用。

8.依照員工福利金條例規定而按營業收入提撥的福利金。

9.依照公務人員保險法規定所補助職員的保險費。

10.行舍的修繕費用。

11.訂閱報紙的費用。

12.印製贈送客戶日曆的費用。

13.僱討放款的訴訟費用。

14.員工公出的旅運日用等費。

15.支付保全公司的保全費用。

四、試作下列各交易的借貸分錄:

1.客戶張君存入現款 50,000 元，開立支票存款戶。

2.活存戶李君來行提取存款 1,000 元。

3.客戶黃君提供擔保品向本行借款 100,000 元，期限六個月、利率年息10.75%，款項撥入黃君活期存款帳內。

4.保付本行支票存款戶姚君所簽發的支票 50,000 元。(保付支票仍以支票存款科目列帳)

5.支票存款戶王君簽發該戶支票 100,000 元來行轉存定期存款。

6.客戶持現款 50,008 元來行辦理匯款，其中 8 元為匯費。

7.支付報費 75 元。

8.支票存款戶張君簽該戶支票 30,000 元，來行換取現款 10,000 元及本行付款的本票 20,000 元。

9.行員徐君存入現款 5,000 元及臺中聯行所開本行付款的匯票 3,000元 (借聯行往來科目)。

10.短期放款戶劉君持現款 1,000 元及本行支票存款戶張君所簽支票 800 元，來行繳納借款利息。

11.定存戶伍君來行領取利息 500 元，代扣利息所得稅及印花稅 52 元。

12.以現款 500,000 元存入本埠臺灣銀行，開立支票存款戶。

13.購置辦公桌椅乙批，價款 3,000 元，當簽發存放同業——臺銀戶支票付訖。

14.本埠同業第一銀行存入現款 200,000 元、本行支票存款戶黃君所簽支票 50,000 元以及本行付款的保付支票 50,000 元。

15.活期存款戶邱君存入同業存款——第一銀行戶所簽的支票 7,000 元及本行支票存款戶耿君所簽的支票 3,000 元。

16.本行前匯出的匯款 50,000 元，已經臺中聯行兌付。

17.本埠第一銀行存入本行支票存款戶朱君所簽支票 100,000 元，(按該戶訂有 50,000 元擔保透支契約，當時存款餘額爲 80,000 元)。

18.臺北總行委託本行代解的票匯 4,000 元，本日以現金兌付。

19.購置小金庫乙具，計價 3,000 元，款暫欠。

20.以現款 200,000 元及簽發存放同業——臺銀戶支票 300,000 元購進遠東紡織公司公司債一批。

第三章　傳票制度

第一節　會計憑證的意義與種類

一、會計憑證的意義

凡足以使資產、負債、資本或損益發生增減變化的事實謂之「會計事項」，也就是一般人所謂的交易。任何企業必須先取得足以證明會計事項發生的憑證單據，然後再作帳務上的處理；此類用以證明會計事項發生的單據，及作爲記帳依據的憑證統稱「會計憑證」。

二、會計憑證設計的原則

會計憑證既爲會計事項發生的證明及爲記帳的依據，在整個會計處理上，居於非常重要的地位，故設計時應兼顧下列原則，俾期便於處理及保存：

1. 會計憑證的設計，除遵照法令的規定外，應以便於日常處理及保存爲原則。

2. 原始憑證除外來憑證外，內部及對外憑證，其形式規格應求一致，並儘量能以代替記帳憑證爲原則。

3. 記帳憑證以採用單式傳票爲原則，其種類、格式及大小，在同一行局的總分機構，應求一致。

4. 各種記帳憑證應儘量能與其他有關憑證一次套寫。

5. 各種記帳憑證應互以紙色區分。

三、會計憑證的種類

會計憑證通常分下列二種:

1. 原始憑證

乃證明事項的經過,而為造具記帳憑證的根據,也就是會計事項發生的證明。故會計處理不能缺少原始憑證。

2. 記帳憑證

乃證明處理會計事項人員的責任,而為記帳所依據的憑證,亦即帳簿記錄的根據,通稱傳票。故填製記帳憑證為會計處理的起點。

四、原始憑證的種類

依照銀行會計制度的一致規定,原始憑證可分為下列各種:

1. 送款簿存根及對帳單。
2. 同業借款證書。
3. 借據及契約。
4. 委託購買證及商業信用證。
5. 投資的股票或股款收據及領息通知書。
6. 買賣證券、商業票據及貨幣的成交單暨買賣遠期外匯的證實書。
7. 送款單及支票。
8. 存款或取款憑條及取息憑條以及公庫的存款或支款憑單。
9. 本行支票及存單。
10. 交換票據表單。
11. 活支滙信、滙票及滙款收條。
12. 聯行或內部委託書及報單。
13. 聯行收妥及託付款項電報。

14.倉庫領款或送款憑單。

15.應收或應付利息計算表。

16.預付及存出保證金收據。

17.預收及存入保證金的收據存根或留底。

18.房地產的所有權狀或買賣契約，所有權移轉證及租約。

19.購買財物的發票及憑證。

20.折舊，攤銷及提存備抵呆帳等的計算書表。

21.財產及貨品毀損、廢棄的毀損廢棄報告及核准函件。

22.資本的核定增減法案及股票存根。

23.薪金、津貼、工資、獎金、旅運費、郵養及其他支給的表單收據。

24.文具、書報、印刷、郵電、廣告、營繕、保險、房地租及其他各項開支的發票、收據及其他證明書據。

25.經公庫收訖蓋章的各項稅捐查定通知書。

26.領用物品清單。

27.其他各項費用的證明書據。

28.盈虧撥補的書表及核准函件。

29.法案、決議、批諭、及其他可資證明各種會計事項發生經過的單據或其他書類。

原始憑證的格式及內容，如法令上已有規定，或習慣上已有成例，即以此等規定或成例爲依據。否則應配合事實需要及實際情形，自行擬訂。並以儘量可代替記帳憑證爲原則。

五、記帳憑證的種類

依照銀行會計制度的一致規定，記帳憑證分爲下列各種：

1.現金收入傳票　　2.現金支出傳票

3.轉帳收入傳票　　4.轉帳支出傳票

5. 原始憑證代傳票　　　　　　6. 科目日結單

在辦理兌換、滙款、押滙、票據交換或其他業務的手續上，如以套寫爲便利時，前列各種記帳憑證，除科目日結單外得採用特種格式。所有記帳憑證，應用不同紙色加以區分。

六、原始憑證的處理

凡與交易有關而非代用傳票的各種原始憑證，除須另行保存外，應加蓋「附件」戳記，附訂於有關傳票之後，並在傳票內註明附件張數。附件應與傳票編列同一號碼。另行保存的原始憑證單據，應將號數及保存處所在傳票內註明。同一單據如須分科目或子目報銷而無法分開時，應將該單據黏附於科目或子目次序較前的傳票上，並於該單據內標簽分報原因，本科目或子目實報金額若干及其餘金額分列某科目或某子目；同時對某科目或子目的傳票，另製副單據，註明原單據附於本日或本月何項科目或子目內，再由主管、會計人員、出納人員及經手人分別蓋章證明。同一單據須在不同單位分別報銷時，應由持有單據的單位出具證明，標簽分報原因、分報單位及主單據收存單位。

銀行屬於營利事業的一種，所有原始憑證亦應遵照商業會計法和稅法的規定辦理，茲特分別說明如下：

1. 對外會計事項應取得外來憑證或給與他人憑證。外來憑證除別有規定外，不得以內部憑證代替。對外憑證應至少自留副本或存根一份。

2. 各項外來憑證，應載有營利事業的名稱、交易事項、金額及出據人的名稱、地址、出據日期、並簽名蓋章。

3. 無法取得會計憑證的事項，商業主管人員得令經辦及主管該事項的人員分別或連帶負責證明，格式如下頁：

(格式一)

○○銀行證明單

傳票總　　號附件

台照　　中華民國　年　月　日

科目	

子　　目	摘　　要	金　　額
新臺幣　佰　拾　萬　仟　佰　拾　元　角　分整		
備　註		

上列金額已照　　無誤此據

證明人
或經手人

經副襄理　　會　計　　營　業　　覆　核　　製　票

(格式二)

○○銀行支出證明單

貨物名稱或支出事由	單位數量	單價	實付金額	受領人	不能取得單據原因	機關長官或授權代簽人	中華民國
						證明人 驗收人 經手人	年　月　日

註：格式二爲支出憑證證明規則所規定者，適用於公營的銀行。

第二節　傳票的性質

一、傳票的意義及作用

「傳票」係記載交易要旨，區分科目借貸，以傳遞於有關各課系，而供記帳，收付及審核依據的記帳憑證。銀行業務繁複，內部分工精細，每筆交易發生後，橫的方面往往須經過出納、營業、會計或事務等課系，縱的方面又須由經辦人，各課系主管及經副襄理分別處理。若僅憑口頭傳述，不但缺乏根據，且易發生錯誤或弊端。如直接以原始憑證相互傳示，則因內容繁簡及格式大小不一，在記錄與處理上難期一致。是以銀行業對於傳票制度異常重視，無論內容，格式及手續各方面，均力求嚴密完備，目的在使處理各課系業務及帳務時，有所依據。茲再將傳票的作用，歸納說明於下：

1. 便於交易內容的傳達

利用傳票可以將每一交易的借貸科目、金額、摘要等，傳達於各有關課系，便利內部聯繫。

2. 作爲帳册記載的根據

傳票有分錄作用，可以提供記帳的原始資料，既使會計事務處理敏捷，而帳册記錄，也有依據。

3. 發揮內部牽制的作用

傳票傳遞於有關各課系間，除由經手人、關係人簽章負責外，並可相互驗正錯誤，自行防止弊端，所以完備的傳票制度，實爲內部牽制的重要條件。

4. 保持有關單據的完整

傳票有一定的格式及記載要件，必須連同有關單據附件，按號裝訂成册，不僅日後有所參考，且可避免遺失或污損，而保持單據的完整。

5.可供查究稽核的憑藉

銀行帳簿的記錄，均由傳票而來，如遇記錄發生疑問、錯誤或弊端，以及查帳人員對帳目的查核，無一不需要參閱傳票，以明究竟，而確定責任。

6.簡化會計處理的程序

傳票區分科目借貸，標明交易金額並摘錄事由，已具有日記簿的內容和作用，因此部分銀行即以訂册傳票代替日記簿，而簡化處理的手續。惟照稅法規定，在此種情形下應每日編製日計表，並向稅捐稽徵機關核備。

二、傳票的要件

傳票為交易的原始記錄，依照規定，若未具備一定的形式與要件，就不得憑以記帳。茲將傳票應記載的事項列示如下：

1.年月日。

2.會計科目。

3.子目帳號及戶名。

4.摘要。

5.幣名及金額。

6.有關單據。

7.有關人員核章。

上述傳票各要件排列的形式，大致如下：

○○銀行
現金支出傳票

1.
(借) 2. 科目 中華民國 年 月 日 總號 分號

子目帳號戶名	摘要	金額	附單據6.件
3.	4.	5.	
	合計		

7.
經副襄理 會計 營業 出納 覆核 記帳 製票

三、傳票的種類

傳票有複式與單式之分。所謂「複式傳票」係指每一交易，無論所含會計科目多寡，以記入一張傳票爲原則。如一張傳票不敷應用時，可另張接續記載，但仍應編列同一號碼。所謂「單式傳票」係指每一張傳票記載一個科目，一筆交易如含幾個科目時，應按每一科目分別編製傳票。兩者的區別在一以交易爲編製傳票的單位，一以科目爲編製傳票的單位。複式傳票可分爲收入傳票，支出傳票及轉帳傳票三種。單式傳票則分爲現金收入傳票，現金支出傳票，轉帳收入傳票及轉帳支出傳票四種。

四、單式傳票的優缺點

我國銀行最初採用複式傳票制，以求記錄的完整。嗣因業務範圍不斷擴展，業務內容日趨複雜，複式傳票受到淘汰，而改用單式傳票。

單式傳票具有下列各優點：

1. 便於分工合作

每一交易按科目分別編製傳票，不僅傳遞方便，而經辦不同科目的人員，也可以同時辦理業務手續和登記明細帳，充分發揮分工合作的效能。

2.會計處理迅捷

在每張傳票僅記一個科目的情形下，各有關課系即可就其主管的科目，同時辦理審核、收付、記帳等手續。而營業時間終了後，各經辦人也可以同時就其已記帳的傳票，立即彙編科目日結單，交由會計人員及早憑以登記總分類帳，並編製報表。如此會計工作的處理比較單純，自可收迅速確實之效。

單式傳票雖有上述優點，可是也有缺點，現分兩點說明於下：

1.同一交易的有關傳票一經分散後，就歸入各個不同科目內，對於整個交易的情形，不易瞭解。

2.事後如遇記載上有疑問或錯誤以及稽核帳目時，因各交易的有關傳票已經分散，無論調閱或查核，均感不便。

單式傳票雖有缺點，但權衡得失，仍屬利多於弊，在簡化手續，節省時間，提高效率各方面，單式傳票確有相當貢獻，因此各銀行乃相繼採用，並對缺點力加改進，以資補救。

五、單式傳票制缺點的補救

對於單式傳票缺點的補救，目前一般銀行所採用的方法，約有下列數種：

㈠設置日記簿專對交易作完整記載　銀行過帳，雖以科目日結單和傳票為依據，但仍有日記簿的設置，目的是使每筆交易於有關傳票未分散之前，先作一序時的完整記錄，如遇傳票分散後，發生疑問或錯誤時，可逕於日記簿內追查整個交易的內容，而免輾轉翻閱傳票之煩。

㈡同一交易的有關傳票編列同一號碼　將同一交易的傳票編列同一號碼並加列分號，如有查閱傳票的必要時，根據號碼即可按號查出置於其他科目的有關傳票。

㈢於轉帳傳票內增設對方科目一欄　由於單式傳票僅記一個科目，對轉帳交易的處理，勢必編製多張傳票，因此有許多銀行，尤其是未曾設置日記簿的各銀行，特就轉帳傳票內增設對方科目欄，用以填列相對的會計科目，如此於傳票按科目拆散後，祇需查看對方科目欄所填科目，即可明瞭交易的大略情形。倘有進一步了解的必要時，也可以根據科目，查閱有關的傳票。

㈣將單式傳票作適度的變通運用　嚴格遵守一張傳票記載一個科目的原則，有時會感到種種不便。因此有許多銀行曾採取若干變通處理辦法，而於一張傳票上填記幾個科目。現分述於下：

1.爲了業務處理上的需要並求帳務處理程序的簡化，對於某些交易的固定科目或金額相等的對轉科目，就預先印入或填入同一張傳票內，以免分開逐張填製的麻煩。茲列示兩式於下，以供參考。

滙款申請書　　總第　　號(貸)

中華民國　年　月　日　滙款編號＿＿＿＿　解款行＿＿＿＿

			科　目	滙出滙款 手續費收入 業務費用
1	收款人	指定或持票人	滙出滙款	
2	地　址		手續費收入	
3	解付金額(大寫)	新臺幣	業務費用(郵電費)	
4	滙款人			
5	地　址		合　計	

經副襄理　　會計　　營業　　出納　　記帳　　製票

應收代收款
受託代收款 簿　　本帳頁次　　號

存No.　　　　中華民國　年　月　日

託　收　人	發票人	付款人	代收號數	到期	金　　　額
票據種類號數		備　註:			
代　收　費					
收到日期	年　月　日	轉帳日期	年　月　日		

經副襄理　會　計　記　帳

1

代收行　　　　託收行

2. 爲計算審核或查閱的便利，銀行也有將同一交易有關科目列入同一張傳票的情形，例如支付定期存款利息時，除利息外，尚有代扣的利息所得税，印花税等項，可一併列記，茲示一式如下：

付款號碼　　　利息支出傳票　　　總第　　號　　(借)

子目：定存息　　中華民國 85 年 7 月 12 日　　科目：應付利息

帳號	本金	期間	月或日數	利率	利息
# 3-125	10000000	6/12 7/12	1m	年息 6%	50000

戶名：張　靜　山	備註:	合　計		N.T.$50000
		代扣所得稅	10%	5000
		代扣印花稅	0.4%	200
對方科目	活期存款	實付金額		N.T.$44800

記帳　付款　製票

經副襄理　會計　營業　出納　覆核　核章

註：年息 6%合月息 5‰(0.005)。

第三節 傳票的編製

一、現金分錄法(Cash Journal Method)

銀行每日的現金收付極多，為省時省事起見，對於傳票的編製，通常採用現金分錄法。所謂「現金分錄法」，乃是每一筆交易不論為現金或轉帳，均本現金的收付方式記載，祇列收現付現的對方會計科目，而不列現金本身科目。現金收入或轉帳收入交易，用收入傳票，所記為貸方科目；現金支出或轉帳支出用支出傳票，所記為借方科目，因此傳票上所標明的借或貸，均指對方科目的方向而言，至於現金或轉帳的收入部分以及現金或轉帳的支出部分，可由傳票的類別加以認定，不再列示。例如現金收入傳票標「貸」字，乃記相對的貸方科目名稱，而不借記現金。現金支出傳票標有「借」字，乃記相對的借方科目名稱，而不貸記現金。轉帳收入和轉帳支出傳票，就現金分錄法的收支原則而言，前者有借現金含義，所以祇須列對方的貸方科目；後者有貸現金含義，所以祇須列出對方的借方科目。由於轉帳交易必須同時編製轉帳收入和轉帳支出兩種傳票，結果二者所代表現金虛收虛付的借貸，也正可冲銷，而傳票上所記，仍為原來的轉帳科目。

二、單式傳票的種類及格式

依據銀行業會計制度的一致規定，銀行業應採用單式傳票制度。按單式傳票共分現金收入、現金支出、轉帳收入、轉帳支出四種，每種傳票所用紙色或字線，應有區別，以期醒目而易識辨。為便於說明起見，先例示一式於下。

（銀行名稱）

現金收入傳票

幣名……………　　　　　　　　　　　　　　　　總號……………

（貸）應收利息　　中華民國 85 年 7 月 12 日　　分號……………

製票員編號

子目　帳號　戶名	摘　要	金　額	
短期放款息 #1-2 陳　甲　乙	(P)　(@) 本金 100,000.00 利率年息 11.50% (d's) 85/6/12～7/12 30 天	N.T.$958	00
	合　計		

附單據／件

經副襄理印　會計印　營業印　出納印　收款印　覆核印　記帳印　製票印

上列現金收入傳票和其他三種傳票的格式，大致相同。祇是現金支出傳票及轉帳支出傳票左上角應用「借」字，現金支出傳票應將「收款」兩字改爲「付款」，還有轉帳收入和轉帳支出傳票無「收款」「付款」及「出納」等字樣。至於傳票的紙色和字線，照銀行會計制度的一致規定，現金收入傳票用白紙印紅色字線，現金支出傳票用白紙印黑色字線，轉帳收入傳票用淡藍色紙印紅色字線，轉帳支出傳票用淡藍色紙印黑色字線。事實上許多銀行傳票的顏色除現金收入傳票外，並不完全依此規定辦理。有關傳票的填製方法，茲特分別說明於下：

1. 每次交易發生後，應即根據有關原始憑證填製適當的傳票，憑以入帳，但整理結算及結轉帳目等事項，如無原始憑證，得逕製傳票記帳。倘遇原始憑證，經規定可以代替傳票時，即直接憑以記帳，免製傳票。

2. 除特種格式的傳票外，每張傳票僅列一個科目，用一種貨幣。如屬本國貨幣，幣名欄可以免填。在不經營外滙或兌換業務的銀行，因收授均爲本國貨幣，此欄亦可免設。

3.傳票上各要件的填記:

(1)年月日　填記編製傳票的日期。

(2)會計科目　根據交易性質及內容填記科目名稱，不得使用略名。

(3)子目、帳號、戶名　同一科目如有子目或分戶，應將子目名稱、客戶姓名及帳號等分別填明。

(4)摘要　須填記有關的重要事項，如存放款的本金、利率、起訖日期及日數或月數，票據號碼，擔保品內容，積數、稅率、到期日、起息日等。說明應力求簡明，並可儘量用簡寫、符號或代號表示。

(5)金額　應填列每一子目或戶名的細數，並就最後一筆金額之下，由右上至左下劃一斜線，以註銷空白各行，再於金額欄末行結出合計數，在合計數之前註明貨幣符號，以防他人加填數字。金額只有一筆時，可以免列合計數，而將空白各行註銷。如須於數字前蓋章時，應蓋在貨幣符號之前。傳票金額倘有錯誤，必須重製，以昭慎重，現金傳票不論發生何種錯誤，均應重製。

(6)附屬單據　附屬原始憑證單據的件數必須填記，此項附屬單據如已另行保存，應將號數及保存處所在傳票內註明。

(7)有關人員核章　製票、覆核、收付款、記帳等有關人員應分別簽章，表示負責，且以事前辦妥爲原則。在業務繁劇的銀行，主辦會計人員及主管人員得於事後補蓋，但屬放款、投資、購置財物及支付費用等事項，仍須由主管人員先行蓋章。

4.傳票的編號　參閱第五節。

5.各種傳票及附屬原始憑證單據上，應隨時分別加蓋附有日期的紅色收訖戳記或藍色付訖戳記或藍色轉帳訖戳記，地位可選用日期欄或其他顯明處，並應注意不可妨礙數字。

6.轉帳收入及轉帳支出傳票下方的對方科目欄，應將相對的支出及收入傳票所有的科目，逐張全部填明。

除上述銀行統一會計制度所規定的傳票格式外，有許多銀行由於本身業務及帳務處理的需要，往往另行規劃擬訂，茲特列示一例如下：

現金收入傳票　　總第　　號　(貸)

中華民國 85 年 7 月 12 日	科目	應收利息	
中期放款息		95800	
#1～2 P100,000.00@11.50% 85/6/10～7/10 30 d's			記帳
#1～2 P100,000.00@11.50% 85/7/10～7/12 12 d's		38300	附　收款
#1～2 P100,000.00 @1.15% 85/7/10～7/12 12 d's		3800	單
陳　甲　乙			據　製票
合　計　金　額		N.T.$137900	件

經副襄理　　會計　　營業　　出納　　覆核

此種傳票乃是將「子目、帳號、戶名」及「摘要」欄合併，以縮短傳票寬度而增加使用上的方便。記載時最上一行塡記子目或帳號，最下一行塡記戶名或客戶姓名，中間三行塡記摘要或細目。金額的塡列，通常將第一筆細數塡入第一行而任第二行空白。

三、單式傳票的編製方法

傳票的編製，往往因交易性質和收付內容的不同而稍有出入，銀行的會計事項，通常可分爲下列兩類：

現金事項
- 現幣收付事項：如收進或付出紙幣、輔幣、硬幣等。
- 即期交換票據：如收進他行付款的支票、本票、滙票或交換提回本行付款的支票、滙票或本票。

轉帳事項
- 全部轉帳事項：全爲科目間的冲轉，不涉及現金的收付，如以支票存款的支票轉存爲定期存款。
- 部分轉帳事項：部分爲科目間的冲轉，部分爲金的收付，如以支票存款的支票部分提現，部分轉存爲定期存款。

凡現金事項應編製現金收入或現金支出傳票，轉帳事項應編製轉帳收入及轉帳支出傳票。至於部分轉帳事項，則用「臨時存欠」作媒介，先將交易視爲全部轉帳事項，再將現金收入或支出部分以「臨時存欠」記載。茲分述於下：

㈠現金收付傳票的填製

1.現金收入事項

例一 八十五年八月一日客戶張建國存入現金 100,000 元，定期三個月，利率年息 6 厘，所編帳號爲# 3-66-300，當即開出 No.46315 存單乙紙，交張君收執。若以分錄表示，應如下列：

普通分錄法：	現金分錄法：
庫存現金 $100,000.00	(借：庫存現金 $100,000.00)
定期存款 $100,000.00	貸：定期存款 $100,000.00

上例爲收入現金的交易應編製現金收入傳票，兹列示兩式於下頁。

現金收入傳票，已有借現金的含義，所以現金科目略而不塡，僅記相對的定期存款貸方科目。

(甲式)

現 金 收 入 傳 票

(貸) 定期存款　　　　中華民國 85 年 8 月 1 日

子目 帳號 戶名	摘　　　要	金　　　額
# 3-66-300 張建國	三個月期@年 6%85/8/1～11/1 存單 No. 46315	N.T.$100,000 00
	合　　　計	

(乙式)

現 金 收 入 傳 票　　　　貸

中華民國 85 年 8 月 1 日	科目	定 期 存 款
# 3-66-300		N.T.$ 1 0 0 0 0 0 0 0
三個月期@年 6%85/8/1～11/1		
存單 No. 46315		
張　建　國		
合　計　金　額		

例二　八十五年八月一日客戶李永成持現款 5,008 元來行請求辦理票滙，滙款金額 5,000 元，收款人鄭光明，解款行臺中分行，票滙編號 D/D136，滙費 8 元，當予照辦，開出滙票 No.1249，倘以分錄表示，應如下列：

普通分錄法:

庫存現金 $5,008.00
  匯出匯款 $5,000.00
  手續費收入 8.00

現金分錄法:

(借: 庫存現金 $5,008.00)
  貸: 匯出匯款 $5,000.00
  手續費收入 8.00

單式傳票制度下, 每張傳票僅記一個科目, 因此對上列交易事項必須填製兩張現金收入傳票, 茲列示如下:

現金收入傳票

(貸) 匯出匯款　　中華民國85年8月1日

子目 帳號 戶名	摘 要	金 額	
D/D136 臺中分行	匯款人李永成 收款人鄭光明 匯票 No. 1249	N.T.$5,000	00
	合 計		

(貸) 手續費收入

子目 帳號 戶名	摘 要	金 額	
票 匯	匯款人李永成 解款行臺中分行 D/D136	N.T.$8	00
	合 計		

2. 現金支出事項

例一 八十五年八月三日客戶鄭光明持本行高雄分行所開 No.1249

滙票一紙，面額5,000元，來行請求付款，經與委託書核對無誤，當予照付。所作分錄應爲：

普通分錄法：

聯行往來　$ 5,000.00

　庫存現金 $5,000.00

現金分錄法：

借：聯行往來 $5,000.00

（貸：庫存現金 $5,000.00）

此例爲支出現金的交易，應編製現金支出傳票，茲列示兩式於下：

（甲式）

現　金　支　出　傳　票

（借）聯行往來　　　中華民國85年8月3日

子目　帳號　戶名	摘　　要	金　　額
高雄分行一來戶	滙票 No. 1249 收款人鄭光明	N.T.$5,000 00
	合　　計	

（乙式）

現　金　支　出　傳　票　　借

中華民國85年8月3日

科目	聯　行　往　來

高雄分行一來戶	N.T.$5,000 00
滙票 No. 1249	
鄭　　光　　明	
合　計　金　額	

現金支出傳票本身已有貸現金的含義，所以現金科目略而不塡，僅記相對的聯行往來借方科目。

例二　八十五年八月三日，支票存款戶李自強帳號# 3162，開出支票兩張，一爲 No.12704 面額 3,800 元；一爲 No.12705 面額 4,000 元，來行提款。若以分錄表示，應如下列：

普通分錄法：

支票存款 $7,800.00

　庫存現金 $7,800.00

現金分錄法：

借：支票存款 $7,800.00

（貸：庫存現金 $7,800.00）

現金支出傳票

（借）支票存款　　中華民國 85 年 8 月 3 日

子目　帳號　戶名	摘　　要	金　　額	
# 3162　李自強	支票 No. 12704	N.T.$3,800	00
	合　　計		

現金支出傳票

（借）支票存款　　中華民國 85 年 8 月 3 日

子目　帳號　戶名	摘　　要	金　　額	
# 3162　李自強	支票 No. 12705	N.T.$4,000	00
	合　　計		

上列中兩張支票雖係同一客戶所開，但因每一張支票代表一筆交易，所以仍應填製兩張現金支出傳票。（請見上頁）

㈡全部轉帳傳票的填製

例一　八十五年八月四日活期存款戶朱義信帳號＃403，憑存摺開具取款憑條乙紙，面額100,000元請求轉存三個月期定期存款，利率年息6厘，當即編列帳號為#3-66-496，並開出No.46329存單乙紙，交朱君收執。若以分錄表示，應如下列：

普通分錄法：

活期存款 $100,000.00
　定期存款 $100,000.00

現金分錄法：

借：活期存款 $100,000.00
　（貸：庫存現金 $100,000.00）
（借：庫存現金 $100,000.00）
　貸：定期存款 $100,000.00

此例係全部轉帳的交易。按現金分錄法，上列第一分錄是現金的虛付，第二分錄是現金的虛收，所以應分別編製對方科目為借的轉帳支出傳票和對方科目為貸的轉帳收入傳票。茲列示兩式於下：

（甲式）

轉帳支出傳票

（借）活期存款　　中華民國85年8月4日

子目　帳號　戶名	摘　　　要	金　　　額	
#403　朱義信	轉存定期存款	N.T.$100,000	00
	合　　　計		

轉帳收入傳票

(貸) 定期存款　　　　中華民國85年8月4日

子目　帳號　戶名	摘　　　要	金　　　額
#3-66-496　朱義信	三個月@年6%85/8/4～11/4 存單No. 46329	N.T.$100,000 00
	合　　　計	

註：此兩張傳票應編同一號碼

(乙式)

轉帳支出傳票　　借

中華民國85年8月4日　　科目：活期存款

#403	N.T.$	1	0	0	0	0	0	0	0
轉存定期存款									
朱　義　信									
對方科目　定期存款　合計									

轉帳收入傳票　　貸

中華民國85年8月4日　　科目：定期存款

#3-85-496	N.T.$	1	0	0	0	0	0	0	0
三個月@年6%85/8/4～11/4 存單No. 46329									
朱　義　信									
對方科目　活期存款　合計									

註：此種傳票因互註對方科目，所以可分別編號，不必編列同一號碼。

上列轉帳傳票乃是現金的虛收虛付，實際上並無現金的出入，所以轉帳收入傳票本身不代表借記現金，目的祇在表示相對的貸方科目，所謂「收入」不過指收付的方向而已。至於轉帳支出傳票本身，也不代表貸記現金，其目的祇在表示相對的借方科目，所謂「支出」不過指收付的方向而已。所以轉帳傳票過帳時，自無過轉現金帳戶的必要。

例二　八十五年八月四日支票存款戶林忠勇帳號# 6712 開具 No. 12351 支票乙紙，面額 10,000 元，來行請求保證付款，當予保付，保付號碼爲# 25，並將保付金額由該戶存款餘額內扣除。若以分錄表示，應如下列：

普通分錄法：

支票存款 $10,000.00

支票存款

——保付支票 $10,000.00

現金分錄法：

借：支票存款 $10,000.00

(貸：庫存現金 $10,000.00)

(借：庫存現金 $10,000.00)

貸：支票存款

——保付支票 $10,000.00

註：「保付支票」原係一獨立的科目，因筆數及金額均甚微，故經主管機關統一規定併入「支票存款」科目而另設「保付支票」子目處理，以資簡化。

此例按現金分錄法編製轉帳傳票時，應填轉帳支出傳票一張，對方科目爲（借）支票存款；另填轉帳收入傳票一張，對方科目爲（貸）支票存款——保付支票。茲列示兩式於下：

(甲式)

轉帳支出傳票

(借) 支票存款　　中華民國85年8月4日

子目　帳號　戶名	摘　　要	金　　額
#6712　林忠勇	支票No. 12351　請求保付	N.T.$10,000 00
	合　　計	

轉帳收入傳票

(貸) 支票存款　　中華民國85年8月4日

子目　帳號　戶名	摘　　要	金　　額
保付支票#25 林忠勇	支票存款#6712 支票No. 12351	N.T.$10,000 00
	發票日期85.8.4	
	合　　計	

(乙式)

轉帳支出傳票　　借

中華民國85年8月4日　　科目　支　票　存　款

#6712		N.T.$ 1 0 0 0 0 0 0
支票No. 12351　請求保付		
林　忠　勇		
對方科目　支票存款—保支	合　計	

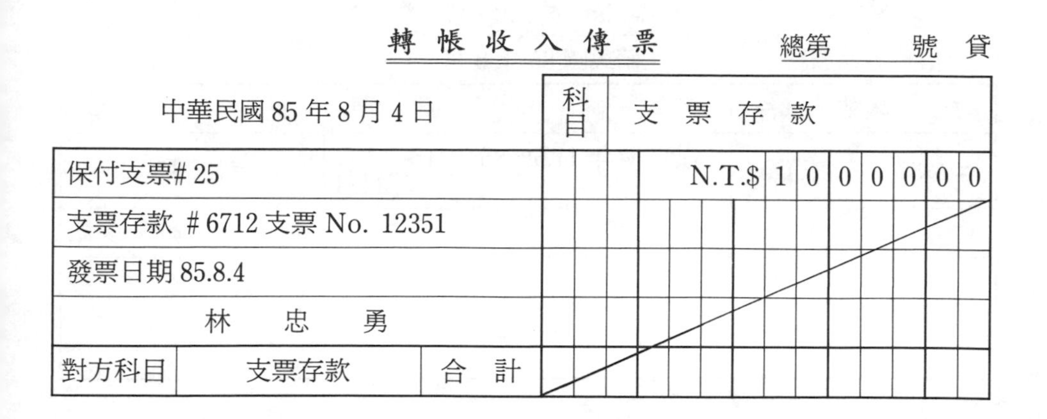

轉帳收入傳票　　總第　　號 貸

中華民國85年8月4日			科目	支票存款
保付支票#25				N.T.$ 1 0 0 0 0 0 0
支票存款 #6712 支票 No. 12351				
發票日期 85.8.4				
林　忠　勇				
對方科目	支票存款	合　計		

由上列兩例看來，全部轉帳的交易於編製轉帳傳票時，凡屬借方科目，應製轉帳支出傳票，凡屬貸方科目，應製轉帳收入傳票，而轉帳收入與轉帳支出雙方的金額一定相等，茲再舉一例於下：

例三　八十五年八月四日短期放款借戶劉玉璋帳號# 4～37，前於五月四日所借 50,000 元，今日到期，來行請求展期續借三個月，利率仍爲年息一分一厘五毫，當予照辦。

此一交易與例二的交易如用普通分錄表示，借貸雙方均爲短期放款與支票存款科目。此種轉帳交易的借貸科目雖屬相同，但會計事項的內容並不相同，仍應編製下列傳票憑以記帳。

轉帳收入傳票

（貸）短期放款　　中華民國85年8月4日

子目　帳號　戶名	摘　　要	金　　額
#4～37　劉玉璋	到期@年11.5%85/5/4～85/8/4	N.T.$50,000 00
	合　　計	

轉帳支出傳票

(借) 短期放款　　中華民國 85 年 8 月 4 日

子目 帳號 戶名	摘 要	金 額
#4-37 劉玉璋	展期 @年 11.5%85/8/4～85/11/4	N.T.$50,000 00
	合 計	

㈢部分轉帳傳票的填製

關於現幣收付事項和全部轉帳事項傳票的編製，上文已有說明。茲再就部分現金部分轉帳的事項加以討論。設有客戶王某持現金 5,000 元，並開具面額 10,000 元支票乙紙，來行辦理定期存款。此筆交易如用普通分錄表示，應如下式：

庫存現金	$ 5,000.00	
支票存款	10,000.00	
定期存款		$ 15,000.00

上列定期存款中，5,000 元係以現金方式存入，10,000 元係以轉帳方式存入，對於此類部分現金部分轉帳的交易，會計上有下列各種編製傳票方法：

1. 轉帳加註現金法

本法爲日本銀行界所採用，乃是將現金收入數或現金支出數，以紅字填列於轉帳收入或轉帳支出傳票內。如此雖可減少傳票的張數，但一張傳票既須送會計部門登入轉帳日記簿，又須送出納部門收付款並記入現金日記簿，輾轉往返，殊多不便，且易發生遺漏和錯誤。茲用上例數字列示一式於下，以供參考：

轉帳收入傳票

科目	定 期 存 款	中華民國　年　月　日		
轉帳科目		摘　要	金　額	
支票存款			10,000	00
合　計			N.T.$15,000	00
內容	轉　帳		10,000	00
	現 金 收 入		5,000	00

2. 現金與轉帳分開法

此法係就現金科目與其他科目，分別編製現金傳票及轉帳傳票。結果將一筆交易，劃分爲兩筆，不但破壞交易的完整，且與事實上的處理，不相一致。即以上列實例而言，所包括的分錄爲：

庫存現金　　$ 5,000.00
　　定期存款　　$ 5,000.00
支票存款　　$ 10,000.00
　　定期存款　　$ 10,000.00

在分錄中定期存款分爲 5,000 元和 10,000 元兩筆，但存單祇有一張，二者情形不合。

3. 現金分錄法

此法係將部分轉帳交易中的轉帳科目，亦以現金方式處理，收付相抵後，即爲現金的實際收付額，茲仍就上例用分錄表示於下：

（借：庫存現金 $ 15,000.00）　　借：支票存款　$ 10,000.00
　貸：定期存款　$ 15,000.00　　（貸：庫存現金　$ 10,000.00）

上列兩分錄中的現金，經借貸抵銷後，仍爲(借)現金 5,000 元，(借)支票存款 10,000 元，而 (貸) 定期存款 15,000 元。此法的缺點，一則虛增現金的收付數；再則將一筆交易分爲兩筆或數筆，而失去完整性。

4. 虛存虛欠法

由於以上各法均有缺點，我國銀行界乃依據統一會計制度規定，採用「臨時存欠」的虛存虛欠法，以「臨時存欠」科目爲轉帳的媒介，先將現金部分以「臨時存欠」作全部轉帳收付，再對現金部分以「臨時存欠」作現金收付，而使「臨時存欠」的一借一貸互相抵銷。此法優點，不僅可使現金部分與轉帳部分分開處理，且能保持交易的完整，茲特於下文詳加說明。

四、臨時存欠傳票的運用

所謂「臨時存欠」，乃虛存虛欠的臨時過渡科目，有暫時存款與暫時欠款的含意，在每筆交易中，借貸均可自動抵銷，而無餘額存在，因此總帳上也不專設帳戶記載。關於臨時存欠傳票的塡製法則如下：

1. 轉帳交易而有一部分現金收入時，除現金部分先以「臨時存欠」暫製轉帳支出傳票外，並須另製「臨時存欠」的現金收入傳票轉回。

2. 轉帳交易而有一部分現金支出時，除現金部分先以「臨時存欠」暫製轉帳收入傳票外，並須另製「臨時存欠」的現金支出傳票轉回。

由上列第一項得知轉帳支出傳票的 (借) 臨時存欠與現金收入傳票的 (貸) 臨時存欠，二者金額定屬相同，因此實務上往往一次套寫而成。由上列第二項也可以知道轉帳收入傳票的 (貸) 臨時存欠與現金支出傳票的 (借) 臨時存欠，二者金額亦屬相同，因此也用一次套寫的方式塡製。茲再用實例說明於下：

例一 部分收入現金交易

假定某客戶持現金 5,000 元及面額 10,000 元支票乙紙，來行辦理定期存款，如以普通分錄表示應為：

	借	貸
庫存現金	$ 5,000.00	
支票存款	10,000.00	
定期存款		$ 15,000.00

依上列第一法則編製傳票如下：

轉帳收入傳票

(貸) 定期存款

子目	帳號	戶名	摘　要	金　額	
×	×	×		N.T.$15,000	00

轉帳支出傳票

(借) 支票存款

×	×	×		N.T.$10,000	00

轉帳支出傳票

(借) 臨時存欠

×	×	×		N.T.$5,000	00

現金收入傳票

(貸) 臨時存欠

×	×	×		N.T.$5,000	00

例二　部分支出現金時

假定某客戶來行領取定期存款利息 500 元，於扣除利息所得稅 50 元及印花稅 2 元後，實付現金 448 元。如以普通分錄表示應為：

應付利息　　　　$ 500.00

　　庫存現金　　　　$ 448.00

　　其他應付款－代扣利息所得稅　　　　50.00

　　其他應付款－代扣印花稅　　　　2.00

茲根據上列第二法則，編製傳票如下：

轉帳收入傳票

(貸) 臨時存欠

子目	帳號	戶名	摘　要	金　額	
×	×	×		N.T.$448	00

轉帳收入傳票

(貸) 其他應付款

	摘　要	金　額	
代扣利息所得稅		N.T.$50	00
代扣印花稅		2	00
		N.T.$52	00

轉帳支出傳票

(借) 應付利息

	摘　要	金　額	
定期存款息		N.T.$500	00

現金支出傳票

(借) 臨時存欠

子目	帳號	戶名	摘　要	金　額	
×	×	×		N.T.$448	00

綜上所述，採用單式傳票制度時，對於部分轉帳部分現金交易的處

理，必須另以臨時存欠傳票制爲中介。此種方式的優點固然很多，但有一缺點，就是傳票的張數會因此增加，而影響工作的速度與效率，關於這方面，一般銀行曾經採取若干補救的辦法，以期儘量減少臨時存欠傳票的使用。茲特介紹於下：

1.設計特種傳票格式記錄經常發生的部分轉帳交易

對於經常發生的部分轉帳交易，如支付存款利息、代扣所得稅、印花稅等，特設專用傳票，將有關科目事先印在一張傳票上，不編製臨時存欠傳票，以期省時省事。

2.將部分收入現金的交易，視同完全收入現金處理

此法係現金分錄法的一種改良。乃是出納於收款時，將所收現幣、票據（支票、匯票、本票）或其他付款憑證（存款取條、現金支出傳票）均視同收入現金，一面於現金收入副票將現幣、票據或其他付款憑證的金額及張數分別註明；一面則將票據或其他付款憑證加蓋「收入」或其他符號戳記，以示與一般付款有別。如此僅編製一張現金收入傳票即可，而不必編製臨時存欠傳票。就 121 頁交易而言，如按本法處理應填現金收入副票如下所示。

<table>
<tr><td colspan="3" rowspan="2">現　　款</td><td></td><td>5</td><td>000</td><td>00</td><td colspan="2">×　月　×　日</td></tr>
<tr><td></td><td></td><td></td><td></td><td></td><td>定　存</td></tr>
<tr><td colspan="3">輔　　幣</td><td></td><td></td><td></td><td></td><td rowspan="7">先生
收款者印</td><td rowspan="7">×
×
×
先生</td></tr>
<tr><td rowspan="3">票據</td><td>本　行</td><td>1</td><td></td><td>10</td><td>000</td><td>00</td></tr>
<tr><td>聯　行</td><td></td><td></td><td></td><td></td><td></td></tr>
<tr><td>他　行</td><td></td><td></td><td></td><td></td><td></td></tr>
<tr><td colspan="3"></td><td></td><td></td><td></td><td></td></tr>
<tr><td colspan="3"></td><td></td><td></td><td></td><td></td></tr>
<tr><td colspan="3">收入合計</td><td></td><td>15</td><td>000</td><td>00</td></tr>
<tr><td colspan="3">找還金額</td><td></td><td></td><td></td><td></td><td colspan="2"></td></tr>
</table>

3. 對部分支出現金的交易，將現金以外的科目均視同現金收付來處理，其差額則爲支出現金數

就第 122 頁一例而言，先將應付的利息 500 元及應付利息淨額 448 元於現金收入副票以找還方式處理，然後編製現金收入傳票（貸）其他應付款$<\frac{50}{2}$元，及現金支出傳票（借）應付利息 500 元。此法較繁雜難懂，爲避免發生錯誤及增加出納部門的繁瑣，仍以採用臨時存欠傳票或上列第一法較妥。如該交易使用現金收入副票，當如下所示。

現款							× 月 × 日 其他應付款
輔幣							×
票據	本行	1			500	00	×
	聯行						×
	他行						
							收款者印
收入合計					52	00	先生 先生
找還金額					448	00	

第四節　傳票的變通運用

一、傳票的代用

銀行每筆交易發生後，應填發或取得原始憑證及各項單據，此等憑

證單據往往具備傳票的形式及要件，因此一般銀行爲了省時省事而增加工作效率起見，乃依據銀行會計制度的一致規定，儘量用原始憑證代替傳票，不再另編傳票。凡以原始憑證代用的傳票，稱之爲「代傳票」。由於充分利用原始憑證代替傳票的結果，在銀行實務上，眞正編製傳票的交易，反而減少，尤其在存款及匯兌業務方面，幾乎全部爲代用傳票，對所有存款憑條、取款憑條、送款單、存單、支票、匯票以及匯款申請書、委託書、報單等，均於事先設計特別格式，以便代替傳票之用。此類代用傳票的優點約有下列各項：

1. 免除編製傳票的一重手續，既可節省工作時間而減輕工作負擔，又可減少傳票的印製而節省費用。

2. 以原始憑證代用傳票，不必在傳票上抄錄科目、金額及交易內容，經辦人員祇須就原始憑證加以審查覆核，即可避免錯誤的發生。

3. 可代用傳票的原始憑證，均經分別設計特種格式，對有關的科目及要項，事先印就。經辦人由憑證即可瞭解交易的性質及內容，如此當能提高工作效率，而使業務處理得以迅速進行。

4. 銀行的交易大多涉及現金、票據的收付及銀行與客戶間權益的關係，故以交易發生時所塡發或取得的原始憑證代用爲傳票而入帳，即可充分證明當初交易發生及銀行作業處理的經過，並免雙方爭執、糾紛的發生。

以原始憑證代用傳票，其處理方法有三：

1. 對某些經常發生的交易，設計特種格式的原始憑證，在憑證上加印傳票的各必要項目，交易發生時即由客戶或經辦人逐項塡寫，作爲代用傳票。

2. 用符號戳記法，將有關現金收付的憑證，加蓋現金收訖或付訖日期戳記，有關轉帳憑證，加蓋轉帳日期戳記，並於戳記內塡記傳票號數或對方科目等。加蓋戳記時，以不妨礙數字爲原則。

3.用代傳票戳記法，將「代傳票」戳記加蓋於原始憑證上，以備填記傳票科目、號數及簽章等項，形式如下：

<table>
<tr><td>分號</td><td colspan="3"></td><td>總號</td><td></td></tr>
<tr><td>張數</td><td colspan="2">收 張</td><td colspan="3">付 張</td></tr>
<tr><td colspan="6">(科 目 名 稱)
代 傳 票</td></tr>
<tr><td>經副襄理</td><td>會計</td><td>營業</td><td>出納</td><td>覆核</td><td>記帳</td></tr>
<tr><td></td><td></td><td></td><td></td><td></td><td></td></tr>
</table>

目前一般銀行在實務上係兼採上列一、二兩法，第三法甚少使用。通常可用以代替傳票的原始憑證，約有下列各項：

1.可代替現金收入傳票或轉帳收入傳票的各種憑證

(1)支票存款的送款單。

(2)活期存款、定期存款及各種儲蓄存款的存款憑條。

(3)聯行或內部往來的劃收（收款）委託書或劃付（付款）報單。

(4)同業劃收委託書或劃付報單。

(5)交換差額劃付報單。

(6)匯款申請書。

(7)各種放款或代收款項便查卡。

(8)其他經規定可以代替收入傳票的憑證。

2.可代替現金支出傳票或轉帳支出傳票的各種憑證

(1)支票。

(2)活期存款、活期儲蓄存款的取條。

(3)定期存款、各種定期儲蓄存款的存單。

(4)取息憑條。

(5)本票。

(6)匯票及匯款副收條。

(7)聯行或內部往來劃付（付款）委託書或劃收（收款）報單。

(8)同業劃付委託書或劃收報單。

(9)交換差額劃收報單。

(10)承兌匯票、借入款的便查卡。

(11)其他經規定可以代替支出傳票的憑證。

上列各種原始憑證代用傳票的格式和用法，後文討論銀行各種業務的會計處理時，當再詳加說明。

二、傳票的套寫

所謂「套寫傳票」，係指將傳票和其他有關書據、憑證、帳卡、報表等，用複寫方法一次繕製而言。傳票必須採用特種格式，儘可能將各份所須填記的日期、金額、摘要及戶名等位置一致，然後上下疊置，成爲一套，以便同時複寫，如此既可經濟時間，又能減少錯誤。

銀行除若干收付頻繁，或收付較少的科目外，其餘各種業務的處理，均可應用套寫單據。在目前一般實務上，套寫傳票以運用在匯款、代收、票據交換、外匯、兌換、聯行及內部往來等事項爲最多。例如辦理代收業務時，往往將「應收代收款」「受託代收款」科目的傳票以及代收款項的委託書、便查卡、收妥的通知書及報單等一次套寫；至於存款業務，尤其是收付特繁的支票存款、活期存款、活期儲蓄存款，所有存取款憑證，均由存戶自行填寫，以代傳票之用，而不採用套寫傳票方式，目的在防止錯誤與弊端的發生。

三、副傳票的應用

銀行一方面爲了簡化手續，另一方面爲了適應特種事項或帳務處理上的需要，往往利用複寫或抄寫方式，繕製兩張或幾張傳票，其中一份附有原始單據，稱爲正傳票，根據正本傳票另行加製的副本傳票，謂之「副傳票」。例如出納部門在收款時，常另行填製一種現金收入副票，分別記錄所收現幣、輔幣、票據等的金額或張數，作爲營業時間終了後軋計庫存現金科目收付金額及餘額的依據，並憑以編製科目日結單。副本傳票應與正傳票編列同一號碼，且須在傳票目錄簿內註明，以便分別保管。

四、假傳票的應用

銀行在辦理匯款及代理收付等業務時，常有對方行委託書或報單尚未寄達，而必須先行收付款的情形，經查明實情無誤後，可先編製收付款傳票註明委託書或報單未到字樣而先行收、付款，此種暫代委託書或報單用的傳票，稱爲「假傳票」。俟對方行正式委託書或報單寄達後，再將假傳票黏貼於後，以備查核。

第五節　傳票的編號

一、銀行會計制度一致規定的編號方法

傳票編號的目的，在便於整理及日後查考，並可防止傳票的僞造或失散。編號方法，隨銀行業務繁簡，以及內部帳簿組織和本身習慣而異。根據銀行會計制度的一致規定，傳票應編列分號及總號，前者作用在便於業務及帳務的稽考和錯誤的追查，後者作用在便利日後的參閱及保管上的控制。各號碼編列的位置，大致如下：

傳票　總號__________

年　月　日　分號__________

製票員編號

子目　帳號　戶名	摘　要	金　額	

附單據　件

㈠分號的編列

1.現金收入或支出傳票，除先由製票員按其經辦交易先後順序，自行編號外，並須由收款員或付款員，就收付款先後順序記入現金收支日記簿，編列分號，每一張傳票編一號碼。

2.轉帳收入及支出傳票，除先由製票員按其經辦交易先後順序自行編號外，應由有關營業或會計部分編列分號；如一項交易涉及兩個以上的部門，應由最後經辦部門編號。每筆交易不論傳票張數多少，均應編列同一分號，並在每張傳票分號之後，註明傳票張數的分數號，以傳票總張數爲分母，而以每張傳票在此交易中的號次爲分子，如第六筆交易有四張傳票，所編分號應爲$6\frac{1}{4}$，$6\frac{2}{4}$，$6\frac{3}{4}$，$6\frac{4}{4}$等。業務比較簡單的分行處，轉帳傳票一律由會計部門編號。

3.業務繁雜的銀行，爲便於識別及查考起見，編號時可在號碼前加一英文字母或中文字，以代表各部門及各收、付款或經辦人員的標誌。此種符號應由會計部門按各部門的工作性質，分別劃一編定。如：

收A—— 代表甲收款員

收B—— 代表乙收款員

付A—— 代表甲付款員

付B—— 代表乙付款員

支存A—— 代表支票存款甲經辦員

支存B—— 代表支票存款乙經辦員

活存A—— 代表活期存款甲經辦員

匯A—— 代表匯兌甲經辦員

放A—— 代表放款甲經辦員

會A—— 代表會計甲經辦員

事A—— 代表事務甲經辦員

4. 傳票上製票員的編號，每一製票員均應由每日營業開始編起至營業終了爲止，按日分別編列。分號通常每期更換一次，但傳票較多的銀行也可以每日編列一次，分號編列時，須按現金收入、現金支出及轉帳三部分，並依傳票記入現金收入日記簿、現金支出日記簿或轉帳日記簿的先後順序，每期各自一號起直至期末爲止。爲避免傳票號數的重編或漏編，可採用傳票銷號單，每編一張，即在銷號單上銷去一號，並在該號下註明轉帳傳票的張數。形式如下：

號數	1	2	3	4	5	6	7	8	9	10	11	12	13	14	15	16	17	18	19	20
張數	2	2	3	2	5	4	2	4	6	3										
號數	21	22	23	24	25	26	27	28	29	30	31	32	33	34	35	36	37	38	39	40
張數																				

㈡總號的編列

每日營業終了時，由會計部門彙齊全日每科目日結單及所附傳票，經覆核無誤並過入總分類帳後，即按總分類帳科目的次序排列，由上而下逐張予以編列總號，然後裝訂成冊妥爲保管，此種傳票總號通常每期更換乙次，每日最後一號的總號數減去前一日最後一號的總號數，即爲當日的傳票總數，應與借貸總數表上的傳票張數相符。

二、目前一般實務上的編號方法

照銀行會計制度的一致規定，傳票的編號，有總號分號以及製票員的編號，雖極完備，但也增加不少手續及工作。因此目前一般銀行，爲了減輕工作和簡化手續，已有若干的改變，就是祇編總號不用分號和製票員編號。尤其在未設置日記簿的銀行，分號與製票員編號，毫無作用，而有省略的必要。至於總號的編列方法，仍與銀行會計制度的一致規定所規定者相同。

第六節　科目日結單的編製

一、科目日結單的意義與作用

「科目日結單」又稱總傳票，乃係每日營業終了後，將當日已經登記明細帳的傳票，分別科目及借貸，結出各科目借貸總數，並與各該科目前日餘額分別加減，結出本日餘額，作爲過入總分類帳及核計當日收支帳目根據的一種記帳憑證。銀行交易事項頻繁，應予處理的帳目極爲複雜，每日所編傳票的張數，動輒以千計。各交易的內容及借貸金額，既已詳載日記簿及各科目的明細分類帳內，若再逐一過入總分類帳，再行軋計各科目每日餘額，不但稽延費事，且亦無此必要。銀行爲求簡化會計處理程序，乃採用科目日結單代替日記簿過帳方法，將各科目每日借貸金額，用總數一筆過入總分類帳各相當帳戶內，而結果同樣的正確。茲再將科目日結單的作用分述如下：

1.爲過入總分類帳的根據

設置科目日結單後，總分類帳各帳戶，即可根據該科目日結單的借貸總額及餘額，逕行過入，免除逐筆由日記簿過轉之繁。

2.爲編製日計表的根據

科目日結單須軋計各科目每日借貸變動總額及餘額，因此在實務上爲求迅捷，往往直接憑以編製日計表，然後再與總分類帳核對。

3.爲覆核明細帳記錄的根據

科目日結單乃根據已登入明細帳的傳票彙編而成，因此各部門明細帳的記帳員，每日根據有關科目日結單的借貸金額及餘額，即可核對所經管明細帳各戶或各子目的借貸金額及餘額是否無誤。

4.爲軋計每日現金收支及全體帳目的依據

科目日結單本日金額欄的借貸方，分爲現金、轉帳及合計三欄，將各科目日結單三欄借貸金額彙計後，如轉帳欄及合計欄借貸方總數相同，同時現金科目的借貸方金額與其他科目現金欄的貸借方總數相同，即可推斷當日帳目大體已屬正確，所以科目日結單實際上也具有試算的作用。

二、科目日結單的格式

下列第一種爲銀行會計制度的一致規定。第二種爲改進格式，在不設置現金收支日記簿及轉帳日記簿的銀行，大都採用此式；其中借貸方金額均按現金及轉帳部分分開，不但項目分明便於填記，且各科目日結單按現金及轉帳部分的借貸方金額分別彙總後，所得總金額將可與現金收、支日記簿及轉帳日記簿的總金額相同，因此雖不設置日記簿，每日仍可根據彙總金額以軋計當日的帳目。

格式一（淡紅紙黑字線）

（銀行名稱）

尺寸：長×寬 科目日結單

(120×210)公釐

科目

中華民國 年 月 日 幣名

借	方		貸	方	
傳票張數	金	額	傳票張數	金	額
合計 張			合計 張		
昨日餘額借或貸			本日餘額借或貸		

附屬傳票共 張

會 計　　覆 核　　記 帳

格式二（淡藍紙黑字線或淡紅紙黑字線）

科目日結單 總第 號

中華民國 年 月 日 科目

傳票張數	借 方	摘 要	貸 方	傳票張數
		現 金		
		轉 帳		
		合 計		
		前日餘額		
		本日餘額		
		總 計		

附單據 件

經副襄理　會計　營業　覆核　記帳　製票

三、科目日結單的編製方法

科目日結單的編製，通常可分爲現金科目及現金以外的科目兩類，茲分別說明於下：

㈠現金科目

出納部分應將當日現金共收數（即現金收入日記簿的本日共收數，如未設現金收入日記簿即爲現金收入副票的金額總數）填入借方，將當日現金共付數(即現金支出日記簿本日共付數，如未設現金支出日記簿，即爲現金支出記入表金額總數，此項記入表詳見第五章）填入貸方，並以借方數額加上前日庫存現金餘額減去貸方數額，求出本日餘額，填製現金科目日結單，連同日記簿送交會計覆核，同時登記總分類帳。有關會計覆核科目日結單的方法，當於下章再加討論。

㈡非現金科目

1.每日營業終了後，記帳員應將已經登記明細分類帳的傳票（包括各種原始憑證代用傳票)，按每一科目別將現金收入、轉帳收入、現金支出、轉帳支出的次序整理分類。

2.集計每一科目現金收入傳票及轉帳收入傳票金額，登記該科目日結單的貸方金額欄；集計每一科目現金支出傳票及轉帳支出傳票金額，登記該科目日結單的借方金額欄。現金與轉帳兩者之和即爲該科目的借方（支出）與貸方（收入）總數。

3.根據各科目前日借方或貸方的餘額，本同方向相加異方向相減原則，與本日借方或貸方總數相互加減，結出本日借方或貸方餘額，填記於本日餘額欄，並求出借貸相等的總計數額。

4.將各科目的收付傳票張數填入傳票張數欄，並將所附單據張數填入。

5.各科目明細帳記帳員，將其所編科目日結單連同收付傳票一併送交會計，會計即據以覆核，以登記總分類帳。

6.特殊套寫傳票如代收款項轉帳傳票，或其他傳票如匯款申請書、保付申請書、利息支出傳票等，雖列有兩個以上的科目，但各科目日結單仍應分別結出該科目變動金額及本日餘額，並根據日計表科目排列次序，將傳票附訂於科目次序較前的科目日結單之後，或本交易主要科目日結單之後，同時在所涉及的科目日結單內註明「有傳票幾張附訂於某科目日結單之後」。

7.臨時存欠科目日結單仍應填製，所有現金收入數額應等於轉帳支出數額，所有現金支出數額應等於轉帳收入數額，否則必有缺漏。

根據上述要項，再舉例說明科目日結單的編製方法如下：

(一)現金科目的日結單

八十五年八月十二日營業時間終了後，出納部門查明本日現金收入日記簿或現金收入副票的本日收入總額爲 9,407,337.20 元，有現金收入傳票 450 張。現金支出日記簿或現金支出記入表的本日支出總額爲 8,972,551.40元，有現金支出傳票 701 張。按八月十一日庫存現金的結存數爲 789,462.18 元。應編庫存現金科目日結單如格式一。

格式二爲不設日記簿的銀行所採用，由於傳票張數，未經記載，故略而不塡。在實務上爲便於軋計庫存現金及便於日後查考起見，其借方及貸方金額可按支票存款及其他科目的金額分列，(詳請參閱下章日結乙節)。

格式一：

(銀行名稱)

科目日結單　　科目庫 存 現 金

中華民國85年8月12日　　幣名新 臺 幣

借方		貸方	
傳票張數	金額	傳票張數	金額
現金450張	9,407,337.20	現金701張	8,972,551.40
合計450張	9,407,337.20	合計701張	8,972,551.40
昨日餘額（借）或貸789,462.18		本日餘額（借）或貸1,224,247.98	

附屬傳票1,151張

註：現金分錄法之下現金科目本身無傳票。

格式二：

科目日結單　　總第　　號

中華民國85年8月12日　　科目 庫 存 現 金

傳票張數	借方	摘要	貸方	傳票張數
	940733720	現金	897255140	
		轉帳		
	940733720	合計	897255140	
	78946218	前日餘額		
		本日餘額	122424798	
	1019679938	總計	1019679938	

附單據　件

註：爲使總計借貸雙方平衡，本日餘額應寫在較小的一方，即借餘寫在貸方，貸餘寫在借方。

㈡其他科目的日結單

例一 八十五年八月十二日營業終了後，支票存款主辦人彙齊當日記入各存戶明細帳的傳票，計有現金收入傳票 100 張，共 420 萬元，轉帳收入傳票計有 25 張，共 100 萬元（收入傳票上的貸方科目爲支票存款）；現金支出傳票計有 201 張，共 441 萬元，轉帳支出傳票計有 7 張，共 59 萬元（支出傳票上的借方科目爲支票存款）。又查八月十一日支票存款科目的貸餘爲 470 萬元。應編支票存款科目日結單如下：

格式一

科目日結單　　科目：支 票 存 款

中華民國 85 年 8 月 12 日　　幣名：新 臺 幣

借方			貸方		
傳票張數	金額		傳票張數	金額	
現金201張	4,410,000	00	現金100張	4,200,000	00
轉帳 7 張	590,000	00	轉帳 25 張	1,000,000	00
合計208張	5,000,000	00	合計125張	5,200,000	00
昨日餘額借或（貸）4,700,000.00			本日餘額借或（貸）4,900,000.00		

附屬傳票333張

格式二

科目日結單　　總第　　號

中華民國 85 年 8 月 12 日　　科目 支 票 存 款

傳票張數	借方	摘要	貸方	傳票張數
201	441000000	現金	420000000	100
7	59000000	轉帳	100000000	25
208	500000000	合計	520000000	125
		前日餘額	470000000	
	490000000	本日餘額		
	990000000	總計	990000000	

附單據　件

例二 八十五年八月十二日匯款經辦員於營業時間終了後，根據當日所有匯款申請書代收入傳票內手續費收入科目金額，編製手續費收入科目日結單如下：

科目日結單　　總第　　號

(有傳票 12 張附訂於滙出滙款科目日結單後)

中華民國 85 年 8 月 12 日　　科目 手續費收入

傳票張數	借方	摘要	貸方	傳票張數
		現金	10.00	
		轉帳	20.00	
		合計	30.00	
		前日餘額	315.00	
	345.00	本日餘額		
	345.00	總計	345.00	

附單據　件

經副襄理　　會計　　營業　　覆核　　製票

註：因滙款申請書代收入傳票附於滙出滙款科目，作該科目的貸方傳票，故手續費收入科目不附傳票。

四、科目日結單的改由會計編製

依照銀行會計的一致規定，科目日結單應由各科目明細帳記帳員編製後，送由會計人員覆核並據以辦理軋帳。但在實際上未設置現金收支及轉帳日記簿的銀行，由於對每日所發生的交易，實際上未另作序時的借貸記錄，如仍由經辦業務的明細帳記帳員編製科目日結單，則極易發生弊端；蓋經辦員可虛構交易及虛製傳票作業務的處理，俟完成虛列帳目及侵佔挪用公款的舞弊目的後，即將上項虛製的傳票撕毀或故意不予計入當日科目日結單，且經久難以發現。

爲防止上項弊端的發生，目前部分實際未設置日記簿的銀行，已將科目日結單改由會計人員編製；即使交易繁夥傳票較多的支票存款或活期存款，也嚴格規定需由原記帳員及經辦員以外的其他人員編製。

五、子目日結單的應用

在利用電腦處理會計檔案的銀行，爲使資產、負債、業主權益、收入及支出等全部科目每日借貸金額及餘額，納入電腦資料處理系統，俾據以產生各項會計報告，總分行每日編製科目日結單時，須多複寫一份寄送電腦中心，並據以登錄貯存於電腦中。另爲產生明細表報及內部統計管理的較詳細資料，並須每日編送「子目日結單」予電腦中心。子目日結單的格式如下所示，各子目當日借貸金額及餘額的合計總數，應與其所屬科目日結單的借貸合計數及餘額相符。

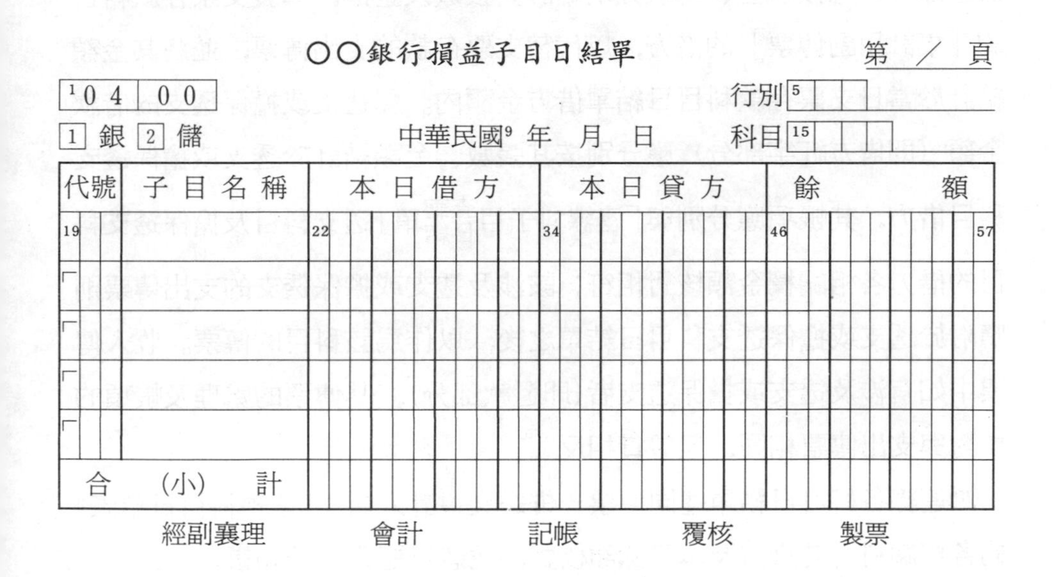

○○銀行損益子目日結單　　第　／　頁

1 0 4 | 0 0　　行別 5

1 銀 2 儲　　中華民國 9 年　月　日　　科目 15

代號	子目名稱	本日借方	本日貸方	餘額
19		22	34	46　57
合(小)計				

經副襄理　會計　記帳　覆核　製票

六、使用電腦登錄傳票日結時的處理

㈠所有當日收入、支出及轉帳交易傳票，經電腦記帳員按時間先後順序登錄後，在營業終了日結時，應先作「各科目收付查詢」交易與傳票收付數相符後，再作「各科目日結」交易。

㈡各部門主辦人員自會計人員借得傳票後，應交由主管人員指定非原經辦人員結計帳目。支出傳票按現金、轉帳、中心集中扣帳及其他支出交易事項金額，分別與「各科目連線科子目查詢/日結單」中各相當科目的借方相關欄金額核對相符。收入傳票按現金、轉帳、中心集中入帳、各類匯入類、次交轉本交及其他收入交易事項的金額，分別與「各科目連線科子目查詢/日結單」中的貸方相關欄金額核對相符。借貸各方欄位金額合計數分別與支出、收入傳票合計數相符。

㈢前項支出傳票中，如涉及透支或擔保透支者，屬取款金額（即借方藍字部分）應按現金、轉帳分別結計其張數及金額，填製支票存款科目的「集計用副傳票」的借方，以代替支票存款的支出傳票，並將其金額結計於當日支票存款科目日結單借方金額內。屬透支或擔保透支的借款金額（即借方紅字部分）應分別按其張數、金額結計於透支或擔保透支科目借方，其帳項應分別與「連線科子目查詢/日結單」透支科目及擔保透支科目的借方各相關欄金額核對相符；該涉及透支或擔保透支的支出傳票則應附於透支或擔保透支科目日結單之後，以作爲該科目的傳票。收入傳票中如有涉及透支或擔保透支者(即還款部分)，其傳票的處理及帳項的核對與支出傳票相同，但借貸相反。

㈣連線各科目日結單連同傳票一併送交會計人員與「連線科目日結表」的各相關科目借貸方及本日餘額核對，並憑以記入總分類帳。

分行連線科目日結表與會計部門之「各科目日結單」如有不符應即查明原因，必要時得向會計借出傳票詳爲勾稽核對至查明原因並更正符合爲止。

㈤各科目（如存款）經辦員於次日接到資訊室印製的前一營業日「存款餘額表」時，應按存款科目別餘額與總分類帳各該科目餘額相核對並在餘額前蓋章。

㈥營業時間中，凡由主管檢印並經電腦記帳員登錄後的傳票，應集中置於特製加鎖的傳票箱內，會計人員應不斷主動向主管及出納人員收集已記帳訖及收付訖的各種傳票及憑證，按每一科目別的現金及轉帳收、付分別整理，以便分別彙計其總數編製各科目日結單。

問　題

一、試說明會計憑證的意義與種類。

二、試說明會計憑證設計的原則。

三、試說明傳票的意義、作用及要件。

四、何謂單式傳票？單式傳票有何種優缺點？

五、何謂現金分錄法？銀行何以採用現金分錄法？

六、對於部分現金部分轉帳的交易，會計上有那幾種編製傳票的方法？

七、何謂臨時存欠？編製臨時存欠傳票的法則如何？

八、何謂代傳票？並列舉可代替收入傳票及支出傳票的原始憑證各五種。

九、何謂套寫傳票？套寫傳票的作用何在？

十、試說明科目日結單的意義及作用。

土、不設置日記簿的銀行，所用科目日結單與銀行會計的一致規定有何不同？

士、說明庫存現金及其他科目日結單的編製方法。

圭、科目日結單爲何改由會計編製？

習　題

一、民國八十五年八月一日中華銀行的交易事項如下：

1. 支票存款戶三民公司，帳號# 1457，存入現款 10,000 元。
2. 活期存款戶林錦章，帳號# 303，簽具取款條 3,000 元，來行提款。
3. 活期存戶王友助，帳號# 47，存入本行支票存款戶帳號# 780 臺北商店所簽支票 40,000 元，支票號碼 No.23021。
4. 客戶黃清義持現款 30,000 元及本行付款的保付支票 20,000 元，編號# 45，來行辦理三個月定期存款，利率年息 6 厘(6%)、到期日八十五年十一月一日、帳號# 3-85-938，經簽後 No.120793 存單乙紙交黃君收執。
5. 支票存款戶蔡光輝、帳號# 422，持本行支票存款# 49 大有公司所簽 No.24700 支票 60,000 元，來行兌付現款 10,000 元，餘款存入該戶支票存款帳內。

試以兩種不同的傳票格式，依次爲上列五筆交易編製單式傳票（4、5 兩筆應編製臨時存欠傳票)。

二、華商銀行臺北分行民國八十五年八月三十日所發生的交易事項如下：

1. 支票存款戶# 4033 永新木器行存入竹東聯行所簽由本行付款的匯票 5,000 元，編號 D/D # 146。
2. 支票存款戶# 80 大新布莊，簽發該戶 No.34170 支票 20,000 元，來行提款，該戶訂有擔保透支契約，透支限度 50,000 元，目前已透支 30,000 元。
3. 活期存款戶# 33 劉明德，存入現款 4,000 元及本行付款的# 71 保付支票 5,300 元。

4.支票存款戶# 644 正中百貨公司，持同業存款戶# 2 合作金庫所簽 No.3031 支票 30,000 元，來行提領現款 9,992 元，其餘 20,000 元以票匯方式匯往桃園分行，票匯編號 D/D # 98、匯費 8 元。

5.支票存款戶# 48 王幸福簽發 No.34901 支票 12,000 元，請本行保付，當予照辦，保付號碼# 400。

6.活期存款戶# 7 光明汽車行簽具取款憑條來行提款 1,000 元。

7.定存戶# 3-85-80 朱永強，來行領取利息 500 元、本金 100,000 元、利率年息 6 厘。(合月息 5 厘)、計算期間為五月三十日起至本日止。本息於扣除 10%利息所得稅及 0.4%印花稅後(貸入其他應付款科目)，餘額付予現款（利息借入應付利息科目)。

8.支付行員李元培出差臺南旅費 800 元。

9.短期放款戶#B-31-2 天臺公司，持現款 990 元來行繳納利息，按此筆借款為 100,000 元、期間自七月三十日起至本日止共計 31 天，利率年息 11.5%(合日息 3.1944%，利息貸入應收利息科目)。

10.預付一年份行舍租金 60,000 元。

試以銀行會計制度一致規定的傳票格式，分別為上列十筆交易編製傳票。

三、試根據習題二所編傳票，以二種不同的格式編製「庫存現金」及「支票存款」兩科目當日的科目日結單，八十五年八月二十九日庫存現金的餘額為 700,000 元，支票存款的餘額為 4,000,000 元。

第四章　帳簿組織

第一節　會計程序及帳簿組織

一、會計程序的意義

銀行會計程序，乃指銀行從交易發生，製取原始憑證，以至核編會計報告，撥補盈虧的全部過程而言。銀行於交易發生後，首先須有合法的證明單據作爲原始憑證，復憑以填製傳票作爲記帳憑證，登入日記簿及明細分類帳，再彙總各科目傳票編製科目日結單，過入總分類帳而軋平當日帳目，最後根據分類帳簿編製日報，完成銀行的日常會計處理程序。每到月終，應就當月份各項業務所發生的利息，手續費，以及其他損益收支等，按照應收、應付、預收、預付四部分，分別整理，並核算各月損益，編製各項月報，以便瞭解各月經營結果。每年六月底及十二月底，彙總該期間六個月的損益收支及估價結果，編製各項結算報告，以便分期計算損益。年度結束時，更根據上、下兩期的結算數字，辦理年度決算，編製決算報告，表達眞實的財務狀況及經營結果，並進一步分配盈餘或彌補虧損。總之，銀行在每一會計期間，對會計事項的記錄、計算及整理，應經過下列各程序：

1. 填製或取得原始憑證。
2. 填製記帳憑證。
3. 登帳（日記簿及分類帳）。

4.日結（試算）。

5.月算。

6.上、下期結算。

7.年度決算。

二、會計簿籍設計的原則

銀行會計簿籍爲記錄及整理各項交易的工具，其重要性不言可喻。爲期充分發揮功能，其設計原則可歸納如下：

㈠除法令規定或主管主計機關認爲應設置者外，可依業務的需要酌量設置之。

㈡各種簿籍的格式，得視事實需要及業務繁簡，自行擬訂，並得採用多欄式，但其設計應以簡明實用，記帳簡便爲原則。

㈢應儘量採用標準紙張規格。同一性質的會計簿籍以設置一套爲限，序時帳簿及總分類帳不得同時並用活頁式。

㈣爲簡化記帳程序，各行局得視實際需要，以傳票或可資應用表單的裝訂本代替各種序時帳簿，其方式如次：

1.轉帳日記簿

凡轉帳交易以傳票裝訂本代替轉帳日記簿者，應在轉帳傳票上註明相關科目，代用傳票上以戳記註明傳票分號及相關科目，以便查考。上項轉帳交易，亦可以轉帳傳票副本及代用傳票複本按時序裝訂成册代替轉帳日記簿，以保持序時帳簿的形式。

2.現金收入/支出日記簿

凡現金交易，以現金收支的副票、記錄表或清單裝訂本代替現金收入/支出日記簿。上項副票、記錄表或清單應列記傳票號數、對方科目及戶名或帳號等項，在形式上力求簡便。

㈤會計事項如利用電子計算機處理時，其處理部分如不設置帳簿，得改以電子計算機產出的工作底稿裝訂成册以代替帳簿。(會計法第四十條規定:「會計資料採用機器處理者,其機器貯存體中的紀錄,得視爲簿籍」)

三、帳簿組織的意義

所謂帳簿組織，係指會計簿籍的結構而言，也就是帳簿的設置方式和運用方法，於相互配合下，以構成經濟有效而靈活的體系。在銀行方面，帳簿組織應包括全部會計簿籍系統的設計，帳表單證的規劃，以及內部審核控制程序的建立等。

帳簿組織的重點，第一應求交易記錄的確實，第二應求時間與勞力的節約，第三應求系統的嚴密和完備，第四應求所需資料的隨時提供。目前一般銀行的帳簿組織，一方面由於業務經營規模的擴大，漸趨複雜；另一方面由於內部管理及分工上的需要，又趨於單純與精細。前者如明細分類帳的充分運用與各種特種帳簿的設計；後者如帳簿的分割、套寫、代用，卡片簿籍的採用，以及近年普遍實施的機器處理等。

四、簿記組織系統圖

見下頁。

第二節 序時帳簿的設置

一、序時帳簿的意義及種類

序時帳簿又稱日記簿，乃係依據記帳憑證，按照交易的先後順序，逐筆登載的一種原始記錄簿。銀行業的序時帳簿，依據銀行會計制度的一致規定，計分現金收入日記簿、現金支出日記簿、及轉帳日記簿三種。

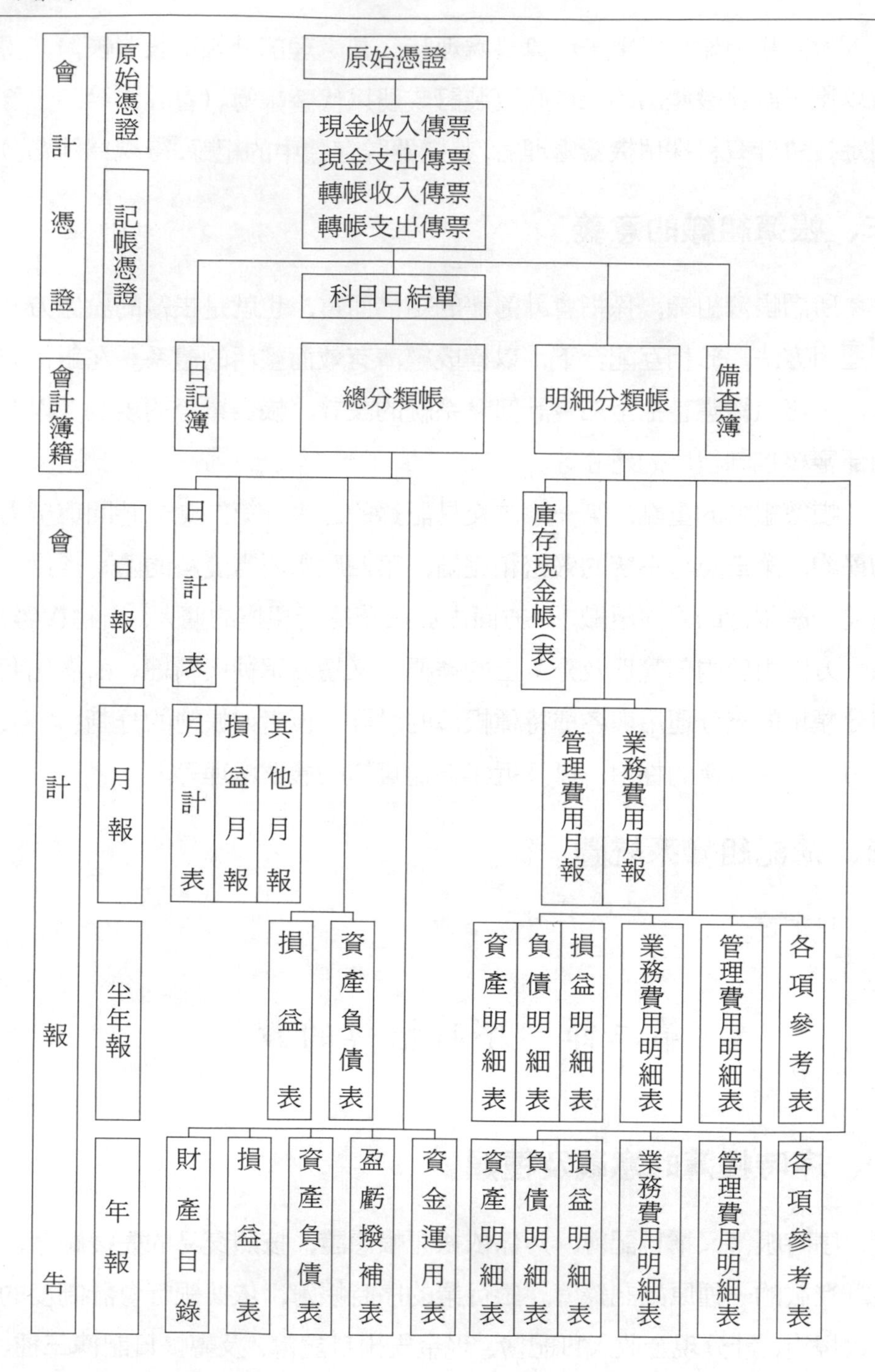
會計憑證
原始憑證
記帳憑證
會計簿籍
會計報告
日報
月報
半年報
年報
原始憑證
現金收入傳票
現金支出傳票
轉帳收入傳票
轉帳支出傳票
科目日結單
日記簿
總分類帳
明細分類帳
備查簿
日計表
月計表
損益月報
其他月報
庫存現金帳(表)
管理費用月報
業務費用月報
損益表
資產負債表
資產明細表
負債明細表
損益明細表
業務費用明細表
管理費用明細表
各項參考表
財產目錄
損益表
資產負債表
盈虧撥補表
資金運用表
資產明細表
負債明細表
損益明細表
業務費用明細表
管理費用明細表
各項參考表

現金收、支日記簿，係由出納人員根據現金收支傳票登記，轉帳日記簿，是由會計部門根據轉帳收支傳票登記。

二、序時帳簿的格式及記法

㈠現金收入（支出）日記簿

1.格式

尺寸：長×寬　　　　　　　　（○○銀行）
(210×297)公釐　　　　**現金收入(支出)日記簿**
幣名＿＿＿＿　　　　　中華民國　年　月　日　　　第　號第　頁共　頁

傳票號數	科　目	摘　要	金　額		傳票號數	科　目	摘　要	金　額	
							承前行		
		過次行					合　計		

現金收入日記簿與現金支出日記簿的格式相同，唯一般現金收入日記簿係以白紙用紅色印製，現金支出日記簿係以白紙用黑色或藍色印製。

2.記法

⑴程序

a.現金收入日記簿，係由收款員根據收訖後的現金收入傳票，按收款的先後編列分號，並順序逐筆記入。現金收入傳票於登記日記簿後，隨即送交各有關部門辦理業務手續，並按科目分送各記帳員登記明細分類帳。但對外須隨時查對結餘的科目如支票存款、活期存款等亦可先登記明細帳再記現金收入日記簿。

b.現金支出日記簿，係由付款員根據付訖後的現金支出傳票，按付款的先後編列分號，並順序逐筆記入。現金支出傳票經有關部門辦理業務手續並登記明細分類帳後，再送交出納部門辦理付款並登記現金支出日記簿。

(2)細則

a.各種貨幣應分頁記載，每日分別連續編列頁次。

b.傳票上應記各項，須分別填入各相當欄內。傳票號數是記分號，而非總號。摘要欄應記子目、帳號、戶名及其他要點。

c.每日應結總一次。現金支出日記簿登至最末一筆帳項時，除留最後一行結總數外，其餘未記空白各行，應劃斜線註銷。現金收入日記簿，於記載至最後一筆後，除留最末四行外，其餘空白各行應劃斜線註銷。所留四行，其中第一行結記本日共收數，第二欄填記昨日庫存數，第三行填記本日共付數。然後將本日共收數加昨日庫存數，減去本日共付數，此一收支軋抵後的餘額，即爲本日現金庫存數，應填入最後一行。本日現金庫存數，必須與庫存各類貨幣折合本位幣的現金數額相符。

d.出納根據現金收入及支出日記簿的本日共收及共付數，編製當日庫存現金科目日結單和庫存現金表。

e.應用總出納制度的銀行，出納部門僅設置一本現金收入日記簿和一本現金支出日記簿，但在應用櫃員或分出納制度的銀行，每一管理現金收付的櫃員或出納員，均須置備現金收入日記簿和現金支出日記簿，以備收付款項後隨時記錄，此種情形下的現金收入、支出日記簿，已不僅是一種序時帳簿，且具有現金收支明細記錄的作用。

(二)轉帳日記簿

1.格式

第一式

尺寸：長×寬　　　　　　　　　　(○○銀行)

(210×297)公釐　　　　　　　　**轉帳日記簿**

幣名________　　　　　　中華民國　年　月　日　　　第　號第　頁共　頁

傳票號數	傳票張數	科　目	摘　要	借方金額	科　目	摘　要	貸方金額

第二式

尺寸：長×寬　　　　　　　　　　(○○銀行)

(290×420)公釐　　　　　　　　**轉帳日記簿**

中華民國　年　月　日　　　第　號第　頁共　頁

傳票號數	傳票張數	科目	摘要	借　方　金　額				科目	摘要	貸　方　金　額			
				臺幣	美金	英鎊	填記幣名			臺幣	美金	英鎊	填記幣名

銀行係採用單式傳票，對於每一筆轉帳交易，必須分記兩張以上的轉帳傳票，一經分散後，即不易查核或瞭解交易的全貌。因此在傳票未分散前，爲使轉帳交易有一彙總的記錄起見，就先記入具有序時性質的轉帳日記簿內，以保持轉帳交易的完整記錄，而供日後的查考。

2. 記法

(1)程序

轉帳傳票由各有關部門編號後，隨即送交會計部門，經覆核無誤就記入轉帳日記簿，並按科目別分送各經辦員登記明細分類帳。惟對外須隨時查對餘額的科目，得憑傳票先登明細分類帳，再記轉帳日記簿。

(2)細則

a.上列兩種轉帳日記簿格式，應配合業務需要而選用。不辦理兌換或外匯業務的銀行，可用第一式；第二式因係按各種貨幣分設借貸金額欄，對於辦理兌換或外匯業務的銀行，最爲適宜。

b.由於銀行轉帳收支傳票係依照現金分錄法編製，所列科目的借貸和傳票的收付適相反，所以在記載轉帳日記簿時，對轉帳收入傳票的科目及金額等，應記入轉帳日記簿的貸方；而轉帳支出傳票的科目及金額等，就記入轉帳日記簿的借方。

c.傳票號數應記轉帳傳票的分號，張數應記同一筆交易所填轉帳收支傳票的總張數，摘要欄記子目、帳號、戶名及其他要點，各交易的借貸金額均應相等。

d.如果乙筆轉帳交易的借貸兩方科目多寡不一，以致借貸兩方所用行數不等時，必須依科目較多的一方爲準，而對科目較少一方的空白横行，應劃斜線註銷，然後再接續記載另一筆交易。

e.每日營業終了時,於當日轉帳收支傳票全部登入轉帳日記簿後,應結出借貸兩方「合計」數，塡在最後一行，並於摘要欄內註明合計字樣，其間如有空行，應劃斜線註銷。由於每筆轉帳交易收付雙方的借貸金額均屬相等，所以轉帳日記簿每日借貸金額的合計數，亦必相等。

三、銀行序時帳簿的作用

在普通會計中，序時帳簿的主要作用有三，一是瞭解營業的過程；二是明悉交易的全貌；三是作爲過入分類帳的依據。但是銀行業對於資產負債以及損益情形的記錄，均視分類帳爲主體，日記簿於隔日以後已無多大作用。復按銀行業會計的一致規定，總分類帳是由科目日結單過入，明細分類帳是直接根據傳票過入，並不以日記簿爲依據。可見銀行業的設置日記簿，僅為備查記錄而已。序時帳簿職能的減少，乃為銀行會計的特點之一，不特如此，目前有許多銀行甚至省略日記簿，而作如下措施：

1. 以現金收入副票或現金收入清單訂册後代替現金收入日記簿，詳見第五章說明。

2. 以現金支出計入表或現金支出清單訂册後代替現金支出日記簿，詳見第五章說明。

3. 以訂册的傳票代替轉帳日記簿，並在轉帳收入及支出傳票內，增設對方會計科目欄，以便傳票分散後，仍可相互稽考。

4. 按日編製日計表，以便每日試算會計記錄的正誤，而可減少錯誤或弊端的發生。

第三節　分類帳簿的設置

一、分類帳簿的性質

分類帳簿係以會計科目為單位，分別記載各項資產、負債、業主權益以及損益的增減變化，而據以產生各種會計表報的一種終結記錄簿。銀行的分類帳簿仍分總分類帳與明細分類帳兩種，前者為所有會計科目的總括記錄，根據科目日結單過入；後者係對每一科目再加分類的詳細記錄，根據傳票過入，兩者具有隸屬關係。在銀行業中幾乎每一資負損益科目均有分戶或子目的明細記錄，格式的設計也極完善。

二、總分類帳的格式及記法

總分類帳又稱統制分類帳，簡稱總帳，用以彙總記載每日資產、負債、業主權益及損益的增減數額，而以科目為記載的主體。根據各科目的借貸餘額或總額即可編製各種主要會計報表。銀行規定總分類帳應為訂本式，並由會計部門憑各部門交來的科目日結單登記。茲將總分類帳的格式及記法說明於下：

1.格式

〇〇銀行總分類帳

第　頁
科目×××××

日期			摘要	借方	貸方	借或貸	餘額
年	月	日					

2.記法

⑴每種貨幣記載乙册，各帳戶的排列應與會計科目的順序相同。

⑵由會計部門於每日營業終了時，根據各部門交來的各科目日結單經覆核無誤後登入。日結單上的借方合計數，過入有關科目借方金額欄，貸方合計數過入有關科目貸方金額欄，再將本日餘額填入餘額欄，並註明「借」或「貸」。

⑶摘要欄可不塡寫，但業主權益（亦稱淨值）類科目如不記明細分類帳時，就要根據傳票，在摘要欄內詳予說明。

⑷每頁用完時，應將借貸兩方的數額結總，塡記於最末一行和次頁或另頁第一行，以便繼續登記。在前一頁末行的摘要欄內，註明「過次頁」或「過某頁」字樣，次頁或另頁的首行摘要欄內，註明「承前頁」或「承某頁」字樣。

(5)每月終了應將本月份借貸數用紅字結總，並於摘要欄內以紅字註明「某月份合計」字樣。本月中如有紅字更正額，於結計本月份合計數時，將借方更正額由貸方總額中扣除，貸方更正額由借方總額中扣除，例釋如下：

○○銀行總分類帳

第　頁
科目×××××

日期			摘要	借方	貸方	借或貸	餘額
年	月	日					
85	1	1	承前期	1,000,000 00		借	1,000,000 00
		8		1,000 00		〃	1,001,000 00
		10		3,000 00	2,000 00	〃	1,002,000 00
		13			4,000 00	〃	998,000 00
		22		5,000 00		〃	1,003,000 00
		25		6,000 00		〃	1,009,000 00
					※ 1,000 00		
		31		8,000 00	7,000 00	〃	1,009,000 00
			※1月份合計	※ 1,022,000 00	※ 13,000 00		
			小計	1,023,000 00	13,000 00		
			扣除更正額	1,000 00			
85	1	31	轉次頁	1,022,000 00	13,000 00		

※紅字

(6)結計總數時，應在總數上劃單紅線。結算或轉記時，除於合計數之上劃單紅線外，並於合計數之下劃雙紅線。

三、明細分類帳的性質

明細分類帳又稱輔助分類帳，簡稱明細帳，係對會計科目作明細的分類或分戶記載，以供編製各項明細表之用。明細帳的設置，有分戶與不分戶兩種方式，後者係每一帳頁接續登記，而不按戶名、子目或幣名分類記錄，如本行支票及保付支票等；前者乃按戶名或子目、幣名分別設帳。戶名通常是指存放款債權人或債務人的姓名或機關商店的名稱而言；子目通常是對一般資產或損益的事物而言。綜上所述，分戶明細分類帳設置的標準，約有下列三項：

1. 根據姓名商號或機關團體名稱分戶，存款放款戶皆以債權人或債務人的姓名或機關商店名稱分戶。按照姓名條例的規定，應用本名並註明住所，如屬機關團體或共有財產，應載明代表人的姓名和住所。

2. 根據財產種類分戶，於每一科目按資產類別分設若干子目，如其他設備內分設金庫、辦公傢俱等項目。

3. 根據損益性質設立子目，於每一科目下按損益性質分設若干子目，如利息收入一項內設立透支息、短放息、貼現息等；又如業務費用一項內設立職員薪金、工員工資、國內旅費等子目。

四、明細分類帳的格式及記法

照銀行會計制度的一致規定，明細分類帳的格式計分為甲種、乙種、丙種、丁種、特種等五種。茲將此五種明細分類帳分別說明於下：

1. 格式

(1)甲種帳式

一般不計利息而分類或分戶登記的科目，如損益類、業主權益類、固定資產類及資產抵銷科目與應收應付利息、預收預付利息等科目，適用此一格式。

本帳頁次

帳　號
本戶頁次

○○銀行　明細分類帳

子目

戶名

經副理　會計　營業　記帳

日期			傳票號數	摘要	借方	貸方	借或貸	餘額	備註
年	月	日							

⑵乙種帳式

計算存息或欠息的各科目，如拆放銀行同業、央行放款轉融資、央行其他融資及同業融資等科目適用此一格式。

本帳頁次

帳　號
本戶頁次

○○銀行　明細分類帳

住址　　　　　　　　　　　　　　　　子目

利率　　　　　　支票號數　　　　　　戶名

經副理　會計　營業　記帳

日期			傳票號數	摘要	借方	貸方	借或貸	餘額	日數	積數	備註
年	月	日									

(3)丙種帳式

凡爲同時計算存息及欠息的各科目，如同業間往來的存放銀行同業、銀行同業透支、銀行同業存款、透支銀行同業等科目，適用此一格式。

本帳頁次	
帳號	
本戶頁次	

○○銀行　明細分類帳

住址＿＿＿＿ 透支 限度＿＿＿＿ 期限＿＿＿＿ 利率 存＿＿＿＿ 欠＿每＿結 支票號數 自＿＿ 至＿＿ 子目＿＿＿＿ 戶名＿＿＿＿

日期			傳票號數	摘要	借方	貸方	借或貸	餘額	日數	積數		備註
年	月	日								借方	貸方	

經副襄理　會計　營業　記帳

(4)丁種帳式

凡爲不計利息但需銷帳的各科目，如其他應收款、其他應付款、其他預收款、其他預付款、存出或存入保證金等科目，適用此一格式。

本帳頁次

帳　號
本戶頁次

子目

戶名

○○銀行　明細分類帳

經副襄理　會計　營業　記帳

日期			傳票號數	摘　要	借　方	貸　方	借或貸	餘　額	銷戶或當初日期	備　註
年	月	日								

(5)特種帳式

此乃因記載事項較爲複雜，而依各科目性質所設計的特定格式，以配合事實的需要，並使記帳工作與日後查考，兩得其便。這種帳式大致適用於營業部門有關存款、放款、匯兌、出納及外匯業務等科目，其格式與內容不相一致，並得使用各種表單彙訂代替，將於以後各章中分別列示說明。

2.記法

以上各種明細帳的登帳方法如下：

(1)除丁種帳外，每一帳頁應以記載一項子目、一個戶名或一種貨幣爲原則。

(2)適用特種帳式的各科目，如交易不多，得酌以甲、乙、丙、丁各種帳式中的一種代替。

(3)日期欄登記傳票日期。

(4)傳票號數欄登記傳票分號。如傳票僅編列總號而不編列分號時，本欄可予省略。

⑸摘要欄登記交易的內容和其他有關重要事項。

⑹借方、貸方欄登記傳票金額，依該科目的借貸方向記入。

⑺借或貸欄表示餘額的借貸。

⑻餘額欄結計當日餘額。

⑼備註欄登記起息日、利息數額、交易經過、訂正情形和其他備查事項。

⑽起息日爲發生超前或落後利息時，利息的起算日應超前或落後於記帳日。如超前或落後利息發生較多時，亦可專設起息日欄。

⑾日數欄記錄餘額變更相距的日數。

⑿積數欄記錄餘額與日數相乘的數額。

⒀銷戶或當初日期欄，應於當初記帳的此欄內登記銷戶日期，並於銷戶當日記帳的此欄內登記當初記帳日期。

五、總分類帳與明細分類帳的關係

總分類帳是以每一資產、負債、業主權益、收入、支出科目爲本位，作總括記錄計算的帳簿，明細分類帳則是對某科目中每一子目或每一分戶詳細記錄的帳簿，兩者關係密切。通常一個總帳帳戶統制一本明細分類帳，如總分類帳「活期存款」科目統制活期存款明細分類帳等；但也有幾個總帳帳戶同時統制一本明細分類帳，如「支票存款」明細分類帳中，倘客戶訂有透支契約時，就受總分類帳「支票存款」及「透支」或「擔保透支」等科目的統制。再就借貸餘額而言，明細分類帳各子目或各分戶帳內，每日借貸方變動數額的合計數，應與總分類帳該科目每日借貸方變動總數一致；而各子目或分戶帳的每日借貸額，於軋抵後加總，應與總分類帳該科目的本日餘額相符。

六、電腦即時連線作業後的明細帳

會計法第四十條規定:「會計資料採用機器(電腦)處理者,其機器貯存體中的記錄,視爲會計簿籍」。所以銀行得以機器產生的工作表報裝訂成册,以代替帳簿。例如:存款連線作業後,由資訊室印製的各種表單,如支票存款交易明細帳、存摺存款交易明細帳、存單存款餘額表等裝訂替代存款明細帳簿,至於放款、匯款、代收、外匯、信託等業務,於電腦連線作業後也可比照辦理。

第四節　備查簿的設置

一、備查簿的性質

備查簿的記錄,並非爲編製會計報告所依據,祇是便利會計事項的查考或會計事務的處理而已。此類簿籍的內容,包括明細分類帳未能記載的有關事實,或與會計科目無關的重要事實,並可根據原始憑證及傳票以外的各項有關資料登記。

二、備查簿的種類及格式

銀行設置何種備查簿,應視業務需要與內部制度而定。依據銀行會計制度的一致規定,會計部門所登記的有五種,特分別列示於下:

(一)傳票目錄簿

1. 格式

○○銀行　傳票目錄簿

登記			傳票號數		冊數	張數	起			訖			訂冊編號	存櫃或裝箱號數	存放				銷燬			保管負責人	備註
年	月	日	起	訖			年	月	日	年	月	日			地點	年	月	日	年	月	日		

2. 用法：（甲）凡已經裝訂的傳票，均應記入此簿。

（乙）登記時，應將傳票號數、冊數、張數、起訖日期、訂冊編號、存櫃或裝箱號數，存放地點及日期，逐一記入各有關欄內。

（丙）傳票依規定陳准銷燬時，應將銷燬日期記入「銷燬日期」欄。

（丁）其他事項於備註欄內註明。

㈡帳簿目錄簿

1. 格式

○○銀行　帳簿目錄簿

登記			帳簿總號	帳簿名稱	帳簿分號	頁數		啓用			用訖			存櫃或裝箱號數	存放				銷燬			備註
年	月	日				起	訖	年	月	日	年	月	日		地點	年	月	日	年	月	日	

2. 用 法：（甲）凡已用完的各種帳簿，經訂本編號後，均應記入此簿。

（乙）登記時，應將帳簿號數、名稱、頁數、啓用日期、存櫃或裝箱號數、存放地點及日期，逐一記入各欄內。

（丙）帳簿依規定陳准銷燬時，應將銷燬日期記入「銷燬日期」欄。

（丁）其他事項於「備註」欄內註明。

㈢會計報告目錄簿

1. 格式

○○銀行 會計報告目錄簿

登記日期			報表册總號	名稱	報表册分號	頁數		起期			訖期			存櫃或裝箱號數	存放				銷燬日期			備註
															地點	日期						
年	月	日				起	訖	年	月	日	年	月	日			年	月	日	年	月	日	

2. 用法：（甲）凡已裝訂的各種報表，均應記入此簿。

（乙）登記時，應將報表號數、名稱、分號、頁數、起訖日期、存櫃或裝箱號數存放地點及日期逐一記入各該欄內。

（丙）報表依規定陳准銷燬時，應將銷燬日期記入「銷燬日期」欄。

（丁）其他事項於「備註」欄內註明。

㈣帳頁銷號簿

1. 格式

○○銀行　帳頁銷號簿　　　種類＿＿＿＿

領到日期			活頁號數	領用人	銷號日期			領到日期			活頁號數	領用人	銷號日期			領到日期			活頁號數	領用人	銷號日期		
年	月	日			年	月	日	年	月	日			年	月	日	年	月	日			年	月	日

2. 用法：（甲）各種活頁帳須銷號備查時，應登記本簿。

（乙）領到時，應由會計部分根據領到帳頁，逐號塡記領到日期。

（丙）領用時，應由領用人逐號蓋章。

（丁）銷號時，應由會計部分根據交還帳頁，逐號塡記銷號日期。

（戊）所有未銷號碼，應與各領用人所存的未用帳頁相符。

㈤空白帳頁單據登記簿

1. 格式

○○銀行　空白帳頁單據登記簿　　種類＿＿＿＿

日期			收入				發出				餘存			備註
年	月	日	號碼		數量	請領或印製	號碼		數量	領用人	號碼		數量	
			自	至			自	至			自	至		

2.用法：（甲）凡各種空白帳頁及單據，應登記本簿。

（乙）收入時，應將收入日期及請領或印製情形、數量、號碼等項分別記入各欄內。

（丙）發出時，應根據領用憑條將發出日期，領用人姓名（活頁帳應由會計部分經領）、數量、號碼等項，記入各有關欄內。

（丁）收入發出時，均應結記餘存數，「餘存」欄內數量及號碼，應與實際存數相符。

（戊）凡遇污損不能使用的空白帳頁單據，應由會計人員查核，陳報主管人員核准銷燬，依照發出手續辦理。

第五節　日報表的編製

一、日結的意義

銀行係居於資金需要者與供給者之間，經營信用授受業務的機關，具有債權債務關係的客戶，為數甚鉅，每日帳務的處理及現金的出入，既繁且多，爲求所記帳目正確並避免錯誤與弊端起見，乃於每日營業終了後，將當日的收支帳目，做一番覆核及檢算的工作。同時銀行每日業務變動很大，主管人員對於業務實情，也有逐日加以瞭解的必要，以便核計準備金，決定存款放款及一切業務方針，而作來日營業的準繩。這種每日覆核及檢算帳目和編製日報表的手續，就稱之謂「日結」。

二、借貸總數表的填製

借貸總數表爲銀行會計方面特有的一種試算表，係就每日各種日記簿的借貸總數與各科目日結單的借貸總數相互核對，藉以驗證總分類帳記錄的正誤，並提示當日的業務總量。由於銀行統一會計制度規定，總分類帳根據各科目日結單的借貸總額過帳，而不用序時帳簿爲過帳基礎，所以根據各種序時帳簿編製的借貸總數表，借貸雙方的實計數，應與當日臨時存欠科目以外的各科目日結單借貸雙方合計數相等，否則必有錯誤存在。茲將借貸總數表的格式和編製方法分別說明於下：

1. 格式

請見下頁。

2. 編製方法

⑴每日營業終了後，會計部門根據各種日記簿合計數，分別借貸填入本表，並結出總額，再減除臨時存欠數，加入現金收付數，最後結出實計數，也就是本日的業務總量。

⑵按各種日記簿所記載的當日傳票張數填入本表，結出本日張數。再減除臨時存欠傳票張數，結出實計數，也就是本日的傳票總張數。

⑶本表借貸方實計數，與各科目日結單（包括庫存現金科目，但臨時存欠除外）及當日日計表的借貸方合計數應屬相等。

（白紙藍字線）　　　　　　（○○銀行）

尺寸：長×寬　　　　　　**借貸總數表**

（120×210 公釐）　　　中華民國　年　月　日　　　　　幣名＿＿＿＿

日記簿名稱	傳票張數	借方		貸方	
現金收入日記簿				（本日共收數）	
現金支出日記簿		（本日共付數）			
轉帳日記簿		（本日借方合計數）		（本日貸方合計數）	
合計					
減：臨時存欠		（現金支出及轉帳支出傳票總數）		（現金收入及轉帳收入傳票總數）	
加：現金		（現金收入傳票總數）		（現金支出傳票總數）	
實計					

會計　　　　　　　　　覆核　　　　　　　　　製表

二、日結的手續

借貸總數表雖可驗證總分類帳過帳的正誤，而作爲銀行辦理日結的工具，目前部分銀行因鑒於每天已有日計表及庫存現金表的編製，所以對借貸總數表往往予以省略，祇直接核計各科目日結單而已。茲將銀行每日辦理日結的手續說明於下：

㈠出納部門

1. 將當日現金收入日記簿或現金收入副票，按「支票存款」及「其他」兩部分分別集計，求出總數，然後以此兩部分合計數亦即現金收入總數，填入現金科目日結單的借方。

2.將當日現金支出日記簿或現金支出記入表也按「支票存款」及「其他」兩部分分別集計，求出總數，然後以此兩部分合計數亦即現金支出總數，填入現金科目日結單的貸方。

3.在下列三種情形下，當日現金收入及支出數即屬正確。

(1)現金科目日結單借方現金收入數，與其他科目日結單現金欄的貸方總數相符；現金科目日結單貸方現金支出數，與其他科目日結單現金欄的借方總數相符。

(2)現金收入及支出日記簿或現金收入副票及現金支出記入表所列支票存款部分總數,與支票存款科目日結單現金欄的貸方及借方金額相等。

(3)當日實際盤點的庫存現金與當日「庫存現金」科目餘額相符。

(二)會計部門

1.每日營業時間終了後,會計根據各部門交來的科目日結單與傳票,加以覆核。

2.根據各科目日結單（包括臨時存欠科目，但庫存現金科目除外）將現金及轉帳欄的借方及貸方分別相加，結出合計數。

3.在下列情形下，除子目間的錯誤或某項交易的同時多計或漏計仍有可能外，表示當日帳目大體已屬正確:

(1)轉帳欄借、貸兩方金額總數相等。

(2)現金欄借方總數與出納所製庫存現金科目日結單的貸方現金支出數相符；現金欄貸方總數與出納所製庫存現金科目日結單的借方現金收入數相符。

(三)營業部門

1.存款、放款、匯兌等營業部門，於每日營業終了時，由各科目經辦人員將當日已記明細分類帳的傳票，分別彙總後編製該科目日結單。

2.彙計各科目明細分類帳各戶或各子目的餘額，所得總數應與科目日結單的本日餘額相符。此項餘額的覆核手續，爲求愼重起見，可就支票存款、活期存款及活期儲蓄存款等，分別編製餘額明細表。在使用電腦處理會計及各項業務資料的銀行，電腦記帳員於日結時，可先作「科目收付查詢」交易，與傳票收付數相符後，再作「科目日結」交易即可得知結果。

3.對收付最多的支票存款每日除編製餘額明細表外，爲免戶名之間發生錯誤，並應將當日有關傳票及其他記帳憑證，按存戶分類後，逐筆與各存戶明細分類帳借貸兩方所記金額核對；或於記帳時由主管人員逐筆押脚覆核。在實施電腦記帳的銀行，每筆交易的傳票則需換人「認證」。

三、日計表的意義及編製方法

「日計表」乃基於借貸平衡原理，彙計總分類帳各科目每日借貸金額及餘額，以驗證當日記帳是否無誤的一種日報。此一表報且可逐日表現存款、放款、匯兌等業務的變動概況，存款準備金及頭寸的盈缺情形，以及資金的運用狀況，作爲分析營業趨勢，決定營業方針的依據。所以日計表實兼具試算及業務報告的雙重作用。茲將日計表的格式及編製方法說明於下：

1.格式

下列第一式爲銀行會計制度的一致規定，各科目由上而下接續排列，在科目較多的銀行，由於篇幅過長，非特套寫和事後翻閱不便，總行合併彙計時也感困難，因此在實務上，多改用第二式。

第一式

(○○銀行)

日 計 表

中華民國 年 月 日 第 號

會計科目	本日金額		本日餘額	
	借方	貸方	借方	貸方
合計				

第二式

○○銀行○○分行日計表

中華民國 年 月 日

會計科目	本日金額		餘額	會計科目	本日金額		餘額
	借方	貸方			借方	貸方	
(各資產、支出科目)				(各負債、權益、收入科目)			
純損益 NT$				本日金額總數			
餘額總數				餘額總數			

2.編製方法

(1)日計表根據總分類帳編製，但在實務上爲求工作迅捷並使日計表提早產生，得直接根據各科目日結單塡製，然後再與總分類帳核對。

(2)根據總分類帳內各科目本日借貸總數及餘額，分別塡入日計表本日金額欄的借、貸方及餘額欄的借方或貸方。本日無交易發生的科目，僅須將其最近一日的餘額塡入餘額欄。

(3)除臨時存欠外所有科目的金額列入日計表，並將各欄合計數結出後，本日金額欄及餘額欄的借貸兩方合計數，各應相等。換言之，本日金額欄的合計數應等於借貸總數表的實計數，亦卽現金科目以外各科目日結單「現金」、「轉帳」兩欄的借方合計數，減去臨時存欠科目借方合計數，再加上庫存現金科目的借方數；或現金科目以外各科目日結單「現金」、「轉帳」兩欄的貸方合計數，減去臨時存欠科目貸方合計數，再加上庫存現金科目的貸方數。

(4)存放款等有關科目的餘額，應用紅字加結小計數，小計數的總和應與餘額的合計數相等。

(5)本表應逐日編製，各分行塡就後，應卽日寄送總行會計部門。

但在採用電腦處理會計檔案的銀行，則由分行每日複寫乙份各科目日結單，寄送電腦中心登錄入電腦；或透過會計遠程輸入系統根據科目日結單直接以終端機輸入電腦，而由電腦自動印製各分行及全行合計的日計表，分送各分行及總行會計部門。

四、庫存現金表及其他日報表的編製

㈠庫存現金表

1.格式

第一式

○○銀行 庫存現金表

中華民國 年 月 日

貨幣種類	昨日庫存	今日共收	今日共付	今日庫存	折合率	折合本位幣

庫 存 細 數

貨幣種類	面額	數量	合計	貨幣種類	面額	數量	合計	貨幣種類	面額	數量	合計

上式爲統一會計制度所規定，對辦理兌換及外匯業務的銀行比較適用；不辦理兌換及外匯業務的銀行，由於日常收付及記帳均只有本國貨幣乙種，爲簡明起見，多採用下式。

第二式

〇〇銀行　庫存現金表

台照　　　　中華民國　年　月　日

借方	摘要	貸方
	昨日庫存	
	今日共收	
	今日共付	
	今日庫存	
	合計	

庫存細數		
種類	金額	備註
1000 元券		
500 元券		
100 元券		
50 元券		
5 元券		
1 元券		
輔幣 5 角		
輔幣 1 角		
硬幣 50 元		
硬幣 10 元		
硬幣 5 元		
硬幣 1 元		
硬幣 5 角		
硬幣 2 角		
硬幣 1 角		
合計		

經襄副理　　會計　　出納　　覆核　　製表

2. 說明

(1)本表應逐日編製。

(2)本表與庫存現金帳（即庫存現金的明細帳）一次套寫。

(3)將各種貨幣的昨日庫存數，列入「昨日庫存」欄內，今日共收共付數，列入「今日共收」、「今日共付」欄內，軋記後的餘額，即為「今日庫存」。

⑷當日現金庫存數，按貨幣種類，逐一列入「庫存細數」欄，結一合計數應與上半頁「本日餘額」相符。

⑸庫存細數應與實地盤存數相符。

⑹甲式每月末日，應根據規定滙率，將「今日庫存」各種貨幣數分別折算本位幣，塡入「折合本位幣」欄，其合計數應與綜合日計表（即各種外幣全部折合本位幣後，連同本位幣綜計在內的日計表）上「庫存現金」科目餘額相符。

⑺本表塡製時，如發生錯誤，應由主管人員及出納主辦人在訂正處蓋章證明。

㈡其他日報

依照銀行統一會計制度的規定，除日計表及庫存現金表以外尚有同業往來，透支、擔保透支等日報，各銀行也有視本身業務管理及參考上的需要，自行編製放款、聯行往來、證券買賣等日報。除日計表及庫存現金表外，其餘日報係銀行業務方面的統計表報，因格式及內容各行未盡相同，不便贅述，故予省略。

第六節　傳票帳簿報表的裝訂及保管

一、傳票帳表的裝訂及保管手續

㈠傳票的裝訂與保管

1. 每日塡製的各種傳票，經與帳簿覆核無誤後，應照科目的順序編排。每一科目並按日結單、現金收入傳票、轉帳收入傳票、現金支出傳票、轉帳支出傳票以及附件，依次分別排列，然後加具面頁及底頁，裝訂成册。

2.已訂册的傳票應按傳票張數編列總號，其最末號數，應與借貸總數表的傳票總張數相符。傳票總號應按期更換一次，如傳票張數較多亦可每日更換一次。

3.面頁應記載年月日、號數、傳票種類、張數、及附件張數，由主管人員及會計在裝訂處蓋章。傳票面頁的格式如下所示。

4.傳票張數較多的行處，得按實際情形分別訂册，如支票存款傳票册等。

○○銀行傳票

(第　一　册)

中華民國　年　月　日　(星期　)

傳票種類	傳票張數	附件張數	拆訂記錄
現金收入傳票	張	張	
轉帳收入傳票	張	張	
現金支出傳票	張	張	
轉帳支出傳票	張	張	
科目日結單	張	張	
合　計	張	張	
其他副傳票	張	張	

經副襄理　　　　會計

5.傳票按日訂册後，應由會計部門負責保管，按册編列總號，登記於「傳票目錄簿」。

6.已訂册的傳票，須經主管人員及主辦會計人員的許可，方得拆訂，並須將拆訂經過及增減單據張數在面頁批註，蓋章證明。

已裝訂的傳票，視其多寡得再按週或按旬分別訂成一冊，並加具封面。傳票訂本的編號，應以紅字寫填，首列年度再列冊數。例如八十五年度第二十三冊卽爲(85—23)。傳票冊封面所用字體通常用橡皮印加蓋，內容如下：

傳　　　票			
85－23			
1835－2479			
自中華民國	年	月	日起
至中華民國	年	月	日止
○○銀行		○○分行	

㈡帳簿的裝訂及保管

1. 各種分類帳均應編具科目或分戶目錄，加貼第一頁之前，各種分類帳的背脊，除中間編列冊數外，上部須標明帳簿名稱，下部應標註銀行名稱，活頁帳簿俟裝訂時再行辦理。

2. 訂本帳簿更換新簿時，如舊簿中有空頁，應於空白頁上加蓋「空白作廢」戳記；如記帳時誤揭兩頁或數頁，致中間有空白帳頁時，應於空頁上劃「×」註銷，並由記帳員及主辦會計人員，在斜十字交叉處蓋章證明。

3. 活頁帳及卡片帳每期或每年更換新帳時，應由記帳員裝訂成册，編列總頁數，在結線處封固，送由主管人員及主辦會計人員於封固處蓋章，並在「帳頁銷號簿」內銷號，所有未銷號碼，應與領存的活頁及卡片帳相符。

4. 凡已用訖的訂本帳簿及已裝訂的活頁或卡片帳簿，應編列總號及各科目分號，並在帳脊標明號數及時期，送交主辦會計人員點收後登入

「帳簿目錄簿」。

㈢報表的裝訂及保管

各種會計報告及其留底，應按照種類，分別年度，加具面頁底頁，裝訂成册，並在面頁記載報表名稱，起訖年月日、頁數，再按册編列總號，按頁編列分號後登記「會計報告目錄簿」。

㈣每日會計事務處理完畢，應將傳票、帳簿、單據等，收藏庫內，如無庫房，應收入鐵櫃。

㈤已裝訂成冊的傳票、帳表，應於庫房內裝箱或裝設木櫃，妥為保管。

各部門如須調閱，應填具傳票帳表調閱憑條，經由主辦會計人員簽章後，向保管人員領取，當面檢閱，閱畢送還時，應經保管人員核收，並於原憑條收回欄由保管人員蓋章註銷。如因特殊情形，必須取出應用，須在憑條內註明，再經主辦會計人員同意，方可領出。

㈥每期結算後，應將保管的傳票帳表等，檢查一次，如裝訂處有損害情形，應加整理，重行裝訂。

二、憑證帳簿報表的保存年限

照銀行會計制度的一致規定，各種憑證、帳簿、報表，自總決算公布或令行日起至少保存的年限如下：

㈠保存十年以上者

1. 日記簿。

2. 總分類帳。

3. 資產負債及損益類明細分類帳。

4. 各項重要備查簿。

5. 結算及決算報告。

6. 機器處理會計資料的貯存體暨處理手册。

㈡保存五年以上者

各項普通備查簿。

㈢保存三年以上者

各項日報表、旬報表、月報表或其留底。

㈣保存二年以上者

各種會計憑證。

上項規定保存年限，得按事實需要，酌予延長。凡已屆滿前項規定保存年限的憑證、帳簿、報表，除有關債權債務的憑證外，經該管上級機關與該管審計機關的同意得予銷燬。

上述銀行會計制度的一致規定，係依據會計法作最低保存年限的規定，事實上銀行爲具有多份公共性的服務機構，爲供日後內部及主管機關的查核，及爲應客戶本身或司法、稅務有關方面的查證，各銀行大多將保存年限酌爲延長。例如：

1. 將各種會計憑證延長爲二十年以上，以適應民法普通債權時效十五年的規定。

2. 結算及決算報告延長爲二十年以上，全體結決算報告並延長爲永久保存，以應日後查考。

3. 各種分類帳及重要備查簿延長爲十五年以上，以應客戶及有關機關查證上的需要。

4. 各項報表延長爲五年，以利日後統計參考上不時之需。

第七節 記帳的規則

帳務處理工作是銀行會計實務的最重要部分，茲特將有關記帳的規則，分別說明於下：

(一)記帳單位

1. 各項憑證帳表的記載，應以政府對本省所規定的本位幣亦卽新臺幣的元爲單位，除了乘除計算外，小數求至分位爲止，厘位四捨五入。

2. 凡外幣交易得按原幣分戶記載，但月算、結算、決算而編製合併報表時，所有各種貨幣均應按規定折合率換算爲本位貨幣編製。

3. 各項存款及放款利息，均求至元位，元位以下四捨五進。

4. 印花稅以外的各項稅捐，應求至元位，元位以下不計。

5. 印花稅票，應按稅率表所規定的定額貼用。其按比例計貼部分，應按實計數額計貼至角位，角位以下可免貼；如係採總繳方式，則可總繳至元位，元位以下免繳。

(二)數字字體

1. 傳票、帳表內的字體，應繕寫清楚，不得草率，數字位置應排列整齊，不得參差，並以佔格內下側三分之二爲標準。

2. 各種傳票、帳表均應用墨水筆塡寫，但複寫格式，得用打字機或拷貝鉛筆及雙面複寫紙塡寫，複寫時應注意字跡的淸楚耐久（支票、存款憑條及取款憑條得以品質優良的原子筆書寫）。

3.銀行的日常會計處理工作，大部分偏重在填證、記帳、及編表三方面，而以阿拉伯數字爲主要工具。因此在實務上，各銀行爲增進效率，顧及美觀，減少錯誤起見，對行員書寫阿拉伯數字的技術，頗爲重視；有許多銀行且制定標準字體，印發每一行員練習。茲特將銀行所用標準阿拉伯數字字體列示乙種於下頁。

㈢更正及訂正

在實務上「訂正」係指數字或文字的誤寫，不必填製傳票予以改正，僅將誤寫的數字或文字加劃紅雙線註銷，再將正確數字或文字填記於上端。「更正」係指錯誤不能採用訂正方式，而須填製傳票並記入帳册，將錯誤的記錄冲銷。

1.當時發現錯誤的訂正

⑴數字與文字錯誤

①除現金收支傳票不論文字或數字錯誤應一律重製，及轉帳傳票金額錯誤必須重製以昭愼重外，轉帳傳票上的文字如有錯誤，可比照帳表訂正規定加以改正，並應由會計人員加章證明。

②帳表內的數字如遇填寫錯誤，必須將全數用紅線加劃直線兩道加以註銷，由記帳員或製表員於直線的一端蓋章，並將改正的數字，填在誤記數字之上。如文字記載錯誤，應將錯誤文字同樣改正，均不得塗改、挖補、刮擦或用藥水消滅字跡。

③帳表內的數字如遇誤填行列，必須將全數加劃兩道直紅線註銷，並加蓋“Blank”或「此行作廢」字樣，由記帳員或製表員蓋章於直線的一端，並在另一端由主辦會計人員蓋章證明。

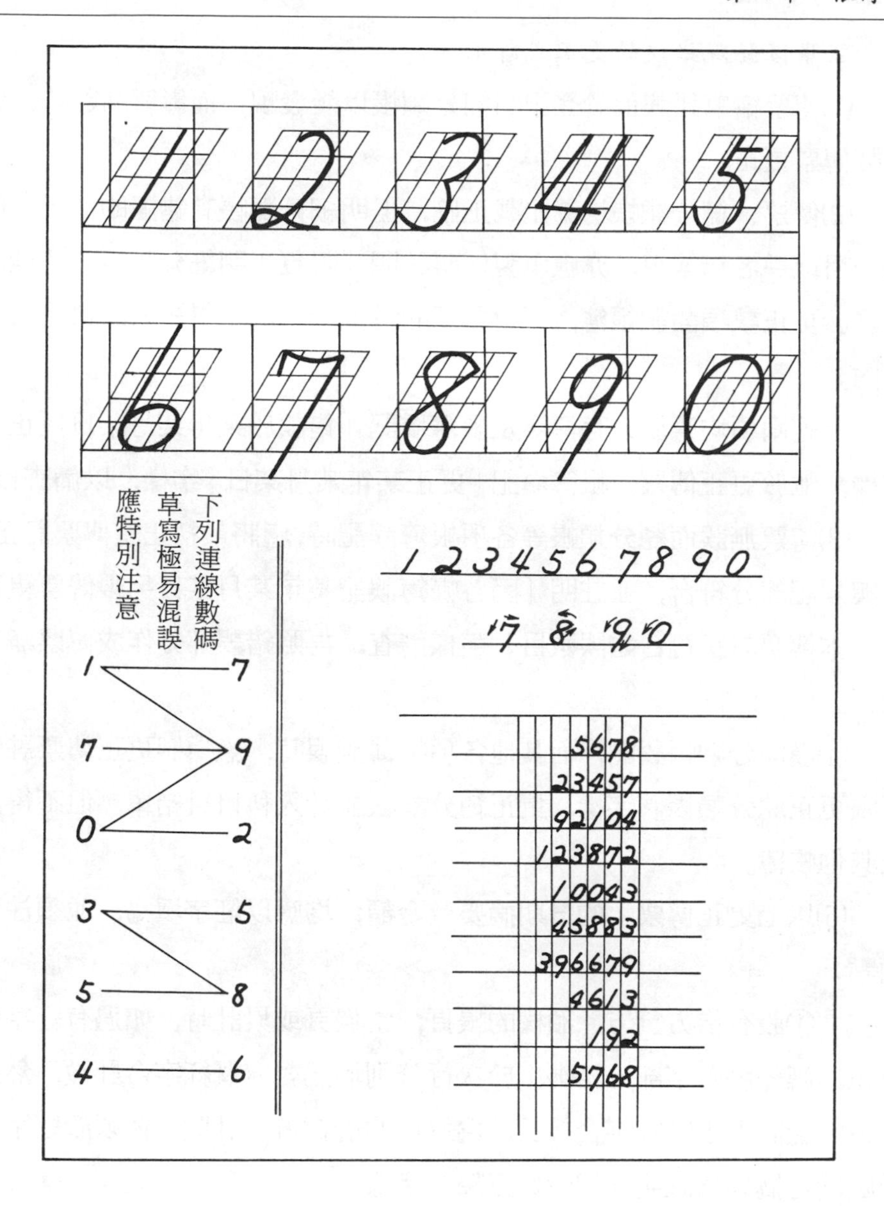

(2)線條誤劃

帳表內結計或轉記數目的粗線如果誤劃，應於橫線兩端用「×」符號加以註銷，由原經辦人員於符號處簽章，並由主辦會計人員加蓋圖章證明。

2.事後發現錯誤的更正或訂正

(1)傳票繕寫錯誤但於登記明細分類帳以後發現，而影響結數時，應另製傳票更正。

(2)傳票、總分類帳均屬記載正確，但明細分類帳有錯誤的情形，例如子目或戶名錯誤等，亦應填製傳票註明「限更正明細分類帳」字樣，僅限於更正該項誤記帳簿，而對更正的借貸金額，不得記入該科目日結單內。

上列兩項均應於原有傳票及帳簿填記「錯誤於某年某月某日更正」字樣，並於更正傳票及帳簿填記「更正某年某月某日」字樣，以備查核。

(3)傳票無誤而總分類帳等各項帳簿誤記時，應將最初正確傳票訂正，使與誤記部分符合，並註明「因各帳簿誤記某年某月某日另製傳票更正外，本傳票訂正符合錯誤數目」字樣備查，再照錯誤部分作成傳票辦理更正。

(4)僅總分類帳誤記，而其他各項帳簿無誤時，應填製更正傳票註明「限更正總分類帳」字樣，更正總分類帳並計入科目日結單，但不得記入其他帳簿。

(5)以上更正傳票上的日期摘要及金額，均應以紅字填寫，並須注意兩點：

①設有借方貸方餘額欄的帳頁，當過頁或累計時，如遇有紅字的更正，應先將藍字部分結出，於次行分別填記對方欄紅字合計數，然後由藍字合計數扣除紅字合計數，爲過頁的借貸方累計數，並須於紅字合計數同行摘要欄註明「扣除更正額」字樣。

②僅有一欄金額的帳頁，如遇錯誤須要更正時，應於更正當日將錯誤金額或文字以紅字填記，而將正確金額在次行內用藍字填寫。必須過頁或累計時，紅字合計數應填在藍字合計數的下一行，由藍字合計數扣除紅字合計數，並於該項紅字合計數的摘要欄註明「扣除更正額」字樣。

⑹轉次頁金額的錯誤或承前頁餘額的錯誤，應於發現當日，即予訂正。如爲後項餘額繼續承過錯誤的情形，除將最初錯誤及發見前一日餘額訂正外，並應分別於最初錯誤一筆及前一日最末一筆的摘要或備註欄，註明「錯誤於某年某月某日訂正」及「訂正某年某月某日錯誤」字樣，以備查核。

⑺應記事項如有遺漏時，毋須追溯補塡，應於發現當日按普通記帳程序辦理，除註明「某年某月某日遺漏部分補塡」字樣外，並應在原記帳日的備註欄註明「遺漏部分於某年某月某日補塡第某頁訖」字樣備查。

⑻現金傳票如有錯誤，不得加以更正或取消，應將其錯誤金額以其他應收款或其他應付款科目整理後，再由該科目加以轉帳。

⑼關於聯行往來及內部往來等科目，不得辦理紅字更正，應候對方行承受後再行更正。

⑽與會計帳目無關的備查簿，更正時免製傳票。

㈣轉結

1. 設有餘額的帳簿，應按每行塡記餘額。但除承轉外，得於當日最末行結一餘額。餘額如爲「零」應於標準單位(元位)記載「零」的符號。

2. 總分類帳於每月終，應將本月借貸數額用紅字結總，並於摘要欄內註明某月份合計字樣。

3. 各種帳簿每一帳頁用完時，應將借貸兩方的數額結總，再將借貸總額及積數總額塡記於末一行及次頁或另頁的第一行，以便繼續登記，並於前頁末行摘要欄註明「轉次頁」或「轉某頁」字樣，新頁首行摘要欄註明「承前頁」或「承某頁」字樣；但設有借方、貸方、餘額三欄的帳簿，如總分類帳及損益類或其他科目明細分類帳，在轉過頁累計及結帳等方面，應以「三行結轉」方式辦理，例釋如下；

日期 年	月	日	摘要	借方	貸方	借或貸	餘額
85	5	31	承前頁	5,000.00	4,000.00	借	1,000.00
	6	1		3,000.00		〃	4,000.00
	6	28			2,000.00	〃	2,000.00
			小計	8,000.00	6,000.00		第一行
	6	30	轉次期(或轉本期損益)		2,000.00		第二行
			合計	8,000.00	8,000.00		第三行

如有紅字更正時，應以「五行結轉」方式辦理，其法與「三行結轉」大致相同，惟在「小計」次行以紅字塡記更正額（但其借貸方向相反，即將借方更正數記在貸方欄，貸方更正數記在借方欄)，並在摘要欄註明「扣除更正額」字樣，第三行「合計」(應扣除紅字)，第四行「轉次期」或「轉本期損益」塡記結轉餘額，第五行則列總計，例釋如下：

○○銀行總分類帳　　第　頁

科目×××××

日期 年	月	日	摘要	借方	貸方	借或貸	餘額
85	5	31	承前頁	600,000.00	800,000.00	貸	200,000.00
		1		2,000.00	1,000.00	〃	199,000.00
		8		5,000.00		〃	194,000.00
		14		3,000.00		〃	191,000.00
		30		※1,000.00 6,000.00	4,000.00	〃	188,000.00
			※6月份合計	※16,000.00	※4,000.00		
			小計	616,000.00	805,000.00		第一行
			扣除更正額		※1,000.00		第二行
			合計	616,000.00	804,000.00		第三行
85	6	30	轉次期	188,000.00			第四行
			總計	804,000.00	804,000.00		第五行

至於支票存款、活期存款、本票、行員儲蓄存款、活期儲蓄存款、同業存款、存放同業等各種帳卡，因記帳後已與記帳憑證或傳票逐筆核對，得以下述方法處理而省手續。

(1)轉次頁時最末行之上劃直線一道，其線下的借貸欄不必累計而任其空白，並於餘額欄填記轉次頁的餘額。

(2)於次頁第一行的承前頁欄，僅填承轉的餘額，但如係活頁帳卡，應將新舊帳頁交由主管人員加蓋押脚。

(3)如遇中途解約或期末結帳，而餘額為零時，可於通常結帳處劃二道直線，以代結帳手續。

(4)期末如尚有餘額可結轉時，亦照前項辦法劃二道直線以代結帳手續。

4.期末更換新簿或新頁時

(1)應將舊頁或舊簿中的餘額過入新簿或新頁的餘額欄，並在摘要欄註明「承前期」字樣，同時採「三行或五行結轉」將舊頁或舊簿餘額，填入數額較小的一方，並在摘要欄註明「轉次期」字樣，然後於末行結計借貸兩方相等的合計數。對於餘額已平的帳戶，只須結計借貸兩方相等的合計數。

(2)損益類各科目明細分類帳，應於每期結算時將餘額轉記「本期損益」科目內，並照上項手續結平，且於摘要欄註明「轉本期損益」字樣。

(3)記入式明細分類帳卽丁種帳，如分戶的應收款、預付款、應付款、預收款以及存出、存入保證金等明細分類帳，及需要逐筆銷帳的特種帳，每期結算時應將帳上未銷各筆數額，加計總數，經與總分類帳各該科目的餘額核對相符後，卽將前期舊帳未銷帳項，逐筆轉記於次期各有關新帳內。

5. 各種帳簿結計總數時，應在總數上劃一道線，結算或轉記時，在合計數之上劃一道線，合計數之下劃二道線。

6. 帳簿使用中途因改正或廢帳另轉新帳時，應於「啓用帳簿日期表」備註欄註明理由。

7. 各種帳簿除結決算以每期開始日期（一月一日及七月一日等）爲承前期的日期外，所有轉過頁，應以前頁最終之日爲承前頁日期。

㈤印 章

1. 傳票帳表及一切單據的簽章應依本名爲準，不得用字或別號。但各項訂正專用的簽章，得以姓名或「〇〇股（科）訂正之章」表示。

2. 傳票帳表及一切單據，視其性質應經「製票人」「經辦人」「覆核」「會計」「出納」或經收經付等人員簽章後，遞送主管人員核章而連帶負責。

3. 原始憑證及各種傳票而關係現金、票據、證劵的出納時，非經主辦會計人員或其授權人的簽章不得爲出納之執行。但現金的收付，關係存款滙款者，爲手續便利計，經核對印鑑相符，得由營業主管或主辦人員簽章後，先交出納部門收付款項，事後送由主辦會計人員或其授權人補行蓋章。

㈥覆 核

1. 塡製傳票或帳表後，製票或製表人應先自驗算，並卽時換人覆核，由覆核員蓋章證明。

2.對外各種帳卡，如支票存款、活期存款、活期儲蓄存款、同業存款、存放同業等，於記帳後應與記帳憑證或傳票逐筆核對，並就傳票覆核欄及帳卡每筆數字首位前分別蓋章，或加押脚。但前項核帳人員應由主管人員、會計或該記帳員以外的人員擔任，並以經主管人員指定者爲限。如採用電腦記帳，則每筆交易的傳票均需換人「認證」。

㈦日期簡寫

各種傳票帳表記載的日期應分別塡明，如須簡寫時，應按年月日順序塡寫，例如民國八十五年六月三日爲85/6/3。期間的簡寫於起訖日之間加一「～」符號表示。起訖日期屬於同年度時，年份祇標明一次，例如八十五年一月一日至八十五年六月三十日應爲85/1/1～6/30，起訖日期屬於同一月時，月份祇標明一次，例如八十五年一月一日至八十五年一月三十一日應爲85/1/1～31。

第八節　電腦化的帳務處理

一、使用電腦處理會計資料的簿記組織系統圖

㈠整批作業時的處理

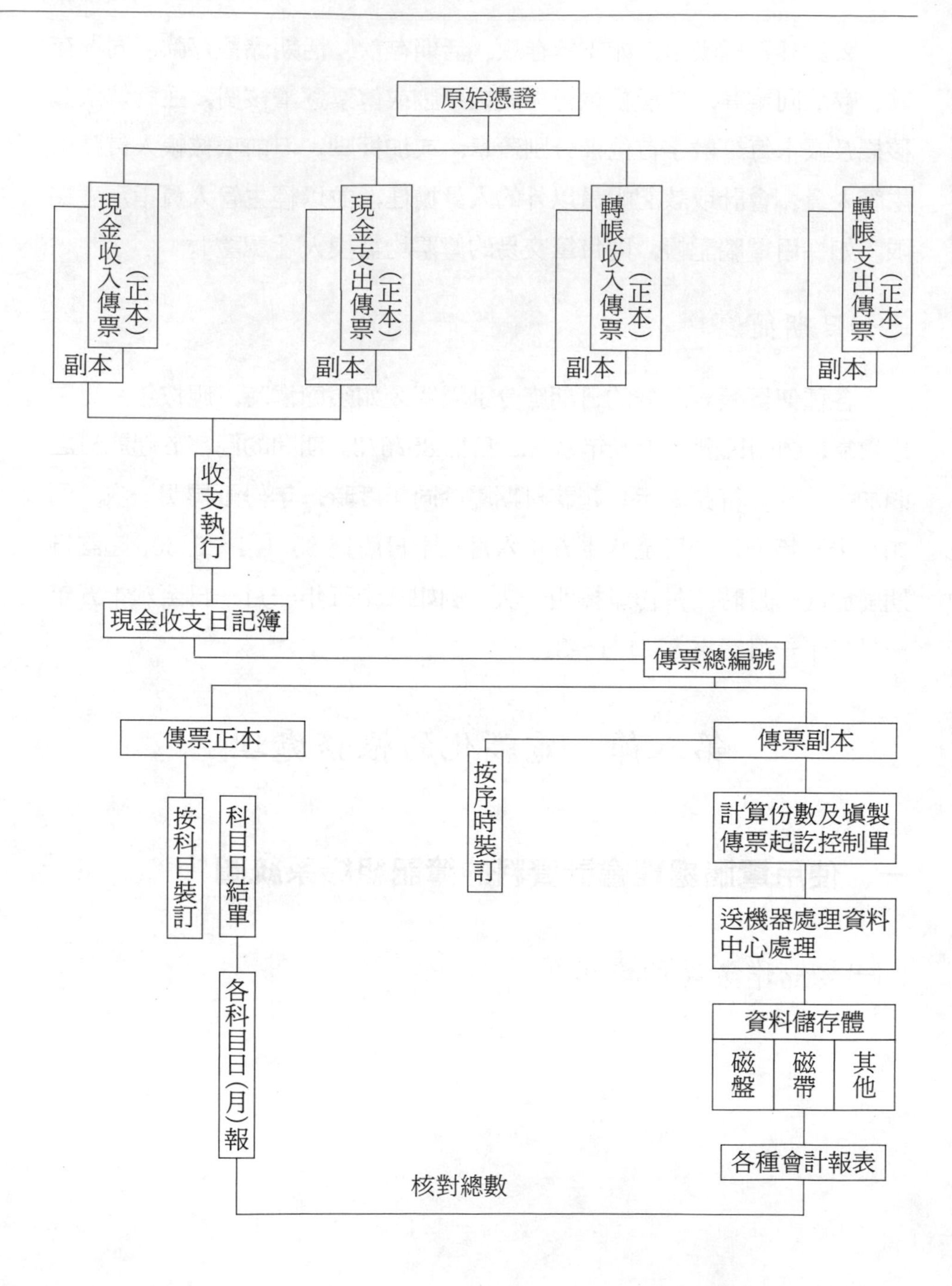

原始憑證
現金收入傳票(正本)
副本
現金支出傳票(正本)
副本
轉帳收入傳票(正本)
副本
轉帳支出傳票(正本)
副本
收支執行
現金收支日記簿
傳票總編號
傳票正本
傳票副本
按科目裝訂
科目日結單
按序時裝訂
計算份數及填製傳票起訖控制單
送機器處理資料中心處理
資料儲存體
磁盤
磁帶
其他
各科目日(月)報
各種會計報表
核對總數

㈡連線作業時的處理

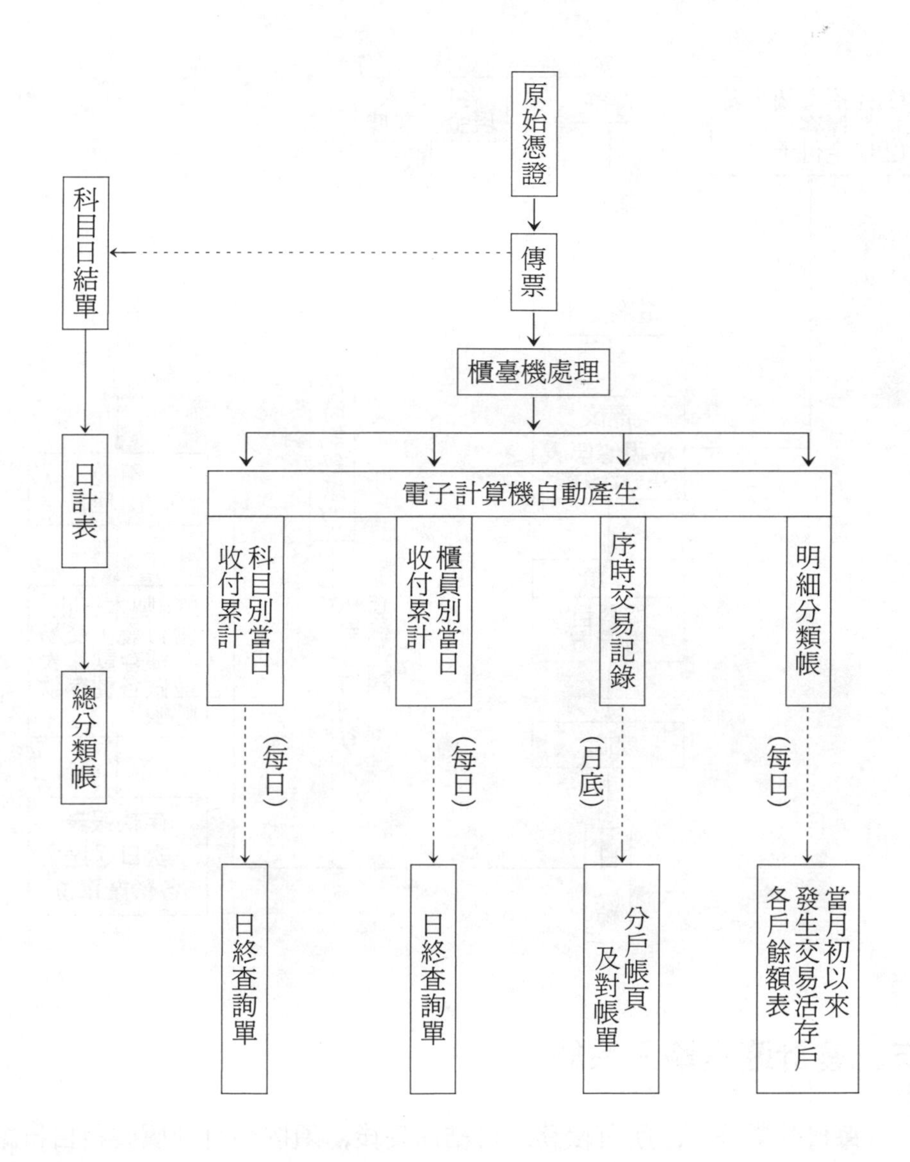
原始憑證
傳票
科目日結單
櫃臺機處理
日計表
總分類帳
電子計算機自動產生
科目別當日收付累計
櫃員別當日收付累計
序時交易記錄
明細分類帳
(每日)
(每日)
(月底)
(每日)
日終查詢單
日終查詢單
分戶帳頁及對帳單
當月初以來發生交易活存戶各戶餘額表

二、帳務處理流程圖

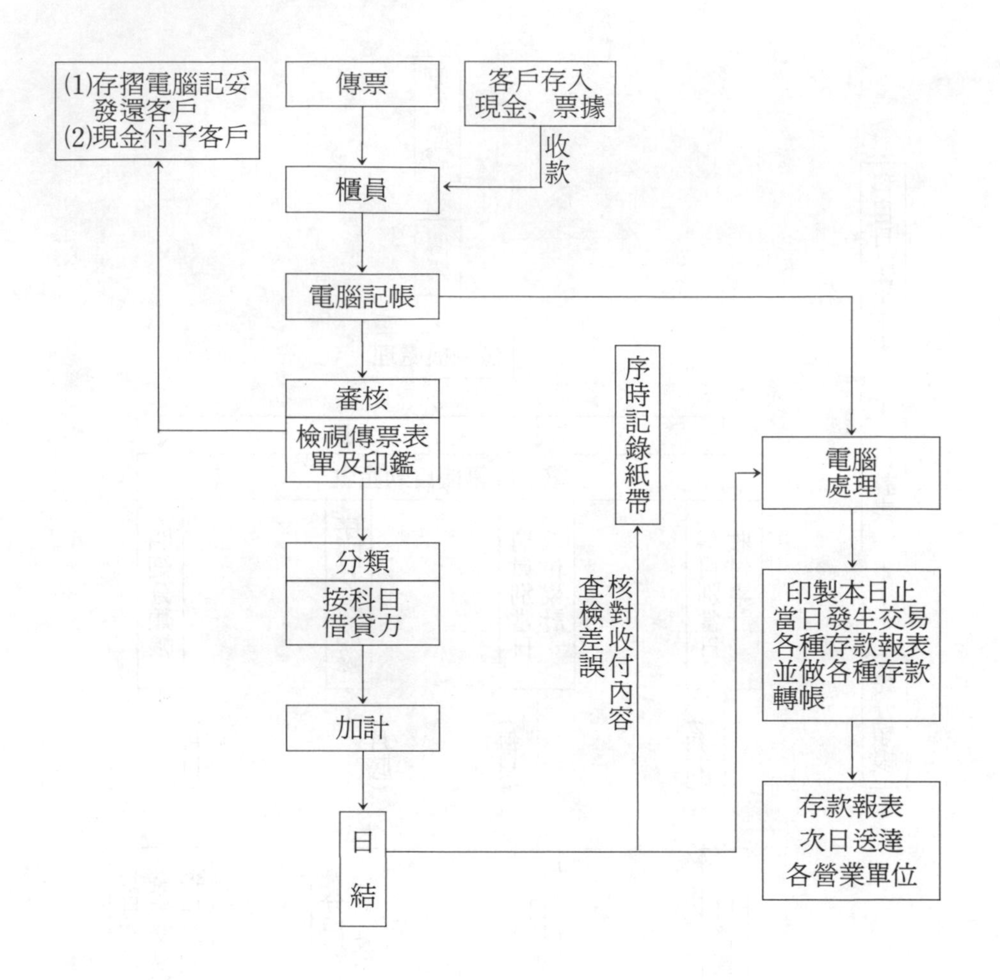

三、會計遠程輸入系統

每日營業終了，所有帳務的日結辦妥後，須按科目別填製科目日結單二份，一份附於各科目傳票前，另一份送資訊室作為電腦登錄結帳之用；在實施會計遠程輸入程序後，科目日結單就不必再送資訊室登錄，而改由會計人員在日結後，根據科目日結單直接以終端機輸入電腦。

(一)會計遠程輸入作業交易種類一覽表

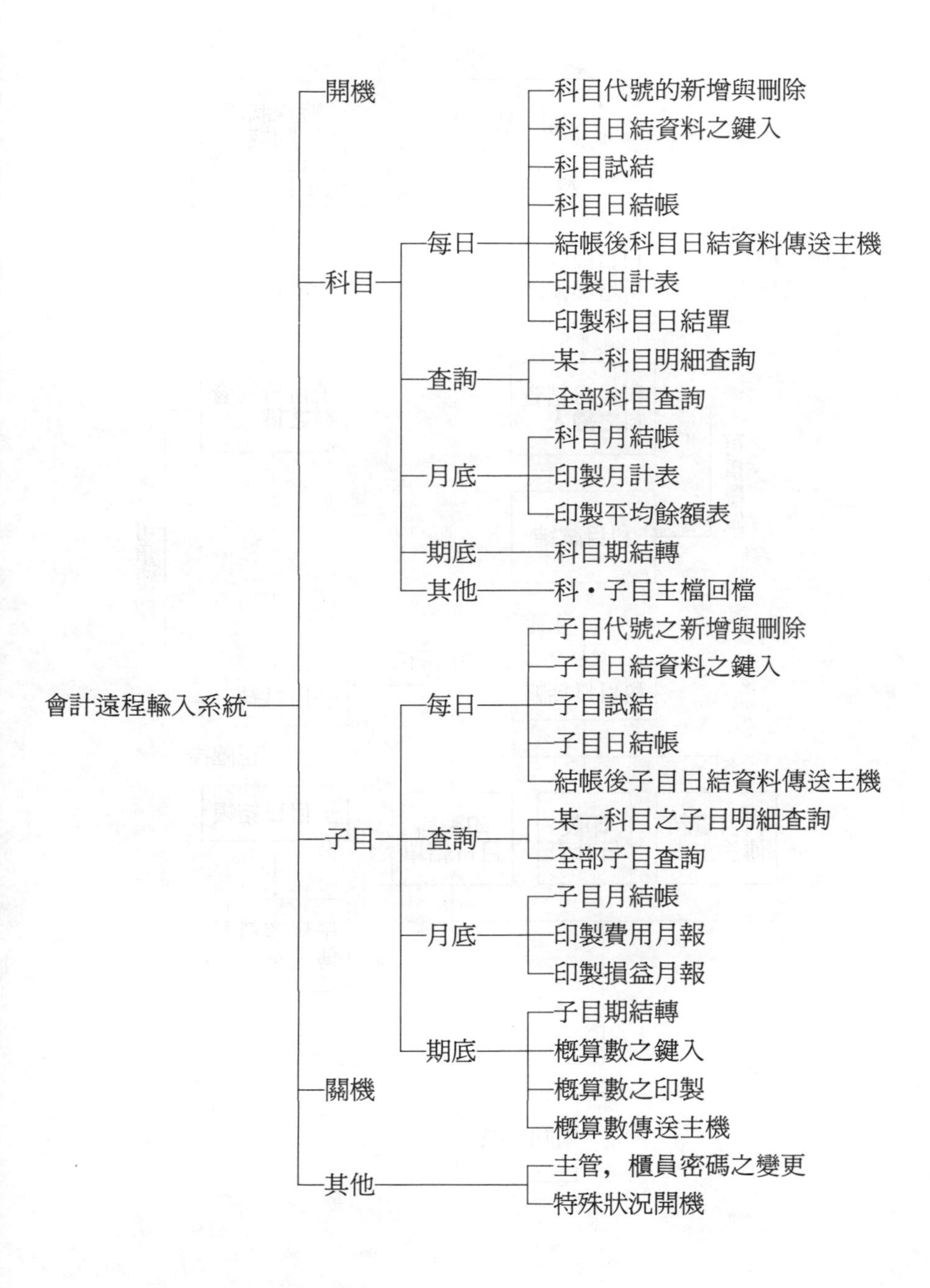

(二)每日作業流程

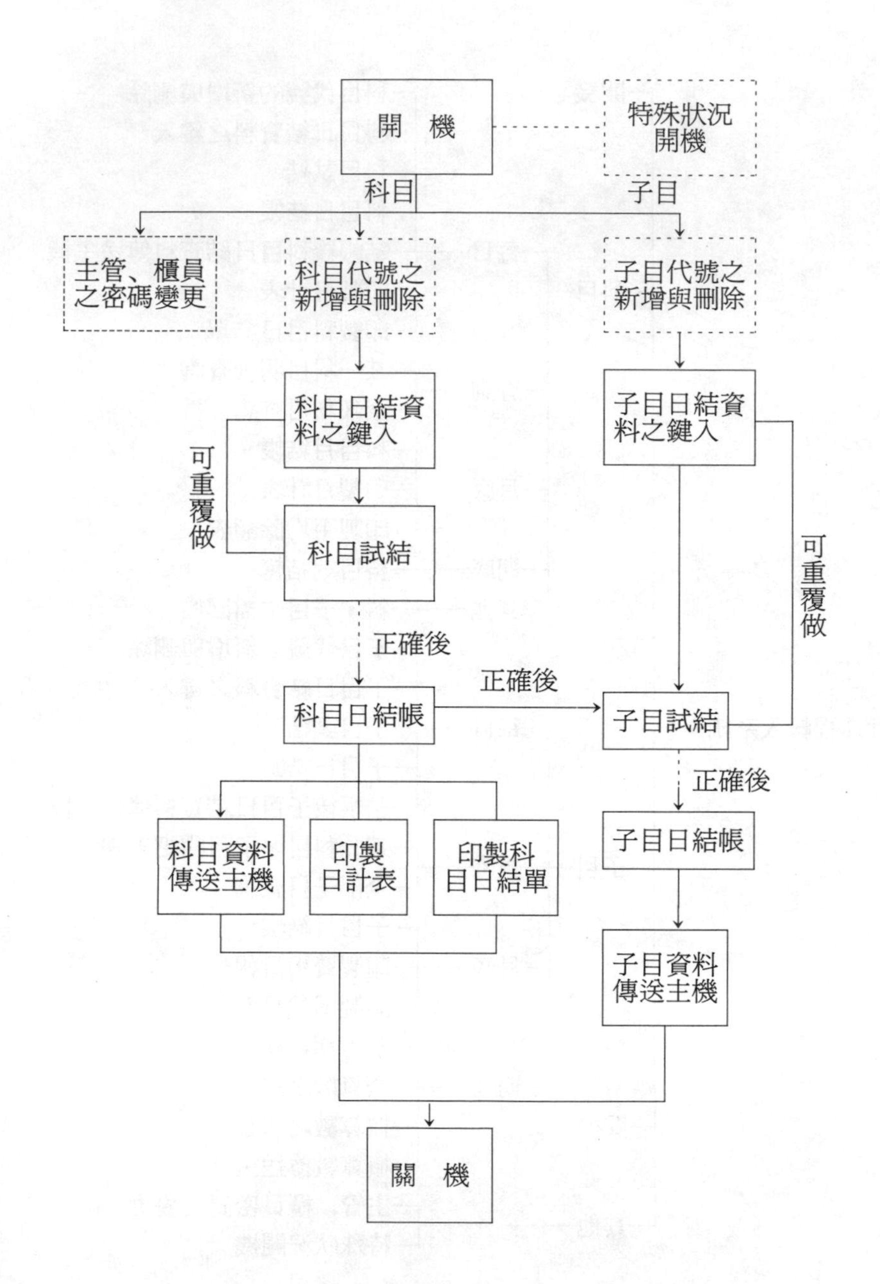
開　機
特殊狀況
開機
科目
子目
主管、櫃員
之密碼變更
科目代號之
新增與刪除
子目代號之
新增與刪除
科目日結資
料之鍵入
子目日結資
料之鍵入
可
重
覆
做
科目試結
可
重
覆
做
正確後
正確後
科目日結帳
子目試結
正確後
子目日結帳
科目資料
傳送主機
印製
日計表
印製科
目日結單
子目資料
傳送主機
關　機

㈢月底作業流程

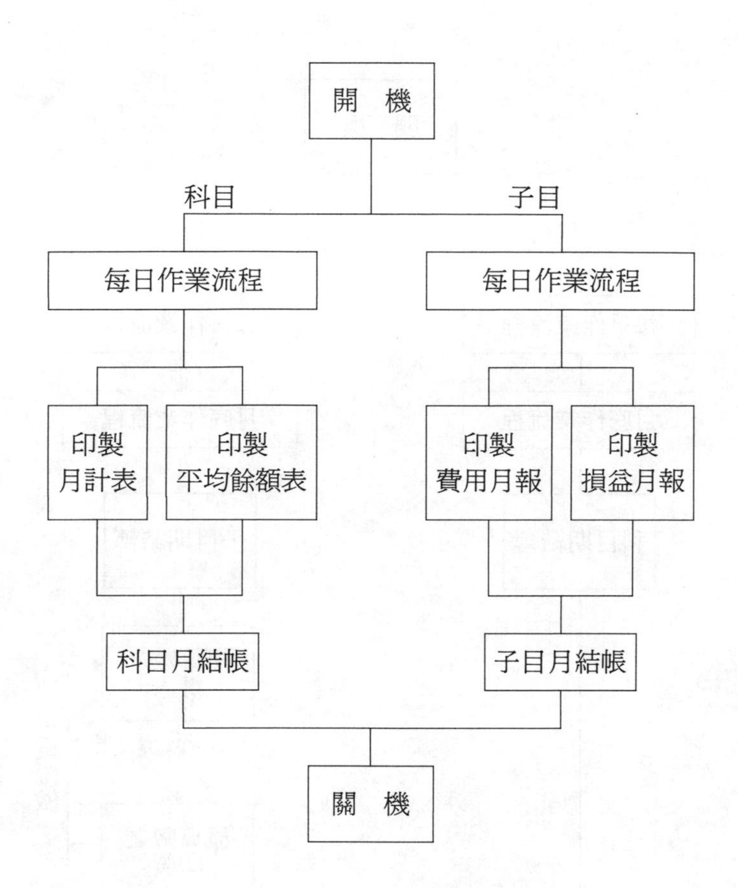
開　機
科目
子目
每日作業流程
每日作業流程
印製
月計表
印製
平均餘額表
印製
費用月報
印製
損益月報
科目月結帳
子目月結帳
關　機

(四)期底作業流程

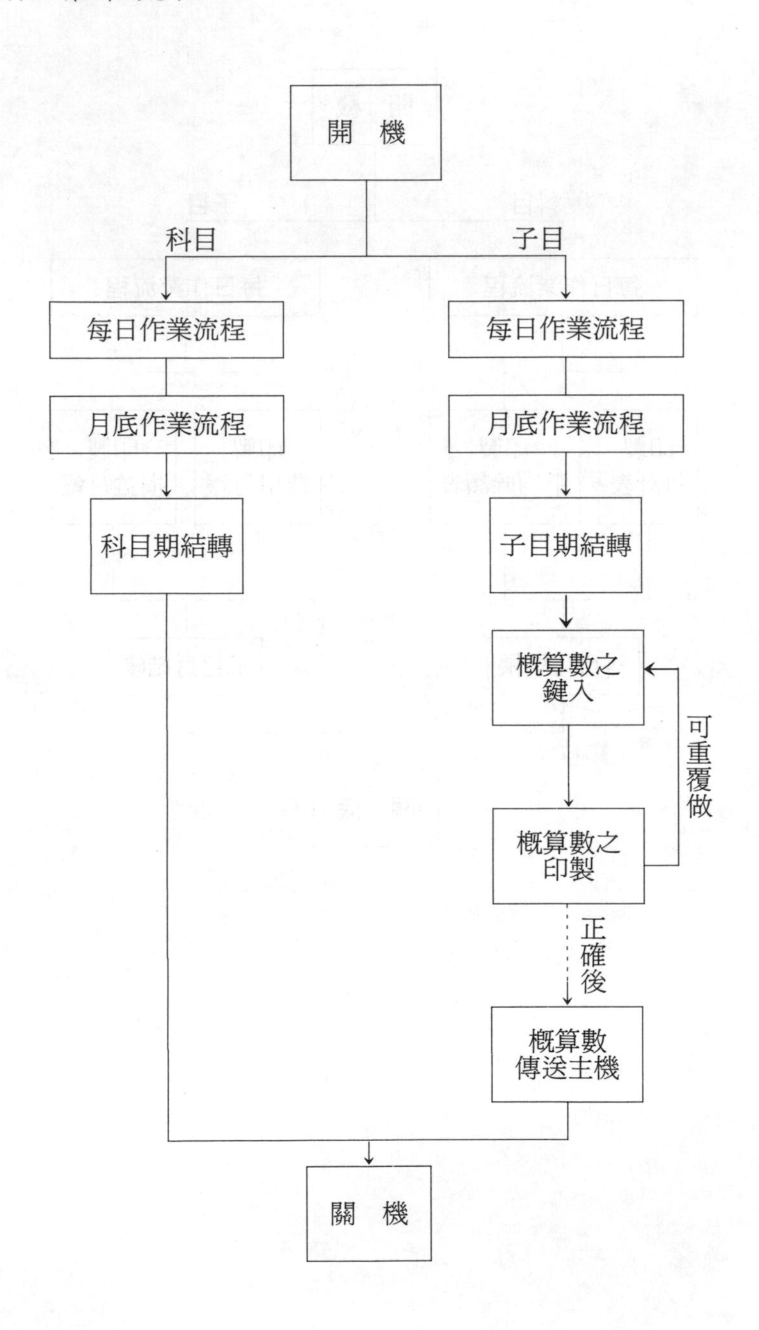
開　機
科目
子目
每日作業流程
每日作業流程
月底作業流程
月底作業流程
科目期結轉
子目期結轉
概算數之鍵入
可重覆做
概算數之印製
正確後
概算數傳送主機
關　機

第九節　日常會計處理釋例

一、銀行日常會計處理的程序

1.編製傳票

當交易事項發生時，卽由各有關部門根據原始憑證，按交易事項分別編製現金收入傳票、現金支出傳票、轉帳收入傳票及轉帳支出傳票等四種，或以原始憑證代替傳票，憑以記帳。

2.記入序時帳簿

現金收入傳票經出納部門收款後蓋上「收訖」戳記，隨卽記入現金收入日記帳。現金支出傳票經出納部門付款後蓋上「付款」戳記，隨卽記入現金支出日記帳。轉帳收入傳票與轉帳支出傳票經會計部門覆核後，記入轉帳日記帳。

3.登記明細分類帳

傳票經記入各有關日記簿後，應分由各有關業務部門或會計部門憑以登記各有關會計科目明細分類帳。

4.編製科目日結單

每日營業終了後，各部門將當日已登記明細分類帳的傳票彙總，以科目爲主，每一科目編製一張科目日結單，連同傳票送交會計部門覆核。

5.登記總分類帳

會計部門將各科目日結單與傳票覆核無誤後，據以登記總分類帳。

6.編製各種報表

每日由會計部門根據總分類帳編製日計表。每月底根據總分類帳編製月計表，及根據各明細分類帳編製各種月報表。每半年結算或全年決算時，根據總分類帳編製結、決算報表，另根據各明細分類帳編製各種明細表。

二、傳票編製的實例

㈠現金收入傳票

例一　八十五年十月一日支票存款戶#350張建國存入現金1,000,000元。

1. 上項交易先作成普通分錄：

借：現　　金　　　　　　$1,000,000.00

　　貸：支票存款——張建國　　　　$1,000,000.00

2. 編製現金收入傳票：

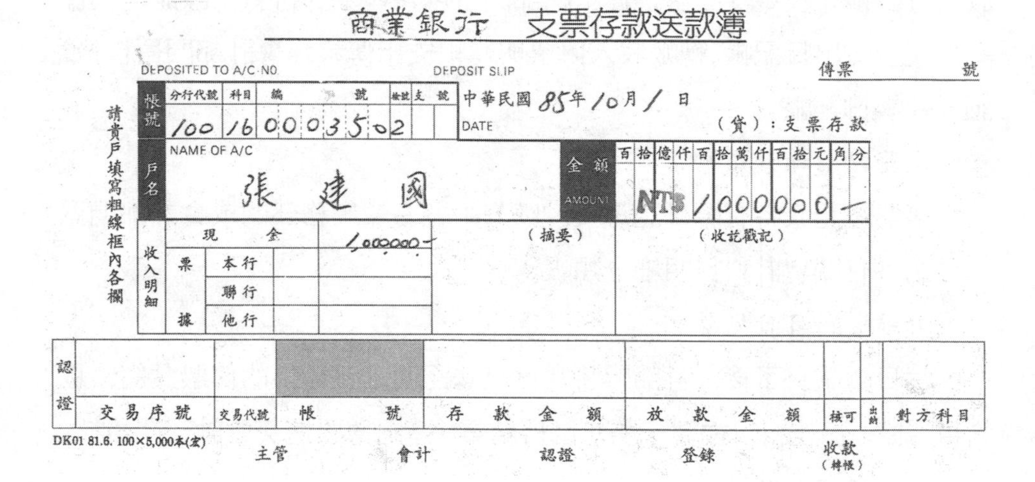

商業銀行　支票存款送款簿

DEPOSITED TO A/C NO　　DEPOSIT SLIP　　傳票　　號

請貴戶填寫粗線框內各欄

帳號：分行代號 100　科目 16　編號 00035　檢號 0　支號 2

中華民國 85年 10月 1日 DATE

（貸）：支票存款

戶名 NAME OF A/C：張建國

金額 AMOUNT（百 拾 億 仟 百 拾 萬 仟 百 拾 元 角 分）：NT$ 1,000000—

收入明細：現金 1,000,000—；票據：本行、聯行、他行

（摘要）　（收訖戳記）

認證　交易序號　交易代號　帳號　存款金額　放款金額　核可　出納　對方科目

DK01 81.6. 100×5,000本(宏)

主管　會計　認證　登錄　收款（轉帳）

例二　同日活期存款戶#2563李建民存入本市第一銀行營業部付款的支票一紙，金額500,000元。

1. 上項交易先作普通分錄：

借：現　　金（滙劃）　　　　$500,000.00

　　貸：活期存款——李建民　　　　$500,000.00

2. 編製現金收入傳票：

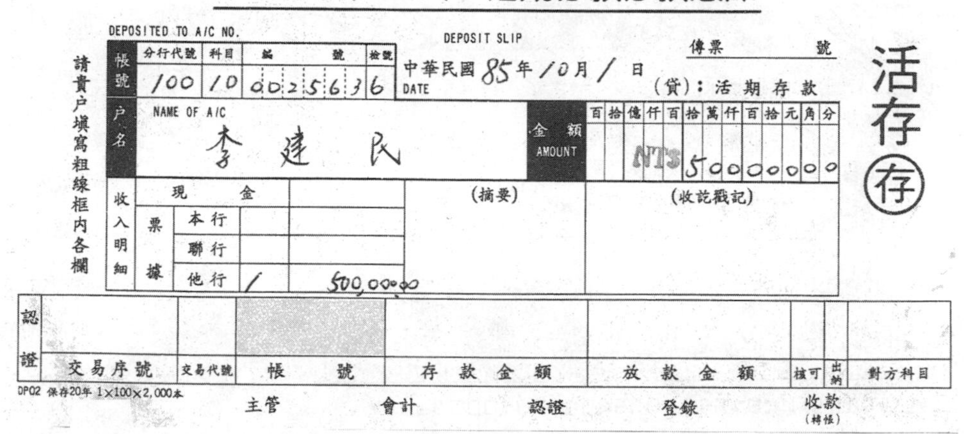

商業銀行　活期存款存款憑條

DEPOSITED TO A/C NO.　DEPOSIT SLIP　傳票　號

請貴戶填寫粗線框內各欄

帳號：分行代號 100　科目 10　編號 0025636　檢號

中華民國 85 年 10 月 1 日 DATE　(貸)：活期存款

戶名 NAME OF A/C：李建民

金額 AMOUNT（百 拾 億 仟 百 拾 萬 仟 百 拾 元 角 分）：NT$ 500000.00

收入明細：現金；票據：本行、聯行、他行 1　500,000.00

(摘要)　(收訖戳記)

活存 存

認證：交易序號　交易代號　帳號　存款金額　放款金額　核可　出納　對方科目

DP02 保存20年 1×100×2,000本

主管　會計　認證　登錄　收款(轉帳)

㈡現金支出傳票

例三　八十五年十月一日支票存款戶＃712 張隆盛簽發 PD No. 2348554 支票一紙，金額 100,000 元，來行請求付現。

1. 上項交易先作成普通分錄：

借：支票存款——張隆盛　　$100,000.00

　　貸：現　　金　　　　　　$100,000.00

2. 編製現金支出傳票：

○ ○ 商 業 銀 行

現 金 支 出 傳 票

幣　　名：新臺幣　　　　　　　　　　　總　　號

借方科目：支票存款　　中華民國 85 年 10 月 1 日　　分號：B 1

子目　帳號　戶名	摘　　要	金　　額	
＃712　　張隆盛	付現　No.2348554	$100,000	00
	合　　計	$100,000	00

3. 得以張隆盛所簽發支票 No.370060，由銀行付款蓋「付訖」章後代替上項（借）現金支出傳票。

支票號碼 PD2348554 中華民國……年……月……日 帳號 712-2

憑票支付 NT$ 100,000.00

新臺幣 壹拾萬元整

此致

中興商業銀行 中山分行 台照

付款地：台北市松江路二二八號

科目：(借)支票存款　對方科目：

張隆盛

(發票人簽章)

經副襄理　會計　出納　認證　記帳　核章

⑈2348554⑈⑆018110099⑆01 ⑈0100007122⑈

例四　同日支付九月份電費 5,000 元，當付現金如數。

上項交易先作成普通分錄：

借：業務費用——工作場所電費　　$5,000.00

　　貸：現　金　　$5,000.00

〇 〇 商 業 銀 行

現 金 支 出 傳 票

幣　名：新臺幣　　中華民國 85 年 10 月 1 日　　總　號

借方科目：業務費用　　分號：B 2

子目　帳號　戶名	摘　要	金　額
工作場所電費	九月份電費	$5,000 00
		$5,000 00

㈢轉帳收入傳票與轉帳支出傳票

例五　八十五年十月一日貸與正中公司短期放款 300,000 元，全數轉入其支票存款# 1235 帳戶。

1. 上項交易先作成普通分錄：

借：短期放款——正中公司　　$300,000.00

　　貸：支票存款——正中公司　　$300,000.00

2. 編製轉帳收入傳票與轉帳支出傳票：

○ ○ 商 業 銀 行

轉 帳 支 出 傳 票

幣　名：新 臺 幣　　總　號借方 1 張

借方科目：短期放款　　中華民國 85 年 10 月 1 日　　分號　C1 ½貸方 1 張

子目　帳號　戶名	摘　要	金　額	
正中公司		$300,000	00
		$300,000	00

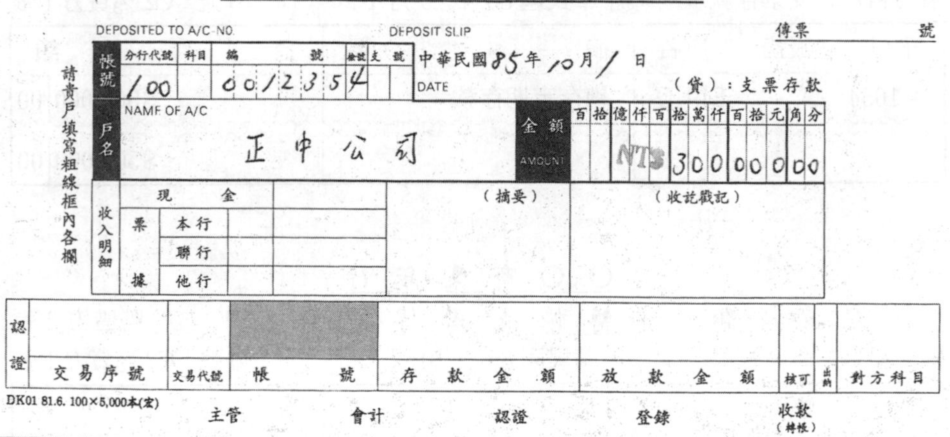
商業銀行　支票存款送款簿

DEPOSITED TO A/C NO.　DEPOSIT SLIP　傳票　號

請貴戶填寫粗線框內各欄

帳號：分行代號 100　科目　編號 0012354　檢號　支號

中華民國 85 年 10 月 1 日 DATE

（貸）：支票存款

戶名 NAME OF A/C：正中公司

金額 AMOUNT：百 拾 億 仟 百 拾 萬 仟 百 拾 元 角 分　NT$ 300000000

收入明細：現金；票據：本行、聯行、他行

（摘要）　（收訖戳記）

認證							
交易序號	交易代號	帳號	存款金額	放款金額	核可	出納	對方科目

DK01 81.6. 100×5,000本(宏)

主管　會計　認證　登錄　收款（轉帳）

(四)部分現金部分轉帳交易的傳票

例六 八十五年十月一日定期存款戶# 3146 白惠珠持來支票存款戶# 1054 王甲乙所簽發 AD No.89005 支票一紙，金額 500,000 元及現金 100,000 元，申請作定期存款，期間六個月，利率年息 8.75%，當即發給 BD No.1350 定期存單一紙。

1. 上項交易先作成普通分錄：

		借方	貸方
(1)借：	支票存款——王甲乙	$500,000.00	
	臨時存欠	100,000.00	
	貸：定期存款——白惠珠		$600,000.00
(2)借：	現　　金	$100,000.00	
	貸：臨時存欠		$100,000.00

2. 編製傳票如下：

○ ○ 商 業 銀 行

轉 帳 支 出 傳 票

幣　　名：新 臺 幣　　中華民國 85 年 10 月 1 日　　總　　號借方 2 張

借方科目：支票存款　　　　　　　　　　　　　　分號　C2 ⅓貸方 1 張

子目　帳號　戶名	摘　　　要	金　　　額	
# 1054　　王甲乙	轉存定期存款	$500,000	00
		$500,000	00

○ ○ 商 業 銀 行

轉 帳 支 出 傳 票

幣　　名：新 臺 幣　　中華民國 85 年 10 月 1 日　　總　　號借方 2 張

借方科目：臨時存欠　　　　　　　　　　　　　　分號　C2 ⅔貸方 1 張

子目　帳號　戶名	摘　　　要	金　　　額	
白惠珠	轉存定期存款	$100,000	00
		$100,000	00

○ ○ 商 業 銀 行

幣　　名：新臺幣　　**轉帳收入傳票**　　總　　號借方 2 張
貸方科目：定期存款　　中華民國 85 年 10 月 1 日　　分號　C2 ⅔貸方 1 張

子目　帳號　戶名	摘　　要	金　　額	
#3146　白惠珠	六個月期，利率年息 8.75% 存單號碼 BD No.1350	$600,000	00
		$600,000	00

○ ○ 商 業 銀 行

幣　　名：新臺幣　　**現金收入傳票**　　總　　號
貸方科目：臨時存欠　　中華民國 85 年 10 月 1 日　　分號　A 3

子目　帳號　戶名	摘　　要	金　　額	
白惠珠	存入現金	$100,000	00
		$100,000	00

三、序時帳簿記帳的實例

現根據上舉有關例題，所編製的傳票，分別記入各序時帳簿如下：

○ ○ 商 業 銀 行

現金收入日記帳

幣名：新臺幣　　中華民國 85 年 10 月 1 日　　第 1 號第 1 頁共 1 頁

傳票號數	科　　目	摘　　要	金　　額	
A 1	支票存款	#350-2　張建國	$1,000,000	00
A 2	活期存款	#2563-6 李建民	500,000	00
A 3	臨時存欠	白惠珠	100,000	00
		本日共收	$1,600,000	00

○ ○ 商 業 銀 行

現 金 支 出 日 記 帳

幣名：新臺幣　　中華民國 85 年 10 月 1 日　　第 1 號第 1 頁共 1 頁

傳票號數	科　目	摘　要	金　額	
B 1	支 票 存 款	# 712 張隆盛	$100,000	00
B 2	業 務 費 用	九月份電費	5,000	00
		本 日 共 付	$105,000	00

○ ○ 商 業 銀 行

轉帳日記帳

幣名：新臺幣　　中華民國 85 年 10 月 1 日　　第 1 號第 1 頁共 1 頁

傳票號數	傳票張數	科　目	摘　要	借方金額		科　目	摘　要	貸方金額	
C1	2	短期放款	正中公司	$300,000	00	支票存款	# 1235 正中公司	$300,000	00
C2	3	支票存款	# 1054 王甲乙	500,000	00	定期存款	白 惠 珠	$600,000	00
		臨時存欠	白 惠 珠	100,000	00				
			合　計	$900,000	00		合　計	$900,000	00

四、科目日結單的編製實例

科目日結單的編製，分爲現金科目及非現金科目兩種，現分別說明於下：

(一)現金科目

出納部門應將當日現金共收數（即現金收入日記簿的本日共收數，

如未設現金收入日記簿，即爲現金收入副票的金額總數）填入借方，將當日現金共付數（即現金支出日記簿本日共付數，如未設現金支出日記簿，即爲現金支出記入表金額總數）填入貸方，並以借方數額加上前日庫存現金餘額減去貸方數額，求出本日餘額，填製現金科目日結單。

現以上舉編製傳票實例所列交易爲例，說明現金科目日結單編製方法如下：

例一　八十五年十月一日營業終了時，出納部門根據現金收入日記簿本日共收 1,500,000 元，有現金收入傳票 2 張；現金支出日記簿本日共付 105,000 元，有現金支出傳票 3 張，昨日結存 1,000,000 元，編成科目日結單如下：

商業銀行　科目日結單(066)　總第　號

行別：100營業部

部　別：　中華民國 85 年 10 月 1 日　科目：1101庫存現金

裝訂處

傳票張數	借　方	摘　要	貸　方	傳票張數
	1,600,000.00	現　金	105,000.00	
		轉　帳		
	1,600,000.00	合　計	105,000.00	
	1,000,000.00	前日餘額		
		本日餘額	2,495,000.00	
	2,600,000.00	總　計	2,600,000.00	

附件　張及子目日結單　張

DG966 84.11. 1×100×1500本(慶)

主管　會計　記帳　覆核　製票

㈡非現金科目

每日營業終了，各部門將已記妥明細分類帳的傳票（包括各種原始憑證代用傳票），按每一科目別將現金收入、轉帳收入、現金支出、轉帳支出的次序整理分類。再將各該科目的現金支出傳票及轉帳支出傳票的金額、傳票張數相加之和，分別填入科目日結單借方各相當欄，並結出合計數；及將現金收入傳票及轉帳收入傳票的金額、傳票張數相加之和，分別填入科目日結單貸方各相當欄，並結出合計數。

前日各該科目的借方或貸方餘額，填入科目日結單前日餘額欄，與本日借方或貸方合計數，同方相加，異方相減，結計本日餘額，填入本日餘額欄內。

現以上舉編製傳票實例中所列傳票爲例，編製各科目日結單如下：

例二 支票存款本日傳票彙計共有 4 張，其中現金收入傳票 1 張，金額 1,000,000 元，轉帳收入傳票 1 張，金額 300,000 元，現金支出傳票 1 張，金額 100,000 元，轉帳支出傳票 1 張，金額 500,000 元，前日餘額貸餘 1,500,000 元，編成支票存款科目日結單如下：

商業銀行 科目日結單(066) 總第 號

部 別： 中華民國 85年 10月 1 日 行別：100 營業部 科目：2301 支票存款

裝訂處

傳票張數	借方	摘要	貸方	傳票張數
1	100,000.00	現金	1,000,000.00	1
1	500,000.00	轉帳	300,000.00	1
2	600,000.00	合計	1,300,000.00	2
		前日餘額	1,500,000.00	
	2,200,000.00	本日餘額		
	2,800,000.00	總計	2,800,000.00	

附件 張及子目日結單 張

DG966 84.11. 1×100×1500本(慶)

主管 會計 記帳 覆核 製票

至於支票存款以外的其他各科目日結單如下：

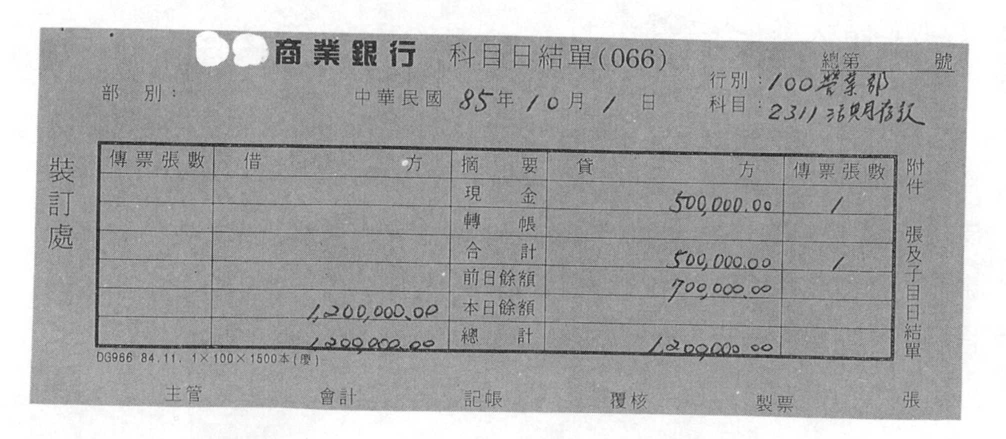

商業銀行 科目日結單(066) 總第 號

部 別： 中華民國 85年 10月 1 日 行別：100 營業部 科目：2311 活期存款

裝訂處

傳票張數	借方	摘要	貸方	傳票張數
		現金	500,000.00	1
		轉帳		
		合計	500,000.00	1
		前日餘額	700,000.00	
	1,200,000.00	本日餘額		
	1,200,000.00	總計	1,200,000.00	

附件 張及子目日結單 張

DG966 84.11. 1×100×1500本(慶)

主管 會計 記帳 覆核 製票

○○商業銀行 科目日結單(066) 總第 號

部 別： 中華民國 85年 10月 1日 行別：100營業部 科目：5811業務費用

裝訂處

傳票張數	借 方	摘 要	貸 方	傳票張數
1	5,000.00	現 金		
		轉 帳		
1	5,000.00	合 計		
	100,000.00	前日餘額		
		本日餘額	105,000.00	
	105,000.00	總 計	105,000.00	

附件 張及子目日結單 張

DG966 84.11. 1×100×1500本(慶)

主管 會計 記帳 覆核 製票

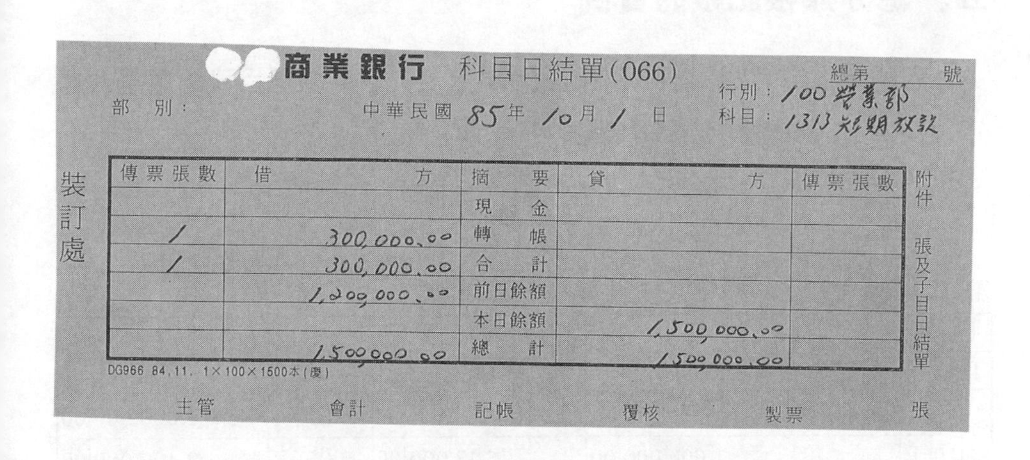
○○商業銀行 科目日結單(066) 總第 號

部 別： 中華民國 85年 10月 1日 行別：100營業部 科目：1313短期放款

裝訂處

傳票張數	借 方	摘 要	貸 方	傳票張數
		現 金		
1	300,000.00	轉 帳		
1	300,000.00	合 計		
	1,200,000.00	前日餘額		
		本日餘額	1,500,000.00	
	1,500,000.00	總 計	1,500,000.00	

附件 張及子目日結單 張

DG966 84.11. 1×100×1500本(慶)

主管 會計 記帳 覆核 製票

○○商業銀行 科目日結單(066) 總第 號

部 別： 中華民國 85年 10月 1日 行別：100營業部 科目：2321定期存款

裝訂處

傳票張數	借 方	摘 要	貸 方	傳票張數
		現 金		
		轉 帳	600,000.00	1
		合 計	600,000.00	1
		前日餘額	3,500,000.00	
	4,100,000.00	本日餘額		
	4,100,000.00	總 計	4,100,000.00	

附件 張及子目日結單 張

DG966 84.11. 1×100×1500本(慶)

主管 會計 記帳 覆核 製票

商業銀行 科目日結單(066) 總第 號

部別： 中華民國 85 年 10 月 1 日 行別：100 營業部 科目：臨時存款

裝訂處

傳票張數	借方	摘要	貸方	傳票張數
		現金	100,000.00	1
1	100,000.00	轉帳		
	100,000.00	合計	100,000.00	1
	0	前日餘額		
		本日餘額	0	
	100,000.00	總計	100,000.00	

DG966 84.11. 1×100×1500本(慶)

附件 張及子目日結單 張

主管 會計 記帳 覆核 製票

五、總分類帳記帳的實例

現根據上舉有關例題，所編製的現金及支票存款科目日結單過入總分類帳如下（其他科目從略）：

○○銀行

總分類帳

幣名：新臺幣 中華民國 85 年度 科目 現金

頁次

日期 年	月	日	摘要	借方		貸方		借或貸	餘額	
			承前頁					借	1,000,000	00
85	10	1		1,600,000	00	105,000	00	借	2,495,000	00

○○銀行

總分類帳

幣名：新臺幣 中華民國 85 年度 科目 支票存款

頁次

日期 年	月	日	摘要	借方		貸方		借或貸	餘額	
			承前頁					貸	1,500,000	00
85	10	1		600,000	00	1,300,000	00	貸	2,200,000	00

六、借貸總數表的編製實例

現根據上舉有關例題，所記現金收入、支出及轉帳日記簿，以及「臨時存欠」、「庫存現金」有關傳票收付總數等編製借貸總數表如下：

商業銀行借貸總數表

中華民國 85 年 10 月 1 日　　行別

附　科目日結單　張　子目日結單　張　裝訂處

項　目	借　方	貸　方
現金金額	10500000	160000000
轉帳金額	90000000	90000000
合計	100500000	250000000
減：臨時存欠	10000000	10000000
加：出納現金	160000000	10500000
本日金額總數	250500000	250500000
前日本日餘額合計	750000000	750000000

經副襄理　會計　覆核　製票

七、科目日計表的編製實例

現根據上舉有關例題所編製的科目日結單，據以編製科目日計表如下：

〇〇商業銀行　日計表

中華民國 85 年 10 月 1 日

科目名稱	代號	借方金額		貸方金額		本日餘額		科目名稱	代號	借方金額		貸方金額		本日餘額	
庫存現金	1101	1,600,000	00	105,000	00	2,495,000	00	支票存款	2301	600,000	00	1,300,000	00	2,200,000	00
短期放款	1313	300,000	00			1,500,000	00	活期存款	2311			500,000	00	1,200,000	00
中期放款	1331					3,400,000	00	定期存款	2321			600,000	00	4,100,000	00
業務費用	5811	5,000	00			105,000	00	臨時存欠	6000	100,000	00	100,000	00		
純(損)益		(105,000.00)						本日借貸金額總數		2,605,000	00	2,605,000	00		
合計						7,500,000	00	合計						7,500,000	00

經副襄理　會計　覆核　製表

問　題

一、試說明銀行在每一會計期間的會計程序。

二、試說明帳簿組織的意義及設計重點。

三、目前許多銀行不設置日記簿的原因何在？不使用日記簿的銀行應採何種措施？

四、銀行業明細分類帳的格式可分爲那幾種？每種格式的適用範圍如何？

五、試舉例說明銀行業總分類帳與明細分類帳的關係。

六、何謂備查簿？由會計部門登記的備查簿有那幾種？

七、何謂日結？銀行業何以每日必須辦理日結？

八、試說明借貸總數表的意義及作用。

九、在何種情形下，日結卽可謂正確？試分別就出納、會計及營業三部門說明之。

十、試說明日計表的意義、作用及編製方法。

土、試分別說明下列三種情形的更正方法：

1. 傳票及總分類帳正確，但明細分類帳有錯誤。
2. 傳票無誤而各項有關帳簿誤記。
3. 總分類帳誤記，而其他各項帳簿無誤。

士、請繪製電腦連線作業的帳務處理流程圖。

習　題

一、將第三章習題3-2所編傳票分別記入現金收入、現金支出及轉帳三日記簿。

二、根據習題3-2所編傳票，填製各有關科目的科目日結單(用本書所述第二種格式)，各科目八十五年八月二十九日的餘額如下：

科目	金額	科目	金額
庫存現金	$1,000,000	銀行同業存款	$700,000
應收利息	80,000	應付利息	120,000
擔保透支	500,000	其他應付款	60,000
短期放款	2,500,000	支票存款	3,600,000
短期擔保放款	4,000,000	活期存款	2,000,000
其他設備	300,000	定期存款	2,720,000
租賃權益	150,000	滙出滙款	300,000
聯行往來(借差)	1,300,000	利息收入	900,000
利息支出	500,000	內部收入	120,000
手續費支出	70,000	手續費收入	80,000
業務費用	200,000		

三、根據上項科目日結單過入總分類帳庫存現金及支票存款兩科目。

四、根據上列資料編製借貸總數表及日計表。

五、將下列各交易記入「存出保證金」科目明細分類帳：

1. 七月五日承租行舍繳付房東押金300,000元。

2. 七月十日繳納臺灣銀行票據交換保證金500,000元。

3. 七月十日繳納臺北電話局電話機押機費5,000元。

4. 七月二十日繳付臺北地方法院訴訟保證金100,000元。

5. 七月二十四日繳納大臺北瓦斯公司煤氣費保證金1,000元。

6. 八月十日收回繳付臺北地方法院的保證金100,000元。

7. 八月五日收回繳付房東的行舍押金300,000元。

第五章　現金出納與票據交換

第一節　現金出納的概述

一、現金的意義

銀行業現金的含義，泛指通用的紙幣、輔幣和硬幣等「貨幣形態」現金，及各種當日可提出交換或變現的各種信用憑證如匯票、本票、支票及債券等「票據形態」的現金，而「貨幣形態」及「票據形態」現金的收付，就稱爲出納。

二、出納的工作範圍

銀行在營業方面，大體分爲存款、放款與滙兌三大部門，出納雖不是經辦業務的單位，但與營業部門息息相關。存款的存入或支付、放款的貸出或收回、滙款的收入或兌付，凡涉及到現金的收付，均須透過出納部門來完成。出納的工作範圍如下：

1. 辦理現金票據證券的出納、移轉及保管。
2. 簽證收款收據、送款簿、支票及發貨單。
3. 保管存放同業支票簿、定期存單、存摺及有價證券。
4. 根據繳款書、送金單，辦理繳款、存款手續。
5. 根據收款通知，向客戶收款。
6. 滙寄或收兌外埠款項。

7. 根據通知，代收代扣各種稅款、捐款或其他款項。

三、出納人員及櫃員應注意事項

出納人員及櫃員與客戶接觸頻繁，所經手者並與現金、票據、證券等有關，稍一失慎即易引起誤會及錯失款項，現特將應注意的事項列舉於下：

1. 處理現金收付，應專心留意，以正確迅速爲主。

2. 判斷工作的先後緩急，並於可能範圍內，應暫停工作，先接洽顧客，如遇顧客擁擠時，宜順序逐一應付外，對等候顧客應婉言請其稍待，切勿慌張失措。

3. 對待顧客應謙和有禮，如有糾紛，力求委婉、容忍，毋傷顧客感情。

4. 出納人員及櫃員，應具備合作精神與責任感。

5. 出納人員及櫃員，應經常注意櫃檯上安全，防範跑櫃檯等犯罪。

6. 一切有關現金的收付均應由出納人員辦理，出納人員以外行員，一律不得隨便出入出納部門辦理現金收付工作。

7. 現金的收付，均應憑現金收入或支出傳票，或視同現金收入或支出傳票的各種憑證爲之。

8. 現金的收付，均應經出納人員二人以上點查，並與現金收支傳票或憑證核對。

9. 現金的收付，以當面點淸爲原則。同時不得任意將收存的現金退還客戶，並憑領款號碼牌將現金點交領款人。

四、出納制度的種類

銀行對收付現金的處理手續，常因出納制度的不同而有所出入。我國銀行的現金出納制度，可分爲下列各種：

㈠總出納制度（又名大出納制度）

銀行現金的收付，全部集中出納部門處理，營業部門辦理製票、記帳等手續而不經管現金，顧客交付或提領款項，均須透過出納部門，在編制方面，又有三種情形：

一元制：收款與付款由出納主管（課、股長或主辦人員）一人統辦。

二元制：收款與付款分開，另設付款主任而出納主任兼收款主任。

三元制：出納主管之下又分設收款主任與付款主任。

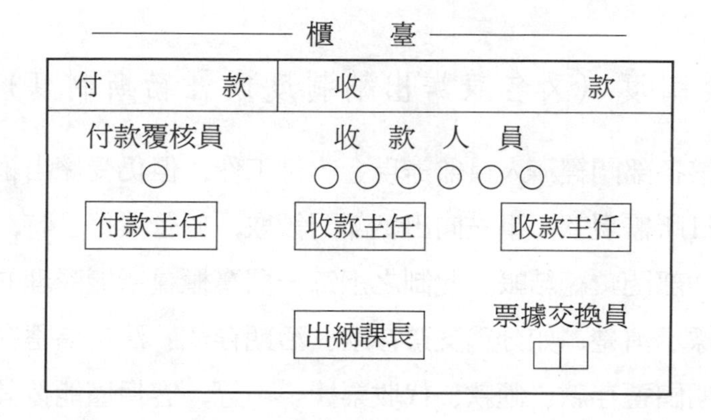

㈡分出納制度（又名小出納制度）

由總出納於若干特別繁忙部門設立分出納，指派出納人員若干名在該部門就近辦理現款的收付，但現金帳簿仍由出納彙總處理。

定儲存	小出納	其他存款	放款

付款覆核員 ○○ 收款人員

主任

㈢櫃員制度（又名兼辦出納制度或杜勒斯制度）

由營業各部門經辦人員兼辦現金收付工作，但仍受總出納主任指揮管轄，每日所需現款，事先向出納部門領取，於營業終了時，將收付差額交還出納部門彙總結帳。此制之下每一櫃臺櫃員所能受理的業務，均予劃分並標示清楚，如分爲支票存款、活期存款、活期儲蓄存款、定期存款、定期儲蓄存款、滙款、代收票據……等，客戶僅能按其需要向指定的櫃臺辦理交易。

㈣單位制度

本制度是櫃員制的另一種運用方式，先將存戶的號數分成若干單位，每一單位設櫃員一、二人管理，經辦各該單位各存戶的營業手續及款項的收付。

㈤全能櫃員制度（簡稱全櫃員制）

此制爲櫃員制度的改良，營業廳除了特殊業務窗口外，全部劃分若干櫃員窗口，臨櫃的每一窗口除可收付現金、票據外，並可全面辦理各種存滙業務，包括各種存款、聯行及跨行滙款、代收票據、代收聯行放款本息、甚至代售各種金幣及基金等。客戶一進銀行營業廳，不必環顧各窗口，在同一櫃臺配合電腦連線即時作業系統，即可得到迅速、正確的服務。

上述五種出納制度，各有優點與缺點，也各具採用的價值，現綜合比較於下：

總出納制度因現金集中收付，可減少人員，預防弊端，為業務量較簡的銀行，如本省各銀行的縣市鄉鎮地區分行所樂用；但因現金收付集中於一處，常使顧客列隊久候，不免影響時效。一般業務繁忙的銀行，為求現金收付迅捷，乃改用分出納制；此制實屬總出納制的變通運用，對現金收付與業務處理，仍屬分開，於便利顧客外，又能顧到內部的牽制，所以我國銀行，在人力許可之下亦加採用。櫃員制度為業務繁忙的美國一般銀行所採用，由於營業兼辦現金收付，不僅使業務進行與現金收付迅速，便利顧客，加強服務，並可節省人力與費用，目前我國各大銀行正配合財金主管當局政策，均已實施中，地方性金融業正逐步擴大實施中；但此制由傳統的覆驗制改為單驗制，稍有不慎，難免不發生錯誤，且營業兼出納，若無健全的審核制度，易生弊端。單位制度對客戶眾多的儲蓄銀行比較相宜，適用的情形與櫃員制大略相同。至於全能櫃員制度，係以電腦連線即時作業方式，在存滙業務全面電腦化下，針對櫃員制度予以改良，使客戶在任一銀行櫃臺，均可迅速、正確辦妥所需的現金、票據收付，以及有關的存款、滙款、託收等金融服務；實為銀行服務品質及績效上的一大進步。

五、出納人員的津貼及賠償基金

一般銀行為獎勵出納人員處理現金工作的迅速確實，顧念出納人員因工作繁忙而發生錯誤，遭受金錢的損失，以及保障銀行公帑的安全起見，往往於每月發薪時，按規定標準提撥「出納人員津貼」。其中半數提存為出納賠償準備金，存入各出納人員「出納保證金專戶」，其餘半數發給出納人員。該項保證金專款，除因發生錯誤，經主管核准提出一部分或全部充作賠償外，如有餘額，得於出納職務解除兩個月後，發還本人。又依照財政部 66.5.14 臺財錢第 14787 號函的規定，各行庫並得設置「出納人員疏忽損失賠償基金」由各分行於每月發薪時，按各出納人員每月列支的「出納人員津貼」總數提撥，即日悉數轉撥總行「出納賠償基金專戶」存儲保管。出納人員偶因疏忽錯失較大筆款項，無法全數向保險公司申請疏忽保險理賠時，理賠不足的差額，即可專案向總行申請由上項賠償基金列支彌補。提撥出納人員津貼及賠償基金的會計記錄如下：

1. 每月提撥出納津貼及賠償基金時：

借：業務費用——其他津貼

貸：活期存款——出納保證金某某人專戶

庫存現金（發給出納人員）

聯行往來（轉撥總行出納賠償基金專戶）

2. 出納保證金提出充作賠償，或發還本人時：

借：活期存款——出納保證金某某人專戶

貸：庫存現金

第二節 現金的收付及統計

現金的收款程序

我國銀行早期通行「總出納制」與「分出納制」，為因應時代潮流需要，「櫃員制」與「單位制」逐漸興起。近年來由於政府大力倡導銀行業務及會計的全面電腦化，爲革新銀行作業提高服務績效，「全櫃員制」已爲各大行庫全面採用，地方性金融業亦逐步擴大實施中；但爲適應國情，則都採「總出納制」與「櫃員制」或「全櫃員制」的混合制，在一定金額範圍內，由櫃員自行收付現金，超過額度者由總出納收付。現分別就「總出納制」與「櫃員制」或「全櫃員制」下的現金收付處理程序加以說明；至於「分出納制」的收付程序，與「總出納制」大致相同。

㈠總出納制現金的收款程序

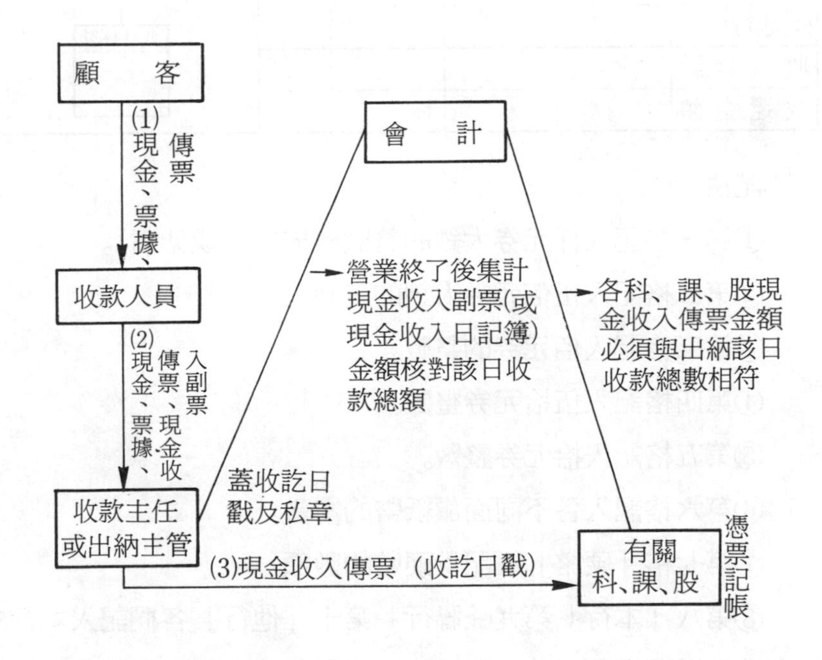

現金的收款程序如上圖，再說明於下：

1. 收款人員收到現金時，應先點算現鈔的綑數、紮數及零數，加計票據的金額，然後填製「現金收入副票」（塡法如下頁說明）或記現金收入日記簿，將各項金額加總並與現金收入傳票或其他收款憑證代傳票核對無誤後，再行點算各綑紮的細數。

現金收入副票

(1)格式

商業銀行現金收入副票

現款	1,000				
	500				
	100				
	50				
	10				
	硬　幣				
票據	本行				
	聯行				
	他行				
收入合計					
找還金額					

月　日	
支票存款	
戶號	戶號
戶名	戶名
	收款員印

本行標準數字字體

1 2 3 4 5 6 7 8 9 0

(2)記法

①第一格記入仟元券大鈔的整數（成綑或成紮者）。

②第二格記入伍佰元券大鈔的整數。

③第三格記入佰元券的整數。

④第四格記入伍拾元券整數。

⑤第五格記入拾元券整數。

⑥第六格記入各不同面額紙幣的零數。

⑦第七格「硬幣」欄記入硬幣的數額。

⑧第八「本行」第九「聯行」第十「他行」各欄記入本行票據、活期存款及活期儲蓄存款的存款取條等張數及金額，以及本埠聯行或他行票據的張數及金額。

⑨第十一格「收入合計」欄，記入上列各欄的合計數，如須找還現金時，則僅記淨收入金額，不記總額。

⑩第十二格「找還金額」欄塡記該找還的金額。

⑪「支票存款」欄下，記載支票存款戶的帳號和戶名；其他不屬

於「支票存款」的科目一律記於右邊一欄，上端塡記科目，如「活期存款」、「滙出滙款」等，下端塡記客戶帳號及戶名。

⑫現金收入副票逐日訂册，以代替現金收入日記簿。

現金收入副票前五欄應按仟元、伍佰元、佰元、伍拾元、拾元等不同面額分別塡寫，以免混雜而發生錯誤。右方將支票存款與其他科目分開，乃爲日結時便於結計現金的收入數。

2. 收入票據時應注意該票據法定要項是否齊全，是否已屆票載到期日，記名式票據是否確經抬頭人背書，有否指定他行的特別橫線，是否爲本埠而可交換的票據，禁止背書轉讓票據是否由原被抬頭人提出經收等。凡可提出交換的票據，應於票據背面記載收入科目及客戶姓名，如爲存款時，應記明存款人的帳戶號碼。

3. 收入本行票據或取款憑條時，應於票據左上角註明「收入」字樣，並於現金收入副票左上角空白處塡明該票據或取條所屬帳號，再送有關部門核付，等其送回出納部門才能將收入傳票蓋收訖日戳。

4. 收入本埠聯行或他行票據時，應加蓋特別橫線及交換章，並於現金收入傳票及副票上加蓋交換時間「本日交換」或「交換後票據次日入帳」的戳記，以資區別。

5. 如客戶需要本行簽發存單、滙款支票，或須找還現金時，應先交給客戶號碼牌，以憑領取，並在傳票右上端註明號碼牌的號數。

6. 現金經點收無誤後，現金收入傳票及副票均應由收款人員於「收款」及「收款者印」之處加蓋私章，以明責任。在設置日記簿的銀行，並由收款員將傳票編列分號，再登記現金收入日記簿。

7. 現金經收款員點算無誤後，再由出納主管或收款主任覆核，在現金收入傳票（有時連同收據聯）加蓋「收訖」日戳及私章，然後送有關各科課股辦理業務手續。

8. 凡已經受理的存入款項，非經付款手續不得逕自退還。

㈡櫃員制或全櫃員制現金的收款程序

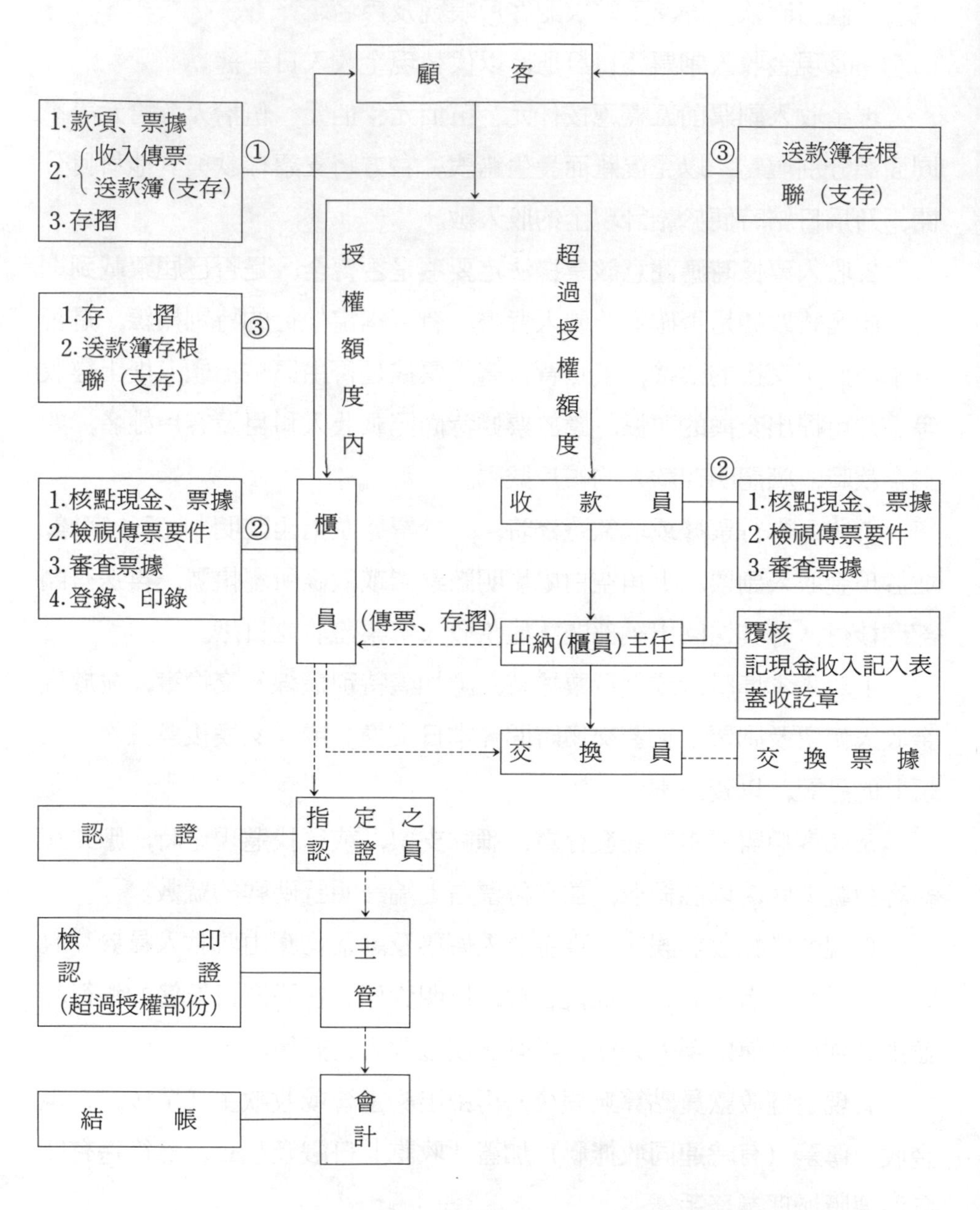

註:虛線為事後之處理

此制之下，在一定金額以內（即授權額度內）的現金收款，可由櫃員逕行收款，並由櫃員操作電腦端末機，辦理收入傳票的登錄，及客戶分戶帳與存摺的入帳、印錄等手續。在一定金額以上(即超過授權額度)的現金收款，則需先經總出納辦理收款手續後，再將收入傳票及存摺轉送櫃員，以憑辦理電腦的登錄、入帳、印錄等手續。

第三節　現金的付款程序

㈠總出納制現金的付款程序

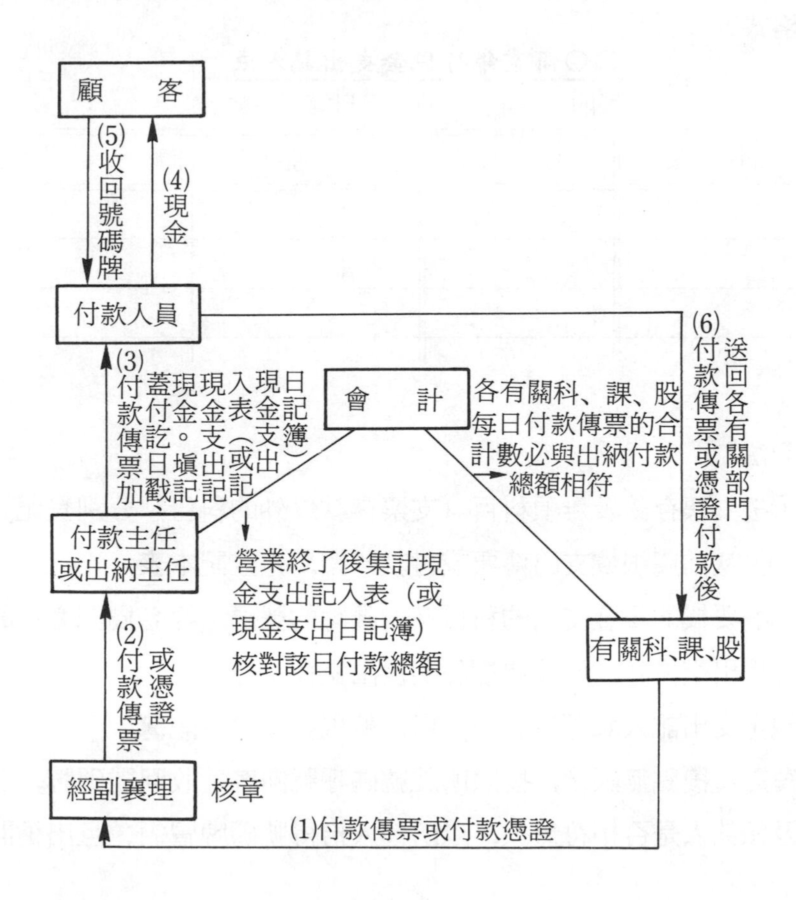

現金的付款程序如上圖，再說明於下：

1.所有現金支出傳票或付款憑證，均須先由業務經辦員核辦蓋章，再送主管人員簽章，除另有規定外，並須由會計人員簽章，始得付款。

2.出納科課（股）長或付款主任，於支付現金時，應先查明支出傳票或付款憑證的內部簽章是否具備，並登記現金支出日記簿。未設日記簿時，應按支票存款或雜項科目分別登記現金支出記入表（填法如下說明）。然後於支出傳票加蓋「付訖」日戳及私章，如有日記簿的設置並應同時編列傳票分號，連同現款送覆點員覆核。

現金支出記入表

⑴格式

〇〇商業銀行現金支出記入表

民國　　年　　月　　日第　　號

摘　要	姓　名	金　額			

⑵記法

①按支票存款及雜項科目（支票存款以外的科目）分別登記。

②付款前應根據支出傳票或付款憑證，先登記本表。

③摘要欄記現金支出的科目及號碼牌的號碼，姓名欄記客戶的戶名。票據提出交換時，於摘要欄註明提出交換字樣。

⑶現金支出記入表逐日訂冊，以代替現金支出日記簿。

3.覆點員覆點無誤後，按照所註號碼呼號向客戶收回號碼牌，並詢明金額及領款人是否相符無誤，以防他人拾得號碼牌冒領；且出納間或忙中有錯，經此查問，當可立即發現，得到及時的糾正。付訖的傳票，須分批送還有關部門。

4. 顧客因故未能於當日來行領取款項時，出納付款員須將應付未領現金，以「其他應付款」或「應付帳款」科目處理，留待顧客來取。

(二)櫃員制或全櫃員制現金的付款程序

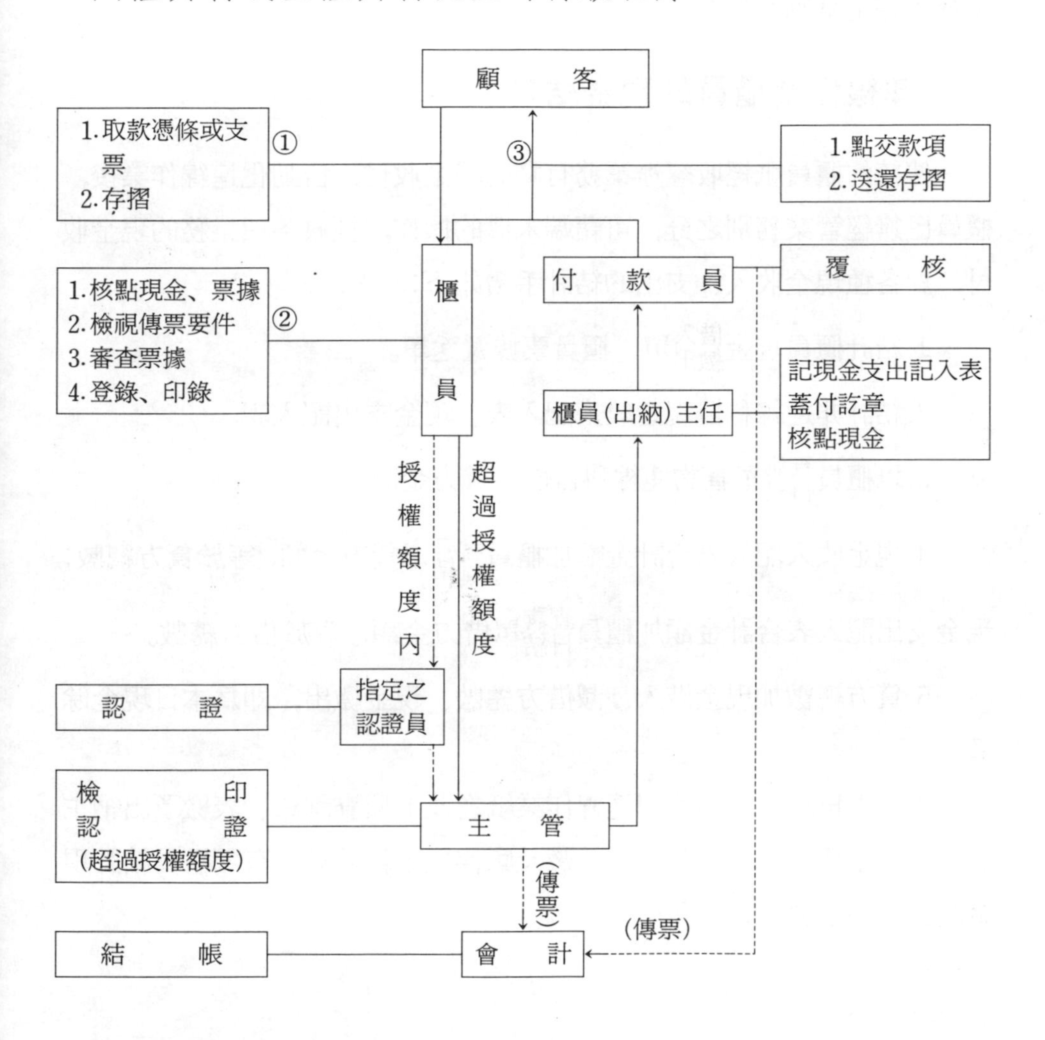

註：虛線爲事後處理

此制之下，在一定金額以內（即授權額度內）的現金付款，以及支出傳票、客戶分戶帳、存摺等有關的電腦作業，均可由櫃員全權辦理。但一定金額以上（即超過授權額度）者，除有關支出傳票、客戶分戶帳、存摺等的電腦作業，先由櫃員辦理外；現金的付款，則應由櫃員將已經電腦處理的傳票、存摺等，先送主管人員辦理審核檢印、認證手續後，再經由總出納點交顧客。

一、連線作業櫃員的現金結計

傳統的櫃員祇經收經辦業務有關的現金收付，自動化連線作業後，櫃員已無經管業務別之分，可藉端末機的操作，經收各項業務的現金收付，對各種現金收入、支出的結計手續如下：

1. 結計櫃員現金借入/繳出單、櫃員票據遞送單。

2. 結計非連線科目現金收入記入表、現金支出記入表。

3. 以櫃員查詢/日結單查詢連線科目借、貸方金額。

4. 現金收入記入表合計金額加櫃員查詢/日結單貸方金額，等於貸方總數；現金支出記入表合計金額加櫃員查詢/日結單借方金額，等於借方總數。

5. 貸方總數加現金借入、減借方總數、現金繳出，即為本日現金餘額。

6. 將本日現金餘額連同連線作業紙卷及上項查詢單、表繳予出納主任，結計全行當日現金收、付總數及庫存現金總餘額。有關櫃員結計現金的表單列示於下：

○○商業銀行現金收入記入表

民國　　年　　月　　日第　　號

摘　　要	姓　　名	金　　額			

櫃　員

○○商業銀行現金支出記入表

民國　　年　　月　　日第　　號

摘　　要	姓　　名	金　　額			

櫃　員

註： 現金收入記入表與現金支出記入表格式內容相同，但前者爲白紙印紅色字線，後者爲白紙印藍色字線。

○○商業銀行櫃員現金借入/繳出單 民國 年 月 日

繳出				摘要		借入			
				1,000元券					
				500元券					
				100元券					
				50元券					
				10元券					
				硬幣	10元				
					5元				
					1元				
					角				
				合計					

櫃員號碼

櫃員主任

櫃員

製票

一、本繳出/借入單一式二聯，櫃員填妥後，第一聯送櫃員主任。

二、第二聯由櫃員暫留存，核帳後繳回與正本連同入金副票訂冊保管。

○○商業銀行櫃員票據遞送單

中華民國 年 月 日

櫃員號碼

票據種類	張數	摘要	億	千	百	十	萬	千	百	十	元	角	分
本行													
聯行													
他行													
合計													

1234567890

本行標準數字字體

櫃員主任　櫃員　製票

○○商業銀行櫃員現金餘額核算表

中華民國　　年　　月　　日

件數	借　　　　方		摘　　　　要	貸　　　　方		件數
			機器合計			
			更正合計			
			淨　合　計			
			現金借入			
			現金繳出			
			票據遞送單			
			現金餘額			
			總　　計			

現　金　餘　額　明　細　表

現金明細				摘　　要		金　　　額	
	1,000元			現　　金			
	500元						
	100元			本行票據	張		
	50元						
	10元			聯行票據	張		
硬幣	10元			他行票據	張		
硬幣	5元						
硬幣	1元						
硬幣	角						
小　計				合　　計			

主任櫃員　　　　櫃員

○○商業銀行 櫃員查詢/日結單 (038)

中華民國 年 月 日

分行代號	日期	時間	櫃員代號	主管代號

櫃員收付累計表:

借方傳票張數	借方金額	摘要	貸方金額	貸方傳票張數
		現金		
		轉帳		
		本日交換票據		
		次日交換票據		
		提回交換票據		
		代聯行 現金		
		代聯行 轉帳		
		代聯行 本日交換票據		
		代聯行 次日交換票據		
		總計		

現金明細表 (人工填寫):

借方傳票張數	借方金額	摘要	貸方金額	貸方傳票張數
		現金		
		現金借入		
		現金繳出		
		現金餘額		
		總計		

經副襄理 會計 覆核 櫃員

二、大出納庫存現金的結計

每日營業終了,出納部門應辦理庫存現金的結計,其程序如下:

(一)收入與支出的結計

1.每日營業終了後，應將現金收入日記簿與現金支出日記簿所記各筆金額，分別予以結總，求出本日共收及本日共付數，軋計本日現金收入與支出總額。

2.在不設置現金收入、支出日記簿的銀行，則根據現金收入及現金支出記錄表或上文例示的「現金收入副票」及「現金支出記入表」，按「支票存款」及「雜項——其他科目」分別彙總，軋計本日現金收入和現金支出總額。

3.在實施櫃員制度的單位，現金收付數應加計各櫃員經收、經付合計數。

(二)庫存現金的軋計

1.每日現金的收入支出總額結計後，應與其他有關部門核對，以視是否相符。現分兩點說明於下：

(1)現金收入日記簿或現金收入副票的「支票存款」部分本日共收數，應與支票存款科目日結單現金欄的貸方總數，亦即現金收入傳票的總數相符；「雜項」部分本日共收數，應與支票存款以外其他各科目日結單現金欄的貸方總數相符。

(2)現金支出日記簿或現金支出記入表的「支票存款」部分本日共付數，應與支票存款科目日結單現金欄的借方總數，亦即現金支出傳票的總數相符；「雜項」部分本日共付數，應與支票存款以外科目日結單現金欄借方總數，亦卽現金支出傳票的總數相符。

2.前日庫存現金餘額，加本日收入總數，減本日支出總數，加櫃員查詢日結單現金餘額，即爲本日「應有現金餘額」。

3.當日庫存所有現金，應依種類及面額分別查點，求出總數，再一一加計後，就是本日「實有現金餘額」，亦即本日庫存金額。

4.本日「應有現金餘額」必須與本日「實有現金餘額」相符，當日出納部門現金收支記錄與現鈔進出的實際數額，亦可相互驗證，以明錯誤的有無。

(三)日結單及日報的編製

1.根據現金收入日記簿與現金支出日記簿或現金收入副票及現金支出記入表的本日現金收付總額，填製現金科目日結單。將所得本日餘額與本日實際庫存現金額核對無誤後，送交會計部門。

2.根據當日的現金收付總數及實際庫存現金細數，填製「庫存現金帳」。

科目日結單與庫存現金帳（表）格式如下：

〇〇商業銀行科目日結單　　總第＿＿＿＿號

幣別：　　　　　　　　　　　　　　　　分行別：
部別：　　中華民國　　年　　月　　日　科　目：

傳票張數	借方	摘要	貸方	傳票張數
		現金		
		轉帳		
		合計		
		前日餘額		
		本日餘額		
		總計		

附件　張及子目日結單　張

經副襄理　　　會計　　　記帳　　　覆核　　　製票

○○商業銀行庫存現金帳

中華民國　　年　　月　　日　　　　000001

借　方	摘　要	貸　方
	昨　日　庫　存	
	今　日　共　收	
	今　日　共　付	
	今　日　庫　存	
	合　　　計	

庫　存　細　數			櫃員保管庫存明細		
種　類		金　額	櫃員姓名		金　額
1,000元券			1		
500元券			2		
100元券			3		
50元券			4		
10元券			5		
5元券			6		
1元券			7		
			8		
輔幣5角券			9		
輔幣1角券			10		
輔幣5分券			11		
輔幣1分券			12		
			13		
硬幣	10元		14		
	5元		15		
	1元		16		
	5角		17		
	2角		18		
	1角		19		
			20		
			21		
			22	ATM №1	
櫃員保管櫃存			23		
			24		
合　計			小　計		

經副襄理

會計

出納

覆核

記帳

3. 已過交換時間收進而未能提出交換的票據，應逐張填入「待交換票據帳」及「交換後票據明細表」兩聯一次套寫。形式如下：

總 第＿＿＿＿

○○銀行交換後票據明細表

共	頁中
第	頁

稽核室臺照　　　　　　　　中華民國　年　月　日

種類	發票日期	付款銀行	發票人		金額	號數	持票人		備考
			帳號	姓名			帳號	姓名	

經副襄理　　會計　　存款　　出納　　覆核　　製表

行名＿＿＿＿＿＿＿＿＿＿

三、現金不符的處理

每日營業終了結計現金而有不符時，出納人員應報告主管人員，立即查明緣由。萬一當日無法查明，對實際庫存數少於帳面數的差額，應以（借）其他應收款填製現金支出傳票；如屬實際庫存數多於帳面數的情形，就用（貸）其他應付款填製現金收入傳票，暫時先予整理，次日再繼續查究，並應呈報總行核備。

現金不符的原因，如經次日查明的結果，是由於傳票或帳面的誤計，就要辦理錯誤更正手續，並轉銷前記「其他應收款」、「其他應付款」科目的記錄。倘出納錯失款項，應即查明責任，由出納賠償準備金填補，不足部分再令有關人員賠繳。否則必須將詳情報請總行核辦，以便向保險公司申請疏忽保險賠償。至於出納超收暫記其他應付款的現金而原因及客戶姓名無法確定時，應俟屆滿二年後報請總行核備，轉入「雜項收入」科目作爲收益。

第四節　現金的管理

一、金庫的管理

金庫係銀行儲放現金、貴重物品與重要文據的處所，必須絕對堅固安全。關於金庫的管理與庫存現金的保管，分述如下：

1. 金庫外扇與內扇的鑰匙應不相同，且備正副兩把，並須附有暗碼。外扇的鑰匙及暗碼表由主管人員掌管；內扇的正鑰匙由出納主辦人掌管。所有副鑰匙及暗碼表，則由正鑰匙掌管人員會同主辦會計封簽後，由單位主管保管，以應緊急事件無法使用正鑰匙時之需。

2. 庫門的啓用須有定時、錄影、警示通警局系統等設備，應由經管內外扇鑰匙人員會同啓閉。

3. 庫房內絕對禁止煙火或放置易燃物品，並應隨時注意關熄燈火，及經常檢查電燈線路。

4. 金庫應嚴禁無關人員進入。

5. 金庫外副門的管理、設備與正門相同，應定期或不定期檢查啓閉，以備不時之需。

二、庫存現金的保管

1. 所有現金均應放置於金庫內，現金的存儲與取出，應由出納人員會同主管人員辦理爲原則，並設簿登記備查。

2. 每日現金結計後，當日庫存現金及交換票據等，應即由主管人員會同出納主辦人員詳細檢點無誤後，方得存儲於金庫內。

3. 現金與其他物品或文據，在金庫室應設鐵柵分別放置。鈔券應按不同面額，分別裝箱加鎖或另加封簽，放置於固定位置，以便清點。所有箱櫃鑰匙，應逐一標明號數或記號，以便識別。

4. 主管人員應會同出納主辦等人員，對庫存現金作定期或不定期的檢查，並設簿登記備查。不常動用的鈔票，亦須隨時檢查。

三、破損鈔券的處理

顧客持破損鈔券來行請求兌換時，可視其破損情形，依照下列辦法收兌：

㈠照全額收換者

1. 破損極微，其餘留部分在四分之三以上者。
2. 雖經分裂，而各片均能脗合者。
3. 污損燻焦而簽章、號碼、文字、花紋等均可辨認者。

㈡照半數收換者

破損鈔票殘餘部分在二分之一以上而不及四分之三者。

㈢不予收換者

1. 經火燻水浸油漬不能辨認眞僞者。
2. 殘餘部分不及二分之一者。
3. 拼湊成張不能脗合者。
4. 故意剪挖塗改或挖去一面者。
5. 不通用的鈔票，如樣本券、作廢券等。

四、僞鈔的處理

依照「金融機構處理僞造、變造、仿造新臺幣劵幣作業要點」規定，收款員點鈔時，如發現僞鈔數額與交來總額的比率較大，或數額甚多，或有故意夾入等可疑情形，應立即報告主管人員並轉報警察機關偵察辦理。如發現數額極少，經查明使用人確係無惡意的第三者，也應報告主管，除打孔及加蓋「僞造劵作廢」戳記或當面剪毀作廢並將原件留存外，另發「截留僞造、變造、仿造新臺幣劵幣通報單」第二聯給予持有人。

各單位每月發現收存的僞鈔，除有參考價値者酌予保存外，其餘應於次月五日前，連同統計表送繳總行轉送臺銀發行部處理。

五、現金的運送

庫存現金的外運，約有三種原因；一爲總行接濟各分支行處的頭寸；二爲因滙兌業務委託收付積欠外埠聯行或同業數目過巨，而須加以歸還；三因分行本身積存頭寸過多，而聯行則因頭寸不足，請求調運接濟。如有上述情形，而又無法以滙兌買滙方式調撥者，祇有採取現金運送一途。運送現金的會計處理如下：

1. 運出時

運出現金時，應塡製（借）運送中現金科目的現金支出傳票，將裝置情形、運送方法、啓運日期及押運員姓名等項，詳細塡列，憑以記帳，同時用函電通知收款行。凡因運送現金所支付的一切費用，應塡製（借）現金運送費科目的現金支出傳票，以便記帳。該項運現費用如應由收款行負擔時，應塡製（借）聯行往來科目的轉帳支出傳票，劃付該收款行帳。

2. 收款時

收款行於收到現金時，應塡製（貸）聯行往來科目的現金收入傳票憑以記帳，並將收款報單通知運出行。如運現費用已由運出行代付，於收到劃付報單時，以該報單代替（貸）聯行往來科目轉帳收入傳票，同時另填製（借）現金運送費科目轉帳支出傳票，憑以入帳。

3. 轉帳時

運出行接到收款行收款報單時，即以該報單代替（借）聯行往來科目轉帳支出傳票，並另填製（貸）運送中現金科目轉帳收入傳票，憑以轉帳。如收款行用電報通知收到時，應另填製（借）聯行往來科目轉帳支出傳票記帳，同時將電報作爲傳票附件。

4. 登錄明細帳時

運送中現金科目明細帳，採用甲種帳式，按收款行分戶，根據傳票登記。

上文對於在途未達的現金，係以「運送中現金」科目入帳，仍視爲運出行的資產，但在目前本省各銀行實務上，則以不作未達帳處理爲原則，因此而不用「運送中運金」科目。茲將目前實務上的處理情形，說明於下：

⑴聯行間的提款，應由提款行開發「提款證明書」兩聯套寫，並作爲運出行現金支出傳票的附件。「劃付報單」則連同現金由提款人携回，以代替提款行（貸）聯行往來科目的現金收入傳票，憑以入帳。提款行所支的車資、旅費或其他一切有關費用，仍以「現金運送費」科目整理。

⑵如送款行主動調撥現金時，於送出時應先填製（借）聯行往來科目的現金支出傳票及「劃付報單」，註明詳細內容，傳票憑以記帳，劃付報單則連同款項送對方行核收。對方行於收款後，以劃付報單代替（貸）聯行往來科目的現金收入傳票。運出行所支運現費用，仍以「現金運送費」科目整理。

六、大額付現的登記

財政部爲維護存款人存款安全，防止冒領及經濟犯罪，特規定客戶一次提領現鈔在新臺幣壹佰萬元以上時，應將提領日期、金額、存戶戶名、提領人姓名及身分證明文件號碼，予以核對後設簿登記備查。上述所謂「一次提領」的定義涵蓋同時提領數筆款項的合計數。

第五節　櫃員制度

一、實施櫃員制度的目的

櫃員制度(Teller System)又名兼辦出納制或杜勒斯制度，係由營業各部門經辦人員兼辦現金收付工作，每日所需現款，事先向出納部門領取，於營業終了時，將收付差額交還出納部門彙總結帳。櫃員制度一方面係由營業兼辦現金收付，使業務處理與現金收付同時迅速進行，顧客在短時間內辦妥存取款或獲得其他服務，使銀行主動接觸顧客，積極擴大服務；一方面則以分層負責爲基礎，在不損及內部牽制的原則下，儘量減少多層覆檢，縮短顧客等待時間，而提高工作效率。在標榜「一分鐘付款」的歐美日等國銀行，大都採行此制。財金主管當局爲使銀行業務操作方式有所改進，俾能便利顧客，加強服務，改善營運管理，提高工作效率，使銀行加速邁向業務現代化，曾大力推行「實驗分行」體制。實驗分行較之傳統的一般分行，在業務經營及營業操作方面有許多特色。其中之一即全面實施全能櫃員制度(簡稱全櫃員制)，使顧客無須往返於櫃臺與櫃臺之間，而能在任一櫃臺，於短時間內辦妥存取款或獲得其他服務；即櫃員之間不再劃分經辦項目（例如經辦支票存款、活期存款、滙款或收款、付款），也不再按客戶帳號指定櫃臺窗口，此實爲銀行作業與服務方式的一大革新及進步。

二、櫃員的工作範圍

在實施全能櫃員制度的銀行，櫃臺所掌理的工作項目大致如下：

1. 受理一切業務的現金及單據的授受。
2. 受理客戶委託代收的票據。
3. 印鑑與存款餘額的核對工作。
4. 操作端末機，辦理登錄交易。
5. 有關書類及帳冊表報的管理。
6. 空白支票簿本票簿的管理。
7. 辦理滙入滙出及託收票據的代收事務。
8. 審核各種憑證的要項。
9. 使用中各種空白單摺的管理。
10. 印鑑卡、印鑑便查卡的管理。
11. 退票理由單的填製。
12. 全行有權簽章人員印鑑卡的管理。

三、櫃員的授權

目前我國銀行對櫃臺辦理現金收付授權金額的大小，並不一致，現就一般情形說明於下：

1. 櫃員的收款金額於轉帳與票據存入時不予限制，現金存入未超過規定授權金額者（例如2百萬元）由櫃員受理，超過授權金額以上（含）者則由大額收付專櫃辦理。但得視業務情形，未超過授權金額者，亦得由大額收付專櫃辦理。單位主管亦得視地方經濟情況，酌減授權額度。

2. 金額未超過授權金額（例如50萬元）的付款，授權各櫃員得於查核存戶餘額並審查付款傳票各要項，核對印鑑無誤，並予以記帳後，逕行付款，事後再呈主管核章。但經理得視地方經濟情況，酌減授權額度。

3.現金付款超過授權金額以上者(含)，應先查核存戶餘額並審查付款傳票各要項，核對印鑑無誤，予以記帳，並經主管核章、認證後，始由大額收付專櫃（出納）辦理付款。

4.第2.項授權櫃員逕行付款限額，如因情形特殊，確有需要，擬予以提高者，應於事前申請總行核可後，始可辦理。

5.櫃員授權逕行付款的規定，於存摺存款的無摺取款，存單存款的中途解約，匯款支票的支付以及各項費用的支付均不適用。

四、認證制度

在實施電腦連線即時作業系統的銀行，櫃臺根據每一筆交易有關的收付傳票，將交易內容輸入電腦端末機後，為避免發生錯誤及預防發生弊端起見，均規定應將要項印錄於有關傳票的認證欄，由經辦員以外的人員（授權以內者）或主管人員（超過授權者），辦理認證。有關認證的一般規定事項，列述於下：

1.未超過規定金額（例如30萬元）的現金收付傳票，於登錄、印錄認證欄後，應換人（或由指定人）認證無誤，始可送主管核章。

2.超過規定金額的現金收付傳票，一律由主管認證無誤後，始可檢印。

3.下列交易不論金額大小，應一律由主管認證：

(1)轉帳交易傳票。

(2)匯出匯款交易傳票。

(3)匯款支票付款。

(4)需讀入主管卡的交易傳票。

(5)通存通提交易傳票。

(6)存單存款及其付息交易傳票。

(7)掛失通知、更換印鑑、保付、金融卡申請、全行通提申請等非現金收付交易。

(8)其他經總行規定的交易。

現再就規定金額以內與超過規定金額兩種情形，將認證後的傳票，各舉一例列示於下：

①

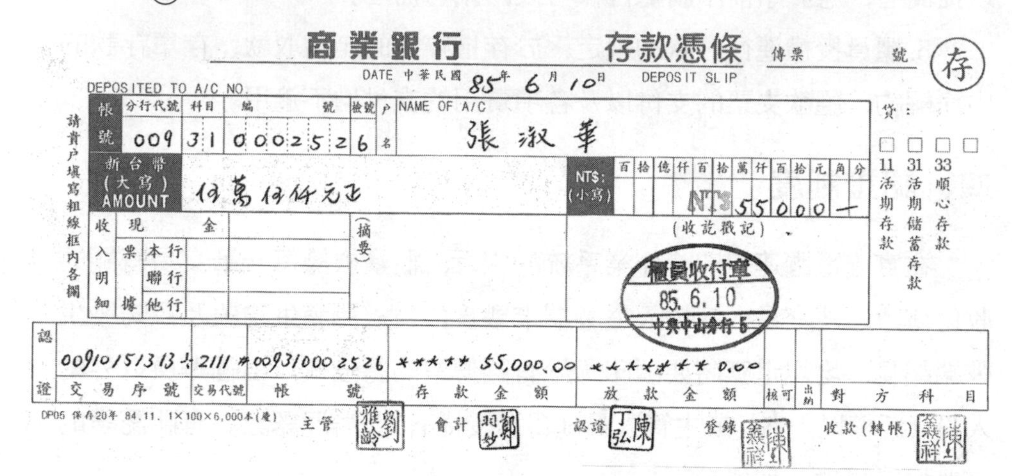

商業銀行 存款憑條 傳票 號 (存)

DATE 中華民國 85年 6月 10日 DEPOSIT SLIP

DEPOSITED TO A/C NO.

請貴户填寫粗線框内各欄

帳號：分行代號 009 科目 31 編號 000252 檢號 6

户名 NAME OF A/C：張淑華

新台幣（大寫）AMOUNT：伍萬伍仟元正

NT$:（小寫）：NT$ 55,000—

收入明細：現金；票據：本行、聯行、他行

（摘要）

（收訖戳記）櫃員收付章 85.6.10 中興中山分行 5

貸：□ 11 活期存款 □ 31 活期儲蓄存款 □ 33 順心存款 □

認證	交易序號	交易代號	帳號	存款金額	放款金額	核可	出納	對方科目
	0091015131	3 ÷ 2111	#009310002526	***** 55,000.00	******** 0.00			

DP05 保存20年 84.11. 1×100×6,000本(慶)

主管（雅齡 劉） 會計（羽妙 鄭） 認證（丁弘 陳） 登錄（義祥 陳） 收款(轉帳)（義祥 陳）

註： 規定金額以內的認證，由經辦員將規定要項登錄於「認證」欄後，由另一人員辦理覆核，並於傳票下方認證處蓋章以示負責。

②

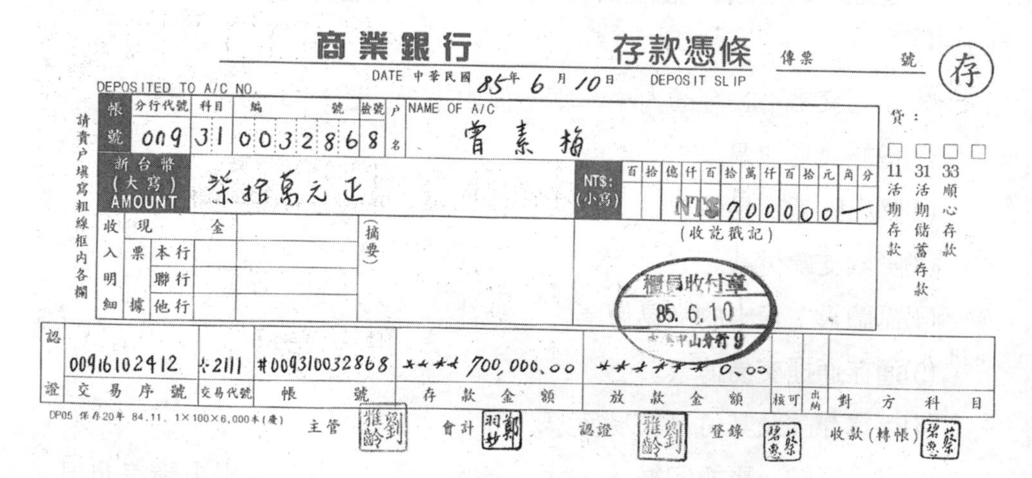

商業銀行 存款憑條 傳票 號 (存)

DATE 中華民國 85年 6月 10日 DEPOSIT SLIP

DEPOSITED TO A/C NO.

請貴户填寫粗線框内各欄

帳號：分行代號 009 科目 31 編號 000328 檢號 6 8

户名 NAME OF A/C：曾素楨

新台幣（大寫）AMOUNT：柒拾萬元正

NT$:（小寫）：NT$ 700,000—

收入明細：現金；票據：本行、聯行、他行

（摘要）

（收訖戳記）櫃員收付章 85.6.10 中興中山分行 9

貸：□ 11 活期存款 □ 31 活期儲蓄存款 □ 33 順心存款 □

認證	交易序號	交易代號	帳號	存款金額	放款金額	核可	出納	對方科目
	0091610241	2 ÷ 2111	#009310032868	**** 700,000.00	******* 0.00			

DP05 保存20年 84.11. 1×100×6,000本(慶)

主管（雅齡 劉） 會計（羽妙 鄭） 認證（雅齡 劉） 登錄（碧惠 蔡） 收款(轉帳)（碧惠 蔡）

註：超過規定金額的認證，由經辦員將規定要項登錄於「認證」欄後，由主管人員辦理覆核，並由該一主管人員於傳票下方認證處蓋章以示負責。

五、櫃員資金的調撥

營業開始前應向櫃員主任提領現金箱，並核對現金金額與前日「櫃員查詢單」是否相符。現金核符後，填製「櫃員現金借入繳出單」並鍵入端末機，連同前日的「櫃員查詢單」一併送櫃員主任認證。櫃員現金借入繳出單，第一聯由櫃員主任留存，第二聯由櫃員留存，核帳後合併訂冊保管三年。

營業中須增調資金時，應填具「櫃員現金借入繳出單」，鍵入端末機，並予以印錄後，向櫃員主任調撥資金。櫃員主任認證無誤後，將資金撥予櫃員應用。

營業中或營業結束時，如有多餘現金須繳回櫃員主任時，亦應填「櫃員現金借入繳出單」，並予以登錄後，連同現金送繳櫃員主任點收並認證。

上述櫃員現金借入繳出單的格式，列示於下：

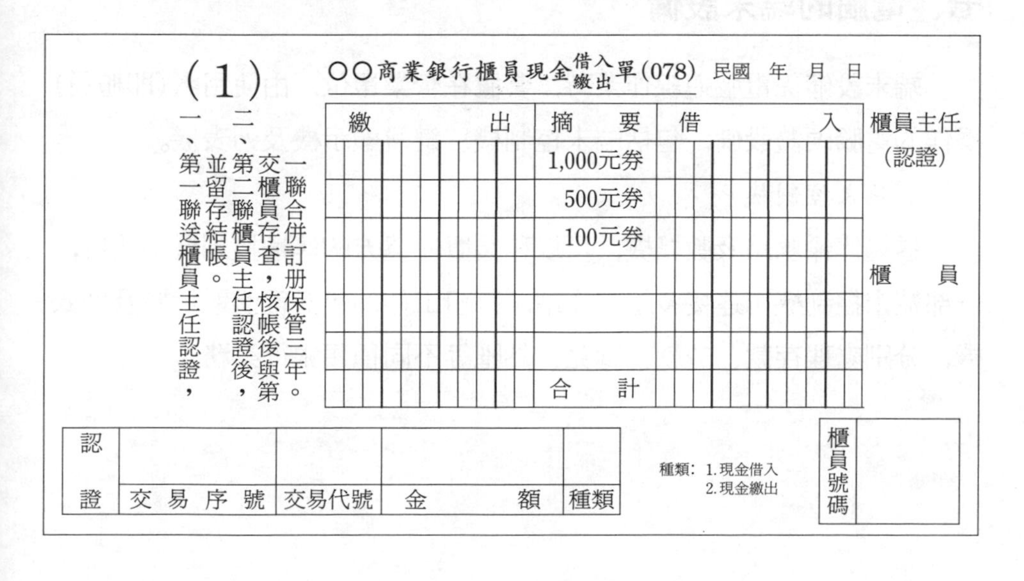

(1)　○○商業銀行櫃員現金借入/繳出單(078)　民國　年　月　日

一、第一聯送櫃員主任認證，並留存結帳。
二、第二聯櫃員主任認證後，交櫃員存查，核帳後與第一聯合併訂冊保管三年。

繳出	摘要	借入	櫃員主任(認證)
	1,000元券		
	500元券		
	100元券		
			櫃員
	合計		

認證	交易序號	交易代號	金額	種類

種類：1.現金借入
2.現金繳出

櫃員號碼

六、現金箱的管理

實施櫃員制度的銀行，每一櫃員均備有一現金箱，準備有各式面額的鈔券及硬幣，以供辦理收付款項之用。有關櫃員現金箱的管理列述於下：

1. 櫃員現金箱均應予以編號，以資識別，且每一櫃員均有一現金箱。

2. 營業結束後，現金箱現金餘額不得多於一萬元，溢出部分，應繳回櫃員主任，且該箱應收存在金庫室內，以策安全。

3. 現金箱現金餘額應與櫃員查詢單相符，其現金餘額應換人覆點，覆點人應在「覆核」欄蓋私章並將該櫃員查詢單一份放置在現金箱內，以明責任。

4. 櫃員查詢單、收付章及轉帳章於結帳後，應一併收存在現金箱內。

5. 現金箱應有鑰匙或密碼鎖的設備，且應留存備份在櫃員主任處。櫃員離開現金箱時，應即鎖妥現金箱。

6. 現金箱內不得存放私人財物。

七、電腦的端末設備

端末設備係電腦連線作業時，裝置在營業單位，由使用者(即櫃員)操作的電腦硬體設備，包括端末控制機、鍵盤顯示機及列表機。

1. 端末控制機

透過傳輸線路及數據機，可以和裝置在遠方的傳輸控制機相連接，一部端末控制機可連接多組工作站，每組工作站包括鍵盤顯示機及列表機，分別處理存款、放款、匯兌、外匯等不同種類銀行業務。

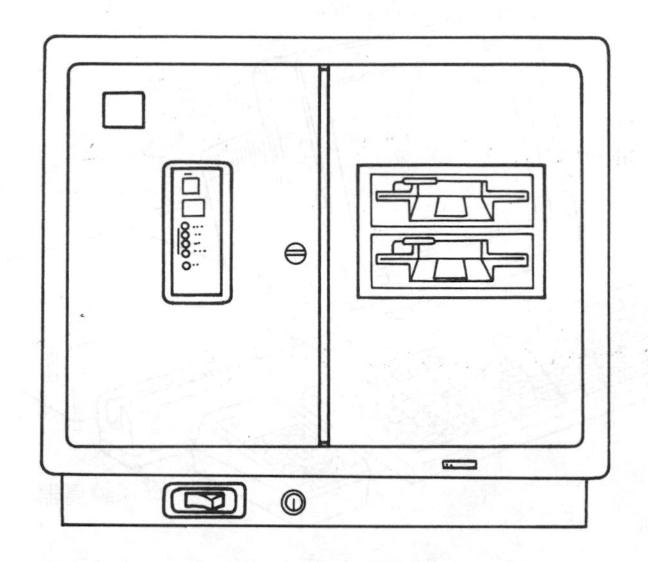

IBM 4702 端末控制機

2. 鍵盤顯示機

連接在端末控制機之下，包括鍵盤、顯示螢幕、磁條讀寫器及密碼鍵入器。營業單位操作人員可以透過鍵盤將資料輸入，並由顯示螢幕將資料顯現出來。磁條讀寫器可讀入黏貼在存摺上的磁條內的客戶帳號資料。密碼鍵入器可由客戶自行鍵入密碼。

3. 列表機

電腦處理完成的結果，可以透過列表機將資料列印出來，包括存摺、傳票、紙卷及各種表格的印錄。

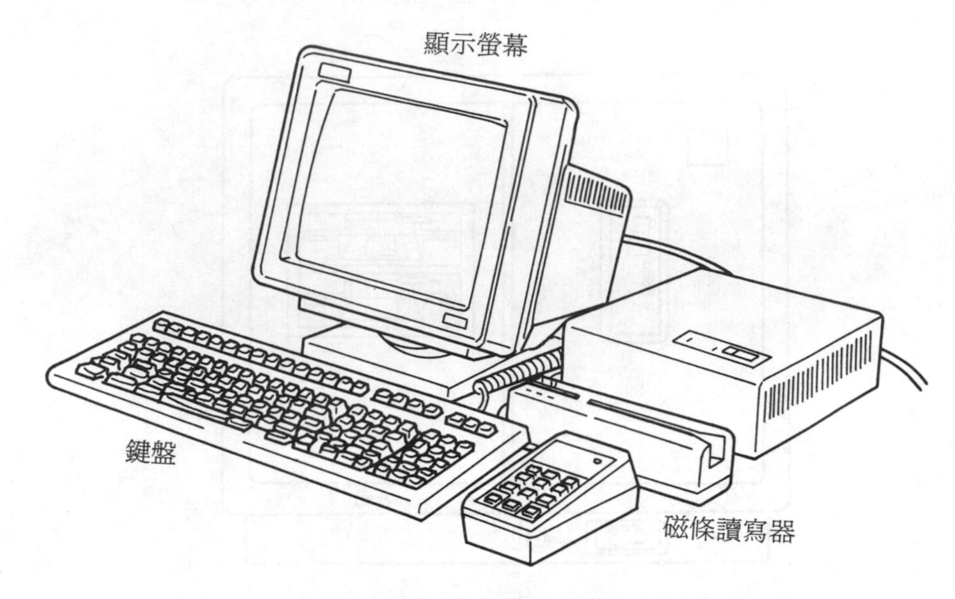

IBM 4714 顯示系統

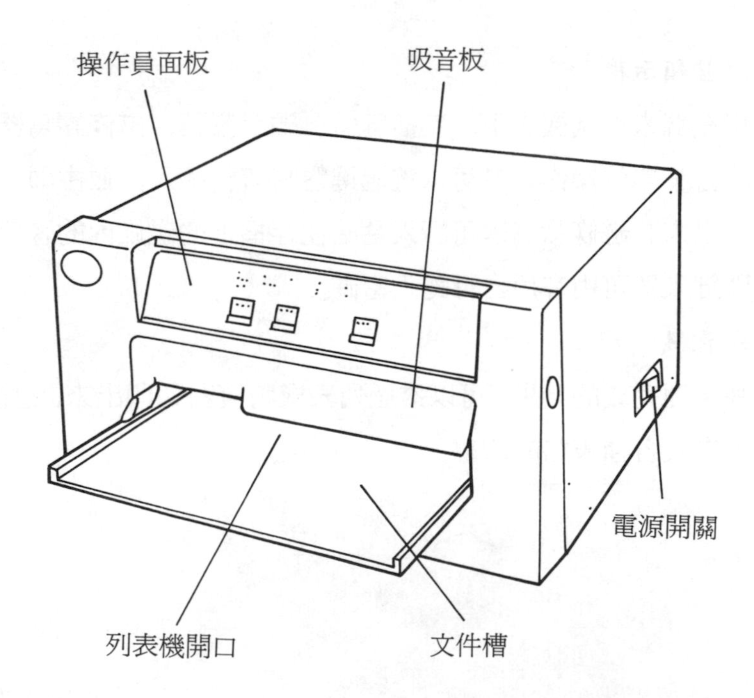

IBM 4748 文件列表機 1 型, 2 型, 3 型及 4 型

第六節　票據交換

一、收入票據的會計處理

出納人員或櫃員每營業日所收取款項(含聯行及同業託收票據)，有現金及本埠即期或次日到期的票據（待交換票據）等三種，本埠票據則有本行及同業付款之分。凡收進本行即期付款票據，本單位部分即由有關部門辦理轉帳，聯行部分以現金方式劃收，同業即期付款的票據及次日到期之票據，則按中央銀行頒行「管理票據交換業務辦法」，辦理票據交換清算，除大臺北地區及臺中地區依據票據交換所「磁性墨水電子閱讀分類機作業系統」，以自動化代替人工處理票據交換作業外（另行討論），所有即期票據應當日提出交換收妥清帳。而銀行同業間的慣例，也將所收即期交換票據視同現金處理，記入現金收入及現金支出日記簿交易，昔日所習用的現金劃收、付傳票及日記簿，已經淘汰，廢置不用，至於由票據交換所提回本行付款的票據，票據交換應收、應付差額的報單等，均以現金收、付處理，其手續如下：

1.收入本埠聯行或他行票據時，應於該現金收入傳票或視同傳票的收款憑證及現金收入副票上另行計列後，加蓋現金收訖戳記，並註明「交換票據」或「交換後票據次日入帳」字樣，以便識別。

2.收入的本埠聯行或他行票據，應在左上角加蓋交換特別橫線章，以便提出交換。

3.現金收入傳票於收訖後，即送由主辦人員記入明細分類帳，並於摘要欄內註明他行或聯行交換，同時經辦人應注意交換票據的退票，等確定無退票情形時，方可由存戶提取或支用。

4.每日因交換而收回本行應行付款的票據，應視同現金支出，於提回的票據上加蓋交換票據付訖印。並於明細帳摘要欄，分別註明「交換票據或代號」字樣。

5. 交換的應收差額以現金支出處理，應付差額以現金收入處理。

6. 以上現金收入及支出傳票，在設有現金收入與現金支出日記簿的銀行，均應逐筆記入。

二、票據交換的意義

所謂「票據交換」乃同一地區或相鄰近地的金融業，依據中央銀行「管理票據交換業務辦法」，互立契約，每日於一定時間、一定場所、各派員持訂約的他金融業付款票據，相互交換，並就應收、應付相抵的差額而為收付的一種清算制度，其場所稱為「票據交換所」。

三、票據交換的方式

票據交換可分為下列兩種方式：

1. 他行交換

如當地有聯行二家以上時，對其他銀行的票據交換手續，均歸總行營業部或統轄行統籌辦理。

2. 聯行交換

係同一地區同一銀行各分行之間的內部交換，此種交換通常係將其他銀行及聯行付款的票據，先與總行營業部或統轄行交換清理。

上述兩種交換方式的手續和程序，完全一樣，但在會計處理方面略有不同，「他行交換」提出與提回的票據，是以兩者的應收或應付差額來記帳，所用科目為「存放央行」或「存放銀行同業」；「聯行交換」提出與提回的票據，皆用總數記帳，所用科目為「聯行往來」。

為使讀者對於兩種交換實務，均能瞭解起見，特於下文分別加以說明。

四、有聯行時的票據交換程序

㈠交換程序圖

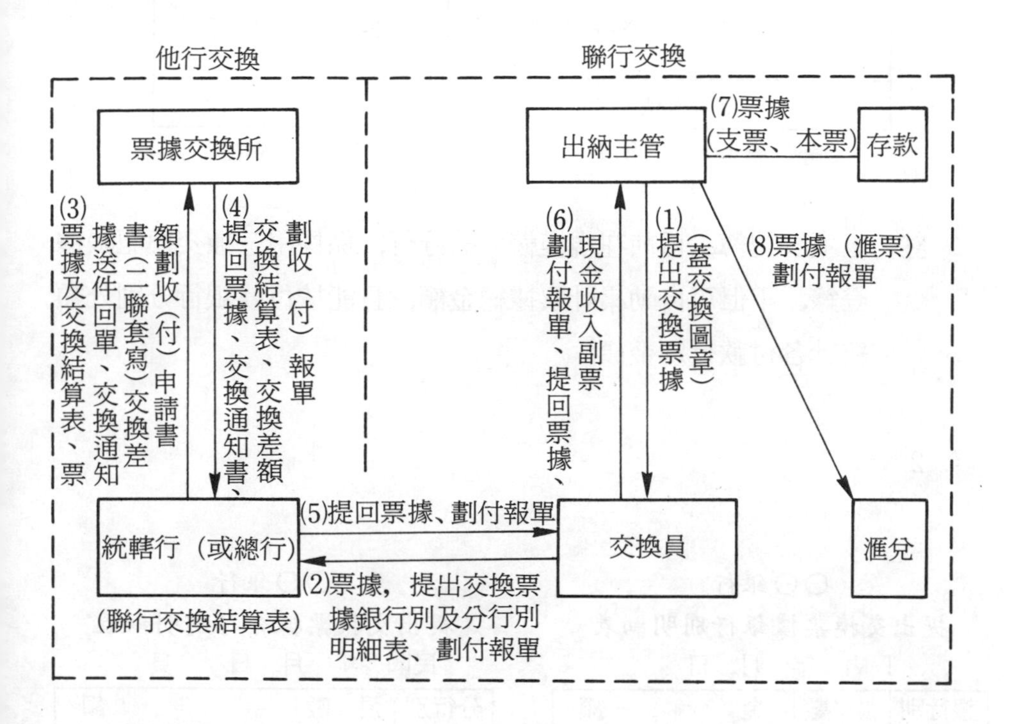

㈡聯行交換程序

1. 各分行交換員接到應提出交換的票據，須先查驗有無退票的理由，然後加蓋本行交換特別橫線章及於背面加註存款別及帳號，再依提出交換次別記入「交換票據登記簿」。格式如下：

○○銀行 交換票據登記簿

日	頁中
第	頁

中華民國 年 月 日

種類	付款銀行	發票人	金 額	票據號碼	持票人	備考
	計	張數				

經副襄理 會計 出納 覆核 製表

行 名＿＿＿＿＿＿

註： 上項登記簿，目前在規模較大的分行，係採用一種交換記帳機登錄，不但可自動累計票據總金額，且能按付款銀行分別分類統計各付款行別金額。

2.

○○銀行
提出交換票據銀行別明細表
民國 年 月 日

銀行別	張 數	金			額
臺 銀					
土 銀					
合 庫					
一 銀					
彰 銀					
中 信					
上 海					
農 民					
市 銀					
菲首都					
合 計					

○○銀行
提出交換票據分行別明細表
民國 年 月 日 具

分行別	張 數	金			額
總 營					
大稻埕					
萬 華					
圓 山					
公 館					
合 計					

將其他銀行付款的票據，按銀行別分別彙計張數及金額，記入「提出交換票據銀行別明細表」。同時將其他聯行付款的票據，按分行別分別彙計張數及金額，記入「提出交換票據分行別明細表」，以上兩表的合計總金額及張數，經與「交換票據登記簿」核對無誤後，應填製（借）聯行往來科目現金支出傳票及劃付報單兩聯套寫，並註明聯行、他行票據張數及金額，於交換時間之前連同票據送總行或統轄行交換。提出交換票據銀行別及分行別明細表的格式見上圖。

3. 由總行或統轄行交換員所提回本行付款的票據及劃付報單，應填現金收入副票，並將票據加蓋「交換所經由」戳記（即由交換所提回之意，以別於客戶直接送存的票據），送存款或有關部門核付，而用付款報單代替（貸）聯行往來科目現金收入傳票，送匯兌部門入帳。

㈢他行交換程序

1. 總行或統轄行交換員根據本行及各聯行所填「提出交換票據銀行別明細表」，將金額與張數彙計後，分別填入他行「票據交換結算表」貸方的「應收金額」與「張數」欄內。

他行票據交換結算表的格式如下：

票據交換結算表

借方　　　　　　　　中華民國　年　月　日　　　　　交換退票　貸方

張數	應付金額	差　額	行局庫名稱	差　額	應收金額	張數
			中央銀行業務局			
			臺灣銀行			
			土地銀行			
			臺灣省合作金庫			
			中央信託局信託處			
			第一商業銀行			
			華南商業銀行			
			彰化商業銀行			
			臺北郵局			
			交通銀行			
			中國國際商業銀行			
			華僑商業銀行			
			各信用合作社			
			上海商業儲蓄銀行			
			中國農民銀行			
			臺北市銀行			
			美國花旗銀行			
			美國商業銀行			
			合　計			

（應付差額　　）　　　　行局庫交換員　　　　（應收差額　　）

2.交換員應將兩聯套寫的「交換票據提出單」及「交換票據對數回單」，連同票據送交付款銀行交換員，經其驗對無誤蓋章後將回單收回。交換通知書及送件回單格式如下：

交換票據提出通知單（第一聯）

中華民國　　年　　月　　日（交換／退票）

＿＿＿＿＿＿銀行（局庫）台照

茲送上　貴行付款之交換票據請點收張數無誤後蓋章為荷

票　據　張　數	金　　　　額	

＿＿＿＿＿＿銀行（局庫）具

請注意：1. 本單塗有卡蓬墨，不需複寫紙，即可套寫。
2. 本單一式兩張，應一次塡送付款銀行交換員。提出銀行交換員應主動向付款銀行交換員取回「對數回單」（第二聯），以明責任。

交換票據對數回單（第二聯）

中華民國　　年　　月　　日（交換／退票）

＿＿＿＿＿＿銀行（局庫）台照

票　據　張　數	金　　　　額	

（上列張數如數收到）　＿＿＿＿＿＿銀行（局庫）具

付款行交換員章

3. 收到他銀行交來本行及聯行付款的票據及「交換票據提出單」時，即按提出銀行別塡入「交換差額結算表」借方的應付金額與張數欄內，軋計本行對其他每一銀行的應收應付差額，再將各欄加總結出「交換差額」。

4. 交換結算結果如差額爲應收時，須塡製「交換差額劃收申請書」；

差額為應付時，須填製「交換差額劃付申請書」，並由交換員及幹事蓋章，再送交中央銀行或臺灣銀行轉帳。票據交換差額劃收、劃付申請書的格式如下：

臺北市行局庫票據交換差額劃收申請書

（中央銀行業務局代交換收入傳票）

中華民國　　年　　月　　日

本日退票交換應收差額請劃收敝行帳為荷　此致

中 央 銀 行 業 務 局 台 照　　　　　　　　（行局庫）具

	退票交換應收差額														
金額新臺幣 （大　　寫）															

總幹事
總結算員
交換員

科目（貸）銀行業存款　　　　分號交 #　　總號

局長　副局長　襄理　　會計　　交換票據　　覆核　　記帳　　製票

臺北市行局庫票據交換差額劃付申請書

（中央銀行業務局代交換支出傳票）

中華民國　　年　　月　　日

本日退票交換應付差額請劃付敝行帳為荷　此致

中 央 銀 行 業 務 局 台 照　　　　　　　　（行局庫）具

	退票交換應付差額														
金額新臺幣 （大　　寫）															

總幹事
總結算員
交換員

科目（借）銀行業存款　　　　分號交 #　　總號

局長　副局長　襄理　　會計　　交換票據　　覆核　　記帳　　製票

5. 根據前項應收差額的劃收報單，填製（借）存放央行或（借）存放銀行同業——臺灣銀行科目現金支出傳票；根據應付差額的劃付報單，填製（貸）存放央行或（貸）存放銀行同業——臺灣銀行科目現金收入傳票，傳票的摘要欄內填寫「交換差額」，並將劃收或劃付報單作爲附件。

註：交換應收應付差額臺北市行局以「存放央行」科目整理，其他縣市行局則以「存放銀行同業——臺灣銀行」科目整理。

6. 由交換所提回的票據，除其中屬於本行部分應加蓋「交換所經由」戳記，並交存款或其他有關部門核付外，其他應由聯行付款的票據，連同「聯行交換」所收部分，應按分行別填入聯行票據交換結算表借方的應付金額欄及張數欄，並填製（借）聯行往來科目現金支出傳票及劃付報單二聯套寫，註明聯行、他行的票據張數及金額，劃付報單和票據送交各分行。聯行票據交換結算表，祇須將表上「行局庫名稱」改爲「聯行名稱」，並將中央銀行業務局等改爲分行行名即可，格式從略。

五、無聯行時的票據交換程序

㈠交換程序圖

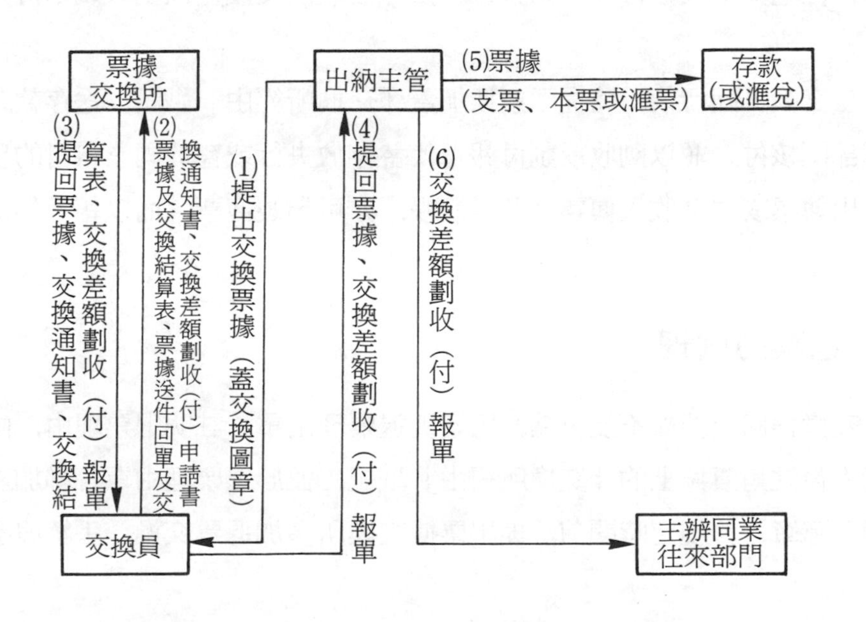

(二)交換程序的說明

銀行如在同一地區未設有其他聯行時，對於票據的交換自不必採用聯行與他行兩種交換手續，所經程序較為簡單。現說明於下：

1. 收進他行付款票據時，記入「交換票據登記簿」。

2. 票據提出交換時，應加蓋特別橫線，並按付款行別將票據的張數、金額彙總後，填入交換結算表貸方的應收金額欄和張數欄內；同時再按付款行別填製交換通知書及送件回單。交換員抵達交換所後，應將票據交換通知書及回單送交對方交換員，經對方核對無誤並於回單蓋章後，將回單收回。

3. 收到由對方行交來本行付款的票據、交換通知書及回單，經核對張數、金額無誤後，於回單蓋章送還對方行。並按提出行別填入交換結算表借方應付金額欄及張數欄。

4. 將交換結算表各欄結總，求出最後交換差額。並就應收、應付差額填交換差額劃收或劃付申請書及報單二聯一次套寫，由交換員與幹事蓋章後，送交中央銀行或臺灣銀行轉帳，並收回交換差額劃收或劃付報單。

5. 交換員回行後，將提回票據加蓋「交換所經由」戳記，送存款或有關部門核付。並以劃收或劃付報單代替存放央行或存放同業科目的現金支出傳票或現金收入傳票，憑以記帳，亦可另製傳票，而以報單作為附件。

六、退票的處理

交換提回票據如不能付款，應繕製退票理由單，註明退票理由，由主管人員註銷票據上的「交換所經由」戳記，並於退票理由單各聯加蓋行章及職章，於規定時間前，提出票據交換所參加退票交換，手續與票據交換相同。本行提出交換的票據被退票時，應查驗該票據是否由本行提出，退票理由是否充足。客戶存入的他行或聯行票據，經本行提出交換而遭退票時，應即通知存戶，並依存戶別，逐戶填寫「退票通知書」與「存戶領回退票憑單」、「退票憑單代存款支出傳票」三聯套寫（如下圖），第一、第二兩聯送存戶，第三聯代替借該存款科目的支出傳票，憑以由存戶帳內扣除。所退票據應妥爲保管，等存戶於「憑單」聯簽蓋原留印鑑或另簽發支票或取條，由經辦人員核章無誤後，將該退票交還存戶，憑單或支票作爲支出傳票的附件。

○○商業銀行退票通知書

帳號	分行別	科目	編　號	檢查號碼

中華民國　年　月　日

科目										
金額	億	千	百	拾	萬	千	百	拾	元	角	分

經副襄理

戶名	

付款人	發票人	票據號碼	到期日
退票理由			

製　票

逕啓者　貴存戶委託本行代收之票據，因退票未能收妥，除逕自　貴帳戶冲轉支出外，即請携帶原留印鑑來本行領回上項退票爲荷。

＿＿＿＿分行 啓

○○商業銀行存户領回退票憑單　　傳票＿＿＿＿號附件

帳號	分行別	科目	編　號	檢查號碼

中華民國　年　月　日

金額	億	千	百	拾	萬	千	百	拾	元	角	分

經副襄理

戶名	

付款人	發票人	票據號碼	到期日
退票理由			

會　計
核　章
製　票

退票通知	時間	時　分
	收話人	

存戶＿＿＿＿＿＿＿＿（請蓋原留印鑑）

○○商業銀行退票憑單代存款支出傳票　　傳票　　號　　借

帳號	分行別	科目	編　號	檢查號碼

中華民國　年　月　日

戶名		金額	科目
			億 千 百 拾 萬 千 百 拾 元 角 分

付款人	發票人	票據號碼	到期日
退票理由			

上項委託本行代收之票據，因退票，除逕自該戶冲轉支出外，已通知前來本行辦理領回手續

認證	交易序號	交易代號	帳　號	存款金額	借款金額	核可

DG 31　保存20年

1經副襄理　會計　認證　記帳　出納　製票

七、待交換票據的處理

凡客戶存入次日到期的票據，或於交換時間過後存入而須留待次日提出交換的票據，稱爲交換後票據，以「待交換票據」科目整理。其處理手續如下：

1. 由於交換後票據當天未能提出交換兌現，資金不能動用，因此出納於收受客戶款項，如發現其中有現款並含有交換後票據時，應請客戶將現款與交換後票據分開塡二張送款單或存款憑條；並將屬於後者的送款單或存款憑條及現金收入副票加蓋横式交換後票據次日入帳橡皮章後，暫交會計保管；俟次日票據提出交換時，再交予存款經辦員記帳。

2. 存戶所存交換票據，須待次日提出交換時始記入存戶明細帳；如爲方便客戶先塡記存摺時，則應於摘要欄註明「交換後票據次日入帳」字樣。

3. 當日未及提出交換的票據，應逐張塡入「交換後票據明細表」（與

待交換票據帳一次套寫)，營業終了後結出總額，憑以填製（借）「待交換票據」科目現金支出傳票及（貸）「其他應付款」或「應付帳款」科目「存入票據未及交換戶」子目現金收入傳票，連同票據送出納主管覆核，傳票蓋收付日戳後送交會計。

4. 對第1. 項收入交換後票據所塡的現金收入副票，應與第3. 項交換後票據明細表的金額核對無誤後另行保管，作爲次日的現金收入副票。

5. 次日營業開始時，塡製（借）「其他應付款」或「應付帳款」科目「存入票據未及交換戶」子目及（貸）「待交換票據」科目現金支出及現金收入傳票轉正前日交換後票據金額，並將前日交換後票據提出第一次交換。會計則將所保管的支票存款送款單或活期存款、活期儲蓄存款等的存款憑條，轉送存款部門記入存戶明細帳。

第七節　票據交換電腦作業制度

一、MICR 的基本認識

票據交換清算，目的在簡化銀行間票據的收解，便利工商業資金運轉，是銀行業務中相當花費人力、時間的一項工作，爲使票據交換清算作業達到迅捷正確，並減輕人力負荷目的，採自動化處理方法，在票據上加印磁性墨水字體，輸入電子閱讀／分類機，閱讀票上所印付款銀行磁字代號及磁字金額，自動按銀行分類並核計金額，這是全世界票據交換所所採用的一種技術，這種技術就是「磁性墨水字體辨認」，英文稱爲 “Magnetic Ink Character Recognition”，簡稱爲 MICR。

國內爲提高票據處理效率，中央銀行業務局及臺北市銀行公會電腦處理票據交換制度籌劃工作小組研究決定採用美國銀行公會所頒定的 E-13B 字體爲準。爲使電子閱讀／分類機，能閱讀本地區任何銀行的票據，票據的規格必須標準化。此項標準化包括票據上磁字欄位的設計、票據規格大小限制、紙張品質、印刷品質等。下圖所示爲目前規定的MICR票據樣張，其下方除了有表示票據交換行庫代碼外，並包含票據號碼、存戶帳號、交易代號、到期日及金額等。各欄資料間並有機器能辨別的特殊符號。有了這些資料，票據可當做直接輸入媒體，饋入閱讀分類機並按銀行、分行順序分類核計金額。

支票號碼 PD2348553 中華民國 年 月 日 帳號 712-2

台北市票據交換所 73 3 交換銀行

憑票支付 NT$

新臺幣

此致

中興商業銀行 中山分行 台照

付款地：台北市松江路二二八號

科 目：(借)支票存款 對方科目：

(發票人簽章)

經副襄理 會計 出納 認證 記帳 核章

⑈2348553⑈⑆0181100991⑆01 ⑈0100071 22⑈

支票樣張

二、磁性墨水交換票據的集中扣帳

磁性墨水交換票據集中扣帳，係參加實施電腦化票據交換作業制度的金融機構，由其設置的票據處理中心，就自票據交換所提回本行付款的票據(包括聯行交換票據)，輸入電子閱讀／分類機(Reader/Sorter)，經其磁化頭(Magnetic Head)將票據下方含有鐵氧化物的磁字加以磁化製成磁帶，送交資訊室（電腦中心）連線作業整批處理業務作業人員，利用電腦直接自發票人帳戶扣帳，可免除由支存經辦人員以人工逐筆扣除的手續及作業時間。

三、MICR票據交換作業制度

㈠參加票據交換的單位

參加交換單位分爲直接清算交換單位與間接清算交換單位二種。凡在中央銀行業務局開立銀行業存款的交換銀行，其交換差額直接在該局辦理劃收付轉帳者，稱爲直接清算交換單位；凡未在中央銀行業務局開立銀行業存款的交換銀行，其交換差額必須委託直接清算交換單位代爲辦理劃收付轉帳者，稱爲間接清算交換單位。

㈡票據交換的方式

1.打包交換

凡設有磁性墨水字體票據閱讀分類機的銀行，稱爲甲類銀行。打包交換爲甲類銀行間的互相交換。凡甲類銀行收取其他甲類銀行付款票據，輸入本身設置的電腦系統，完成分類核計後，將票據打包併連同產生的報表用「以袋易袋」的方式辦理交換，付款銀行當場提回。

2.非打包交換

凡未設磁字票據閱讀分類機的銀行，稱爲乙類銀行。

非打包交換爲乙類銀行向所有銀行提出，及甲類銀行向乙類銀行提出的交換。非打包交換票據經提出銀行及票據交換所處理後，依付款銀行別投入保管箱，於規定時間內，由付款銀行派員取回。

㈢交換票據提出類型

1. 銀行分類票據

交換票據以「打包交換」方式進行交換者，稱爲「銀行分類票據」。

提出交換銀行，提出已完成「磁字票據閱讀分類核計處理」的磁字票據，經裝袋後，連同產生的報表，辦理交換。

2. 交換所分類票據

交換票據以「非打包交換」方式進行交換時，稱爲「交換所分類票據」。此類票據又分爲下列二種型態：

⑴已鍵印票據

凡交換銀行提出經鍵印磁字的票據稱之。本類型票據須委託交換所完成磁字票據閱讀分類核計後，辦理交換。

⑵未鍵印票據

凡交換銀行提出未經鍵印磁字的票據稱之。本類型票據須委託交換所完成磁字鍵印及磁字票據閱讀分類核計後，辦理交換。

㈣票據交換作業時間

1. 票據整理日

係指各交換單位，對於客戶送存當日到期及次一營業日以前到期票據加以整理，於晚間送達票據交換所進行打包交換或閱讀分類之日。

2. 票據交換日

係指上述打包交換及閱讀分類的票據，由付款單位提回扣帳及起息之日；爲票據整理日的次一營業日。

照上述定義其作業時間表如下：

<table>
<tr><th colspan="2">事　　項</th><th>時　　間</th></tr>
<tr><td colspan="2">銀行收取待交換票據時間</td><td>票據整理日
自九：○○～十五：三○止（週一～五）
自九：○○～十二：○○止（週六）</td></tr>
<tr><td colspan="2">整理待交換票據時間</td><td>票據整理日
自十七：○○～廿一：○○止（週一～五）
自十二：三○～十六：三○止（週六）</td></tr>
<tr><td colspan="2">票據交換時間（自交換所提回交換票據時間）</td><td>票據交換日（爲票據整理日的次一營業日）
自九：○○～十：○○止</td></tr>
<tr><td colspan="2">退票交換時間</td><td>票據交換日
十六：三○（週一～五）
十三：○○（週六）</td></tr>
<tr><td rowspan="2">代收及存入票據使用時間</td><td>入帳起息</td><td>票據交換日</td></tr>
<tr><td>提取現款</td><td>票據交換日的次一營業日</td></tr>
<tr><td colspan="2">發票人以現金補足票款免予退票時限</td><td>票據交換日營業時間內</td></tr>
</table>

(五)票據交換作業流程

1.分行提出

各分行將當日所收他行付款的交換票據，應於票據上角，加蓋「○○銀行提出交換」戳記後，提至所屬各銀行統轄行彙總處理。

2.統轄行處理

(1)聯行票據

由各銀行自行處理，不必提至交換所。

(2)他行票據

①屬於「銀行分類票據」——須按付款銀行別分類整理，提至交換所進行打包交換。此類票據不須經過交換所再行分類處理，惟須將每日統計資料提供交換所。

②屬於「交換所分類票據」——包括已鍵印妥當及未鍵印妥當之票據，不須按付款銀行別分類，直接提交換所處理。

3.交換所處理

(1)銀行分類票據

經提出銀行將交換票據張數、金額等資料提送交換所後，由提出銀行與提回銀行逕行交換。

(2)交換所分類票據

①已鍵印磁字票據

經交換所閱讀分類處理完妥後，連同清單（或檢同磁帶）一併投入保管箱，由各銀行於規定時間內提回。

②未鍵印磁字票據

經交換所鍵印後，以「已鍵印磁字票據」方式處理。

4.統轄行提回

各銀行統轄行提回的票據，應先行核對票據張數與金額無誤後，交各分行提回存驗。

㈥銀行提出票據整理程序圖

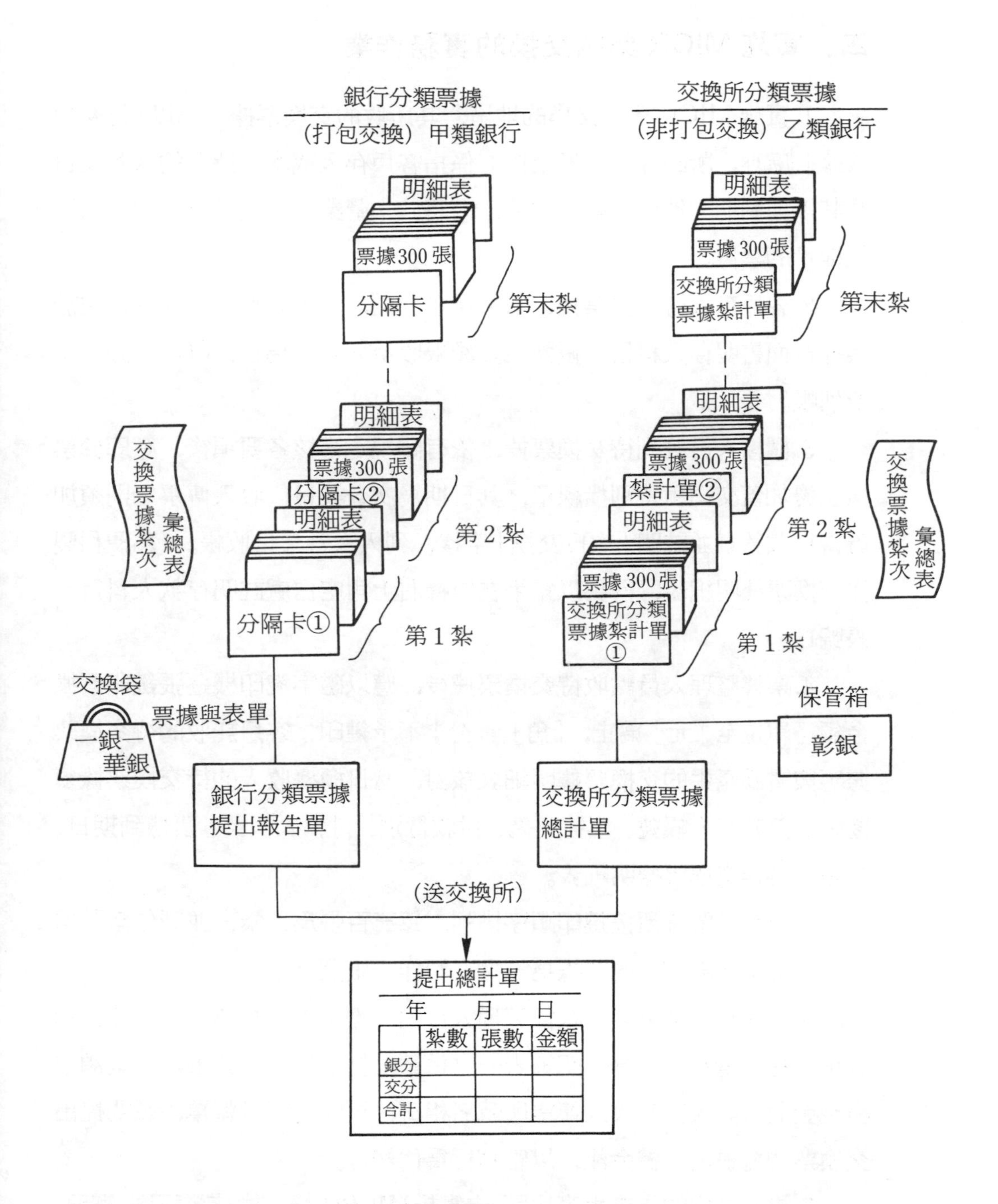
銀行分類票據
(打包交換) 甲類銀行
交換所分類票據
(非打包交換) 乙類銀行
明細表
票據300張
分隔卡
第末紮
交換所分類
票據紮計單
明細表
票據300張
分隔卡②
明細表
分隔卡①
第2紮
第1紮
紮計單②
交換所分類
票據紮計單
①
交換票據紮次彙總表
交換袋
一銀一
華銀
票據與表單
保管箱
彰銀
銀行分類票據
提出報告單
交換所分類票據
總計單
(送交換所)
提出總計單
年　月　日
紮數
張數
金額
銀分
交分
合計

四、實施 MICR 票據交換的實務作業

1. 實施 MICR 票據交換的地區，其所收的交換票據一律以「待交換票據」處理，所謂「待交換票據」係指客戶存入或本行持有的次營業日及其以前到期的他行或聯行付款，即將於次營業日以交換方式向付款單位提示的票據。

2. 客戶存入待交換票據，須與現金分開，單獨填寫收入傳票，並於票據背面書明存入科目、帳號。金額限收至「元」爲止，「角」「分」不予列帳。

3. 櫃檯人員收到待交換票據，依有關規定審核各要項後，應即於票據左邊加蓋交換用特別橫線章，其日期爲次營業日，收入傳票上則須加蓋當日收款章並註明「次日交換」字樣，列入次營業日收帳。(爲便利製作交換票據明細表，得另以鉛筆在票據右上角空白處註明存款人科目、帳號)。

4. 票據整理人員點收待交換票據後，應以磁字鍵印機逐張鍵印票據金額，單位至「元」爲止，「角」、「分」不予鍵印；客戶託收的待交換票據應與電腦產生的交換票據明細表核對，當日櫃檯收入的待交換票據須逐張記錄其存入帳號、票據號碼、付款行別、付款人帳號、票據到期日、金額、製作交換票據明細表。

5. 待交換票據須按鍵印順序排列，每三百張爲一紮，並製作紮計單一張，彙集全部紮妥的票據爲一捆，製作一張捆計單。

6. 營業時間結束後，票據整理人員應將鍵妥磁字的待交換票據、紮計單、捆計單及交換票據明細表一併送請出納主任，票據張數及金額須與現金收入記入表及收入傳票所載者相符，再開具劃付報單，載明提出交換票據總張數、總金額，以管轄行爲代辦行。

7. 提回票據的作業程序比照「未實施MICR票據交換作業程序」辦理。

○○商業銀行

提出交換票據紮計單

年 月 日 第 紮 提出單位簽章

提出單位代號	票據張數	票據金額									
		十	億	千	百	十	萬	千	百	十	元

提出單位鍵印 提出單位代號 張 數 金 額

○○商業銀行

提出交換票據捆計單

年 月 日 第 捆 提出單位簽章

提出單位代號	票據張數	票據金額									
		十	億	千	百	十	萬	千	百	十	元

提出單位鍵印 提出單位代號 張 數 金 額

提出交換票據紮計彙總表(請見下頁)

五、人工與電腦票據交換的比較

目前全國實施電腦票據交換作業者，祇有臺北地區與臺中地區，明年（八十六年）一月高雄地區也可加入實施。屆時全國將有七成以上票據是透過電腦進行交換，其餘地區則續採人工交換，必須由銀行派出票據交換員到票據交換所面對面清算點交票據。

電腦交換作業後，金融業者要配合印製磁字票據發放存戶使用，由於電腦是在夜間作業，凡持有票據者，可以在票據到期前一營業日將票

中興商業銀行

提出交換票據紮計彙總表

民國　　年　　月　　日

紮序	紮計單編號	張數	金										額
			佰	拾	億	仟	佰	拾	萬	仟	佰	拾	元
1													
2													
3													
4													
5													
6													
7													
8													
9													
10													
11													
12													
13													
14													
15													
16													
17													
18													
19													
20													
合計	共　　紮												

提出行

製表

CE18 81.1 50×50本

提出單位：＿＿＿＿＿

磁字代號：＿＿＿＿＿

據存入往來金融業，以利金融業在晚間送到票據交換所處理，次一營業日（即票據到期日）交換入帳。有關人工與電腦票據交換的比較差異，特表列如下：

項　目	人　工　交　換	電　腦　交　換
交換進行時間	都於當天中午舉行	前一營業日夜間辦理
交換票據	限交換當天及以前到期的票據才可提出	次一營業日以前到期票據可提出
提出方式	按付款行別分類結總	每300張一紮，不須按付款行別分類
交換進行方式	提出行、提回行雙方交換員面對面點交	票據交換所負責分類處理，銀行僅向交換所辦理提出、提回票據即可
附帶效益	無	採磁帶扣帳及帳號別排序

資料來源：中央銀行

第八節　票據交換的記帳實例

一、票據交換的借貸分錄

㈠收入票據時

1.將昨日未及提出交換的票據提出交換：

（借）庫存現金　　　　　　　　（貸）待交換票據

（借）其他應付款（或應付帳款）（貸）庫存現金

2.本日收到客戶交來即期票據，作爲存款或匯款或償還借款：

（借）庫存現金　　　　　　　　（貸）支票存款或活期存款或匯出匯款或短期放款或短期擔保放款

3.聯行或與本行無活期存款往來的客戶委託代收票據：

(1)受聯行委託

（借）庫存現金　　　　　　　　（貸）聯行往來

(2)受客戶委託

（借）應收代收款　　　　　　　（貸）受託代收款

（借）庫存現金　　　　　　　　（貸）其他應付款(或應付帳款)

(二)票據提出交換時

1.將票據提交當地統轄行辦理聯行交換：

（借）聯行往來　　　　　　　　（貸）庫存現金

2.統轄行或無聯行的銀行，將票據提往票據交換所與其他銀行交換時，不必做分錄，祇須就提出與提回的差額整理。

(三)交換提回票據時

1.由統轄行提回本行應付款的支票、本票、匯票或本行承兌匯票。

(1)（借）庫存現金　　　　　　（貸）聯行往來

(2)（借）支票存款、本行支票、聯行往來或承兌匯票　　（貸）庫存現金

2.統轄行或無聯行的銀行，由票據交換所提回支票、本票、匯票或本行承兌匯票：

（借）支票存款、本行支票、聯行往來或承兌匯票　　（貸）庫存現金

㈣交換差額記錄時

1.聯行交換因對提出提回的票據，已就其總額分開處理，不必再做分錄。

2.統轄行或無聯行的銀行，對票據提出數大於提回數，而發生應收差額時：

（借）存放央行或存放銀行同業　　（貸）庫存現金
——臺灣銀行

3.統轄行或無聯行的銀行，對票據提回數大於提出數，而發生應付差額時：

（借）庫存現金　　（貸）存放央行或存放銀行同業
——臺灣銀行

㈤由交換所提回的票據，因退票而退回原提出行時

1.聯行退回統轄行時（統轄行退回聯行時亦同）

（借）聯行往來　　（貸）庫存現金

2.統轄行或無聯行的銀行票據退回交換所時：

（借）存放央行或存放銀行同業　　（貸）庫存現金
——臺灣銀行

㈥本行提出交換的票據被退回時

1.聯行由統轄行提回退票時（統轄行由聯行提回退票亦同）：

⑴（借）庫存現金　　（貸）聯行往來

⑵（借）支票存款或活期存款或活期儲蓄存款　　（貸）庫存現金

（分錄⑵是轉銷收入票據時所作的分錄）

2.統轄行或無聯行的銀行由票據交換所提回退票時：

(1)（借）庫存現金　（貸）存放央行或存放銀行同業——臺灣銀行

(2)（借）支票存款或活期存款或活期儲蓄存款或其他適當科目　（貸）庫存現金

（分錄(2)是轉銷收入票據時所作的分錄）

3.與本行無活期存款往來的客戶，其託收票據無論有無退票均作（借）受託代收款（貸）應收代收款的分錄。如遭退票，應再作（借）其他應付款或應付帳款（貸）庫存現金的分錄以轉銷收入票據時所作的分錄。

(七)交換時間過後，本日未及提出交換的票據，轉入「待交換票據」科目。

（借）待交換票據　（貸）庫存現金

（借）庫存現金　（貸）其他應付款(或應付帳款)

二、記帳的實例

1.交換前事項

(1)昨日未及提出交換的票據10張，總金額100,000.00元。

(2)支票存款戶#1263黃淇水存入第一銀行付款支票15,000.00元。

(3)臺中分行寄來彰化銀行付款支票80,000.00元，託本行代爲收款。

(4)大新行前以華僑銀行承兌面額100,000.00元匯票一紙，向本行貼現，編號#7，本日到期，應予提出交換。

2.票據交換事項

(1)前述13張票據共計295,000.00元，於本日提出交換所交換。

⑵由交換所提回本行應付款的票據4張，金額共計172,000.00元，內容如下：

①支票存款戶#490陳大峯所開支票2,000.00元。

②本行基隆分行託解匯票20,000.00元。

③本行前開本票 No.4165 100,000.00元。

④本行承兌匯票 No.173 50,000.00元，

⑶以上兩項軋抵後，本行應收交換差額爲123,000.00元。

3.交換後事項

⑴提回票據中，經查支票存款戶#490陳大峯所開支票2,000.00元，因存款不足應予退票，當即送回票據交換所。

⑵提出交換的票據中，支票存款戶#1263黃淇水所存第一銀行付款支票15,000.00元，因印鑑不符遭該行退票。經通知該存戶開具同一面額的支票，換回該紙支票。

⑶以上兩項退票交換結果，本行應付交換差額爲13,000.00元。

⑷活期存款戶#456謝智惠於交換時間後，存入合作金庫付款支票3,000.00元。

4.交換後票據的處理

將活存戶謝智惠所存交換後票據3,000.00元轉入「待交換票據」科目。

以上各交易，應予編製傳票如下：

1.交換前事項

現金收入傳票

⑴

(貸)待交換票據	交後票據10張提出交換	$100,000.00

註：應同時另編(貸)其他應付款(或應付帳款)科目現金支出傳票。

現金收入傳票

(2)

(貸)支票存款	#1263 黃 淇 水	$15,000.00

註：此張傳票通常是以客戶所填的支票存款送款單代替。

現金收入傳票

(3)

(貸)聯行往來	臺中分行託收彰銀支票	$80,000.00

註：此張傳票通常是以委託行所填委託書代替。

現金收入傳票

(4)

(貸)貼現	#7 大新行到期 僑銀承兌滙票	$100,000.00

2.票據交換事項

(1)提出交換免製傳票（因係以交換最後金額來處理)。

(2)①支存戶陳大峯所開支票因存款不足應予退票，不必塡製傳票。

現金支出傳票

②

(借)聯行往來	基隆分行票滙	$20,00.00

註：此張傳票通常是以付訖的滙票代替。

現金支出傳票

③

(借)本行支票	No.4165	$100,000.00

註：此張傳票通常是以付訖的本行支票代替。

現金支出傳票

④

(借)承兌滙票	No.173	$50,000.00

現金支出傳票

(3)

(借)存放央行	一般往來戶 交換差額	$123,000.00

註：1.此張傳票通常是以交換差額劃收報單代替。

2.如屬臺北市以外的銀行科目應改爲存放同業——臺灣銀行。

3. 交換後事項

(1)免製傳票而以退票交換最後差額處理。

(2)提回退票的支票也免製傳票，但填具退票通知書通知存戶時，應填製下列傳票：

現金支出傳票

(借)支票存款 #1263 黃 淇 水 $15,000.00

註：此張傳票通常是以退票通知書存根代替。

(3)

現金支出傳票

(貸)存放央行 一般往來戶 退票交換差額 $13,000.00

註：1.此張傳票通常是以交換差額劃付報單代替。

2.臺北市以外的銀行科目應改爲存放同業——臺灣銀行。

(4)

現金收入傳票

(貸)活期存款 #456 謝智惠 「交換後票據次日入帳」 $3,000.00

註：此張傳票以存款憑條代替，並暫由會計保管，留待次日票據交換時始予記帳。

4. 交換後票據的處理

現金支出傳票

(借)待交換票據 本日交換後票據1張 $3,000.00

註：應同時另編(貸)其他應付款(或應付帳款)科目現金收入傳票。

上開傳票，係將票據視同現金，以現金收付法編製，均應記入現金收入和支出日記簿。

問　題

一、試說明各種出納制度的內容和優劣。

二、請繪圖說明「總出納制」與「櫃員制」現金的收款程序。

三、在不用「運送中現金」科目的銀行，對現金的運送及運現的費用應如何處理?

四、大出納每日如何軋計庫存現金?

五、出納結計而遇有不符時，應如何處理?

六、何謂櫃員制度? 實施櫃員制度的目的何在?

七、試列述櫃員的工作範圍。

八、試列述櫃員「認證」制度的一般規定事項。

九、試列述櫃員每日辦理日結的要點。

十、試說明收入票據的會計處理要點。

十一、何謂「票據交換」? 何謂「他行交換」? 何謂「聯行交換」? 後兩者在會計處理上有何不同?

十二、在無聯行的銀行，票據的交換程序如何? 試說明之。

十三、客戶存入的票據，經提出交換而遭退票時，應如何處理?

十四、銀行對於存戶所存交換後票據，應如何處理?

十五、何謂“MICR”? 請說明其內容大要。

十六、試列述 MICR 票據交換的作業流程。

十七、試比較「人工」與「電腦」票據交換的差異。

習　題

一、某銀行於民國八十五年八月三日所發生的交易事項如下：

第一次交換前事項：

1. 昨日未及提出交換的票據5張，總金額50,000元。
2. 支票存款戶#8金利公司存入現金4,000元。
3. 支票存款戶#63喬記西服號存入本埠土地銀行付款的支票一紙，計5,800元。
4. 活期存款戶#311林大有存入現金3,000元及本行支票存款戶#473亞洲廣告公司所簽支票7,000元。
5. 支票存款戶#90和平鐵工廠存入現金8,000元及本埠交通銀行保付支票6,000元。
6. 短期放款戶# D-9-1以本埠第一銀行承兌匯票30,000元，償還借款。

第一次交換事項：

1. 將他行付款的票據提往票據交換所參加交換。
2. 由交換所提回本行付款的票據如下：

   (1)支票存款戶#43天生公司所簽支票3,800元。

   (2)本行承兌匯票 No.781 30,000元。

   (3)本行保付支票#3 7,500元。

3. 第一次交換應收差額50,500元。

第一次退票交換事項：

1. 提回票據中，支票存款戶#43天生公司所簽支票，由於存款不足，應予退票拒付。
2. 本行提出交換的票據中，支票存款戶#63喬記西服號所存土銀付款支票，因發票日已屆滿一年，遭付款行退票。

3. 第一次退票交換應付差額2,000元。

本日交換後事項：

1. 活存戶#80張炳輝存入現金3,000元及本埠彰化銀行付款匯票10,000元。

2. 將交換後票據10,000元轉列「待交換票據」科目。

㈠將上列各項交易用現金收付法填製傳票（摘要欄應註明交換次別）。

㈡根據各傳票彙編庫存現金科目日結單（假定八十五年八月二日庫存現金科目餘額爲800,000元）。

二、試根據下列資料編製乙份櫃員現金餘額核算表及櫃員票據遞送單。

1. 櫃員查詢/日結單現金貸方金額爲658,000元，現金借方金額爲596,000元。

2. 櫃員現金收支錯誤更正單內現金收入傳票更正合計數爲2,000元。

3. 櫃員向總出納借入現金共300,000元，繳出現金100,000元。

4. 票據遞送單內本行票據 5 張80,000元，聯行票據 2 張14,000元，他行票據10張135,000元。

5. 結存的現款有紙幣佰元券25,100元，五十元券4,400元，十元券1,200元；硬幣一元200元，五角100元。

第六章　銀行業務的電腦化

第一節　銀行業務作業的現況

我國銀行業在政府推動作業自動化政策下，傳統的人工作業與實驗分行已因時間與環境的變化而不適用，現在已各自完成不同廠牌機型的總分行自動化連線作業，自動櫃員機(ATM)跨行作業，金融機構通匯等系統，櫃員可自任何一臺分機受理存放款的登錄帳卡、存摺、傳票驗證、自動計息，累計各櫃員科目日結單，編製各種分析表報等功能，其作業現況簡述如下：

一、櫃員作業系統

採全員櫃員制：以點鈔機、端末機等事務機器代替人工作業，分層授權，不限工作項目範圍，在授權內收付現金或轉帳的帳務處理，不必請示主管。

二、出納系統

傳統的出納收款櫃員，改由全員櫃員代替，在授權範圍內的現金交易，由其收付，分擔出納人員工作負荷，其組織分爲主任，收付款櫃員，票據交換員等三大部門。

1. 主任

掌理現金調撥、指揮各櫃員現金的收付、核收現金、票據收付、結計庫存現金及金庫管理。

2. 收付款櫃員

受理顧客存入款項、票據，經點鈔機、記帳機整理後交主任核收、核對付款現金。

3. 票據交換員

以電子票據記帳機代替人工整理結計交換票據，並於票據交換所，辦理票據交換。臺北市及臺中市實施「磁性墨水電子閱讀分類機作業系統」，票據交換後並可自動扣發票人帳。

三、業務系統

㈠存款業務

總、分行間連線作業，由主機儲存各種存款帳戶資料，顧客取款時，櫃員不必抽取存戶帳卡，只需檢視傳票要項及核對印鑑，即可在端末機上輸入交易資料，由電腦自動結計存款餘額、積數、利息及櫃員科目日結單。處理過程如下：

1. 存款時

⑴櫃員先檢視傳票（及票據）要項及存摺，點收現金並於傳票上蓋櫃員號碼章及私章，在電腦端末機上作存款交易及登存摺，將存摺、存單交給客戶。

⑵客戶在他行庫辦跨行通匯的款項，經「全國金融機構通匯系統」，轉入存戶帳內，其存款餘額、積數，電腦自動結計留存。

2. 取款時

⑴櫃員檢視支票、取條、存單等要項，核對存摺及印鑑，加蓋櫃員號碼章及私章，在端末機上作付款交易及登存摺付款。

⑵本行金融卡持有人，在本行或他行的自動櫃員機(ATM)取款時，

存戶的存款餘額、積數等資料，電腦自動結計留存。

3.經「磁性墨水電子閱讀分類機票據交換自動扣帳」的存户存款餘額、積數等資料，電腦自動結計留存。

㈡放款業務

授信戶信用調查，擔保品鑑估，以人工作業及電腦自動作業並用，帳卡登錄、額度動用、表報編製、計收利息等由櫃員在端末機輸入交易，並結計各櫃員科目日結單，債權憑證由主管人員保管。

㈢匯兑業務

1.代收票據

代收票據經人工點收後，由櫃員在端末機輸入交易，票據交主管人員核收，代收的收妥款項由電腦整批自動轉入經收人帳戶。

2.匯出、入款

帳務處理由櫃員藉端末機輸入交易，押解碼由主管人員編製，電腦自動解碼輸入收款人帳戶。

四、會計系統

人工或藉計算機結計傳票金額，填製各科目日結單，核對各櫃員電腦連線科目日結單上現金、轉帳收支總額，編製日計表；按月、半年、全年辦理月算、結算、決算，由電腦印製各種月報，損益表、資產負債表。

五、主管檢核系統

營業中不定期抽查櫃員庫存現金，主管卡嚴控超過櫃員授權權限的交易登錄，定期、不定期內部自行檢查。

六、電腦作業與人工作業的流程圖

以上所述係實施電腦化作業後的情況，如與電腦化作業前的人工作業情況，比較其作業流程的差異，特以下圖列示之：

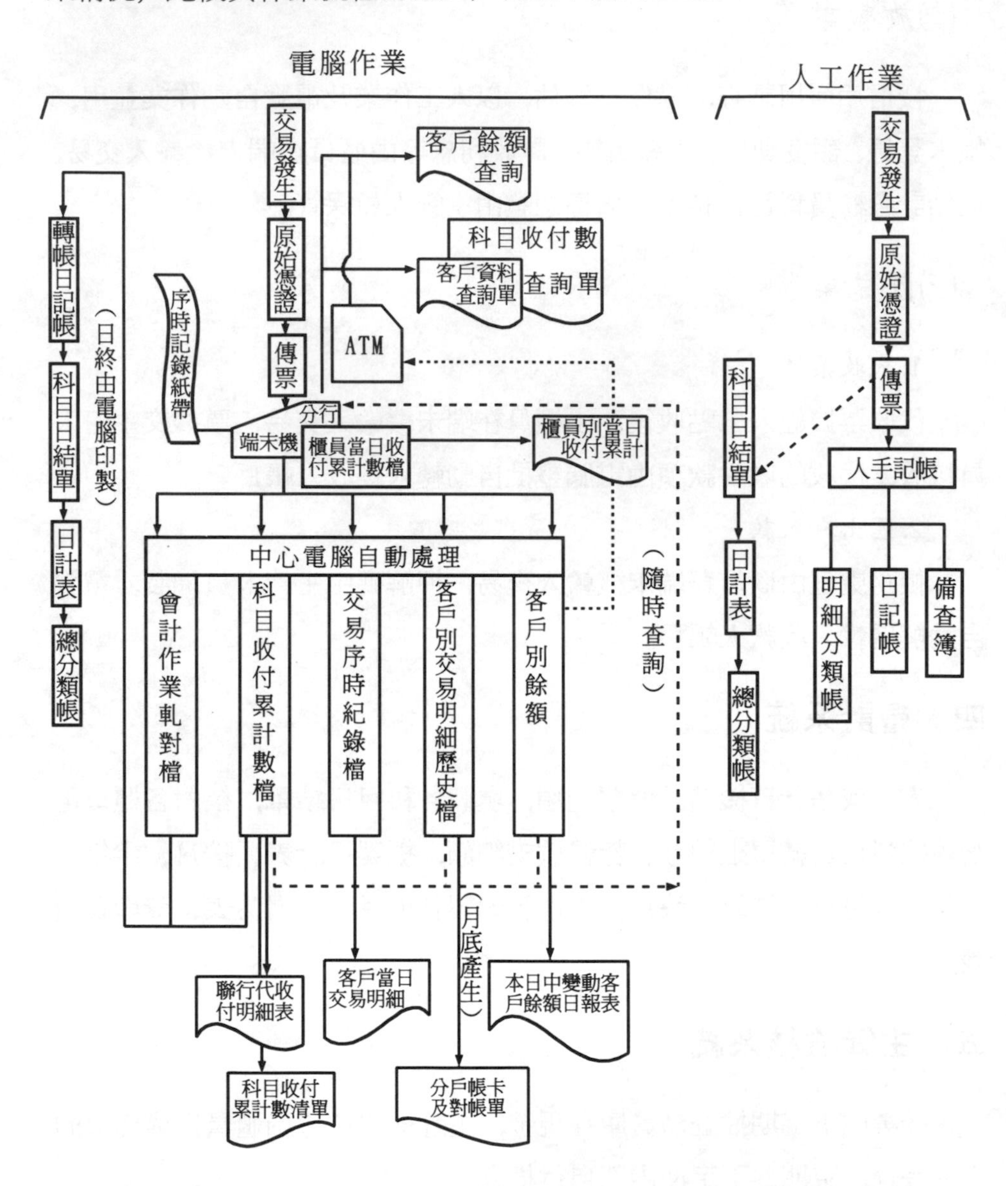

第二節　銀行業務電腦化的重要性

銀行每日所處理者都是與客戶往來的金錢資料，包括存款、放款、匯兌、信託與外匯等，處理這些資料必須講求迅速、正確與安全。傳統人工作業時代，銀行對於客戶往來交易資料，需逐戶設置帳卡登記；以存款爲例，客戶存、取款項時，經辦員須抽出該戶帳卡逐筆登帳，除記錄存款及取款等借、貸方資料外，尚須算出存款餘額、積數資料，做爲每半年結算利息之用。傳統人工作業除耗費大量人力在登帳工作外，由於受每筆交易均須由經辦員在帳卡上登記的限制，使得客戶與銀行交易的時間，被限制在金融機構營業時間內，金融機構無法延長服務時間；加以帳卡分別保存於各往來分行，客戶與銀行往來，被限制在僅能與保持帳卡的分行，而無法與該銀行其他分行往來。如此受到時間與空間的限制，銀行無法提高對客戶的服務品質。

隨著經濟成長，銀行的業務量迅速增加，爲了處理日益增多的工作量，在傳統人工作業時代，銀行必須僱用大批人力以資因應。由於經濟發展過程中，薪資不斷上漲，銀行在多僱用人力以處理更多業務情況下，勢將增加鉅額的用人費用。另一方面，銀行從業人員除了營業時間中忙於處理大量臨櫃作業外，每日營業終了，尚須處理日終結帳以及繁雜的利息計算等工作，並無多餘時間從事提高業務績效的作業改進工作。加以銀行爲了要在變化劇烈的經營環境中與同業競爭，必須隨時掌握與業務相關的最新資訊，而在傳統人工作業時代，此種資訊的整理，作業費時，取得不易；縱使投入人力加以整理，所做出的統計分析報表，也是數天前的資料，在時效上也失參考價值。由於上述種種原因，促使銀行業謀求解決方法，走向電腦化之路。利用電腦高速處理及運算能力，以及儲存大量資料的特性，以機器代替人工，簡化作業流程，減輕工作負荷；更利用通信傳輸線路，將資訊快速傳送到遠地，建立全行連線網路，除可提供客戶便利的服務外，並可迅速取得全行業務經營管理相關資訊，提昇競爭能力。現將銀行業務電腦化的重要性分述如下：

㈠提高作業效率，降低作業費用

銀行電腦化後，以機器代替人工，繁雜的利息計算及薪資、股息自動轉帳等工作改由電腦處理，再加上帳卡的廢除，簡化作業流程，並引進自動化服務機器，例如磁性墨水票據處理機（MICR）等，使銀行節省大量作業人力，提高作業效率，降低作業費用。

㈡開辦新種業務，增強競爭能力

在競爭劇烈的金融市場，銀行需要不斷「創新」，開辦新種業務來招攬客戶，以增加業務量。電腦化後，藉著機器設備具有的功能，辦理自動櫃員機存款、轉帳及二十四小時全天候等服務；以及家庭銀行（Home Banking）、企業銀行（Firm Banking），將端末機拉到客戶的家裡或公司，辦理查詢帳戶餘額及匯款轉帳等業務。唯有如此不斷推陳出新，開辦新種業務，才能增強競爭能力，領先金融同業。

㈢提供快速便捷服務，滿足客戶多元化需求

隨著經濟的成長及社會的繁榮，客戶對銀行服務功能的要求越來越多，唯有電腦化，利用電腦高速運算處理能力，並結合通信數據傳輸科技，提供多樣化金融商品與快速便捷全天候無假日的服務，才能滿足客戶多元化的需求。

㈣加強作業安全控管，確保資料正確安全

銀行業是信用仲介機構，其業務均牽涉到金錢的授受，因此，對於業務資料的處理，除須講求速度與時效外，格外重視資料的正確與安全。電腦化後，各項業務的處理係透過「交易」操作的方式進行，於交易操作時，藉機器開關機控制、輸入密碼核對以及程式設計檢核等，建置一些管制要項，以加強作業安全控管，確保資料正確安全。

㈤釐訂經營管理策略，提高獲利能力

銀行電腦化後，經營管理者可藉管理資訊系統，得到各種最新的業務分析資料，包括成本利潤分析及資產負債管理等資料，並可透過電腦所提供的決策支援系統及專家系統，釐訂經營管理策略，提高獲利能力。

㈥使用電腦設備，提昇企業形象

電腦是現代尖端科技的產品，電腦化除了帶給銀行上述多項功用外，也會讓社會大衆，認識銀行是一個追求新科技以及不斷創新的企業，提供客戶快速便利的服務，以提昇企業形象。

第三節　銀行業務電腦化的步驟

一、電腦化發展的階段

我國銀行業電腦化發展的步驟是由簡而繁，循序漸進。初期由整批作業開始，進而開發連線作業，到目前已發展到電子銀行的階段，現分別說明如下：

㈠整批作業

銀行業務電腦化的發展，是由整批作業（又稱批次作業）開始，所謂「整批作業」就是使用單位根據設計好的電腦輸入資料格式，填妥資料，透過人工傳遞方式，將資料表單送到電腦中心，再由資料登錄員將表單的資料鍵入電腦；電腦中心在全部資料到期後，利用設計好的電腦程式將資料整批處理，包括檢核、分類、計算、彙總、更新檔案及印出報表等工作；最後再透過人工傳遞方式，將報表送回使用單位。銀行在整批作業階段所處理的業務項目包括會計類（產生日計表、月計表、費用月報、損益月報、資產負債表、損益表等)、人事管理類(包括員工出勤、獎懲、考績及薪資等資料)、印刷物品管理類（印刷物品申請付印、領用及庫存管理等資料)、股務處理類(處理股東過戶、股利發放、印製扣繳憑單及股東名冊等工作）等。在整批作業階段，銀行接觸到電腦的只有電腦中心人員，營業單位人員只是填送表單資料和收到報表，並沒有接觸到電腦。由於整批作業對於資料傳送費時，就使用單位而言，從產生原始資料到收到電腦印出的報表，往往要好幾天時間；就管理單位而言，對於全行業務營運等資料的取得，也須花費好幾天時間。因爲都是一些過時的資料，較不具時效。因此，目前銀行業電腦化都朝向連線即時處理的作業方式進行，所以電腦作業發展的結果，在經過一段時間以後，整批作業將會由連線作業取代而逐漸消失。

㈡連線作業

隨著資料傳輸科技的發展以及資料庫管理技術的提昇，銀行業務電腦化進入連線作業階段，所謂「連線作業」就是將電腦端末設備，包括端末機與列表機裝在使用單位，透過電信傳輸線路，將該設備與裝在不同地點的電腦主機連接在一起，使用單位根據設計好的作業交易代號及輸入資料項目，將資料從端末機鍵入，鍵入後的資料順著傳輸線路即時傳送到電腦中心，接著利用儲存在電腦主機已經設計好的電腦程式，將資料予以處理，包括檢核、計算、彙總、更新檔案等工作，最後將所產生的結果再順著電信傳輸線路傳回使用單位，利用使用單位的列表機印出傳票及表單、存摺等，這種作業方式稱爲連線作業。連線作業除了可以處理上述簡單資料外，並可將資料在中心主機與使用單位端末機之間，做交談式處理，提高對複雜性業務的處理能力。連線作業對於資料的傳送係透過電信傳輸線路，其傳輸速度非常快，每筆交易的作業時間很短，從資料開始傳送到印完表單爲止，在極短時間內即可完成，達到即時處理的目的，因此可以提供使用者具有時效的資料。銀行電腦化，連線作業所處理的業務項目，在營業單位（屬使用單位）櫃檯作業方面，包括存款類（存摺存款、支票存款、存單存款）、匯兌類（匯款、代收等）、放款類（一般放款、消費者貸款、透支、貼現）、外匯類（進口、出口、國外匯兌等）、信託類（證券及國內、外共同基金等代理業務）等。在管理單位策劃及營運方面，包括投資分析、資金調撥、成本利潤分析、客戶資訊、管理資訊及經營策略等。在連線作業階段，由於已經把電腦設備拉到使用單位，因此接觸到電腦的，不再是整批作業時僅電腦中心的人員而已，還包括使用單位的人員。

㈢電子銀行

在用人費用高漲，客戶需求增加的環境下，銀行必須求新求變，以節省作業成本，並滿足客戶需求。配合電腦與科技的結合，銀行業於是引進自動化服務設備，步入電子銀行的階段。所謂「電子銀行」是客戶與銀行往來係透過各類與電腦中心主機連線的端末設備，而不必經由營業單位櫃員的處理。客戶可以自己起動交易，操作端末設備，經由電信傳輸線路，將資料傳送到電腦中心主機系統內，即時享受銀行所提供的各項服務。因爲電子銀行是以自動化服務機器代替人工處理，機器可以二十四小時作業，也可以連接電信傳輸線路裝在遠地，所以可以提供客戶在任何時間、任何地點與銀行往來的作業服務。電子銀行所提供的服務，對銀行而言，都是屬於新種業務，能夠協助銀行拓展業務，增加手續費收入。電子銀行所提供的業務項目包括自動櫃員機（Automatic Teller Machine，簡稱 ATM，可處理存款、提款、轉帳、餘額查詢等）、銷售點轉帳作業(Point Of Sale，簡稱 POS，可處理餘額查詢、轉帳等)、企業銀行(Firm Banking，可處理匯率、利率查詢、帳戶餘額、交易明細查詢以及轉帳等)、家庭銀行(Home Banking，可處理項目與企業銀行相同)，以及電子轉帳系統(Electronic Funds Transfer，簡稱 EFT，可處理匯款轉帳及大批集中轉帳等)。在電子銀行階段，由於電腦處理的項目越來越多，服務的層面越來越廣，所以接觸到電腦的人員也跟著增加，除了銀行電腦中心的人員與營業單位的人員之外，還包括與銀行往來在自動化服務設備上自己操作的客戶。電子銀行除了充分表現自動化作業外，也是國際化導向的作業，如自動櫃員機作業、銷售點轉帳作業和匯款作業等，都是強調無遠弗屆的服務，此外它還是一種崇尚自由化的作業，如企業銀行與家庭銀行等，均可發揮個別銀行的服務特性，吸引特定對象的客戶群；另外電子銀行更符合銀行業追求現代化的經營理念。由於電子銀行融合了自動化、國際化、自由化與現代化的各項功能，並且能夠滿足客戶在變化劇烈的社會經濟環境下所產生的各項需求，因此，電子銀行是未來銀行業務電腦化發展的主流。

銀行業務電腦化的作業方式已如上述，是由整批作業、連線作業到電子銀行，但是由於各銀行使用電腦的時間先後有別，經驗不一，有的銀行使用電腦時間較早，當時電腦科技尙未發達以及不易參考別人經驗，所以經過一段很長的整批作業階段後，才連線作業。較晚使用電腦者，則使用電腦不久，即實施連線作業，甚至於有的銀行一開始使用電腦就實施連線作業。

二、電腦化開發設計的步驟

銀行在選妥電腦設備、裝機完成，以及完成組織編制、人員培訓等工作，並確定電腦化的目標及決定業務開發的優先順序後，接著要進行電腦化的開發設計工作，不管是要開發整批作業或是連線作業，大致都是按照下列幾項作業步驟逐步進行：

㈠可行性分析

首先須做可行性研究分析，包括

1. 現行作業的瞭解

根據現行作業的手冊說明，並與作業人員討論或實際參與作業，以瞭解現行作業處理流程。

2. 作業制度的檢討與改善

檢討現行作業制度及作業細節是否具標準化、合理化、有無須改進之處。

3. 業務量分析

收集該項作業的業務量統計資料，並加以分析，使能瞭解峰時、峰日業務量的影響及循環週期。

㈡系統分析

經過可行性分析，確定該項作業將納入電腦化之後，接著就要進行系統分析的工作。系統分析是列出電腦能夠做到那些服務，包括現行人工作業缺失的改善與電腦能夠提供的新功能，以及系統完成後能夠達成的目標。系統分析後所產生的報告應包括：

1. 使用者需求。

2. 系統完成目標。

3. 業務量分析。

4. 現行作業程序及待改善事項。

5. 新系統作業程序及其優點。

6. 估計新系統所需的人員、設備及經費。

7. 新系統作業的成本及效益分析。

㈢系統概要設計

系統分析完成後，接著進行系統概要設計，即按照業務所需要的功能加以模組化，分成若干個交易單元，決定每一個交易處理的內容及彼此間的關聯性；另外有關主機系統的檔案結構及網路架構與端末系統應做到那些功能，也都要在這個階段加以設計。

㈣系統詳細設計

概要設計之後，接下來就是詳細設計。針對每一個交易詳細寫出程式規格，設計輸出、輸入資料的格式，設計檔案並訂定每一欄位名稱及資料內容，詳細列出每個程式的流程和內容。

㈤程式撰寫

程式撰寫是依據系統詳細設計所列的程式規格進行撰寫程式的工作，程式撰寫應考慮到使用易懂的程式語言，並建立標準化以及訂定資料項目統一名稱等，程式員撰寫程式後，應一併備齊下列各項程式文件：

1. 程式規格說明。

2. 程式流程圖。

3. 主檔、資料檔內容明細。

4. 輸出、入資料程式。

5. 作業處理操作說明。

6. 程式清單。

7. 其他必要文件。

㈥程式及系統測試

程式撰寫完成，經過編譯(Compile)及連結(Link)無誤後，即可從事單元、系統等階段的測試，以找出在程式中及系統中的錯誤。進行測試工作應注意下列幾點：

1. 建立完整的測試系統，提供獨立的測試環境。

2. 測試資料搜集齊全，詳細記錄測試結果。

3. 執行測試工作，務須周延完整、正確切實。

㈦雙軌及單軌作業

整個系統經過完整測試無誤後，接著可以找一家營業單位實施雙軌作業，所謂「雙軌作業」即同時採用人工作業與電腦作業來處理業務，以核對電腦作業的正確性，逐日檢核，經過一段時間以後，營業單位能適應電腦作業，且檢核人工與電腦兩種作業結果完全相符，才停止人工作業，眞正以電腦作業處理業務，實施單軌作業。

㈧文件整理及撰寫手冊

在系統開發的過程中，邊進行即需邊整理程式文件及撰寫操作手冊的工作，供將來維護修改系統、程式時，便於查閱，以及提供使用者於操作時，便利電腦操作工作的進行。

第四節　銀行業資訊系統架構

銀行業資訊系統架構的建立，係配合業務電腦化的作業需求。銀行業務電腦化的作業需求，是由營業單位作業階層的各項業務，如存款(存摺存款、支票存款、存單存款)、放款（一般放款、消費者貸款)、票據交換、國內外匯兌(匯款、代收)、進出口外匯、信託基金及會計等開始，先解決臨櫃作業人力運用與工作負荷的問題，以提高工作效率。再利用全行臨櫃作業階層各項業務連線作業所搜集的資料，包括客戶統一歸戶資料及會計全科目資料，經由電腦處理、統計、分析，來發展管理階層的作業系統，如管理資訊系統、客戶資訊系統、同業資訊系統、經濟資訊系統等，提供管理階層即時有效的管理系統資訊。最後再運用管理資訊，配合引進國外先進國家使用的決策支援系統及專家系統，達到建立完整的銀行策略資訊系統目標，提供經營者整體營運動態分析資料，以做爲制訂銀行經營策略的參考。

一、臨櫃作業系統架構

銀行業全行臨櫃作業系統的設計，係爲配合現行業務需求與適應未來業務發展，規劃涵蓋分行櫃員作業、資料銜接與分行一般營運等三個系統，詳如上圖所示。

GIS：資料銜接系統

就全行與分行業務營運而言，全行整體臨櫃作業系統爲其主要原始資料收集的子系統之一，有關其他會計、管理……等等系統可由本系統提供大部分原始資料，GIS 爲淬取本系統所收集資料提供其他各系統所需要而設計。

GAS：分行一般營運系統

在分行與分行營運管理系統尙未建立完成前，有關存款各類資訊的提供由 GAS 先行處理，提高資訊使用價值。

BTS：分行櫃員作業系統

BTS 爲本系統的重點，包括臨櫃線上作業(OTPS)與交易處理支援子系統(TPSS)。

註：IBTS(INTEGRATED BRANCH TELLER SYSTEM)
BTS(BRANCH TELLER SYSTEM)
GIS(GENERAL INFORMATION SYSTEM)
GAS(GENERAL ADMINISTRATION SYSTEM)

OTPS：臨櫃線上作業子系統

以線上即時處理各項分行交易，包括線上即時資料更新與非臨櫃交易的原始資料收集。

TPSS：交易處理支援子系統

以支援OTPS運轉為目標，換言之，負責列印備用餘額表、利息計算、集中轉帳……等整批作業。

分行櫃員作業系統，各項業務連線作業主要工作單元詳如下列各圖所示，每一項業務連線作業之主要工作單元均分成兩部份，包括：

㈠臨櫃處理業務

即營業單位於營業時間中，櫃員於櫃檯前，面對顧客所處理的業務。處理臨櫃業務，偏重於如何節省顧客等候時間，因此，均採連線即時處理之方式來設計相關電腦交易，包括開戶、銷戶、存款、取款、查詢及日終結帳等。

㈡整批處理業務

即營業單位於營業結束，所有連線交易全部做完後，由電腦中心於夜間所處理的連線後整批作業，包括每日處理之中心集中轉帳、印製相關報表等工作以及定期計息、印表等工作。

註：BTS(BRANCH TELLER SYSTEM)
OTPS(ONLINE TRANSACTION PROCESS SYSTEM)
TPSS(TRANSACTION PROCESS SUPPORT SYSTEM)

二、各項業務連線作業架構

(一)存摺存款連線作業架構

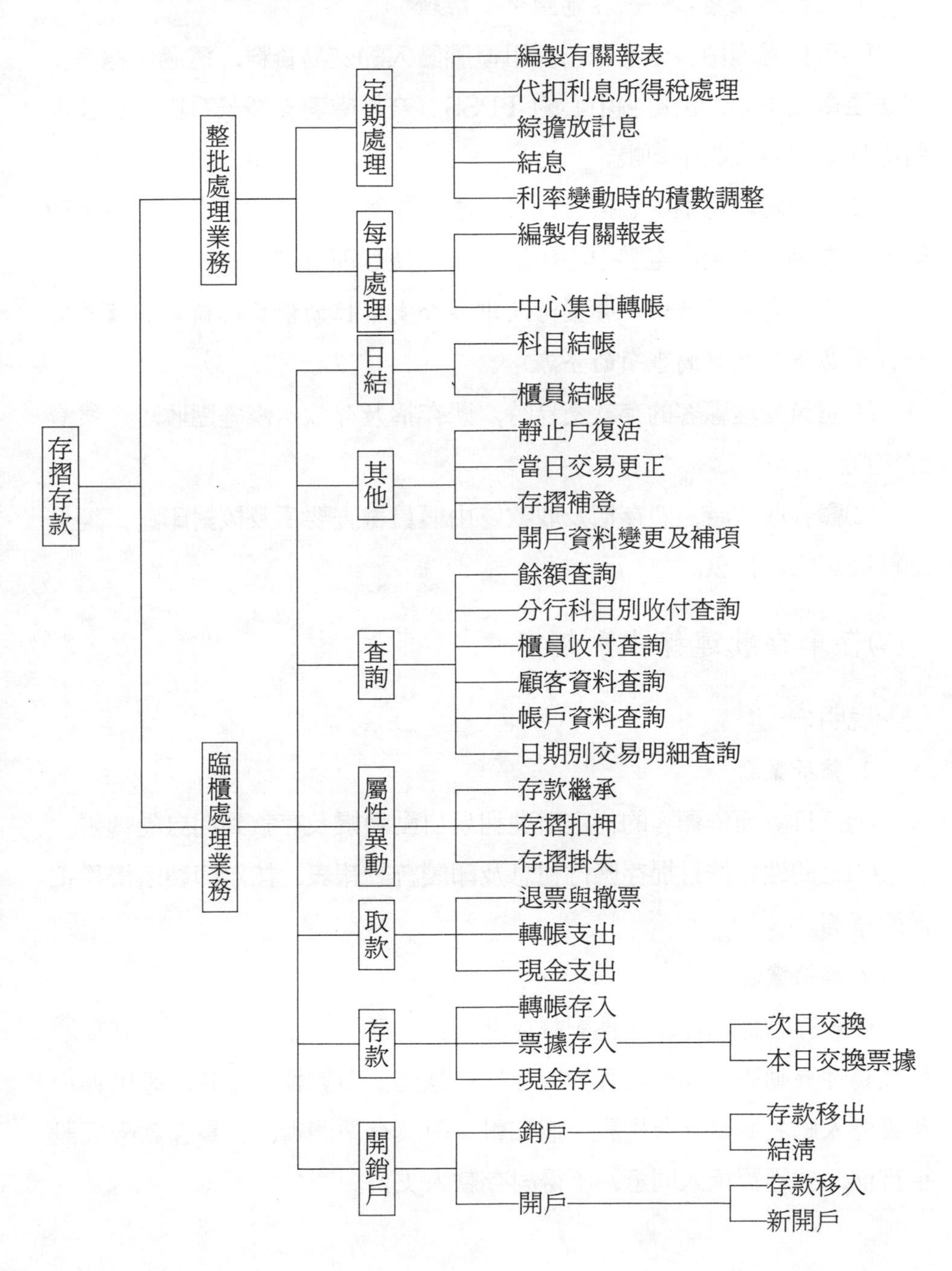

說明：

1. 整批處理業務——在電腦中心辦理

⑴每日處理由各分支單位利用電腦讀入的交易資料，透過傳輸系統傳送至電腦中心，由電腦中心的 TPSS（交易處理支援子系統）於夜間所處理的連線後集中轉帳。

⑵定期處理電腦中心按日、月、季、年等編製有關報表、結息及積數的調整等，以及由電腦中心輸出資料以便辦理日結。

2. 臨櫃處理業務——營業時間中各分支單位的櫃員臨櫃負責收集資料（交易事項及變動事項的登錄）

⑴櫃員受理顧客的存款交易時，憑存摺及存款憑條經點收現金後登錄電腦。

⑵顧客取款時，憑存摺及取款條由櫃員檢查要項及核對印鑑，經登錄電腦記帳後付款。

㈡存單存款連線作業架構

說明：

1. 整批業務

⑴每日處理依顧客的約定辦理利息自動轉帳及存款到期自動轉帳。

⑵定期性爲按月提存應付利息及印製統計報表，按年印製所得稅扣繳憑單等。

2. 臨櫃業務

存單存款係以存單作爲記載存款及領息憑證的定期性存款，其存取款及屬性異動等的作業流程均與存摺存款同。但質權設定時，應由存戶及質權人聯名塡具「質權設定通知書」附具存單憑辦，存單存款一經設定質權，非經質權人同意，不得對存款人支付。

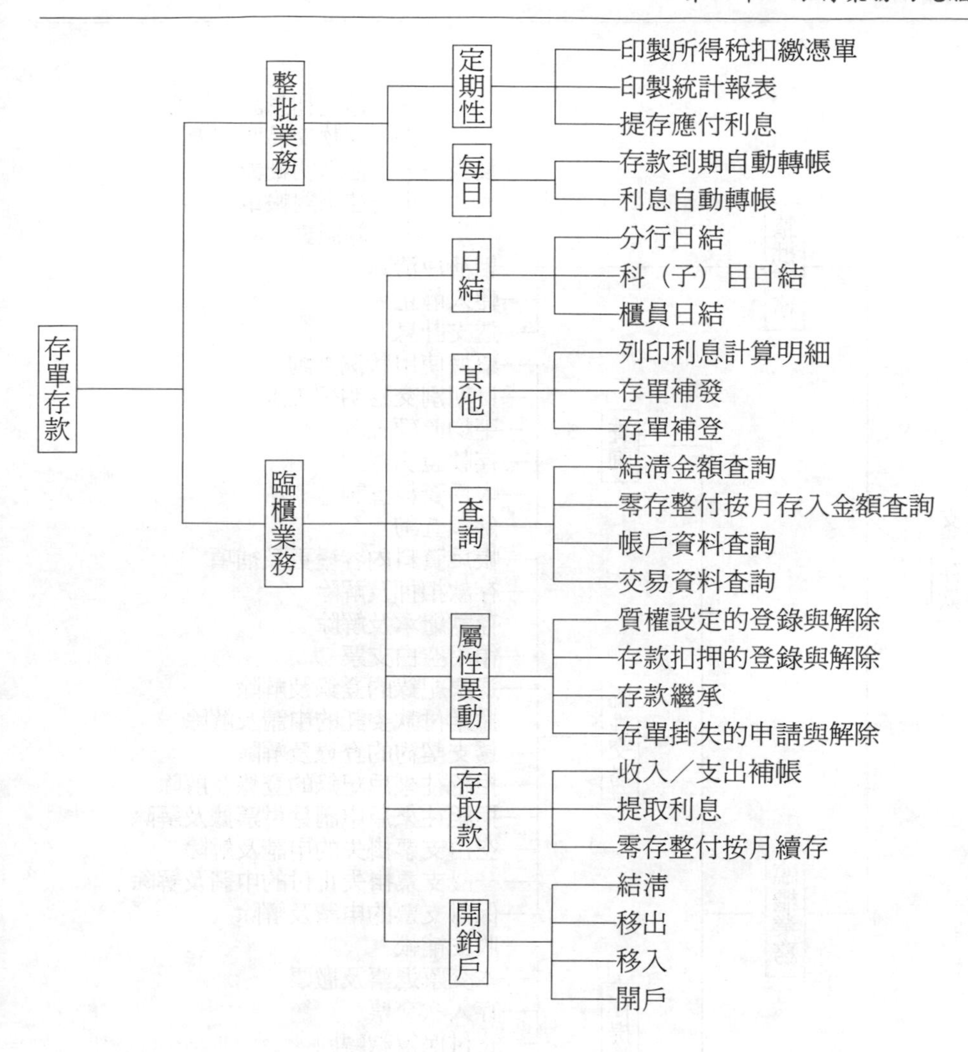

㈢支票存款連線作業架構

說明：

1. 整批業務

⑴每日印製餘額表及存款交易明細表。

⑵按月印製往來對帳單及透支利息計算清單及存款明細表。

⑶按年轉入靜止戶。

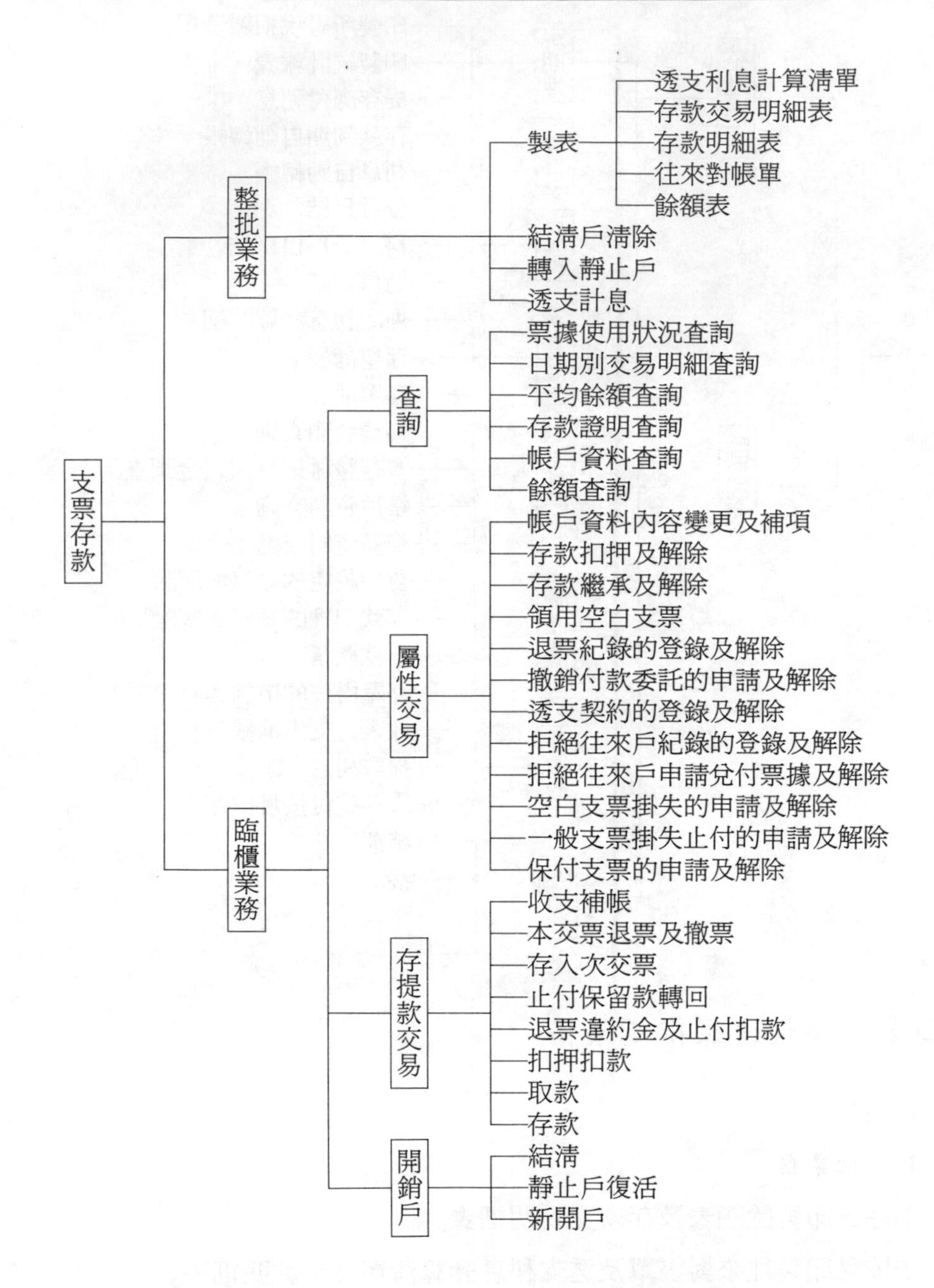
支票存款
整批業務
製表
透支利息計算清單
存款交易明細表
存款明細表
往來對帳單
餘額表
結清戶清除
轉入靜止戶
透支計息
臨櫃業務
查詢
票據使用狀況查詢
日期別交易明細查詢
平均餘額查詢
存款證明查詢
帳戶資料查詢
餘額查詢
屬性交易
帳戶資料內容變更及補項
存款扣押及解除
存款繼承及解除
領用空白支票
退票紀錄的登錄及解除
撤銷付款委託的申請及解除
透支契約的登錄及解除
拒絕往來戶紀錄的登錄及解除
拒絕往來戶申請兌付票據及解除
空白支票掛失的申請及解除
一般支票掛失止付的申請及解除
保付支票的申請及解除
存提款交易
收支補帳
本交票退票及撤票
存入次交票
止付保留款轉回
退票違約金及止付扣款
扣押扣款
取款
存款
開銷戶
結清
靜止戶復活
新開戶

2. 臨櫃業務

(1)提款以支票爲支付憑證，退票紀錄係退票後未按期註銷；撤銷付款委託必須根據發票人申請；存款的扣押須依法院的扣押命令所載金額照數保留。

(2)存款的繼承——繼承人申請繼承權益時，應提示證明文件，經確認繼承人身分及人數無誤後，始得辦理。

(四)放款連線作業架構

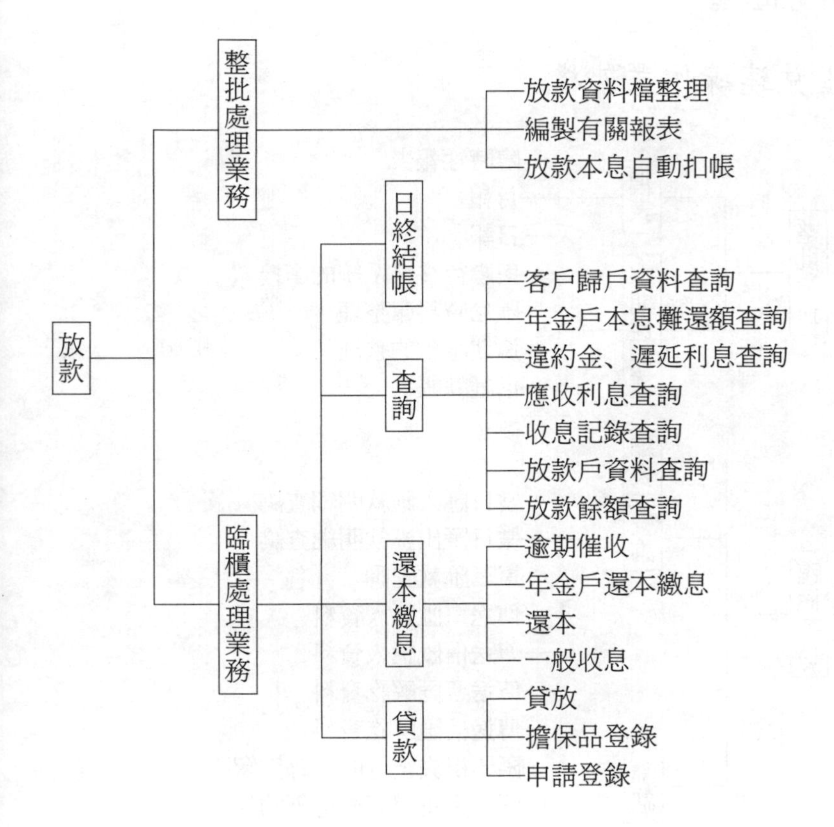

說明：

1. 整批業務

管理追蹤由電腦中心負責，印錄還本繳息通知書及逾期繳息一覽表送各櫃員辦理還本繳息的交易事項。

2. 臨櫃業務

一般授信案件的核貸作業為：授信人員接到借款人的借款申請書及信用調查資料後，即予信用評估；擔保品的鑑估交徵信人員辦理徵信調查，經核定後通知借款人；待辦理擔保品抵押設定手續（無擔保放款免辦）後，與借款人簽訂借款契約及辦理對保、完成撥付借款並將顧客各項歸戶資料登錄電腦。

㈤國內匯兑連線作業架構

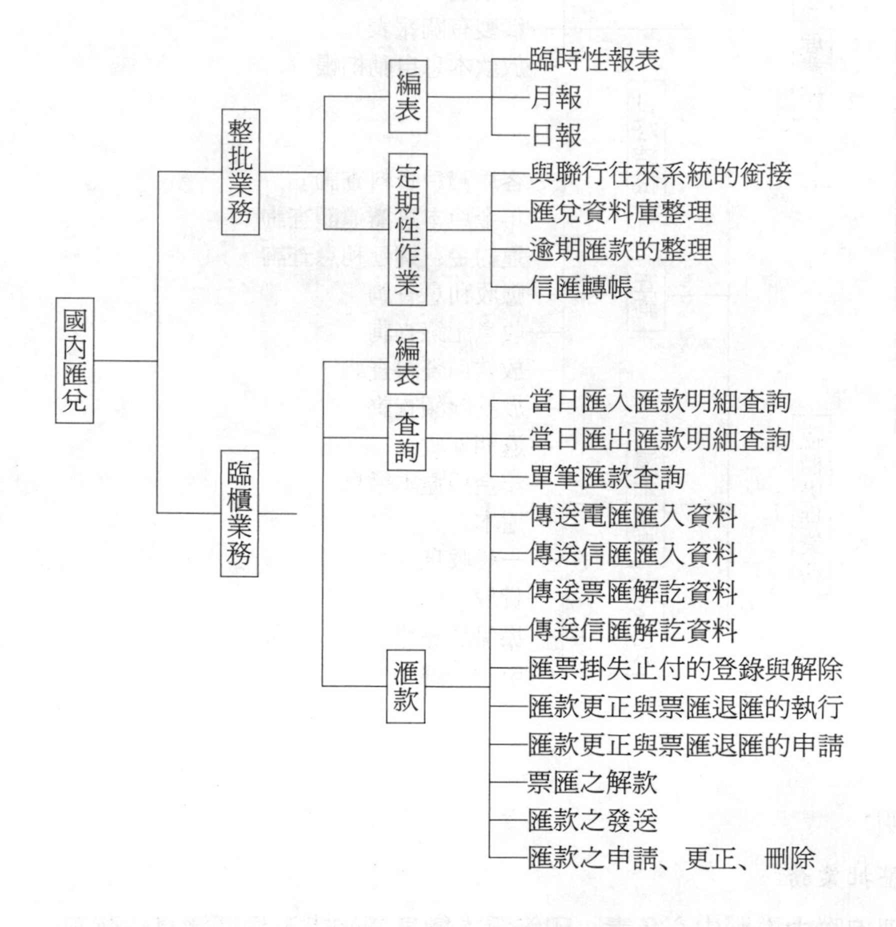

說明:

1. 整批業務

⑴按期編製日報、月報及臨時性報表。

⑵聯行間帳務的清算部分應於移轉日當日處理完畢，電腦中心銜接聯行往來系統後，即可代替人工完成核對銷帳工作。

⑶辦理信匯的轉帳。

2. 臨櫃業務

櫃員受理顧客填寫的申請書後，經計算匯費並收款並登錄電腦；由發訊人員發訊後，即自動轉入解款行的指定帳戶內。

㈥代收票據連線作業架構

說明:

1. 整批作業

⑴處理到期託收票據整批的入、扣帳，減輕分行營業時間內的工作量。

⑵依據分行指定日期處理庫存票據的出庫以利分行庫存票據出庫作業。

⑶每日處理分行應收代收款／受託代收款及退票帳務處理。

⑷計算外埠票據代收的未達積數，以供計算聯行往來息之需。

⑸編製有關報表。

①發送明細表。

②整批入、扣帳明細表。

③存款行聯行往來明細表。

④庫存資料明細表。

⑤退票明細表。

⑥逾期未處理明細表。

2. 臨櫃作業

(1)櫃員受理客戶託收票據時，核對票據及託收帳號無誤後，登錄電腦。

(2)票據到期時，出庫、提出交換、交換提回的確認及託收帳號的入帳。

(3)處理客戶的抽票、展期及銷帳資料錄製。

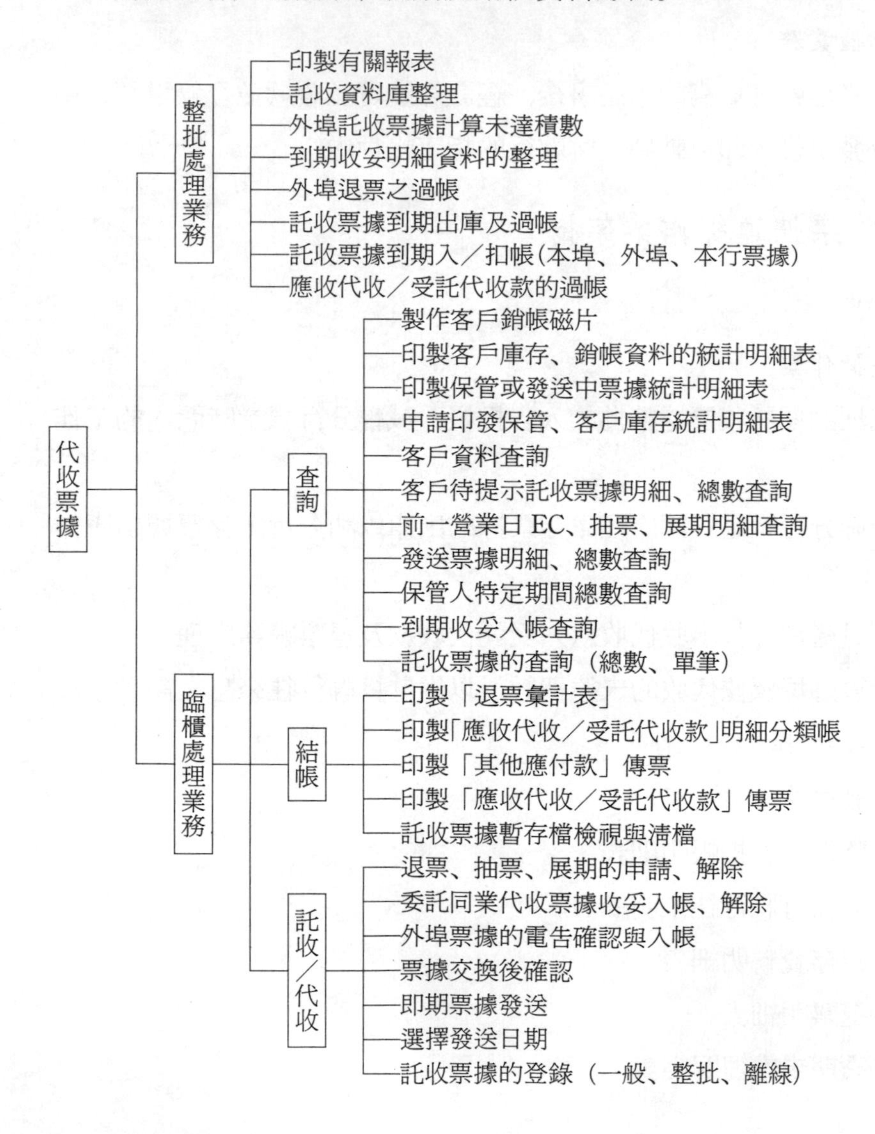

(七)外匯業務連線作業架構

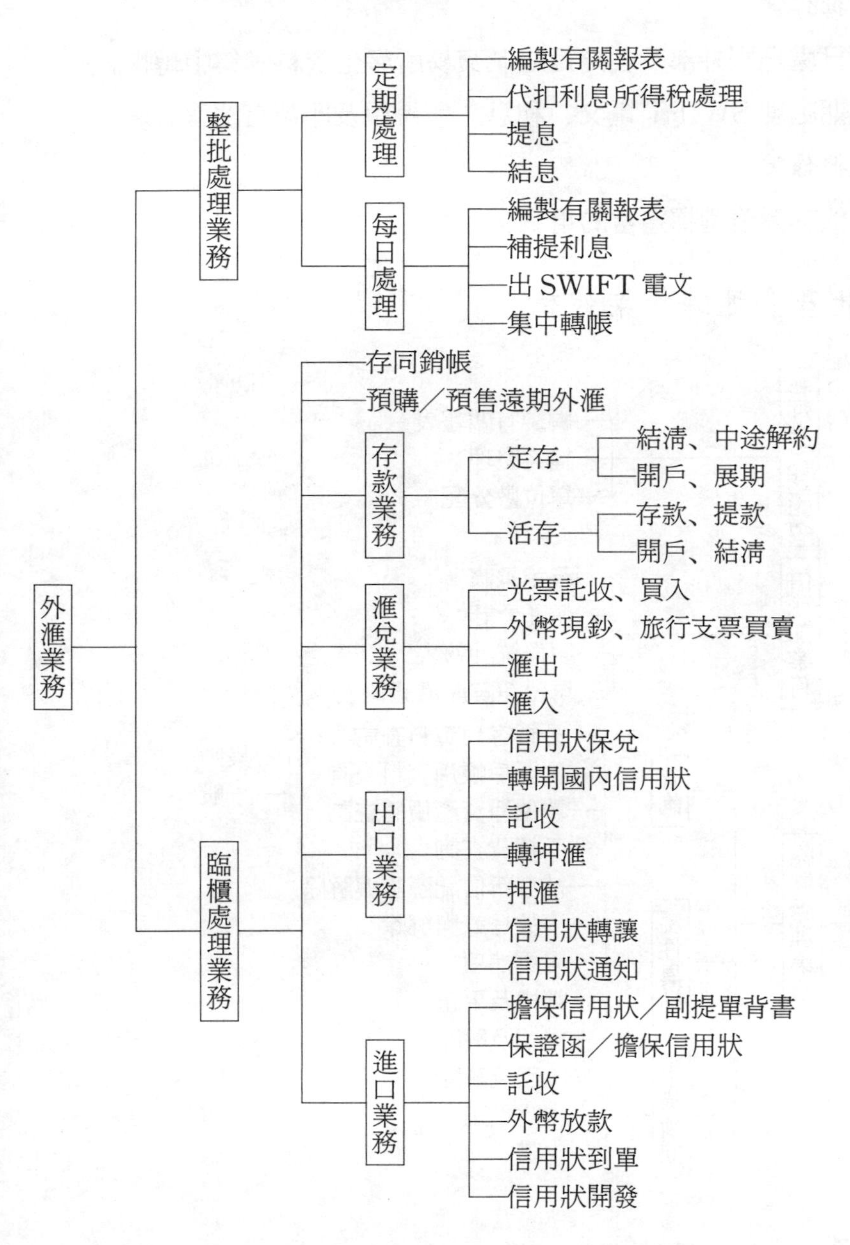

說明：

1. 整批作業

⑴每日處理國外部及各分行臨櫃交易所產生資料，集中轉帳。

⑵定期處理 SWIFT 電文、利息、所得稅及印製有關報表。

2. 臨櫃作業

櫃員依其業務選擇適當的電腦交易登錄。

⑻信託基金連線作業架構

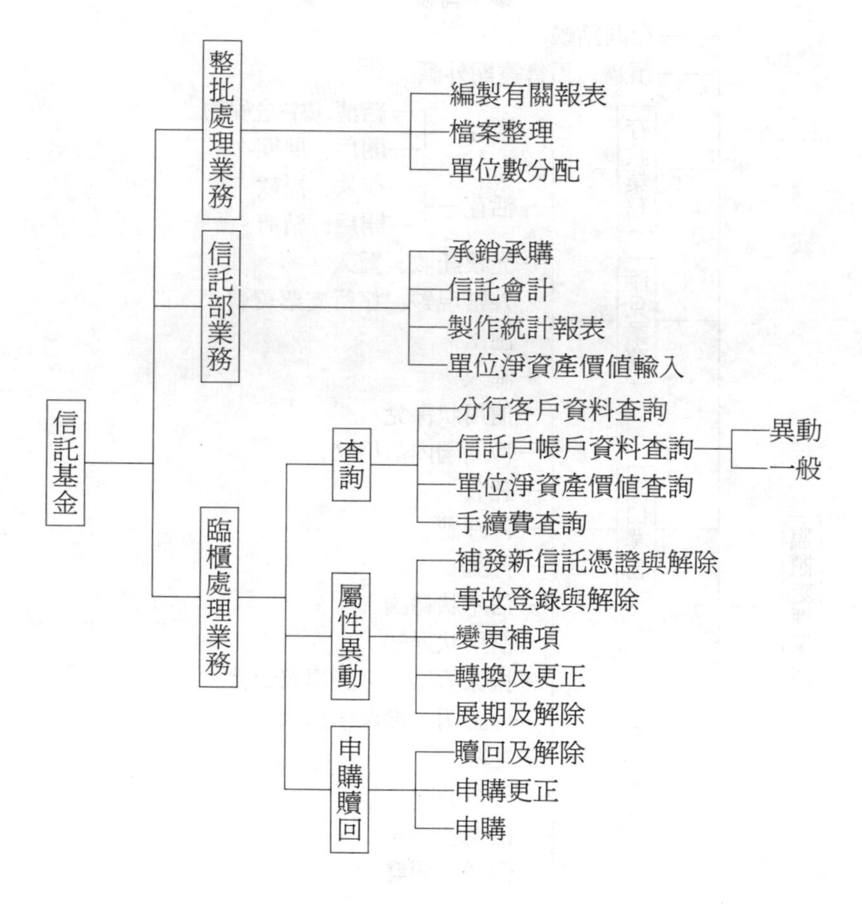

說明：

1. 整批業務

以信託部訂立的承銷、承購計畫資料及各基金的單位淨資產價值輸入電腦後，電腦中心即完成檔案整理及單位數分配，並編製有關報表提供臨櫃的查詢。

2. 臨櫃業務

櫃員接受顧客的申購書後，即辦理單位淨資產價值查詢及手續費的查詢，經收款後登錄電腦並發給信託憑證。

㈨會計連線作業架構

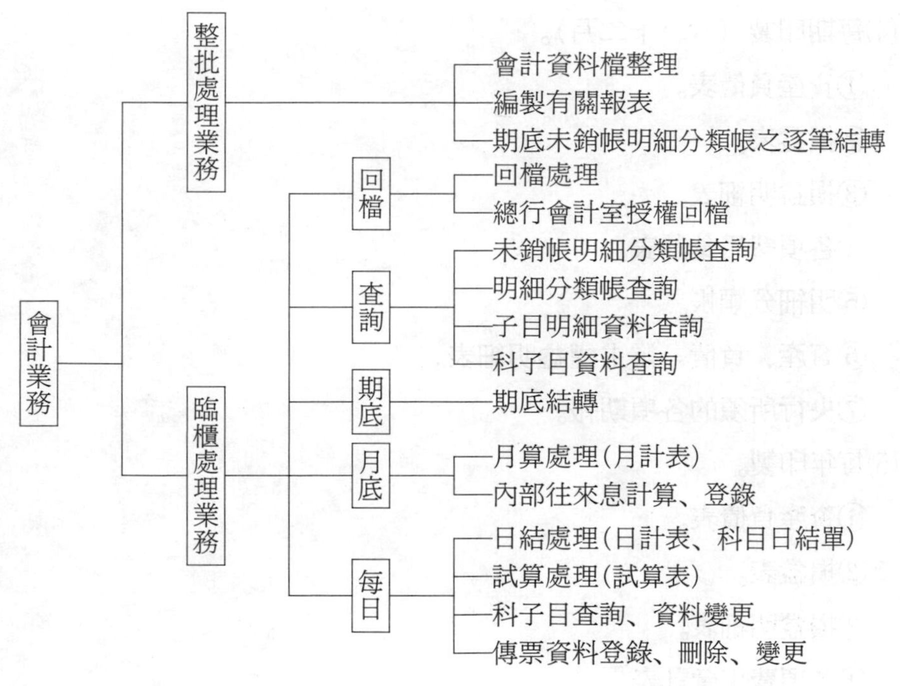

說明：

1. 整批作業

⑴每日印製日計表（全行）。

⑵每月印製。

①月計表（全行）。

②各科目餘額表。

③損益月報表。

④資產負債表。

⑤費用月報。(業務費用及管理費用)

⑥總分類帳。

⑦交易明細帳。

⑧央行所須的各項月報。

(3)每季印製央行所須的各項季報。

(4)每期印製(六、十二月)。

①資產負債表。

②損益表。

③損益明細表。

④各項費用彙計表。

⑤明細分類帳。

⑥資產、負債、業主權益明細表。

⑦央行所須的各項期報。

(5)每年印製。

①資產負債表。

②損益表。

③損益明細表。

④各項費用彙計表。

2. 臨櫃作業

(1)每日作業

①傳票資料登錄、刪除、變更:處理非連線的會計帳務(未實施電腦作業,所產生的會計帳務)。

②科子目查詢、資料變更:處理連線產生的會計帳務(已實施電

腦作業，如存、放款、匯款、代收、聯往等所產生的會計帳務)。

⑵回檔作業

如需更改非本營業日的會計帳務時，須先經總行會計室授權，再以回檔處理，將會計帳務恢復成錯誤當日的狀況，始可改帳。

三、會計作業電腦化

㈠會計科（子）目的更新

交易的發生其主要來源有三，一爲櫃員連線交易，二爲客戶連線交易，三爲整批作業交易。每筆交易經電腦處理後，自動增減客戶餘額、積數，記入明細分類帳，並更新科（子）目借、貸數。

1.櫃員連線交易

⑴交易的擷取

交易的擷取有兩種方式，一種爲交易代號式，即每一交易皆設定有一交易代號，櫃員只要輸入交易代號，螢幕便顯示該交易所須輸入的項目；另一種爲逐幕選擇式，即依交易的主要分類、次分類……而選擇相對應的交易，螢幕此刻方顯示該交易所須輸入的項目。對於熟手而言，使用交易代號式便顯得較有效率；對於生手或不常使用的交易，使用逐幕選擇式則可免除尋找交易代號的困擾。當然，對於常使用的交易通常設有功能鍵，一個功能鍵即代表某項交易，一按即顯示該交易所須輸入的項目。

⑵傳票的認證

匯兌類及支票存款、存摺存款的存取及存單存款存入的傳票通常由客戶塡寫帳號、戶名、金額等資料，再由櫃員擷取對應交易，交易資料輸入完畢後，連線傳送電腦處理。電腦處理完成後，即送回輸出資料，並認證在傳票上，其內容有交易日期、時間、交易代號、帳號、交易金額、櫃員代號、主管代號等。櫃員確認交易代號、帳戶、金額等無誤後，於傳票上簽章以示負責，若有錯誤必須作更正交易，再作正確的交易。而放款類，存單存款的結清、領息，外匯類的傳票通常由電腦直接列印，客戶不須塡寫。

(3)作業卡的使用

作業卡分開機卡、櫃員卡、主管卡三種。每天分行開始營業時，須先開控制端末機的主控機，而主控機的正式運作，乃透過開機卡予以控制，刷過開機卡後，端末機才能開始使用，其作用在於控制分行在營業時間外免遭非正常交易的侵入。主控機開機完成後，櫃員須刷櫃員卡，並輸入密碼後，方能使用端末機作交易。而主管須刷主管卡，並輸入密碼後，方能操作主管交易或核准櫃員的交易。例如「匯款的申請」爲櫃員交易，而「匯款的發送」爲主管交易；例如大額存取的交易或涉及票據抵用的交易等，須經主管刷卡核准才能完成交易。

當然，由於設備上使用不同或系統設計上不同，而未使用作業卡來管理，僅在螢幕上輸入櫃員代號及密碼，或主管代號及密碼來管理。

2. 客戶連線交易

在電子銀行、網路銀行逐漸盛行的趨勢下，客戶可自行使用個人電腦、電話、自動櫃員機、公用事業服務機、諮詢機、外幣兌換機等設備直接完成存款、取款、轉帳等交易。當然，每筆交易經銀行電腦主機處理後，自動增減客戶餘額、積數、記入明細分類帳，並更新科（子）目借、貸數，如同櫃員連線交易一樣。區別在於客戶連線交易沒有傳票可認證，櫃員可依科（子）目查詢交易得知客戶連線交易筆數、金額並據以開立彙總傳票，而交易明細可由連線查詢或日終時由電腦中心印出，當作彙總傳票的附件。

3. 整批作業交易

整批作業交易可分兩大類，一爲代繳代發類，如代客戶發放薪資、股利，代扣稅款，代扣公用事業費用等；一爲按期作業類，如存單自動轉期、轉息，放款自動扣繳本息，存款計息等。整批作業交易的筆數、金額，櫃員亦可依科（子）目查詢交易得知，與電腦中心印製的入、扣帳明細表核對無誤後，只須開立彙總傳票即可。

㈡日結

會計作業電腦化後，可經由電腦列印以下表報，一方面取代人工作業，另一方面可協助日結作業。

1.科目日結查詢單

經辦員按每一科目分別將現金收入、轉帳收入、現金支出、轉帳支出的次序整理分類個別加總，與電腦查詢出的科（子）目日結查詢單核對是否相符，如有錯誤應查明原因，並作更正。

2.試算表

各科目日結無誤後，可由電腦列印試算表，經辦員應核對所有科目彙計後借、貸是否相符，借方科目彙計餘額與貸方科目彙計餘額是否相符。若有不符時，電腦通常會列示錯誤訊息，以利經辦員處理。

3.科目日結單

試算無誤後，可由電腦列印科目日結單，作爲每一科目首張的總傳票。

4.日計表

各科目的借、貸、餘額等如採連線作業方式傳輸至電腦中心，則日計表原則上以連線交易印製；若各科目保留在端末主機上，則由端末自行列印，但各科目的借、貸餘額等資料仍須使用連線交易以遠程傳輸方式傳至電腦中心，以便日後列印各類報表。

㈢餘額表

人工作業時期，每一帳戶設有帳卡，記錄每筆交易明細及餘額。唯電腦連線作業後，帳卡便廢除了。但是連線作業難免有中斷的時候，如主機故障、線路故障等。在斷線無帳卡輔助下，客戶餘額無法確定，在此情況下付款，風險較高。故電腦中心於日終後須印製餘額表供斷線時付款的參考。有些金融機構，則以檔案下傳方式，將客戶餘額資料傳輸至分行主機上，以供付款時查詢參考。

㈣月報表
㈤季報
㈥期報（半年報）
㈦年報

電腦中心印製的各項報表種類、名稱，請參閱上文二、㈨，會計連線作業架構整批作業的說明。

四、銀行網路架構

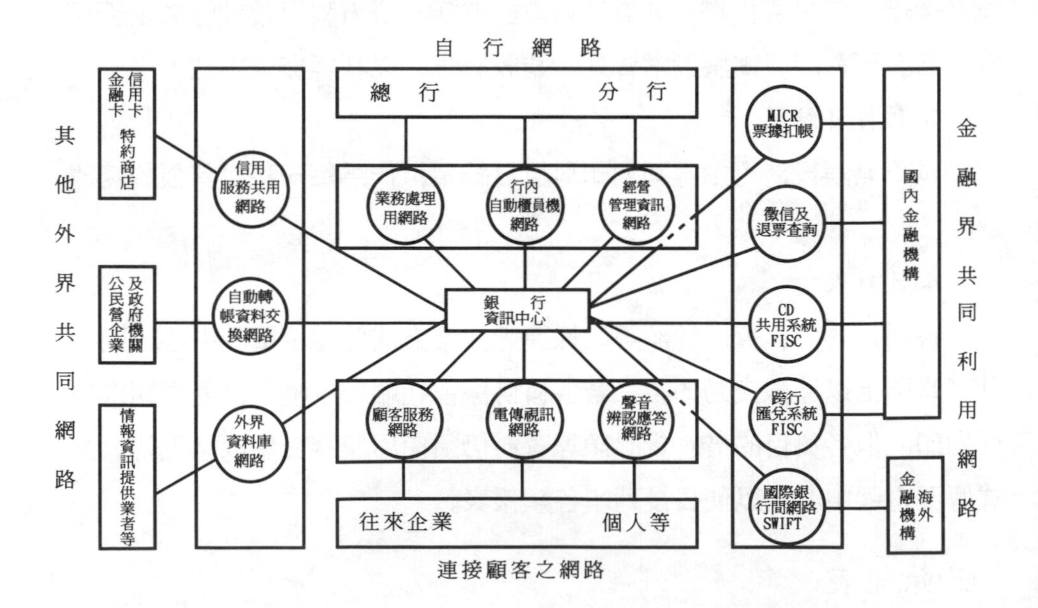

金融機構整體櫃作業系統、管理資訊系統及銀行策略資訊系統，網路架構詳如上圖所示：

五、業務電腦化的未來發展

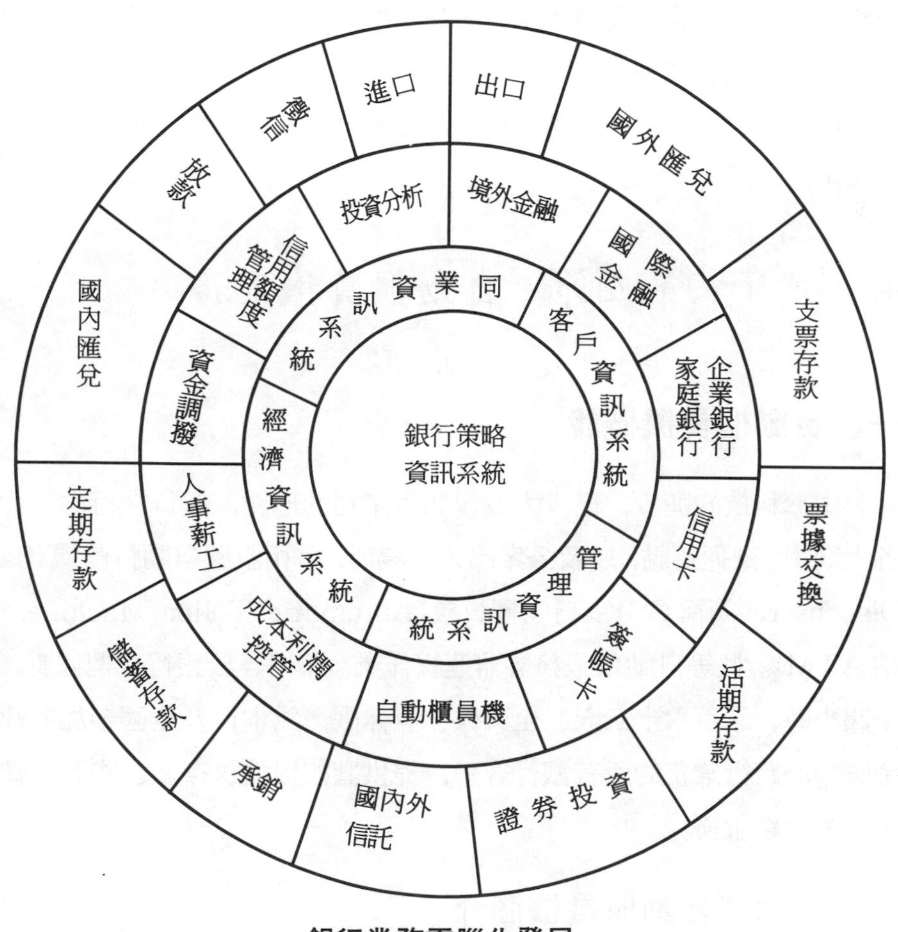

銀行業務電腦化發展

銀行業務電腦化的發展是由外圈逐步往內圈移動。最外圈所處理的業務屬於營業單位櫃檯作業，是櫃員面對顧客站在櫃檯前的臨櫃業務，包括存款、放款、匯兌、信託及外匯等業務。一般而言，銀行均優先開發臨櫃業務，俟這些業務電腦化了之後，再往內圈發展，開發電子銀行（包括自動櫃員機、信用卡、簽帳卡及家庭銀行、企業銀行、資金調撥等）及管理單位電腦化（包括投資分析、成本利潤控管、人事薪工及信用額度管理等）。等到外圍兩圈開發完成之後，接下來再往內圈發展資訊處理系統，包括管理資訊系統、客戶資訊系統、同業資訊系統與經濟資訊系統。最後發展到核心，即所謂銀行策略資訊系統，透過銀行策略資訊系統，管理單位及經營者可以獲得足夠的資訊，來做爲釐訂經營策略的參考。

第五節　自動櫃員機業務

一、自動櫃員機概說

由於科技的進步，已大大改變銀行業務的形態，銀行在行內、行外各大商街、交通要點，以及公衆出入的場所，爭相設置自動付款機(Cash Dispenser，簡稱 CD)或自動櫃員機(Automatic Teller Machine，簡稱 ATM)。此等自動化服務機器連線作業，即相等於銀行一個據點，二十四小時、三百六十五天、全天候、無休眠，爲本行及全國參加財政部金資中心跨行業務的所有銀行客戶，提供諸如提款、存款、查詢、轉帳……等金融服務。

二、全功能自動櫃員機簡介

㈠ ATM 外觀圖

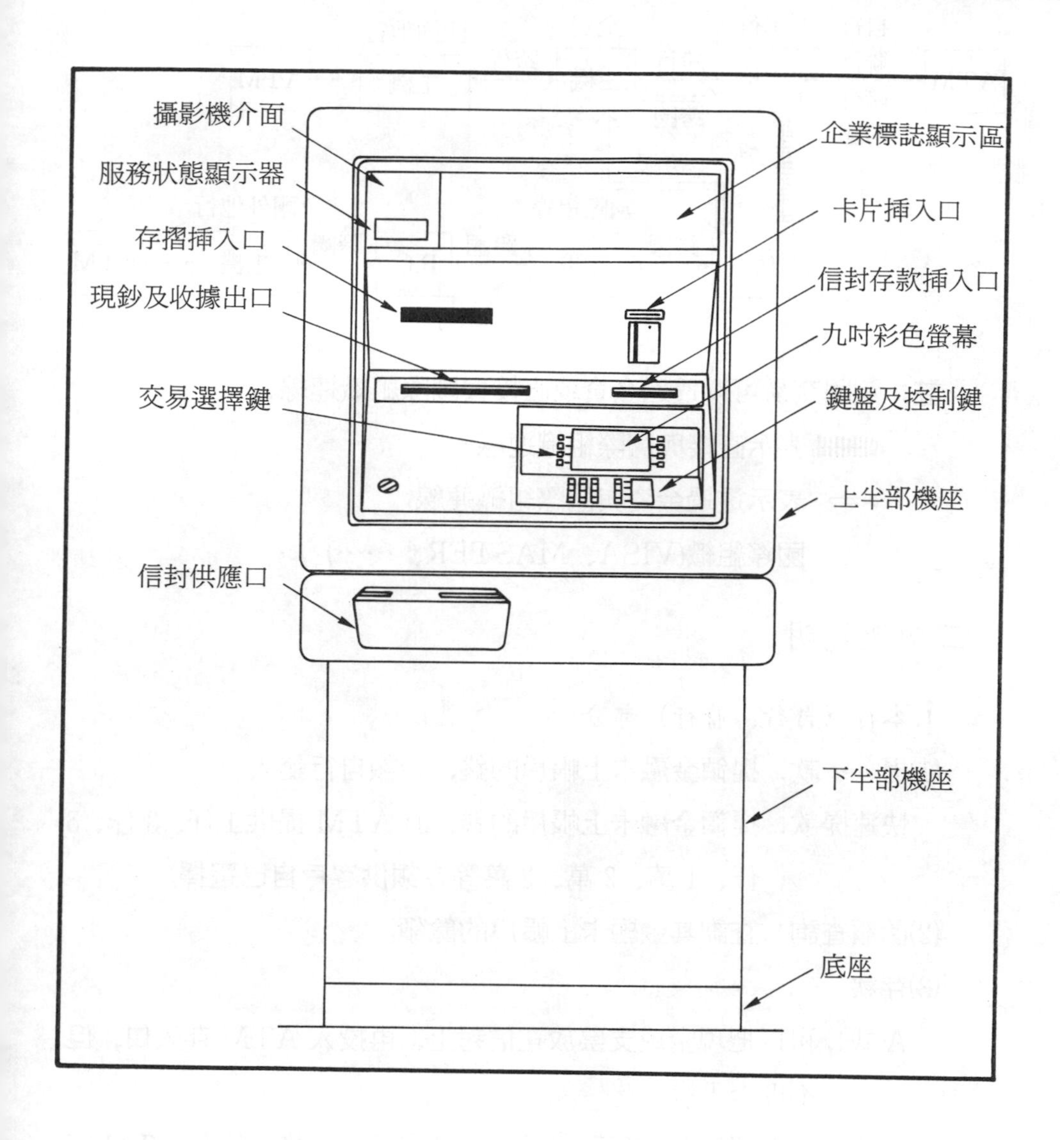
攝影機介面
服務狀態顯示器
存摺插入口
現鈔及收據出口
交易選擇鍵
信封供應口
企業標誌顯示區
卡片插入口
信封存款插入口
九吋彩色螢幕
鍵盤及控制鍵
上半部機座
下半部機座
底座

(二)作業架構圖

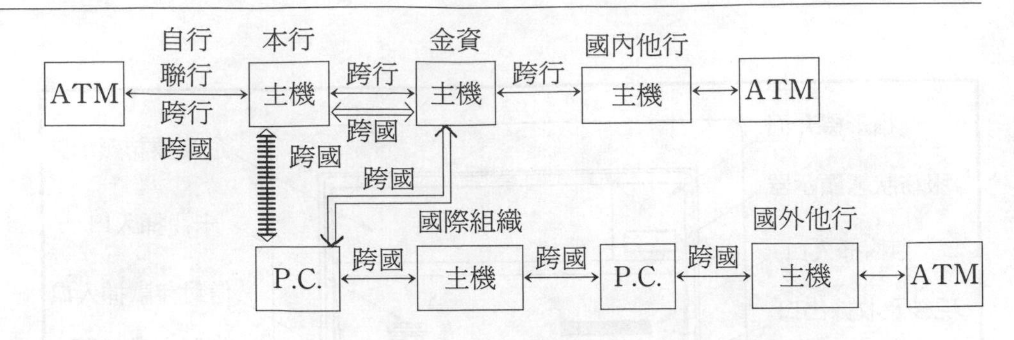

註：跨國交易可以透過金資或直接與國際組織連線

表示直接與國際組織連線

⟺ 表示透過金資與國際組織連線

國際組織(VISA、MASTER、……)

㈢功能說明

1. 本行（自行、聯行）部分

⑴提　款：提領金融卡上帳戶的錢，金額自行鍵入。

快速提款：提領金融卡上帳戶的錢，但 ATM 提供 1 仟、3 仟、5 仟、1 萬、2 萬、3 萬等金額供客戶自己選擇。

⑵餘額查詢：查詢其金融卡上帳戶的餘額。

⑶存款

A 式：可以把現金或支票放在信封上，再投入 ATM 存入口，但不馬上入帳。

B 式：可以把現金（仟元、5 佰元、1 佰元券）整疊放在 ATM 直接存入。ATM 可辨識眞僞鈔，可以直接入帳。

⑷轉帳：由金融卡上帳戶、轉入自行或聯行其他帳戶。

⑸更改密碼：可以更改金融卡的密碼，使客戶的密碼更安全及好記憶。

⑹外幣提款：可以提領美金、日幣、港幣等外幣，直接扣金融卡的臺幣帳戶。

⑺預借現金：可以使用信用卡提領現金，再由信用卡系統出帳單給客戶。

⑻ IC 卡圈存提：可以圈存提金額於 IC 金融卡的晶片上，以供其在商店 POS 上交易。

⑼繳稅費款：可以利用 ATM 繳稅費款（房屋稅、電話費、電費、瓦斯費等）。

⑽補登存摺：客戶未登摺的明細，可以利用 ATM 補登。

2. 跨行部分

⑴提款。

⑵餘額查詢。

⑶轉帳。

⑷ IC 卡圈存提。

⑸繳稅費款。

以上功能說明與本行部分一樣，唯一不同是客戶利用本行的 ATM 透過金資中心做交易。

3. 跨國部分

⑴提款。

⑵預借現金。

⑶餘額查詢。

以上功能說明與本行部分相同，唯一不同是提供國外發行的金融卡、或國外的信用卡在本行 ATM 使用。

㈣特 色

1. 全年、24 小時無休止提供服務。

2.設立方便，無遠弗屆，全國都可使用。

3.客戶自行操作，無須行員介入。

4.可以跨國使用。

三、自動櫃員機的業務處理

㈠開辦的存款科目

1.凡自然人在銀行開立支票存款、活期存款、活期儲蓄存款、行員儲蓄存款及綜合存款者，均得向設戶往來單位申請「金融卡」。

2.凡已辦妥企業金融卡貸款手續的公司及法人的存摺存款戶，亦得向開戶行申領金融卡。

㈡使用的規定

1.存戶得不經登記存摺，逕行使用金融卡及密碼，操作本行的自動化設備取款、轉帳、查詢存款餘額及更改密碼。

2.取款以新臺幣佰元爲單位，每次取款依機型不同最高爲新臺幣 2 萬元或 3 萬元。

3.支票存款、存摺存款每日取款累計最高限額一般爲新臺幣 10 萬元。

4.存摺存款累計取款金額超過新臺幣 20 萬元或累計使用次數(含轉帳次數）超過十五次時，存戶應將存摺交銀行任何連線單位補登後始可再繼續使用金融卡。

5.支票存款戶金融卡取款交易限營業時間中屬當日帳的時段始可辦理。

6.轉帳以新臺幣元爲單位，每次、每日最高轉帳限額一般爲新臺幣 3 佰萬元。

7.轉帳交易原則上限營業時間中屬當日帳的時段始可辦理。

8.轉帳手續費逕自存戶約定的存款戶扣繳；同分行內各帳戶間互轉不收費。

9.轉帳金額每次不超過新臺幣（下同）1佰萬元（含）者，收取10元，超過1佰萬元至2佰萬元（含）者收20元，超過2佰萬元至3佰萬元者收30元。

四、金融卡的申請、製卡及啓用

金融卡是附有電腦辨認磁條的卡片，持卡人可以用它在CD或ATM取款或轉帳存入另一戶頭，不必填寫取款憑條提款，其效力與憑存摺填具取款憑條加蓋原留印鑑的取款相同。金融卡的處理手續如下：

(一)存戶申請金融卡，限一帳戶一卡

1.自然人戶應提示身分證件、存摺（存摺存款戶適用）及原留印鑑親自向開戶往來單位辦理。

2.公司及其他法人應由存戶提示身分證件、存摺(存摺存款戶適用)及原留印鑑並由其代表人或負責人親自向開戶往來單位辦理。

(二)金融卡的申請

1.應請存戶塡具「金融卡約定書」(以下簡稱約定書）並簽蓋原留印鑑。

2.經辦員核對存戶身分，及原留印鑑無誤後，於印鑑便查卡、印鑑卡及存摺封面裡頁註記，以資識別。

3.登記「金融卡發行登記簿」有關資料，以便查考。

4.辦理申請登錄單的登錄交易後，將發行登記簿及約定書送主管人員檢印、認證。

㈢金融卡轉帳的申請

1.存戶申請金融卡後，得以「金融卡轉帳約定書」申請憑卡轉帳，但銷售點轉帳除外。終止時則填「金融卡轉帳註銷通知書」憑辦。

2.憑卡轉帳戶，應於印鑑卡(含便查卡)及存摺封面裡頁註記「ATM轉帳」，以資識別。

㈣金融卡的製作及啓用

1.電腦中心依據營業單位辦理申請登錄交易所輸入的資料，製作金融卡及存戶密碼。

2.存戶親自來行領用金融卡時，經辦員應確認係存戶本人無誤後，辦理下列手續：

⑴請存戶填具「金融卡領用收據暨啓用申請書」，經核對原留印鑑無誤後，辦理啓用登錄交易。

⑵登記發行登記簿後，併同啓用登錄申請書送主管認證及覆核。

⑶指定的主管於覆核無誤後，將存戶密碼通知書交經辦員連同金融卡，一併交存戶收執。

⑷查驗印鑑便查卡、印鑑卡備考欄及存摺封面裡頁有無註記「金融卡」，以資識別。

五、帳務處理

㈠各營業單位不論有無設置自動櫃員機，均應於每日營業時間截止後注意辦理查詢及編製傳票。

㈡結帳分界點爲營業日下午三時三十分(週六爲中午十二時)，下午三時三十分（週六中午十二時）後的交易稱延時交易，其交易列入次營業日結帳，仍減當天存款積數或加當天放款積數，但營業時間外及星期例假日不受理利用自動櫃員機轉帳及支存戶金融卡提領現金。

㈢代付行的帳務處理

1.自動櫃員機每日結帳時，應由出納指定人員以「自動櫃員機櫃員收付數查詢」逐機查詢以現金或轉帳支付給本分行存戶或聯行存戶的金額、件數，並累計各機總數，及逐機盤點鈔券匣內現金餘額，匣內現金餘額加付款總金額應等於本日自動櫃員機的裝鈔總金額，轉帳交易不影響匣內現金餘額，發卡行存戶轉入聯行帳戶，雙方應作帳務處理。發卡行存戶到聯行自動櫃員機作轉帳交易，提供自動櫃員機單位不涉及帳務處理，僅由發卡行與轉入的聯行單位作帳務處理。

2.屬於支付給本行存款戶者，由存款部門以「各存款科目連線科子目查詢、日結單」查詢各存款科目，由自動櫃員機付款的金額與件數，憑以填製（借）「各存款科目」現金支出傳票，涉及綜擔放者應以（借）「短期擔保放款」出帳。金額及件數應與各自動櫃員機支付本分行存戶的現金累計總數相符合（應與連線科目查詢日結單的相關欄相符合）。

3.屬於代聯行付款部分，由匯兌部門以「聯行往來連線科子目查詢日結單」查詢代聯行付款金額與件數，憑以填製（借）「聯行往來科目」的自動櫃員機聯行往來支出傳票，其金額與件數應與「各自動櫃員機櫃員查詢日結單」上的代聯行收付的現金累計總數相符合（應與連線科子目查詢日結單之相關欄相符合）。

4.前項各存款及短期擔保放款科目傳票金額及自動櫃員機聯行往來支出傳票金額的合計數，應與自動櫃員機的付現合計金額相核對後，傳票由出納部門加蓋付款章後送主管人員驗印。聯行往來支出傳票由匯兌部門併計於聯行往來報單彙計表。

5.分界點以後的帳務處理：因庫存現金處理之不同，分為A段及B段處理。

(1)A段

列當天帳的交易，即昨天下午三時三十分至今天下午三時三十分止的交易，出納部門應做「櫃員收付數查詢」交易，以該交易明細作爲現金支出記入表的附件，金額列一筆填入現金支出記入表。該金額應與存款科目及聯行往來科目的ATM彙總傳票借方合計相等。

⑵B段

列次日帳的交易，應填製(借)「其他預付款」，子目「待整理ATM付款」現金支出傳票。

⑶庫存現金表（帳）的「今日庫存」，及庫存現金科目日結單上「本日餘額」，即爲已扣除「待整理ATM付款」後的現金。對時間後裝進自動櫃員機的現金，應在庫存現金表（帳）中「櫃員別保管」欄列示。

⑷次營業日日結時，需整理沖銷前述「待整理ATM付款」的金額。填製現金收入傳票，(貸)「其他預付款」、子目「待整理ATM付款」。

6.自動櫃員機因故而使本行存戶的金融卡留在本行自動櫃員機內時的結帳。

⑴經確認該筆交易電腦主檔已完成記帳時

①確認現金已被客戶領走時，應根據當日「聯行往來及存款連線科子目查詢日結單」的ATM資料，合併填製有關自動櫃員機聯行往來及存款科目傳票。

②確認現金未被客戶領走時，不論能確定某客戶與否，均應依①的方法處理外，並應將現金存入「其他應付款」，支付時再由「其他應付款」轉出。

⑵經確認該筆交易電腦主檔未完成記帳時，不另作分錄。

7.次營業日收到電腦中心印製「自動櫃員機付款明細表」及「自動櫃員機存款交易明細表」時，會計人員應切實持與自動櫃員機聯行往來及各類存款支出傳票核對無誤後，作爲各該傳票的附件。

8.自動櫃員機的紙卷或交易明細單及自動櫃員機查詢日結單由出納

部門按營業日順序裝訂成冊妥爲保管三年。

㈣發卡行及存款行（轉入行）帳務處理

1.各營業單位於結帳時，應辦理「日終聯行代付款查詢」。由匯兌部門根據「聯行往來連線科子目查詢日結單」上聯行 ATM 代收付現金欄貸方金額填製（貸）「聯行往來」科目的自動櫃員機聯行往來收入傳票。由存款部門根據「各存款科目連線科子目查詢日結單」上的聯行 ATM 代收付現金欄借方金額填製（借）各存款科目支出傳票與聯行往來收入傳票轉帳。

2.存戶在 ATM 上作同分行各科目互相轉帳時，發卡行應根據「各存款連線科子目查詢日結單」上 ATM 轉帳欄數額填製（借）各存款科目，（貸）各存款科目傳票轉帳。

3.存戶在 ATM 上作轉至聯行帳戶時，發卡行根據「連線科子目查詢日結單」上，聯行 ATM 代收付轉帳欄數額填製（借）各存款科目（貸）聯行往來及手續費收入——代理收付手續費傳票轉帳。爲避免工作繁瑣，轉帳手續費收入歸由發卡行收入，存款行根據「連線科子目查詢日結單」上聯行 ATM 代收付轉帳欄數額填製（借）聯行往來（貸）各存款科目傳票轉帳。

4.自動櫃員機聯行往來收入傳票金額應併計於「聯行往來報單彙計表」。

5.次營業日收到電腦中心印製「自動櫃員機聯行代付款明細表」時，會計人員應切實持與自動櫃員機聯行往來收入傳票及由聯行自動櫃員機付款的各存款科目支出傳票相核對無誤後，作爲各存款科目支出傳票之附件。

㈤表報

1.電腦中心應按每營業日印製下列五種表並在次營業日送達各營業單位。

⑴自動櫃員機付款明細表——送代付行以核對自動櫃員機聯行往來及存款科目現金支出傳票，會計於核符後，訂冊作爲當天傳票附件，另行保管。

⑵自動櫃員機存款交易明細表（含現金及轉帳）——送開戶行核對存款科目ATM彙總傳票借方金額總數，會計於核符後，訂冊作爲當天傳票附件，另行保管。

⑶連線作業聯行往來ATM收付彙計表——每營業日按分行別順序印出借貸總數送會計室，該借貸總數金額必須相等。本表保存三年。

2.整批作業聯行往來ATM收付彙計表——根據每日各單位的ATM聯行往來傳票按分行別順序印出借貸方金額送會計室，以與連線作業聯行往來ATM彙計表相核對。本表保存一年。

六、自動櫃員機跨行業務

銀行所裝設的CD或ATM可作跨行業務，以服務其他行庫的金融卡持卡人。有關跨行業務的處理手續如下：

㈠銀行處理自動化服務設備的跨行業務，悉依財政部金融資訊規劃設計小組的「金融資訊系統跨行業務參加規約」及「金融資訊系統跨行業務處理規則」辦理。

㈡跨行手續費

1.持本行金融卡使用其他參加跨行自動化服務設備共同系統，領取現款、轉帳或查詢存款餘額的交易，本行依金資中心訂定收費的標準，逕自存戶約定的帳戶扣繳「跨行ATM手續費」。清算代表行應於金資中心規定的清算日統籌清算。

2. 其他參加單位存戶使用本行自動化服務設備，本行應收付的手續費亦由清算代表行於清算日統籌清算。惟爲簡化手續費清算，本行應收付的手續費悉數歸清算代表行。

3. 收費明細與收益分配：

種類＼項目	ATM 跨行提款交易		ATM 跨行查詢交易	ATM 跨行轉帳
手續費（每筆）	持卡人	7 元	暫不收費	7 元（轉出入帳戶均屬同一金融機構） 18 元（轉出入帳不屬同一金融機構或不屬同一分支機構）
	發卡行	10 元		8 元
收益分配(每筆)	金資中心	5 元		5 元
	代付行	12 元		10 元

㈢跨行交易累計金額與筆數，於結帳時如有不符，暫以金資中心的金額、筆數爲準，次營業日查對金資中心提供明細，如有錯誤再以人工沖轉。

㈣帳務處理

1. 跨行業務的結帳以本行營業日爲結帳日

延時的交易（含例假日交易）併入次營業日結帳。結帳日的次營業日爲跨行業務的清算日，銀行應指定一營業單位爲清算代表行，統籌與金資中心辦理清算作業。

清算代表行每日辦理跨行業務清算結帳時，應向金資中心以「跨行作業結帳總計表」，查詢本行當日全行所有跨行業務交易的總筆數及總金額資料，憑以清算結帳。

2.代付同業時的帳務處理

⑴代付行（不含清算代表行）

匯兌部門根據「聯行往來」連線科子目查詢日結單上「跨行 ATM 現金」欄的筆數、金額填製：

「聯行往來」現金支出彙總傳票，送出納部門核對櫃員查詢日結單上「跨行 ATM 現金」的筆數、金額無誤後，加蓋付款章。其分錄爲：

借：聯行往來——會計室

貸：現　　金

⑵代付行——爲清算代表行時

根據「其他應收款」連線科子目查詢日結單上「現金」欄的筆數、金額填製：

「其他應收款——應收跨行 ATM 清算款」現金支出彙總傳票。由出納部門核對櫃員查詢日結單上「跨行 ATM 現金」金額相符後，加蓋付款章。其分錄爲：

借：其他應收款——應收跨行 ATM 清算款

貸：現　　金

⑶清算代表行

根據「聯行往來」連線科子目查詢日結單上「跨行 ATM 轉帳」欄貸方筆數、金額填製彙總轉帳傳票。其分錄爲：

借：其他應收款——應收跨行 ATM 清算款

貸：聯行往來——會計室

⑷應收跨行 ATM 手續費的處理

清算代表行於指定清算日核對金資中心「跨行交易手續費月報表」與本行資訊室印製的「跨行手續費月報表」相符後，辦理清算。（分錄見

下文 4.(3)③：手續費清算）

3. 同業代付時的帳務處理

(1)存款行（不含清算代表行）

根據「各存款科目」連線科子目查詢日結單的「跨行 ATM 轉帳」欄金額填製轉帳傳票。其分錄爲：

借：存款科目

貸：聯行往來——會計室

（含提款金額及存戶負擔的手續費）

於收到資訊室印製的「自動櫃員機存款交易明細表」經核對無誤後作爲借方傳票附件。

(2)存款行——爲清算代表行時

根據「各存款科目」連線科子目查詢日結單的「跨行 ATM 轉帳」欄金額填製轉帳傳票。（同業代付清算代表行存款部分）

借：存款科目

貸：其他應付款——應付跨行 ATM 清算款

其他應付款——應付跨行 ATM 手續費

（清算代表行存戶負擔的手續費）

於收到資訊室印製的「自動櫃員機存款交易明細表」，經核對無誤後作爲借方傳票附件。

(3)清算代表行

根據「聯行往來」連線科子目查詢日結單的借方「跨行 ATM 轉帳」欄的金額填製轉帳傳票。（同業代付聯行存款部分）

借：聯行往來——會計室

貸：其他應付款——應付跨行 ATM 清算款

其他應付款——應付跨行 ATM 手續費

（聯行存戶負擔的手續費）

4.清算代表行對金融資訊系統跨行業務的帳務處理

⑴提撥跨行業務基金

借：其他預付款——跨行清算基金

貸：存放央行（甲戶）

將本行在央行「銀行業存款」轉存金資中心在央行開立的專戶，作爲跨行業務清算之用。央行發給之存款回單應作爲借方科目傳票的附件。

⑵營業中金資中心以連線作業方式，隨交易的進行，立即更新本行「跨行業務基金專戶」可用餘額，如經通知該餘額已達低限警戒線時，應依前項方式補足之，如有餘時，可作相反分錄予以減少。

⑶清算

①清算日（交易的次營業日），清算代表行應以「跨行作業結帳總計表」向金資中心查詢應清算的交易資料，並與結帳日（交易日）結帳金額、筆數相互核對無誤後，即據以辦理清算，其分錄爲：

借差時

借：其他預付款——跨行清算基金

其他應付款——應付跨行 ATM 清算款

貸：其他應收款——應收跨行 ATM 清算款

貸差時：

借：其他應付款——應付跨行 ATM 清算款

貸：其他預付款——跨行清算基金

其他應收款——應收跨行 ATM 清算款

「跨行作業清算總計表」應作爲清算日「其他預付款——跨行清算基金」傳票附件。

②如清算時，本行資料與金資中心資料不符，可用跨行作業有關各項借貸資料查詢單，查詢各項交易資料，以查明不符原因，若仍無法查明，則暫依金資中心資料清算，其差額暫列：「其他應收(付)款——跨

行作業調整借（貸）項」。

③手續費清算：清算代表行應於指定清算日根據金資中心提供上月份的「跨行交易手續費月報表」、資訊室印製的「跨行手續費月報表」及「其他應付款——應付跨行 ATM 手續費」科目的金額相互核對相符後，與金資中心辦理清算，其分錄爲：

借差時：

借：其他預付款——跨行清算基金
　　其他應付款——應付 ATM 跨行手續費(向存戶扣提部分)
　　手續費支出——跨行 ATM 手續費(本行配合支付部分)
　　貸：手續費收入——代理收付手續費(代付同業部分)

貸差時：

借：其他應付款——應付 ATM 跨行手續費(向存戶扣提部份)
　　手續費支出——ATM 跨行手續（本行配合支付部份）
　　貸：手續費收入——代理收付手續費(代付同業部份)
　　　　其他預付款——跨行清算基金

七、跨行業務的人工沖轉作業

㈠客户使用跨行共用系統内的自動化服務設備，如遇已記帳未付款或帳務錯誤時，須作人工沖轉。

㈡代付同業存款的人工沖轉作業

1.代付行的人工沖轉作業

⑴發現帳務錯誤、已扣帳未付款或依據「客戶投訴表」需作帳務調整時，指定的出納人員應填具「交易沖正申請表」，並於查核結果欄填列帳務沖正原委。交易沖正申請表第四聯留底，其餘三聯送清算代表行轉

金資中心。

沖正金額應逐筆填製收入傳票:

貸: 其他應付款——ATM 跨行應付未付款

⑵代付行於接到清算代表行沖正帳務劃撥報單時, 填製轉帳傳票予以沖轉。

借: 其他應付款——ATM 跨行應付未付款

貸: 聯行往來——清算代表行

2. 清算代表行的作業

⑴依金資中心審核後的「交易沖正申請表」第三聯應沖正的金額填製轉帳傳票辦理帳務調整。(該筆交易尚未與金資中心辦理清算)

①代付行為聯行時:

借: 聯行往來——代付行

貸: 其他應收款——應收 ATM 跨行清算款

②代付行為清算代表行本身時:

借: 其他應付款——ATM 跨行應付未付款

貸: 其他應收款——應收 ATM 跨行清算款

⑵如在清算後辦理時, 則前項的分錄改為:

借: 聯行往來——代付行 或

其他應付款——ATM 跨行應付未付款(清算代表行部份)

貸: 其他應付款——ATM 跨行作業調整

借: 其他應付款——ATM 跨行作業調整

貸: 其他預付款——跨行清算基金

交易沖正申請表第三聯應作為清算代表行帳務調整借方傳票的附件。

㈢同業代付時的人工沖轉作業

1.清算代表行接到「交易沖正申請表」第一聯時，應予審核，並於審核欄註明帳務沖正情形後，作帳務調整，該申請表作爲調整分錄借方傳票的附件。

2.本行爲存款單位，如有未能確定代付行是否已付款之未完成交易，將由資訊室列印「自動化服務機器未完成交易明細表」一式二份，一份送清算代表行，一份送金資中心，經金資中心洽代付單位（行）未付款者，以電話通知跨行業務負責人，將未完成交易情形登記在「自動化服務機器未完成交易明細表」內，並作必要的帳務調整。

3.跨行業務負責人收到金資中心送交經代付行查證的「自動化服務機器未完成交易明細表」時，應與本行報表記錄核對（同業代收付存款明細表），該表應作爲調整分錄借方科目傳票的附件。

4.帳務調整

⑴清算代表行

①該筆交易尚未清算：

借：其他應付款——應付 ATM 跨行清算款

其他應付款——應付 ATM 跨行手續費

貸：存款科目

（清算代表行存戶的帳戶、金額及退還存戶手續費）

聯行往來——聯行存戶單位

（應依聯行別逐筆詳列明細，含存款種類、帳戶、金額及退回存戶手續費）

②該筆交易已清算：

借：其他預付款——跨行清算基金

貸：存款科目

——清算代表行存戶的帳戶、金額及退還存戶手續費

聯行往來——聯行存戶單位

（應依聯行別逐筆詳列明細，含存款、種類、帳戶、金額及退回存戶手續費）

(2)存款行（清算代表行除外）

收到清算代表行劃撥報單時：

借：聯行往來——清算代表行

貸：存款科目

（逐戶逐筆存入持卡人帳戶，包括提款金額及手續費）

(3)調整帳項應在「同業代收付存款明細表」該筆交易欄註明沖正情形，由檢印主管人員核章。

(4)金資中心印製的「自動化服務機器帳務沖正明細表」應與當日沖正帳項，由主管人員逐筆核對無誤後蓋章證明。

八、國際金融卡業務

(一)目的

銀行爲加強服務客戶，特開辦國際金融卡業務。

(二)申請資格

比照國內金融卡辦理，惟須具有完全行爲能力年滿二十歲的我國國民始能申請。

(三)作業範圍

本作業涵蓋發卡作業及代理作業，發行的卡片爲金融卡附加 VISA 國際組織的 PLUS 金融卡；代理作業所服務的卡片爲 VISA 國際組織的 PLUS 卡及 VISA 卡。

㈣作業時間

爲全年無休每日二十四小時服務。

㈤交易種類

1. 本行爲發卡行時

⑴發行 PLUS 國際金融卡。

⑵提供本行持卡人於國外貼有 PLUS/VISA 標誌的 CD/ATM 提領當地貨幣。

2. 本行爲代理行時

提供 ATM 供國外 PLUS 國際金融卡持卡人提領本地貨幣或國外 VISA 信用卡預借現金服務。

㈥交易金額限制

1. 本行國際金融卡 (PLUS 卡) 持卡人至國外代理單位的 CD/ATM 提領現款時，每筆交易金額的限制除依國外代理單位的規定外，並應符合本行每日累計不得超過新臺幣 10 萬元的規定。

2. 本行 CD/ATM 提供國外 PLUS 卡提款或 VISA 卡預借現金時，每筆交易金額不得超過新臺幣 2 萬元。

㈦收費標準

本行發行的 PLUS 金融卡在國外提款每筆收費的標準，由本行依實際需要訂定修改之。(目前每筆暫訂收費新臺幣 70 元)

㈧結匯申報

本行以書面辦理委託彰化銀行金融卡中心代塡外匯收支或交易申報

書〔結購（售）外匯專用〕的結匯金額等向中央銀行外匯局辦理結匯申報事項。

㈨帳務處理

1.本行國際金融卡業務帳務清算款撥轉，係依國際卡組織清算淨額以美元辦理清算保證金戶的撥轉，而由金資中心換算成新臺幣後辦理清算。

2.國外清算係透過金資中心開設於彰化銀行紐約分行的帳戶辦理。

3.帳務處理

⑴本行存戶至國外 ATM 提領現款

①提現日

非清算行

借：存款科目

　　貸：聯行往來

清算行

借：存款科目
　　貸：應付帳款——跨國 ATM 清算款 } 清算行存戶

借：聯行往來
　　貸：應付帳款——跨國 ATM 清算款 } 非清算行存戶

②清算日（清算行）

借差時：

借：應付帳款——跨國 ATM 清算款

　　其他應收款——跨國作業待調整借項

　　貸：其他預付款——跨行清算基金

貸差時：

借：應付帳款——跨國 ATM 清算款

貸：其他預付款——跨行清算基金

其他應付款——跨國作業待調整貸項

(2)外國持卡人在本行 ATM 提領現款

①提現日

非清算行

借：聯行往來

貸：現　　金

清算行

借：應收帳款——跨國 ATM 清算款

貸：現　　金

（於清算行ATM提款）

借：應收帳款——跨國 ATM 清算款

貸：聯行往來

（於非清算行ATM提款）

②清算日（清算行）

借差時：

借：其他預付款——跨行清算基金

其他應收款——跨國作業待調整借項

貸：應收帳款——跨國 ATM 清算款

貸差時：

借：其他預付款——跨行清算基金

貸：其他應付款——跨國作業待調整貸項

應收帳款——跨國 ATM 清算款

③清算行每月與金資中心清算

跨國作業待調整的借貸項於金資中心每月清算當日作調整

借差時：

借：其他應付款——跨國作業待調整貸項

手續費支出

貸：其他應收款——跨國作業待調整借項
其他預付款——跨行清算基金

貸差時：

借：其他應付款——跨國作業待調整貸項
貸：手續費收入
其他應收款——跨國作業待調整借項
其他預付款——跨行清算基金

問 題

一、請列述銀行業務電腦化的重要性。

二、何謂整批作業? 何謂連線作業?

三、何謂電子銀行? 電子銀行可提供何種業務項目?

四、請簡述電腦化開發設計的步驟。

五、請說明銀行業務電腦化作業需求發展的步驟。

六、銀行實施全行電腦連線作業, 大都先從存摺存款開始, 請列示其連線作業架構。

七、會計作業電腦化後, 日結有關的表報如何產生?

八、請列述全功能自動櫃員機的功能。

習　題

一、甲銀行 CD/ATM 發生的業務如下:

㈠清算代表行（營業部）部分

1. 簽發存放央行（甲戶）支票 10,000,000 元轉存金資中心在央行開立的專戶，作爲跨行清算基金。
2. 活儲戶# 000231 趙五，於本行 ATM 提現 30,000 元。
3. 活存戶# 000058 林二，從聯行臺中分行 ATM 提現 100,000 元。
4. 聯行活儲戶# 003588 張三，於本行 ATM 提領 50,000 元。
5. 活儲戶# 000231 趙五，於本行 ATM 辦理轉帳存入該戶在本行的支存戶# 000028　300,000 元。

㈡臺中分行部分

1. 聯行高雄分行活儲戶# 000856 蔡六，於本行 ATM 提現 80,000 元。
2. 本行活儲戶# 001389 王五，於 ATM 辦理轉帳存入聯行臺南分行活儲戶# 003012 陳二 150,000 元。
3. 本行活儲戶# 000989 孫六，於聯行高雄分行 ATM 提現 20,000 元。

二、試根據一、㈠及㈡各交易事項，做甲銀行各營業單位有關的借貸分錄。

三、中興銀行八十五年七月三日 CD/ATM 代付同業存款戶提現情形如下:

CD/ATM 所屬單位	付款金額	提款人所屬銀行及帳戶		
臺北分行	80,000	大安銀行	活儲戶# 000258	甲
三重分行	55,000	大安銀行	活儲戶# 000039	乙
板橋分行	60,000	華信銀行	活儲戶# 001985	丙
高雄分行	35,000	中華銀行	活儲戶# 001003	丁

四、同日其他同業 CD/ATM 代付中興銀行存款戶提現情形如下:

付款行庫	付款金額	提款人在中興銀行的分行及帳戶		
大安銀行——A分行	10,000	臺北分行	活儲戶# 005555	張四
大安銀行——B分行	30,000	三重分行	活存戶# 000987	陳三
台新銀行——C分行	21,000	板橋分行	活儲戶# 007535	林二
玉山銀行——D分行	43,000	營業部	活儲戶# 035123	潘七

五、中興銀行清算代表行爲營業部。

六、跨行手續費收費與分配標準依金資中心規定。

七、試根據上述三至六交易事項, 做中興銀行各營業單位有關的借貸分錄 (含與金資中心清算)。

第七章　支票存款

第一節　存款業務概說

一、存款的意義及重要性

「存款」(Deposits) 乃銀行收受客戶的現金、支票、匯票或其他債權，對客戶負有即期或定期償付義務的一種債務；但就存戶而言，則對銀行取得一種債權。

按銀行資金的來源，不外三途：一為股東投入的股本和未分配的盈餘，一為向同業拆借的款項，一為顧客存入的存款。就此三種資金來源而言，第一種為數有限，第二種方式不可常用，否則影響信譽；所以銀行的資金，大多仰賴於顧客的存款，存款愈多，則資金愈多，始足以經營大規模的貼放、投資業務。存戶以較低利率存入，而銀行則以較高利率貸出，高低之差即銀行盈餘的所由來，存款的多寡與銀行業務的榮枯與獲利的多少，實有極密切的關係。職司存款業務者，應如何吸收顧客的存款，及如何設法為顧客謀存款收付手續的簡便，均應深切注意研討。此外存款業務須與放款、投資等密切配合，隨時聯繫，務使吸收的資金，用之於有利途徑，以免資金呆滯無法運用，徒然負擔利息。

就整個社會而言，若無銀行辦理存款業務，則一般工商企業為償債、擴充等原因所積儲的休閒資金，以及社會大衆的儲蓄資金，將無法作有效的運用。如由銀行吸收後匯集成數，就可以投入生產之途，繁榮社會經濟。

二、存款的產生及來源

存款產生的方式有二:

(一)原始存款 (Primary deposit)

又稱基本存款,即一般所謂的現金存款或直接存款。凡顧客將現金、支票或託收票據直接存入其帳戶者,即構成原始存款。此項存款愈多,則銀行資產的流動性愈大,擴展信用的能力亦愈強。

(二)派生存款 (Derivative deposit)

或稱引申存款,爲銀行對外放款、貼現及投資創造信用所獲得的存款,亦即自放款轉帳而來的存款,所以又稱轉帳存款或間接存款。

存款的來源,約可歸納下列數種:

(一)社會游資

現代經濟社會中,往往有許多款項,或由於數額較少,尚不足經營企業;或雖積有成數,而持有人不知如何運用;或一時尚未能確定用途,以至游離在生產投資之外。這些游資如自行保管總覺不便,唯有存入銀行生息,最爲妥善。

(二)休閒資金

社會上還有一種已確定用途,但在使用以前,必須安全存儲生息的休閒資金,也都存入銀行。如企業擬作週轉擴充或償債的準備金,在動用以前,往往按期存入銀行。

㈢儲蓄資金

社會上尚有一種資金，其積儲目的乃在運用於有利之途，以便保本生息，或維持個人生活，或從事慈善救濟事業，或供生老病死之需，可稱爲儲蓄資金。此種資金往往存入銀行生息，以便支應特定用途。

㈣公庫存款

政府每年的歲入款、經費款、基金或其他款項，依照法令規定，往往委託銀行代理收付，此項公庫存款爲數頗鉅。

㈤放款的轉帳

銀行承做放款或貼現後，借款人往往並不立刻悉數提用，常將借款的一部或全部仍存儲銀行，俟需用時再支取，此種存款全係由放款轉帳而來，爲銀行自身所創造，故稱爲引申存款；與上述四種來源的基本存款，性質迥然不同。在信用發達地區，就整個銀行來說，此種存款佔極重要的地位。

㈥證券投資的回存

銀行投資購入各種有價證券，出售證券的企業或政府收到券款後，勢必回存自己往來的銀行，銀行可再行從事他方面的投資，自可創造引申存款。

㈦同業存款

同地或異地的銀行，相互間爲積儲存款準備金，或爲便於代理收付款項或清結交換差額等事項，常預存一筆款項於對方銀行，而構成銀行存款的一部分。

三、存款的種類

銀行存款的分類，在銀行學的理論上，雖有一套分類方法，而在各國銀行法及銀行實際經營的業務之間，也有各種不同的分類方式。現就我國情形分述如下：

㈠銀行法所規定的存款，可分爲下列四種

1. 支票存款

依約定憑存款人簽發支票或利用自動化設備委託支付，隨時提取不計利息的存款。

2. 活期存款

存款人憑存摺或依約定方式，隨時提取的存款。

3. 定期存款

有一定時期的限制，存款人憑存單或依約定方式提取的存款。

4. 儲蓄存款

個人或非營利法人，以積蓄資金爲目的的活期或定期存款。

㈡目前我國一般銀行所辦理的存款，按科目別分，有下列各種

1. 支票存款

⑴支票存款，⑵本行支票，⑶公庫存款，⑷限額支票存款，⑸限額保證支票存款。

2. 活期存款

⑴活期存款，⑵外匯活期存款。

3. 定期存款

⑴定期存款，⑵外匯定期存款。

4. 儲蓄存款

(1)活期儲蓄存款，(2)行員活期儲蓄存款，(3)納稅儲蓄存款，(4)公教人員儲蓄存款，(5)購屋儲蓄存款，(6)零存整付儲蓄存款，(7)整存整付儲蓄存款，(8)整存零付儲蓄存款，(9)存本取息儲蓄存款。

5. 銀行同業存款

四、存款業務的一般性規定

(一)存款戶名

1. 存戶如係機關、學校、團體或公司行號者，應以各該機關、學校或公司行號的法定名稱全銜及負責人姓名立戶。

2. 存戶如係個人，應遵照「姓名條例」的規定，依其身分證件以本名開戶。

3. 外國自然人持有內政部核發的「中華民國外僑居留證」或經濟部投審會核准的外國公司籌備處或核准投資的僑資事業，可憑核准文件申請開設新臺幣帳戶。僑資事業，可憑核准文件申請開設新臺幣帳戶。

4. 華僑持有內政部核發的「中華民國外僑居留證」者，可申請開設新臺幣帳戶。

(二)存戶帳號

1. 各種存款應以科目別按開戶順序編號。

2. 一般連線作業單位的存款帳號位數衆多，茲舉十二位數爲例：

單位別			科目		編號						檢號
○	○	○	○	○	○	○	○	○	○	○	○

單位別代號3位數，科目代號2位數，編號6位數，檢號1位數。編號按「存款戶名、戶號登記簿」順序編列；檢號可自電腦中心印製的存款帳號檢號數表查出，或作「帳號檢查號碼查詢」電腦交易查出。

㈢存戶住址

1.初次存款時，應請存戶在印鑑卡上詳實填寫戶籍地址及身分證統一編號，營利事業統一編號。另有通訊處及電話時，應同時註明。核對人員應憑存戶提供的身分證或有關證件逐項核對。

2.住址變更時，應請存戶隨時通知銀行，並注意下列諸項：

⑴公司行號：查對其變更登記證照記載的地址。

⑵個人戶：查對其身分證件上記載的戶籍地址。

㈣印鑑

1.留存印鑑

⑴開戶時，應將其簽名或蓋章擇一或合併填蓋於印鑑卡。印鑑卡一式二份由經辦員及主管人員蓋章後，一份由存款部門保存，另一份未認證印鑑卡由會計部門保存。並按存款別、帳號順序裝排保管，以便隨時查對。

⑵印鑑如有二式以上者，應由存戶於「附註」欄內註明其用法並由其簽章證明。

⑶印鑑的文字應與戶名相符合，機關、學校、團體或公司行號存戶，

除該機關法定名稱印信外，必須由負責人加蓋私章，其戶名並應註明負責人職銜。

2. 驗對印鑑

⑴取款時應驗對印鑑，並以印鑑欄內留存的印鑑爲準。

⑵驗對印鑑時應仔細確實，並以印鑑折接比對，以防僞冒。

⑶原留印鑑的簽字用筆與取款的簽字用筆應相同；即印鑑簽字如爲毛筆，取款簽字也應爲毛筆所簽，但鋼筆與原子筆可通用。

3. 更換戶名、更換印鑑

⑴存戶申請更換戶名、取款印鑑時，應請塡具「存戶更換戶名／取款印鑑申請書」一份；若僅申請更換取款印鑑時，則塡具「存戶更換取款印鑑申請書」一份，均應塡附新印鑑卡兩份，並註明新印鑑啓用日期。

⑵受理印鑑變更後，經辦員應隨時抽換新印鑑卡，舊印鑑卡應以紅字註明「更印註銷」字樣及註銷日期，新印鑑卡註明「更印啓用」及日期。支票存款戶的舊印鑑卡，應等待存戶使用舊印鑑的票據全部付淸後，再行抽換。經註銷的舊印鑑卡，抽出後應由存款主辦人員負責保管。

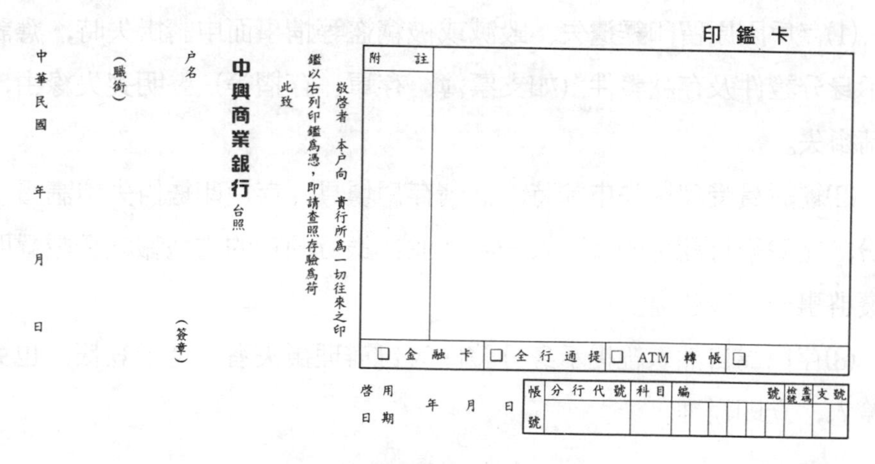
敬啓者　本戶向　貴行所爲一切往來之印鑑以右列印鑑爲憑，即請查照存驗爲荷

此致

中興商業銀行　台照

戶名　　　　（簽章）

（職銜）

中華民國　　年　　月　　日

印鑑卡

附註

☐ 金融卡　☐ 全行通提　☐ ATM 轉帳　☐

啓用日期　　年　　月　　日

帳號	分行代號	科目	編號	檢查號碼	支號

印鑑卡正面

請填粗線框內各欄　　(201,401)

戶名		性別		籍貫		出生年月日	民國　年　月　日
						公司行號設立日期	年　月　日
身分證統一編號		業種或職業		開戶日期			
營利事業統一編號							

住址			電話	
住（營業）址	市縣　市區鄉鎮　路街　段　巷村里　弄鄰　號之樓（　室）		電話	
連絡處（代表人）	市縣　市區鄉鎮　路街　段　巷村里　弄鄰　號之樓（　室）		電話	

扣稅別	0 免稅 / 1 本國 / 2 外國 / 3 分離課稅	帳戶性質別		業代種號		介紹人		可寄對帳單 / 不必寄對帳單	備註	

*認證	交易序號	帳號	稅	性質	營利事業編號	身分證統一編號	行業代號	出生日期	電話號碼	主管

主管　　會計　　核對證件 對保簽章　　經辦　　DG001 83.10 1 × 100 × 1500 本

印鑑卡背面

(3)支票存款戶以舊式印鑑所開票據，發票日在新印鑑啓用日期以前者，仍應照舊式印鑑驗付；票據發票日在新印鑑啓用日期以後，存戶仍願付款者，應請存戶塡具「支票存款戶更換印鑑後憑舊式印鑑付款通知書」憑以存款。

4.印鑑的掛失

(1)存戶因原留印鑑遺失、毀滅或被竊盜等情事而申請掛失時，應請提示身分證件及存款證件（如支票簿、存單、存摺等）聲明喪失緣由，申請掛失。

(2)經辦員受理掛失申請時，應請存戶塡具「存戶印鑑掛失申請書」一份，覓妥銀行認可的保證人一名，並在銀行同意的當地報紙登載聲明作廢啓事一天後憑辦。

(3)存戶爲自然人經提示身分證件親自辦理掛失者，免予登報，也免保證人，立即辦理。

㈤存戶目錄

存款科目：□□　　中興商業銀行存款戶名戶號登記簿

帳號		存戶名稱		開戶年月日	結清年月日	拒絕往來年月日及號碼	轉入靜止尾存戶年月日	復活年月日	主管	備考
編號	檢	公司行號	姓名							

存戶戶名、帳號、開戶日期應逐戶登記於「存款戶名、戶號登記簿」，結清銷戶、轉入靜止尾戶、轉入後恢復往來、拒絕往來時均應在登記簿上註明原因、日期以資查考。須查詢存戶的存款往來情形時，鍵入①存戶之身分證統一編號或營利事業統一編號，或②存戶帳號，作「客戶資料查詢」，即可由顯示幕上查得。

㈥存款證明

1.存戶要求證明某特定日期的存款餘額時應先塡具「存款餘額證明申請書」，並於申請書上蓋具原留印鑑。

2.經辦員於接到申請書時應

⑴檢核應塡各項有無遺漏，所蓋圖章與原留印鑑是否相符。

⑵依據資料查詢單（日期別交易資料查詢單）或餘額表塡寫存款全部餘額證明書，並與申請書核對所證明日期的存款餘額確實無誤後，登記「存款證明登記簿」。

⑶將「申請書」、「證明書」及登記簿，連同資料查詢單或餘額表一併送請主管人員核對簽章證明。

3.主管人員除在證明書上覆核、簽章加蓋押數章外，並在申請書與證明書加蓋騎縫章後，將證明書送交存戶。「申請書」聯則由存款部門依簽發證明書日期依順序裝訂成冊，妥爲保管。(若使用資料查詢單時，查詢單作爲申請書的附件。)

4. 當日餘額不得同日發給證明，但存戶如有急迫需要時，得於結帳（營業結束）後，確定無退票或其他支出時，由主管酌情核定發給之。

5. 如存款已被法院查封凍結者，則應註明事實，但仍以帳面餘額爲準予以證明。

6. 支票存款存戶如有依票據法規定辦理止付而由付款行留存（提存於其他應付款科目內）的金額者，該存款全部餘額證明書金額欄，僅填記證明日該存戶帳戶內的餘額，但宜附記「本證明書所證明金額未包括該存戶經止付而由付款行留存的金額（新臺幣若干元整）在內」。

7. 定儲存已掣給存單，此項存單即爲最好的證明，以不另發給證明爲原則，如存戶確因特殊理由申請時，仍得發給之，但應加註已另發給存單(如爲綜存戶則加註已另發給存摺)、存單號碼、帳號、存期、起存日及到期日等資料，並應切實查明該存款有無辦理質權設定，如該存款經查已辦理質權設定時，應在證明書上註明「本存款已設定質權」或「本存款已質借新臺幣○○○元」等字樣。

8. 綜合存款的定期性存款無論有無相對的放款均應註明「本存款已設定質權」或「本存款已質借新臺幣○○○元」等文字於證明書上的備註欄。

9. 已辦妥質權設定的活期存款或活期儲蓄存款核發存款證明時，應在存款證明書上註明：「本存款已設定最高限額質權新臺幣○○○元」字樣。

㈦存款的保密

1. 銀行法第四十八條第二項的規定：「銀行對於顧客的存款、放款或匯款等有關資料，除其他法律或中央主管機關另有規定者外，應保守秘密。」

為保障存戶權益，存戶與銀行存款往來情形，除存戶本人或經其同意或另有規定者外，均應嚴守秘密。

2.司法、軍法、監察、審計、稅務及法務部調查局等機關，因辦案需要，正式備文查詢與該案有關客戶的存放款資料，應予照辦，其他機關若有查詢時，應報經財政部核准後，註明財政部核准文號，始可辦理。（財政部 83.6.1 臺財融第 832294756 號函）

3.公司登記主管機關為查驗公司資本，向金融機構查詢客戶存款證明書的內容時，應予照辦。（財政部 74.4.1 臺財融第 13804 號函）

4.律師、會計師查詢存戶存款情形，除經存戶本人同意（蓋妥原留印鑑）者外，其餘自可不予答覆。

5.金融機構在支票存款戶退票或拒絕往來後，有保守業務秘密的義務，不得提供開戶、往來或存款餘額資料與持票人。

6.存戶死亡，其繼承人查詢該存戶存放款資料時，銀行得於確認其為繼承人無誤後，得允其查閱。

7.公職人員財產申報受理機關因審核需要，查報申報人存款及金融債券資料，應予協助提供，惟提供時應以密件處理並提示受理機關應予保密的責任。（83.7.18 臺財融第 832295078 號函）

五、銀行法對銀行經營存款業務的限制

存款係銀行居於受託人及債務人的地位，所收存的負債。銀行經營存款業務必須基於善良管理人的注意來辦理，故各國銀行法皆予適當的規範限制，我國銀行法亦有類似規定，特列述於次：

㈠為改善金融秩序並與國際慣例相符，銀行法第四十一條規定銀行存款利率應以年率為準；同時為增加及方便社會大眾之瞭解，並規定應於

營業場所揭示。

㈡由於美國的銀行及國內部分金融單位過去曾以贈獎方式吸收存款，造成各種流弊，殊非合理經營之道，故銀行法第三十四條乃規定銀行不得於規定利息外，以津貼、贈獎或其他給予方法吸收存款（但信託資金依約定發給紅利者，不在此限）；如有違反處以新臺幣50萬元以上250萬元以下罰鍰（第一百三十一條第一款）。

㈢鑒於國內支票存款開戶限制較嚴，以致發生流弊甚多，故銀行法第三十五條規定銀行負責人及職員不得以任何名義向存戶收受佣金、酬金或其他不當利益；如有違反，處三年以下有期徒刑、拘役或科或併科新臺幣500萬元以下罰金，但其他法律（如懲治貪污條例）有較重的處罰者，依各該法律規定（第一百二十七條）。

㈣爲保障存款人的權益，銀行法第四十八條第一項明定銀行非依法院的裁判或其他法律的規定，不得接受第三人有關停止給付存款的請求，依同條第二項的規定銀行對於顧客的存款有關資料除其他法律或中央主管機關另有規定者外，應保守秘密。

㈤爲維護銀行兌付能力，確保存戶存款安全，於銀行法第十七條及第四十二條規定，銀行應依照中央銀行核定的比率，提存存款準備金。

㈥爲提高銀行資產的流動性，以加強確保存戶存款的安全，於銀行法第四十三條規定，銀行應持有最低比率的流動資產。

㈦爲保障存款人的利益，應爲每一存款戶投保存款保險。

㈧信託投資公司不得收受存款（第一百零一條）。

六、存款的保險

中央存款保險公司係依據「存款保險公司條例」及公司法有關規定而設立，其目的在保障金融機構存款人利益，鼓勵儲蓄，維護信用秩序，促進金融業務健全發展。其資本總額爲新臺幣20億元，分爲2億股，由財政部與中央銀行各集資百分之四十；另餘百分之二十之資本由各銀行認購。中央存款保險公司所接受存保的金融機構包括：銀行（包括商業銀行、儲蓄銀行、信託投資公司、外商銀行在臺分行）、信用合作社、農漁會信用部以及其他經主管機關指定的金融機構。承保的存款範圍爲：支票存款、活期存款、定期存款、儲蓄存款、信託資金以及其他經主管機關核准承保的存款(均以本國貨幣的存款及信託資金爲限)。對要保機構每一存款人最高保額（爲每一存款人在同一要保機構存款總額要保的最高金額)，經財政部會同中央銀行核定爲新臺幣一百萬元，故每一獲得承保的金融機構的每一存款客戶，其存款或信託資金餘額在新臺幣一百萬元以下部分，中央存保公司將負擔百分之百風險。因此，獲得承保的金融機構，於吸收存款或信託資金業務方面，將具有高度的競爭力，有利於整體業務之推展。而中央存保公司亦發給一面標示牌(如下)，供其懸掛於營業廳明顯之處，以贏取存戶信任。存款保險費率定爲年率萬分之 1.5，每半年繳付一次保險費，要保機構於應付的保險費未付清前，不得分派股利。保險費基數，以要保機構的存款負債總額，扣除㈠超過存款人最高保額的餘額；與㈡信託人指定用途的信託資金兩項後的金額爲準。茲特舉存款保險費基數及保險費計算實例於下頁：

參加存款保險金融機構

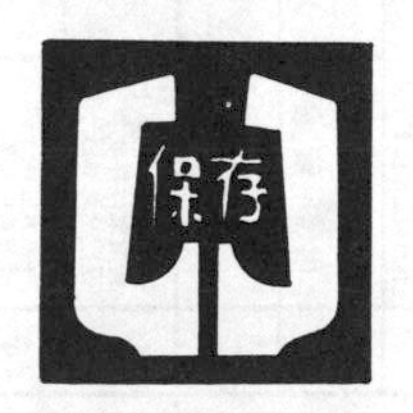

承保機構：中央存款保險公司

○○商業銀行　存款保險費基數及保險費計算表

基準日：中華民國 84 年 6 月 30 日

總機關代號：811　　　　金額單位：仟元

	欄次	科目別	承保項目						不保項目		合計	
			最高保額(含)以下者		超過最高保額者		小計					
			戶數	金額	戶數	金額	戶數	金額	戶數	金額	戶數	金額
歸戶前	1	支票存款(含本行支票，保付支票)	7,095	262,518	135	798,565	7,230	1,061,083	2	48	7,232	1,061,131
	2	活期存款	3,893	300,642	352	1,930,627	4,245	2,231,269	16	1,557	4,261	2,232,826
	3	定期存款	8,698	2,804,546	1,052	14,259,557	9,750	17,064,103	1,134	12,495,300	10,884	29,559,403
	4	活期儲蓄存款	98,670	3,521,600	850	2,098,556	99,520	5,620,156			99,520	5,620,156
	5	定期儲蓄存款(含行員定期儲蓄存款)	35,482	11,454,146	2,057	6,798,106	37,539	18,252,252			37,539	18,252,252
	6	代爲確定用途信託資金										
	7	(歸戶前)合計	153,838	18,343,452	4,446	25,885,411	158,284	44,228,863	1,152	12,496,905	159,436	56,725,768
歸戶後	8	存款人在二個以上營業單位存款者經按承保項目分類	人		人		人					
	9	存款人僅在一個營業單位存款者經按承保項目分類	人		人		人					
	10	全體歸戶後合計	96,150 人	① 8,019,884	② 7,907 人	36,208,980	104,057 人	44,228,864				

附註：不保項目存款之性質請簡略說明如下

存款保險費基數=最高保險額以下存款總額+(最高保額×超過最高保額存款人數)
=①+(最高保額×②)←(①②數字過自本表第10欄①②)
= 8,019,884 千元+(1,000千元×7,907)
=15,926,884 千元

本期應繳存款保險費 =存款保險費基數×本次繳費期間×保險費率
= 15,926,884 千元× $\frac{6}{12}$ × $\frac{1.5}{10,000}$
= 1,194,516 元(新台幣　億　仟　佰　拾　萬　仟　佰　拾　元整)

說明：本表爲半年報，總機關應於每半年度結束後一個月內送達中央保險公司

主管：　　會計：　　覆核：　　製表：電腦中心

銀行開央支或臺支向中央存款保險公司繳納存款保險費時的借貸分錄如下：

借：業務費用——現金及存款保險費

　　貸：存放央行或存放銀行同業——臺銀

第二節　支票存款的開戶及存取手續

一、支票存款的意義及特質

凡款項存入時由存戶塡具送款單憑以核收，支取時由存戶簽發支票或利用自動化設備委託支付，隨時存取不計利息的存款稱爲支票存款。

銀行法第六條：「本法稱支票存款，謂依約定憑存款人簽發支票，或利用自動化設備委託支付隨時提取不計利息之存款。」

支票存款具有下列各項特質：

1. 應憑存款人所簽發的支票或利用自動化設備委託支付隨時提取。

2. 可以隨時存款及取款。

3. 銀行不計給利息。

4. 可隨時提取，變動頻繁，且其貨幣性最高，所應提繳的準備金高於他類存款。

5. 照銀行學理及銀行業務慣例，可與銀行訂約透支款項。

6. 照主管機關以往規定，對開戶有限制，且須有相當的介紹人。

7. 存戶大都爲工商企業及機關團體。

8. 款項出入頻繁，手續煩雜，服務成本最高，歐美各國銀行有向存戶徵取手續費者。

二、支票存款的開戶手續

㈠開戶條件

依據財政部頒訂的「支票存款戶處理辦法」，開戶條件如下：

1. 個人名義申請開戶的規定

⑴應核對確爲本人，並由開戶人依約定當面親自簽名、蓋章或簽名及蓋章於支票存款往來約定書暨印鑑卡上，並留存身分證及戶口名簿或護照影本。

⑵無行爲能力人及限制行爲能力人不得申請開戶。

⑶被拒絕往來未經解除者，不得申請開戶。

2. 以公司團體名義申請開戶者

⑴公司組織者，應持有經濟部執照及營利事業登記證（或繳納營業稅證明），但領有經濟部執照，尚未開始營業者，得在指定期間補驗營利事業登記證。

⑵行號應持有營利事業登記證。

⑶其他團體應持有主管機關登記執照或核准成立或備案的文件。

⑷申請開戶應由證照或文件記載的負責人親自辦理或由受理的金融業派員查實。

⑸公司、行號的開戶，應實地查證其營業場所及瞭解營業情形。

㈡開戶手續

1. 請存戶塡具開戶申請書，由本人簽章，並附具戶口謄本或營業執照或備案文件影本。

2. 塡具往來約定書一份、印鑑卡二份、支票領用單一份及送款簿一份。

3. 向當地票據交換所查詢申請開戶人有無不良記錄。

4. 依據有關資料作「現金開戶」或「轉帳開戶」或「本交票據開戶」等交易。

5.將存戶戶名及帳號填記「存戶目錄」及「戶名戶號登記簿」。

㈢開戶資料的登錄

存戶開戶時，除請存戶填寫印鑑卡、存款憑條外，應另填具「開戶資料登錄單」，經審核資料無誤後，由經辦員鍵入電腦，俾利電腦自動化作業。

中興商業銀行　客戶中文資料 新增/變更 登錄單(590)

中華民國　　年　　月　　日

申請種類	□1.新增　□2.變更		
存款帳號(信託帳號)		放款戶號	
營利事業統一編號		身分證統一編號	
右列各欄請用正楷填寫 — 戶名		新字或備註	
負責人姓名			
戶籍地址與通訊地址是否相同：	□是(通訊地址欄可免填)　□否		
戶籍地址	縣市　鄉鎮市區　村里　鄰　路街　段　巷　弄　號　樓　郵遞區號		
通訊地址	郵遞區號		

認證	交易日期	交易序號	交易代號	申請種類	帳號或戶號	統一編號
	戶名			負責人姓名		
	地址類別(1.戶籍2.通訊3.相同)		縣	市	郵遞區號	
	明細地址					

RM590　1×100×300本(大)82.4

主管　　認證　　登錄　　經辦

三、支票存款的存入手續

(一)一般注意事項

1.支票存款初次存入的金額不得低於新臺幣一萬元爲原則，以後續存則不拘數目。

2.存入款項時應使用支票存款送款簿，如使用散頁送款單，宜將存根聯訂入送款簿，交由存戶收存。

(二)以現金存入時

款項收妥，傳票加蓋收款章（櫃員收付章或出納收訖章）及私章，由受理經辦員審核傳票要項無誤(如帳號、戶名是否相符等)，交記帳員入帳，記帳員應注意收款章及有關人員私章齊全，始可作「現金交易」，經依規認證後送請主管人員檢印。

(三)以轉帳存入時

1.受理經辦員應審核傳票要項無誤（如帳號、戶名是否相符，對方科目有無記載等）及借貸方金額相等後，交記帳員入帳，記帳員應注意「轉帳訖」章及有關人員私章齊全，先作「轉帳支出」交易，扣帳後始得再作「轉帳存入」交易，經依規認證後送請主管人員檢印。

2.代收、授信等經主管檢印蓋章後拆開的貸方傳票，交記帳員入帳，記帳員應注意「轉帳訖」章及有關人員私章齊全時，始可作「轉帳存入」交易，再依規認證。

(四)以聯行或他行票據存入時

1.存入款項爲他行或聯行票據時，收款人員檢查票據要項無瑕疵，在傳票上蓋「本日交換」或「次日交換」字樣的戳記，並加蓋收款章及私章，受理經辦員應審核傳票要項無誤後（如帳號、戶名是否相符等），交記帳員入帳。

2.記帳員應注意收款章及有關人員私章齊全，始可作「本交票據存入」或「次交票據存入」交易，經依規定認證後送請主管檢印。次日交換收入傳票於登錄後交會計保管。

3.票據須俟本行收妥後方可動用，不可事先抵用，但須抵用時須經主管核可。

4.存戶存入的票據經本行提出交換而退票時，應即塡具三聯式「退票通知書」，以第一、第二聯儘速通知存戶，第三聯「退票憑單」作爲代支出傳票，逕自該戶內扣減，並請存戶在第二聯「存戶領回退票憑單」上加蓋原留印鑑來行領取退票後作爲支出傳票（退票憑單）的附件。如該退票至退票後第三日仍未由存戶領取，應立即以雙掛號再次通知存戶儘速領取退票，將雙掛號回執聯與退票一併留存。又如該項退票經存戶同意由本行重新存入者可免加蓋原留印鑑，但須在「存戶領回退票憑單」上附註原因並加蓋經辦員及主管印章以備查考，或以送款單存根聯作爲附件。

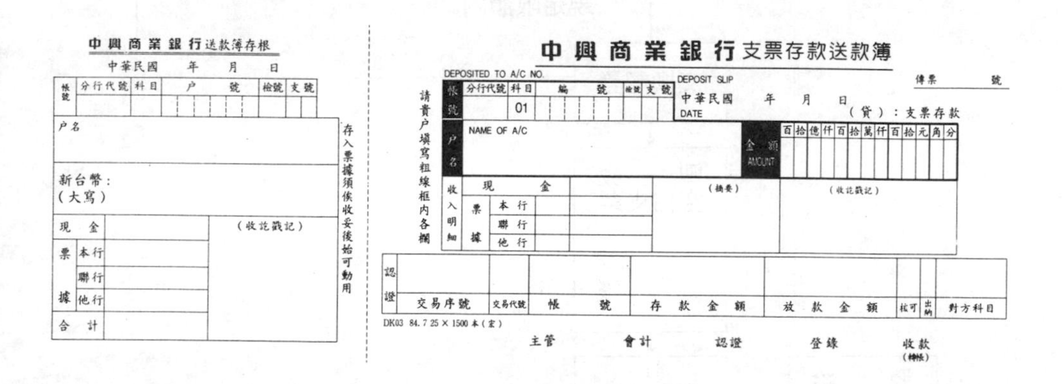
中興商業銀行送款簿存根
中華民國　年　月　日
帳號　分行代號　科目　户　號　檢號　支號
户名
新台幣：（大寫）
現金
票據　本行　聯行　他行
合計
（收訖戳記）
存入票據須俟收妥後始可動用

中興商業銀行支票存款送款簿
DEPOSITED TO A/C NO.　DEPOSIT SLIP　傳票　號
帳號　分行代號　科目　編　號　檢號　支號
01
中華民國　年　月　日
DATE　（貸）：支票存款
請貴户塡寫粗線框內各欄
户名　NAME OF A/C
金額 AMOUNT　百　拾　億　仟　百　拾　萬　仟　百　拾　元　角　分
收入明細　現金　票據　本行　聯行　他行
（摘要）
（收訖戳記）
認證　交易序號　交易代號　帳號　存款金額　放款金額　核可　出納　對方科目
DK03 84. 7 25 × 1500 本（宏）
主管　會計　認證　登錄　收款（轉帳）

四、支票存款開戶及存款的流程圖

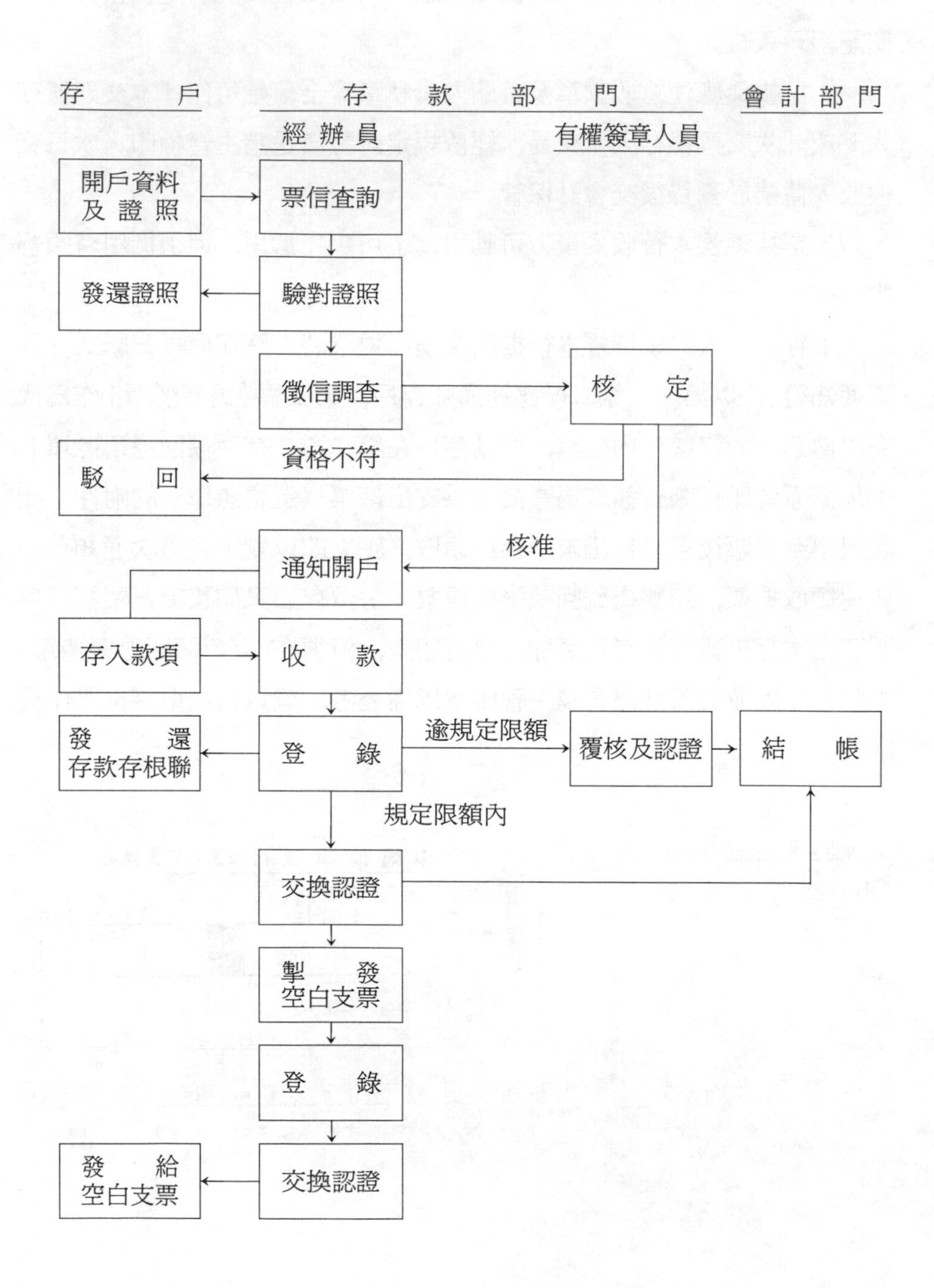

五、支票存款的取款手續

㈠支票存款存戶取款，須開具支票並簽蓋原留印鑑，憑以付款。因存戶與銀行訂有委託擔當付款約定，故得簽發指定銀行為擔當付款人的本票或承兌匯票。

㈡執票人來行支取款項時，經辦員應先注意票上法定記載要項是否齊全，隨將「號碼牌」號數記入支票上端，並在號數邊加蓋騎縫章，然後將該付款「號碼牌」交與執票人，以憑領款。如採一線櫃員制時，於授權金額內，得酌情發給「號碼牌」。

㈢有關支票法定要項的審核，參閱本章第四節「票據的審核」各項規定。

㈣經辦員應慎重查核有無「止付」情事，如發現已經止付的票據，應即與主管人員連繫，商酌對策，並於退票時在票上加蓋「已經止付」戳記。

㈤經辦員對發票人的簽章以折接驗對是否與原留印鑑相符，經核對無誤後，經辦員應在「核章」欄蓋章證明。

㈥發票人簽章多於原留印鑑時，只要「原留印鑑」對，加蓋公司章或私章均可照付。

㈦票據印鑑經驗對無誤後，經辦員應再查明票據金額有無超過帳面結存餘額或透支限度，如不足支付，應即查閱有無待入帳款項。(如現金、代收、匯款、轉帳、轉撥等款項)

㈧支票背面應由領款人簽名，並註明地址，如有疑義時，應婉詞要求顧客提示身分證核對並予以登記，以備查考。

㈨經辦員審核支票認為可以支付時，即將支票交記帳員憑以作「現金支出」交易。

㈩支票經記帳、認證後，櫃員在授權額度內先付款後送請主管檢印，授權額度外先送請主管檢印並認證後交出納付款。

(十一)支票不能付款而須退還取款人時，應將「號碼牌」收回，並將支票上之號碼牌號碼打「×」記號註銷。為避免被認為「橫線」，註銷號碼時不可劃平行線塗銷。取款人如要求退票理由單時不得拒發。

(十二)付款時得將其明細記載於傳票背面，以利日後查證。

(十三)支票除付現外，其他經由出納「收入」的本行支票或交換提回的支票，應依照付現手續辦理，並將支付方式在摘要欄內註明。

(十四)轉帳時應注意借貸雙方金額是否相等，背書及對方科目是否填記清楚等。

(十五)為避免處理上的困難，各行庫一律不辦理票據的部分付款。

Bank 支 票

支票號碼 PD2348553 中華民國 年 月 日 帳號 712-2

台北市票據交換所 73/3 交換銀行

憑票支付 NT$

新臺幣

此致

中興商業銀行 中山分行 台照

付款地：台北市松江路二二八號

科 目：(借)支票存款 對方科目：

(發票人簽章)

經副襄理 會計 出納 認證 記帳 核章

起證欄

⑈2348553⑈:0181100990:01 ⑈0100071220⑈

支票樣張

六、支票存款取款流程圖

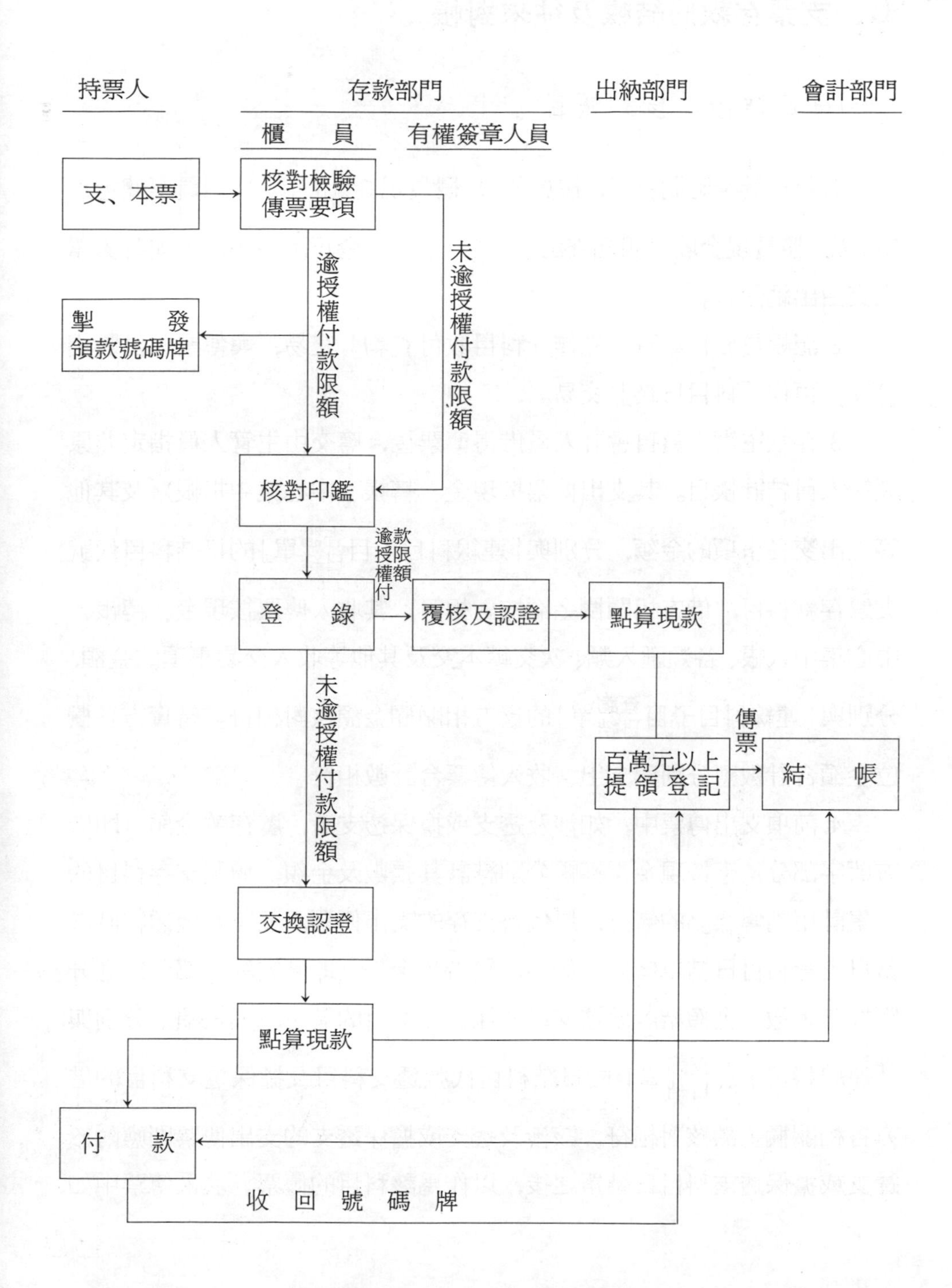
持票人
存款部門
出納部門
會計部門
櫃　　員
有權簽章人員
支、本票
核對檢驗
傳票要項
逾授權付款限額
未逾授權付款限額
掣　　發
領款號碼牌
核對印鑑
逾授權付款限額
登　　錄
覆核及認證
點算現款
未逾授權付款限額
傳票
百萬元以上
提領登記
結　　帳
交換認證
點算現款
付　　款
收 回 號 碼 牌

七、支票存款的結帳及往來對帳

(一)每日結帳及核對帳目

1.每日營業時間終了，櫃員依據「櫃員現金借入繳出單」、「櫃員票據遞送單」及「櫃員現金收付明細查詢」，結計本日現金正確餘額，上述各表單應交由出納保管。

2.記帳員於日結時，先作「科目收付查詢」交易，與傳票收付數相符後，再作「科目日結」交易。

3.存款主辦人員自會計人員借得傳票後，應交由主管人員指定非原經辦人員結計帳目。其支出傳票按現金、轉帳（中心集中扣帳）及其他等支出交易事項的金額，分別與「連線科目子目查詢日結單」的日結科目代號支票存款科目，借方相關欄金額核對相等。其收入傳票按現金、轉帳、中心集中入帳、各類匯入類、次交轉本交及其他等收入交易事項的金額，分別與「連線科目子目查詢日結單」的貸方相關欄金額核對相符。借貸方各欄位金額合計數應分別與支出、收入傳票合計數相符。

4.前項支出傳票中，如涉及透支或擔保透支者，屬存款金額（即借方藍字部分）應按現金、轉帳分別結計其張數及金額，填製支存科目的「集計用副傳票」的借方，以代替支存的支出傳票，並將其金額結計於當日支存科目日結單借方金額內，屬借款金額（即借方紅字部分）應分別按其張數、金額結計於透支或擔保透支科目的借方，其帳項應分別與「連線科目子目查詢日結單」的日結科目代號透支科目及擔保透支科目的借方各相關欄金額核對相符。該涉及透支或擔保透支的支出傳票則應附於透支或擔保透支科目日結單之後，以作爲該科目的傳票。收入傳票中如有涉及透支或擔保透支者(即還款部分)，其傳票的處理及帳項的核對與支出傳票相同，惟借貸相反。

5.中心集中扣帳的票據退票時，存款櫃員應以「交換票據扣帳還原登錄單」將退票金額自「查詢單」的借方現金欄中扣除。將退票登錄單訂於「交換票據扣帳明細表」並在該表備註欄註明退票字樣後，予以備查。

6.完成以上手續後，支存科目日結單連同傳票一併送交會計人員與「連線科目日結表」(以下簡稱日結表)的支存科目借貸方及本日餘額核對，並憑以記入總分類帳。

7.分行連線科目日結表與會計部門之「科目日結單」如有不符，應即查明原因，必要時得向會計借出傳票詳爲勾稽核對至查明原因並更正符合後止。惟傳票的借出應俟會計於各傳票會計欄上蓋章，並按收入、支出、現金、轉帳將傳票張數清點無誤始得爲之。

8.存款經辦員於接到電腦中心造具的前一營業日「存款餘額表」時，應立即核對當日連線科子目查詢單的前日餘額，核符後在餘額表餘額首位蓋章，再由會計人員複核該日的科目日結單餘額，送主管人員核印，餘額表由存款部門訂冊保存。電腦中心每十日造具的「存款交易明細帳」造冊後於期底送會計部門保存。

㈡往來對帳單

1.爲防止存戶與銀行間帳務不符，從而查證存款餘額的正確性，支票存款對帳單應每月一次對異動戶全部核發，並須於備查簿紀錄寄發與收回情形。

2.對帳單的寄送應由主管人員指定非經辦人員或會計人員辦理。

3.於接到對帳單回單時，由主管人員指定非經辦人員驗對存戶所蓋原留印鑑無誤蓋章證明後妥善保管。

㈢支票存款户銷帳作業

存戶要求將其回籠支票及存款明細錄製成磁片以利其自動化銷帳作業時，一般銀行都可配合辦理。

第三節 支票存款的記帳實例

支票存款的存取，用「支票存款」科目記帳。凡存戶存款時，應填送款單以憑核收，銀行即以該送款單代替（貸）支票存款科目的收入傳票(現金或轉帳)，記入支票存款明細分類帳的貸方。取款時應由存戶簽發支票或簽發委託銀行擔當付款的本票或匯票，由其本身或轉交受款人經由交換或直接向銀行提款，銀行於核付後，即以該付訖的支票或本票、匯票代替（借）支票存款科目的支出傳票（現金或轉帳），記入支票存款明細分類帳的借方。有時因轉帳或代收票款或支付手續費、退票違約金、支票工本費、透支利息、或退票等收付，涉及其他科目，則應另製傳票記帳。

支票存款記帳時應注意的事項如下：

㈠記收入傳票時

1. 傳票上各項印鑑及戳記是否完全。
2. 帳號與戶名有無錯誤。
3. 在摘要欄曾否記明現金或轉帳字樣，對於交換票據，已否註明交換次數。
4. 有無要項不合或塗改之處。
5. 所記金額及所結餘額是否正確。
6. 轉帳時借貸雙方金額是否相符。

㈡記支出傳票時

1.帳號與戶名有無錯誤。

2.是否掛失止付支票。

3.存款餘額是否足付，或有否超過透支限額，存入的交換票據是否收妥。

4.是否該戶領用的支票，號碼有無連續。

5.印鑑是否相符。

6.有無要項不合或塗改之處。

7.支票自發票日起是否已超過一年。

8.記名支票有無相符的背書，背書是否連續。

9.横線及特別横線支票是否由銀行業或指定的銀行收取。

10.是否已到支票發票日。

11.有無其他應拒絕付款的事由。

12.所記金額及結出的餘額是否正確。

茲爲進一步瞭解支票存款各種交易事項的記帳方法，特舉例說明於下：

例一　八十五年七月十六日支票存款戶# 56116 張紹錦存入現鈔 20,000元，另有本行支票存款戶# 712-2 王威所開支票 250,000 元，聯行大同分行付款支票乙紙 180,000 元及他行第一銀行付款支票乙紙 50,000 元。

此例以存戶張君所塡送款單代替（貸）支票存款現金收入傳票，而將存入的三紙票據皆視同現金處理；其中本行王威君所開的支票一紙，則用以代替（借）支票存款的現金支出傳票，並以左上角註明「收入」字樣，以示此張支票當作現金收入不必付現。至於聯行及他行付款票據，均須提出交換。茲將送款單與支票的內容各示一式於下：

○○銀行送款單

總第＿＿＿＿＿＿號 貸

帳號 56116

戶名 張紹錦

新臺幣伍拾萬元整

今送上左列款項請收入往來帳

中華民國 85 年 7 月 16 日

科目：支票存款

現款			張數					2	0	0	0	0	0	0
票據	本行		1				2	5	0	0	0	0	0	0
	聯行		1				1	8	0	0	0	0	0	0
	他行		1					5	0	0	0	0	0	0
對方科目			合計	N	T	$	5	0	0	0	0	0	0	0

經副襄理　會計　營業　出納　記帳

支票號碼 PD2348560　中華民國 85 年 7 月 16 日　帳號 712-2

臺北市票據交換所 73/3 交換銀行

憑票支付　NT$ 250,000.00

新臺幣 貳拾伍萬元整

此致

中興商業銀行 中山分行 台照

付款地：台北市松江路二二八號

科目：(借)支票存款　對方科目：

(發票人簽章)

經副襄理　會計　出納　認證　記帳　核章

⑈2348560⑈⑆018110099⑆01 ⑈010007122⑈

註：本例中存戶所存入本行付款票據，也可以轉帳方式處理，但在目前實務上，皆比照應提出交換的他行票據，用現金方式處理，而免另開臨時存欠傳票之煩。

例二　同日張君持來第一銀行新竹分行承兌滙票乙紙 30,000 元委託本行代爲收款，經寄本行新竹分行代收。並塡製應收代收款與受託代收款簿如下：

〇〇銀行應收代收款/受託代收款簿　　本帳頁次　　號

支票存 No.56116　　中華民國 85 年 7 月 16 日

<table>
<tr><td>託　收　人</td><td>發票人</td><td>付　款　人</td><td>代收號數</td><td colspan="2">到期</td><td colspan="10">金　　額</td></tr>
<tr><td>張　紹　錦</td><td>李××</td><td>第一銀行
新竹分行</td><td>B/C 58</td><td>7</td><td>15</td><td></td><td></td><td></td><td>3</td><td>0</td><td>0</td><td>0</td><td>0</td><td>0</td><td>0</td></tr>
<tr><td>票據種類號數</td><td colspan="2">支票 No.×××××</td><td colspan="13" rowspan="2">備註：</td></tr>
<tr><td>代　收　費</td><td colspan="2"></td></tr>
<tr><td>收到日期</td><td colspan="2">年　　月　　日</td><td colspan="2">轉帳日期</td><td colspan="11">年　　月　　日</td></tr>
</table>

代收行　新竹分行　　託收行　城內分行

應收代收款及受託代收款簿，一方面代替（借）應收代收款及（貸）受託代收款兩科目的轉帳支出傳票和轉帳收入傳票，同時又可充兩科目的備查簿之用。此例僅係託收，票款尚未收到，所以不必作存款的記錄。

例三　同日接到南投分行報單及通知書，謂張君前日託收本行南投分行支票存款戶文一淸所開支票 5,000 元，業已收訖。經檢出前日所塡「便查卡」並轉入張君存款帳內。劃收報單和便查卡的形式如下：

○○銀行劃收報單　借

民國85年7月16日轉帳
民國85年7月15日劃收

城內分行台照

科目	聯行往來

起算日		對方行	摘要	金額										
7	15		B/C　49						5	0	0	0	0	0
合計金額														
合計新臺幣——佰——拾——萬伍仟——佰——拾——元——角——分整														

對方科目	支票存款

劃收行　南投分行　具

註：此劃收報單代替（借）聯行往來科目轉帳支出傳票

○○銀行代收款項便查卡　貸

中華民國85年7月16日轉帳
中華民國85年7月14日託收

支票存 No.56116

科目	支票存款

託收人	發票人	付款人	代收號數	到期		金額									
張紹錦	文一清	南投分行	B/C 49	7	15				5	0	0	0	0	0

票據種類號數	支票 No.21336	備註：
收款日期	85年7月15日	
對方科目	聯行往來	

代收行　南投分行　　託收行　城內分行

經副襄理　會計　營業　記帳　覆核　製票

註：此代收款項便查卡代替（貸）支票存款科目轉帳收入傳票

根據上列劃收報單尚須填製下開轉帳傳票：

轉帳支出傳票

(借) 受託代收款	B/C 49	張紹錦	$5,000.00

轉帳收入傳票

(貸) 應收代收款	南投分行	B/C 49	$5,000.00

例四　同日接本行新竹分行入戶信滙（滙款的一種）委託書通知，該行客戶李子英委託劃撥款項 200,000.00 元，收張君存款帳。新竹分行將委託書與轉帳收入傳票一次套寫後寄來時，應將委託書代替（借）聯行往來科目轉帳支出傳票入帳，二者塡就後的形式如下：

〇〇銀行入戶信滙委託書　　借

城內分行　台照　C/N 610

中華民國 85 年 7 月 16 日解訖
中華民國 85 年 7 月 15 日滙出

科目	聯行往來

收款人	收款人存款帳戶	金額							
張紹錦	支票存 No.56116	2	0	0	0	0	0	0	0
金額新臺幣　貳拾——萬——千——百——拾——元——角——分整									
收款人住址		滙費 N.T.$							8
滙款人	李　子　英	郵費 N.T.$							

對方科目	支票存款

滙出行　新竹分行　具

經副襄理　　會計　　營業　　記帳　　覆核　　製票

〇〇銀行轉帳收入傳票 貸

C/N 610

中華民國 85 年 7 月 16 日解訖
中華民國 85 年 7 月 15 日滙出

科目	支 票 存 款

收 款 人	收款人存款帳戶	金 額
張 紹 錦	支票存 No.56116	2 0 0 0 0 0 0 0
金額新臺幣 貳拾——萬——千——百——拾——元——角——分整		
收款人住址		滙費 N.T.$ 8
滙 款 人	李 子 英	郵費 N.T.$

對方科目	聯行往來

滙出行 新竹分行 具

經副襄理 會計 營業 記帳 覆核 製票

例五 同日張君所存一個月期定期存款 300,000 元到期。除利息部分提現外，本金部分轉入該戶支票存款帳內。張君交來的定期存單，代替（借）定期存款科目轉帳支出傳票入帳，同時將送款單作爲（貸）支票存款的代用轉帳收入傳票。至於利息部分的處理，留待下章詳細說明。茲將定期存單和送款單兩式列示於下：

〇〇銀行送款單

總第————————號 貸

中華民國 85 年 7 月 16 日

科目	支 票 存 款

現 款			張數											
票據	本行		1	N	T	$	3	0	0	0	0	0	0	0
	聯行													
	他行													
對方科目	定期存款		合計											

經副襄理 會計 營業 出納 記帳

新臺幣叁拾萬元整

帳號 56116

戶名 張紹錦

今送上左列款項請收入往來帳

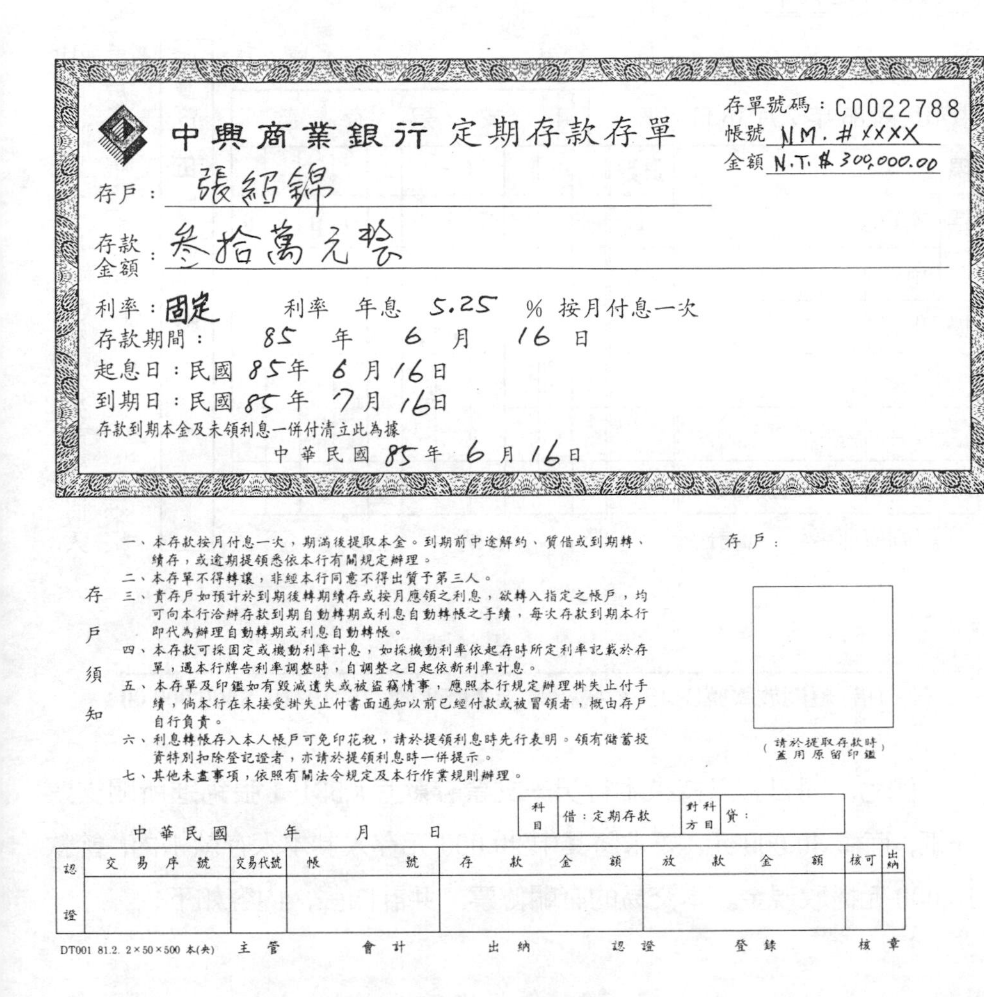

中興商業銀行 定期存款存單

存單號碼：C0022788
帳號 NM. # XXXX
金額 N.T.$ 300,000.00

存戶：張紹錦

存款金額：叁拾萬元整

利率：固定　利率　年息 5.25 % 按月付息一次

存款期間：85 年 6 月 16 日

起息日：民國 85 年 6 月 16 日

到期日：民國 85 年 7 月 16 日

存款到期本金及未領利息一併付清立此為據

中華民國 85 年 6 月 16 日

存戶須知

一、本存款按月付息一次，期滿後提取本金。到期前中途解約、質借或到期轉、續存，或逾期提領悉依本行有關規定辦理。

二、本存單不得轉讓，非經本行同意不得出質予第三人。

三、貴存戶如預計於到期後轉期續存或按月應領之利息，欲轉入指定之帳戶，均可向本行洽辦存款到期自動轉期或利息自動轉帳之手續，每次存款到期本行即代為辦理自動轉期或利息自動轉帳。

四、本存款可採固定或機動利率計息，如採機動利率依起存時所定利率記載於存單，遇本行牌告利率調整時，自調整之日起依新利率計息。

五、本存單及印鑑如有毀滅遺失或被盜竊情事，應照本行規定辦理掛失止付手續，倘本行在未接受掛失止付書面通知以前已經付款或被冒領者，概由存戶自行負責。

六、利息轉帳存入本人帳戶可免印花稅，請於提領利息時先行表明。領有儲蓄投資特別扣除登記證者，亦請於提領利息時一併提示。

七、其他未盡事項，依照有關法令規定及本行作業規則辦理。

存戶：

（請於提取存款時蓋用原留印鑑）

科目	借：定期存款	對方科目	貸：

中華民國　　年　　月　　日

認證	交易序號	交易代號	帳號	存款金額	放款金額	核可	出納

DT001 81.2. 2×50×500 本(央)　主管　會計　出納　認證　登錄　核章

例六　同日總行核准張君短期放款的申請，帳號經編定爲# B-45-1，期限三個月，十月十六日到期，利率年息一分一厘五毫，本金 500,000 元，貸款全數轉入該戶存款帳。除以送款單代替（貸）支票存款轉帳收入傳票外，應另塡（借）短期放款轉帳支出傳票一紙。送款單與傳票的形式如下：

○○銀行送款單

總第＿＿＿＿＿＿號 貸

中華民國 85 年 7 月 16 日

科目	支票存款		
現款		張數	
票據 本行		1	5 0 0 0 0 0 0 0
聯行			
他行			
對方科目	短期放款	合計	

經副襄理　會計　營業　出納　記帳

新臺幣伍拾萬元整

帳號 56116

戶名 張紹錦

今送上左列款項請收入往來帳

轉帳支出傳票

(借)短期放款 #B-45-1 張紹錦 年11.5% 7/16-10/16 $500,000.00

例七　同日張君持來本行另一支票存款戶# 531-1 張錦進所開支票一紙，面額 30,000 元，要求將其中 20,000 元存入其本人存款帳內，餘款 10,000 元提取現金。本交易的有關傳票，共計四張，內容如下：

轉帳支出傳票

(借)支票存款　# 1200　張錦進　支票 No.××××　$30,000.00

轉帳收入傳票

(貸)支票存款 # 56116　張紹錦 送款單 No.××××　$20,000.00

轉帳收入傳票

(貸)臨時存欠	張紹錦	$10,000.00

現金支出傳票

(借)臨時存欠	張紹錦	$10,000.00

本例在理論上應編製傳票四張，但目前一般銀行實務上均用現收現付方式，對收付差額則於現金收入副票以找還現金方式辦理，而免去編製臨時存欠傳票之煩。換言之，除用支票代替（借）支票存款現金支出傳票，並以送款單代替（貸）支票存款現金收入傳票外，另填現金收入副票一紙。各有關單證形式如下：

支票號碼 PD2347249　中華民國 85 年 7 月 16 日　帳號 531-1

憑票支付　NT$ 30,000.00

新臺幣 叁萬元整

此致

中興商業銀行 中山分行 台照

付款地：台北市松江路二二八號

科 目：(借)支票存款　對方科目：

張錦雄

(發票人簽章)

台北市票據交換所 交換銀行 73/3

經副襄理 會計 出納 認證 記帳 核章

認證欄

⑈2347249⑈⑆0181100991⑆01 ⑈010005311⑈

○○銀行送款單

總第＿＿＿＿＿號 貸

帳號 56116

戶名 張紹錦

新臺幣貳萬元整

今送上左列款項請收入往來帳

中華民國 85 年 7 月 16 日

科目 支票存款

			張數	金額
現款				
票據	本行		1	2000000
	聯行			
	他行			
對方科目			合計	

經副襄理　會計　營業　出納　記帳

現金收入副票

現款						7 月 16 日
輔幣						支票存
票據	本行			30	000	00
	聯行					
	他行					
收入合計				20	000	00
找還金額				10	000	00

#56116

張紹錦 先生

收款者印

先生

例八　本日由交換所提回張君所開 305,262 元支票一紙，即以代替（借）支票存款現金支出傳票入帳：

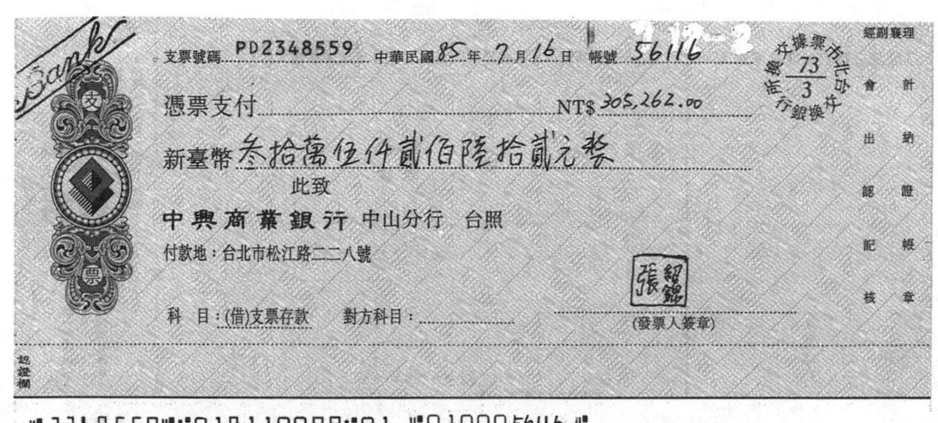

支票號碼 PD2348559　中華民國 85 年 7 月 16 日　帳號 56116

憑票支付　NT$305,262.00

新臺幣 叁拾萬伍仟貳佰陸拾貳元整

此致

中興商業銀行 中山分行 台照

付款地：台北市松江路二二八號

科　目：(借)支票存款　對方科目：

(發票人簽章)

經副襄理　會計　出納　認證　記帳　核章

認證欄

2348559 0181100991 01 0100056116

例九　同日張君持所開 No.415361 支票乙紙，面額 500,000 元，出票日期七月十五日，來行請求保付，當予照辦，並將保付金額，由該戶付出。經過保付後的支票已交申請人，故以保付支票申請書代替（借）支票存款轉帳支出傳票及（貸）支票存款——保付支票轉帳收入傳票之用，格式如下：

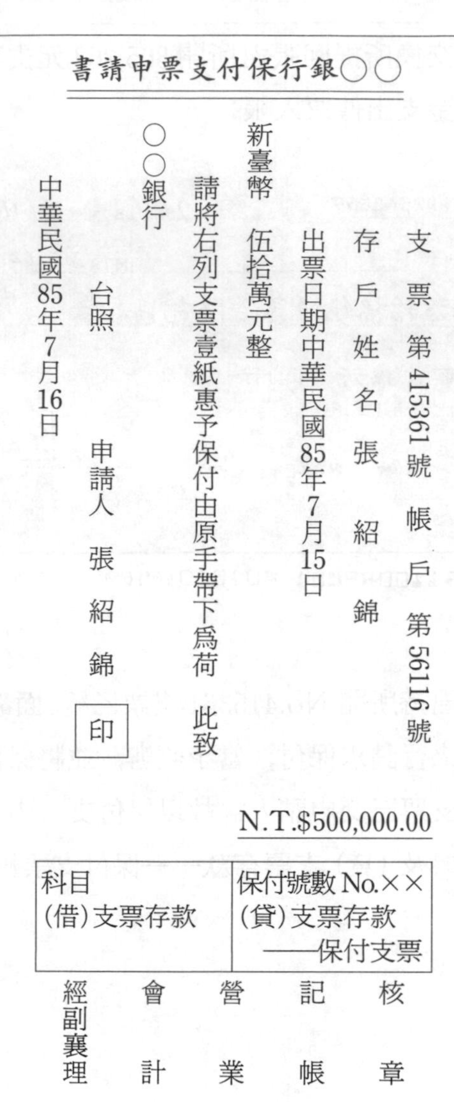

○○銀行保付支票申請書

支票第415361號帳戶第56116號

存戶姓名張紹錦

出票日期中華民國85年7月15日

新臺幣伍拾萬元整

請將右列支票壹紙惠予保付由原手帶下爲荷 此致

○○銀行 台照

申請人 張紹錦 印

中華民國85年7月16日

N.T.$500,000.00

科目	保付號數 No.××
(借)支票存款	(貸)支票存款 ——保付支票

經副襄理 會計 營業 記帳 核章

例十 同日收到鳳山分行寄來張君所開支票乙紙，面額 80,004 元，委託本行代收票款，當由該存戶帳內付出，並填寫劃收報單，通知鳳山分行收訖。在本例中，一面用支票代替（借）支票存款轉帳支出傳票，一面填製（貸）聯行往來轉帳收入傳票，和劃收報單一次套寫。支票與傳票的內容如下：

〇〇銀行　收入傳票　　貸

聯行戶名　鳳山分行　　民國 85 年 7 月 16 日

科目	聯行往來

起算日		對方行	摘要	金額
7	16		B/C 100	80,004.00
合計金額				

合計新臺幣——佰——拾捌萬——仟——佰——拾肆元——角——分整

對方科目	支票存款

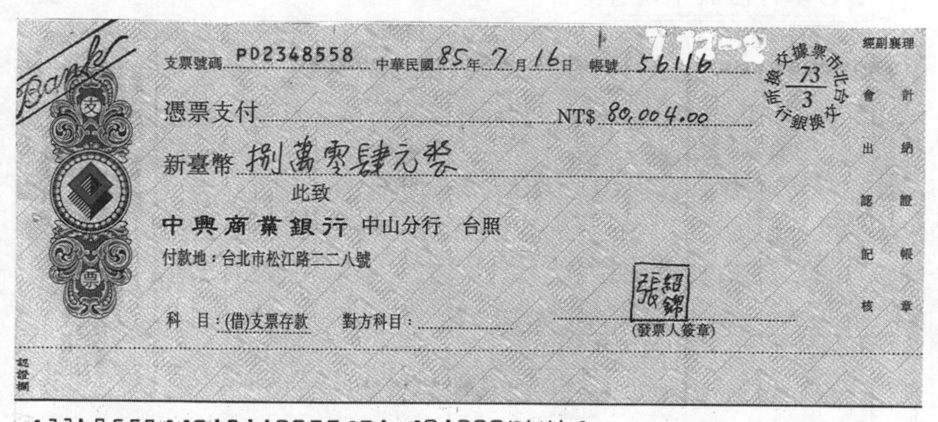
支票號碼 PD2348558　中華民國 85 年 7 月 16 日　帳號 56116

憑票支付 NT$ 80,004.00

新臺幣 捌萬零肆元整

此致

中興商業銀行 中山分行 台照

付款地：台北市松江路二二八號

科　目：(借)支票存款　對方科目：

(發票人簽章)

經副襄理　會計　出納　認證　記帳　核章

"2348558":0181100991:01 "0100056116"

例十一　同日張君開出面額 80,008.00 元支票乙紙，來行請求辦理票滙，其中 8.00 元爲滙費，當予照辦。即以支票代替（借）支票存款轉帳支出傳票，並用滙款申請書代替（貸）滙出滙款及滙費收入兩科目的轉帳收入傳票，形式如下：

Bank

支票號碼 PD2348557　中華民國 85 年 7 月 16 日　帳號 56116

臺北市票據交換所 73 3 交換銀行

憑票支付　NT$ 80,008.00

新臺幣 捌萬零捌元整

此致

中興商業銀行　中山分行　台照

付款地：台北市松江路二二八號

科　目：(借)支票存款　對方科目：

張紹錦

(發票人簽章)

經副襄理　會計　出納　認證　記帳　核章

背書欄

⑈2348557⑈⑆0181100991⑆01 ⑈0100056116⑈

○○銀行滙款申請書

中華民國 85 年 7 月 16 日　　編號 D/D 45　　總　　號貸

滙款種類	1.票滙 3.電滙撥帳 2.往來撥帳	解款行	臺中分行
收款人	指定或持票人	(帳號)	存
地　址			
滙款金額(大寫)	新臺幣捌萬元整		
今送上列款項請依貴行滙款手續辦理爲荷			
滙款人	張　紹　錦		
地址	臺北市博愛路××號	電話	×××

科　目	滙出滙款手續費收入										
滙出滙款					8	0	0	0	0	0	0
手續費收入									8	0	0
合　計		N	T	$	8	0	0	0	8	0	0

備註

經副襄理　會計　營業　出納　記帳

註
(1) 滙款種類請滙款人圈選一項。
(2) 須指定收款人者，請填具收款人姓名地址，並於「持票人」處劃線取消之。

例十二　同日張君開出面額 180,000 元支票乙紙，來行存入三個月期定期存款。經編定帳號# 3-85-76，利率年息六厘，到期日爲十月十六日。此一交易除以支票代替（借）支票存款轉帳支出傳票外，並用存款憑條代替（貸）定期存款轉帳收入傳票，二者形式如下：

○○銀行存款憑條　　　　總第＿＿＿＿＿＿號　　貸

中華民國 85 年 7 月 16 日

			科目	定期存款											
				億	千	百	十	萬	千	百	十	元	角	分	記帳
存入明細	現款		三個月期　年 6% 85/7/16-10/16												
	票據	本行	1張	N	T	$	1	8	0	0	0	0	0	0	收款
		聯行 他行	張												
對方科目	支票存款# 56116		存入金額												覆核
今送上列款項請收入敝帳 帳號# 3-85-76 存戶：張　紹　錦															

經副襄理　　　會計　　　營業　　　出納

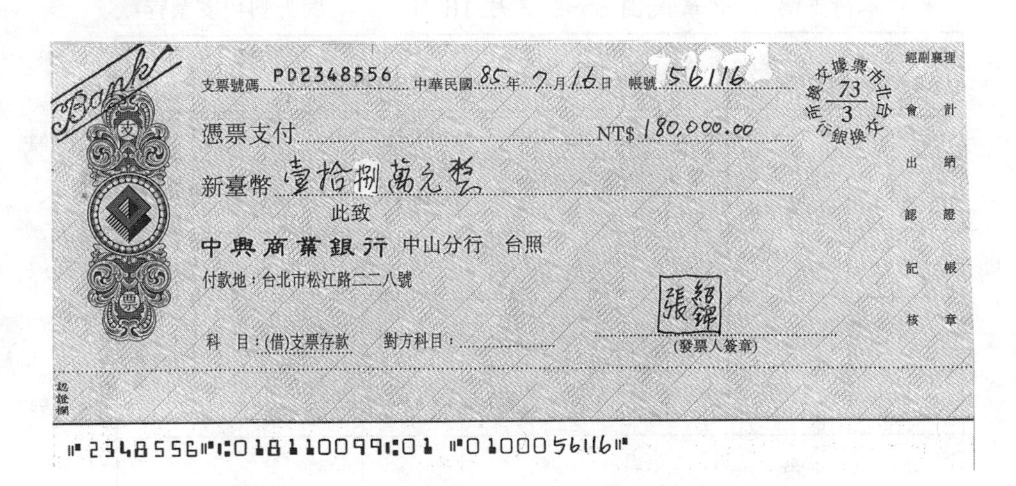
Bank
支票號碼 PD2348556　中華民國 85 年 7 月 16 日　帳號 56116

憑票支付 NT$ 180,000.00

新臺幣 壹拾捌萬元整

此致

中興商業銀行　中山分行　台照

付款地：台北市松江路二二八號

科目：(借)支票存款　對方科目：

張紹錦

(發票人簽章)

台北市票據交換所　73 3　交換銀行

經副襄理　會計　出納　認證　記帳　核章

起憑欄

⑈2348556⑈⑆0181100991⑆01 ⑈0100056116⑈

例十三　同日張君開出 100,000 元支票乙紙，並填具本票申請書一份，來行請求出給本票乙紙。客戶所開支票即以代替（借）支票存款轉帳支出傳票，所填本票申請書作為代替（貸）本行支票轉帳收入傳票（目前銀行實務上係以簽發本行支票代替本票，故逕以「本行支票」科目列帳）之用，形式如下：

支票號碼 PD2348555 中華民國 85 年 7 月 16 日 帳號 56116

憑票支付 NT$ 100,000.00

新臺幣 壹拾萬元整

此致

中興商業銀行 中山分行 台照

付款地：台北市松江路二二八號

科 目：(借)支票存款 對方科目：

張紹錦

(發票人簽章)

台北市票據交換所 73 3 交換銀行

經副襄理 會計 出納 認證 記帳 核章

⑈2348555⑈⑆0181100991⑆01 ⑈0100056116⑈

○○銀行本票申請書

(貸) 本行支票　中華民國 85 年 7 月 16 日　對方科目支票存款

合計(大寫)	新臺幣　壹拾萬元整			
帳號	抬頭人及摘要	到期日	金額	
# 473	抬頭人張桂伸，申請人張紹錦 支票存款# 56116	10/16	N.T.$100,000	00
合計				

記帳員　收款員　製票員

經副襄理　會計　營業　出納

例十四　張君於例一中所存第一銀行付款支票 50,000 元，因發票人存款不足而遭付款行退票，經填寫三聯式退票通知書通知張君領回該紙支票，通知書存根用以代替（借）支票存款現金支出傳票，回單由存款人簽蓋原留印鑑後，作爲存根的附件。填妥的存根如下：

中興商業銀行　退票通知書

1 通知聯

帳號	分行代號	科目	編號	中華民國85年7月16日	科目	支票存款
			56116			
戶名	張紹錦			金額（百拾億千百拾萬千百拾元角分）	5000000	

付款人	發票人	票據號碼	到期日
一銀		31061	85.7.16.
退票理由	存款不足		

主管　製票

敬啓者　貴存戶委託本行代收之票據，因退票未能收妥，除逕自　貴帳戶沖轉支出外，即請攜帶原留印鑑來本行領回上項退票爲荷。

CC 31 81.1. 3×50×1,000本

＿＿＿＿＿＿分行 啓

上列各交易記入支票存款明細帳張紹錦分戶後，內容見380頁。

上面所舉，係人工作業時代採用會計記帳機記帳所用的實體帳頁，現時銀行業大多已採用電腦化作業，交易發生時，已由櫃員將交易要項，透過電腦端末機逐步登錄，迅速傳輸至電腦中心資料庫，並自動完成記帳，所有交易要項及記帳資料均貯存於資料庫中；再由電腦中心於每月底印製支票存款每一存戶當月往來交易明細帳（例示於381～382頁），發送各分行裝訂成册，以替代支票存款該月明細分戶帳。此處仍按人工作業的單據、傳票及帳卡舉例，係爲方便讀者瞭解。(電腦化作業的設計，係以人工作業爲基礎)

第四節　票據的審核

一、法定要項的審核

㈠支票的法定記載要項如下

止付	票載日期	支票號碼	金額

○○銀行　支票存款帳

帳號 56116 戶頁　3

電話 5113844　　支　票　　　　　　　　透　支　契　約　　　　押品帳#

85年7月10日交付自#415301至#415400　利率 % 年　月　日改定　　限度自　年　月　日至　年　月　日有效

戶名　張 紹 錦　年　月　日交付自#　至#　利率 % 年　月　日改定　　限度自　年　月　日至　年　月　日有效

支票號數	借方	摘要	貸方	摘要	日期	餘額	上次餘額	日數	積數	備註
			承　前　頁→		Jul 16.85	2,525,000.00		15	17363	
			270,000.00	CS						
			180,000.00	TX						
			50,000.00	CM						
			5,000.00	CH						
			200,000.00	CH						
			300,000.00	CH						
			500,000.00	CH						
			20,000.00	CS	Jul 16.85	2,525,000.00	2,525,000.00			
415311	305,262.00	CM								
	500,000.00	CH								
415316	80,004.00	CH								
415340	80,008.00	CH								
415341	180,000.00	CH								
415343	100,000.00	CH								
	50,000.00	RT			Jul 16.85	1,229,726.00		1	1229	
			轉　次　頁							

經副襄理　　　　會 計　　　　覆 核　　　　記帳

帳頁	
戶頁	

註：1. 此種格式係機器記帳的銀行所使用。
2. 支票存款雖已不計付利息，但爲瞭解存款往來實績，並供授信業務參考，存款積數仍予計列。積數求至千元，千元以下不計。假設7月17日續有存支事項，則16日的積數爲1,229。
3. 摘要符號說明：EC…更正錯誤 CM…一交 DM…二交 RT…退票 TX…聯行 CS…現款 CH…轉帳 IT…待交換票據 OD…透支。

1. 表明其爲支票的文字。

2. 一定的金額。

3. 付款人的商號。

4. 受款人的姓名或商號。

5. 無條件支付的委託。

6. 發票地。

7. 發票年月日。

8. 付款地。

9. 發票人簽章。

支票未載受款人者，以執票人爲受款人。

支票未載發票地者，以發票人的營業所住所或居所爲發票地。

㈡支票破損或截斷重接，雖法定要件齊全，仍以不付款爲原則。但如經發票人於拼補處以原留印鑑加蓋騎縫章者得經主管人員核准酌予辦理。

㈢支票除大寫金額不得變更改寫外，其他記載事項如經更改時，除非事前具文聲明或經約定印鑑中某一印鑑單簽有效外，應於更改處由發票人簽蓋原留全式印鑑證明，如更改過多致不能識別其文字或有其他疑問者，應婉詞拒絕付款。

㈣存戶死亡後其生前所簽發的支票，不論到期與否，均因委任關係消滅，應拒絕付款。

二、由銀行擔當付款的本票或匯票

凡經各行庫及信用合作社核准開戶的支票存款戶，均得與各行社訂約委託爲其所發本票的擔當付款人，就該戶支票存款戶內逕行代爲付款。發票人委託各行社爲擔當付款人的本票，其空白本票應由受託行社統一印發。如不屬於受託銀行所印發者，其存戶雖有足敷存款，仍應以「非本行、局、庫印發本票」理由退票。本票發票人應在本票到期日提示付款前，於其支票存款戶內存有足敷支付其本票金額的款項，倘因存款不足而退票，在記錄上應視同支票退票，合併計算，退票二次者警告，三次者即拒絕往來，並予公告，以示警惕，退票記錄可不予移送法院。

此外，支票存款戶如與銀行事先訂有書面特別約定，並聲明如有錯誤，存戶願拋棄過失的損害賠償權，亦可憑該存戶印鑑符合的承兌匯票照付入帳，不必再換支票。

三、票據金額的審核

㈠票據金額文字應以大寫為原則，票據上的金額，以號碼代替文字記載，經使用機械辦法防止塗改者，視同文字記載。

㈡票據應以毛筆、墨水筆、原子筆或簽字筆簽發。

㈢票面金額文字大寫與小寫不符時，應以文字大寫為準。

㈣票據大寫金額不得更改，如經塗改擦改者，不得付款。

㈤票面小寫處阿拉伯數字金額如經更改與文字金額相同時，復由發票人以原留印鑑證明，即可照付。

㈥票據上對「三」字大寫為「叁」、或「參」銀行不得拒付。

㈦金額文字書寫在萬位與仟位數之間，雖無寫零的必要，但多寫零亦不能謂其非一定之金額，尚不足以構成金額文字不清，不宜退票，如壹萬零伍仟伍佰元正。

㈧支票大寫金額填寫為「壹拾萬正」，漏「元」字，惟小寫金額已用阿拉伯數字寫明 NT$100,000.00 者，尚不能認為欠缺法定應記載事項，如經提示，而發票人帳戶存款足敷付款，應予照付。

㈨「貳」字填寫「兩」字，例如貳萬元正填為兩萬元正，尚不能謂其非「一定之金額」，亦不致與另一數混淆，難以適當理由退票而宜照付，但應請該存戶嗣後簽發票據改用文字。

㈩簽發橫式支票，未將大寫金額塡寫在支票之「大寫金額欄」（大寫金額欄空白）而塡入支票的「憑票祈付欄」，此項支票提示時，付款銀行應予付款。

四、票載日期的審核

㈠支票在票載發票日期前，執票人不得爲付款的提示。

㈡以銀行爲擔當付款人的本票或承兌匯票應屆到期日方得付款，見票即付的本票或承兌匯票以提示日爲到期日。

㈢支票發票日爲曆法上所無日期時，以該月的末日爲發票日。

㈣票據未載發票年月日應以「法定要項不全」理由退票。

㈤本票及匯票未載到期日，視爲見票即付。

㈥票據時效消滅後，銀行不得付款。

1. 對匯票承兌人及本票發票人，自到期日起算；見票即付的本票，自發票日起算，三年間不行使，因時效而消滅。

2. 對支票發票人自發票日起算，一年間不行使因時效而消滅。

㈦支票發票滿一年的期間，係自發票日起算，至於計算一年之期間，仍應依民法第一二〇條第二項規定，其始日不予算入。例如：八十四年七月十六日簽發的支票，其屆滿一年的日期爲八十五年七月十六日。以二月三十日爲發票日的滿一年日期爲二月二十八日，倘係閏年則爲二月二十九日。

㈧支票的執票人應於下列期限內爲付款之提示：(票據法第一三〇條)

1. 發票地與付款地在同一省（市）區內者，發票日後七日。

2. 發票地與付款地不在同一省（市）區內者，發票日後十五日。

3. 發票地點在國外，付款地點國內者，發票日後二個月。

㈨以臺灣省地區與臺北市、高雄市各爲發票地與付款地時，其提示期限依規定應爲發票日後十五日內。

(十)銀行擔當付款本票的發票人所填「到期日」在「發票日」以前，則破壞「基本票據」的文義結構；而無記載發票日者，因票據的發票日為絕對必要事項，可認為法定要項不全，二者均視為無效，付款行應不予付款。

(土)支票發票日經更改或塗描，未經發票人簽蓋原留印鑑，不論存款足付與否，應以「更改處未經發票人照原留印鑑簽章證明」三聯式退票理由單辦理退票。

(土)發票日經塗改後原發票年月日無法認定者，不論存款足付與否，均應以「發票年月日不全或不明」三聯式退票理由單辦理退票。

(圭)支票發票日如在其開戶或領用支票日期之前，可予照付。

五、平行線的審核

(一)支票經在正面劃平行線二道者稱為平行線支票，亦稱橫線支票或劃線支票，付款人僅得對金融業者支付票據金額。所稱金融業者，係指經財政部核准辦理支票存款業務的銀行、信用合作社、農會及漁會。

(二)平行線支票得由發票人於橫線內註明「照付現款」或同樣字樣（英文為“Pay Cash”），由發票人簽蓋原留印鑑（須注意核對印鑑），經辦員方可依照支付普通支票辦法付款，但經背書轉讓者，不在此限。

(三)凡平行線支票經背書者，均按平行線支票規定處理，不予照付現金，依臺北市銀行公會 63.1.28 會業第○○六二號函轉財政部釋示：「已劃平行線的支票如經背書，雖事後背書被塗銷，其已劃的平行線亦不得撤銷，否則極易損及其他背書人，蓋此項規定的目的，在保護背書人的權益，如背書人於支票上背書時，原係有平行線，而由其後手逕行向發票人請求撤銷平行線後兌取現款，此時追蹤款項去處，將發生困難，故除非銀行自願負其責任，否則仍應依法律規定辦理。」

(四)支票上平行線內記載特定金融業者，付款人僅得對特定金融業者支付票據金額。但該特定金融業者爲執票人時，得以其他金融業者爲被背書人，背書後委託其取款。

㈤支票的特別橫線不得撤銷，但得由特定金融業者背書指定本行爲被背書人，委託本行代爲取款。其背書文字應加蓋「本支票原經由本行代收；但因遭受退票後，復據執票人要求改委○○○○代收」或「本支票誤蓋本行雙線（○○交換或經收）圖章，改委○○○○代收」戳記及主管人員職章爲之。

㈥凡以平行線支票辦理匯款等，申請人如係本行存戶而於票背蓋具原留印鑑註明用途者，可以受理，但於票匯時其匯款支票應加劃平行線入戶方式。

㈦發票人或執票人以平行線支票來行辦理水電費、學費、保險費等銀行受託代收業務者，可由其於票背簽章註明用途後受理。否則由各單位主管人員自行負責酌情辦理。

㈧平行線支票如因所劃橫線過短，筆劃過細，或地位過於偏小，致易爲人故意撕毀者，如法定要項俱全，而付款行復不能判斷係將劃線撕毀時，應查明無誤後始得照付。

六、背書的審核

㈠支票背書的通則

1.支票背面應由領款人簽名，並註明地址，如有疑義時，應婉詞要求顧客提示身份證明，加以核對並予登記，以備查考。

2.支票上如記載受款人的姓名或商號者，應由受款人在支票背面背書。

3.支票背書圖章的文字或簽名須與抬頭完全相符，否則需由發票人將票面記載的受款人加以更正，並須於更正處簽名蓋章。

4. 中文抬頭應爲中文背書，英文抬頭應爲英文背書，但以本國機關爲抬頭人的英文支票，如意義相通，得以中文關防圖記等背書，外國機關的中文抬頭者，亦得以英文圖章背書。倘一般團體公司行號私人抬頭支票填寫中英文二種字體，或將其中一種加括弧者，如中英文意義相通，經確認無疑義，得酌情辦理，其有疑義者，仍應以中英文二種字體背書。

5. 支票以個人抬頭者，其背書應爲與抬頭字樣相同的簽名或圖章。

6. 正式條戳可認爲圖章，至以鉛字組成條戳形式者，因其未備固定形體，而無印信意義，自不能認爲圖章，所爲背書應屬無效。

7. 支票以公司行號機關團體等爲抬頭者，應以：(1)蓋有與抬頭字樣相同的圖章，或(2)蓋有公司行號機關團體的名稱並附具個人職銜的戳記，再由該職員簽名或蓋章。其祇蓋第二式的戳記並無該職員的簽名或蓋章者，其背書無效。背書簽名人的職銜如何及實際是否爲該公司之負責人所簽，銀行不負認定之責。

8. 背書蓋有公司行號的名稱及職銜戳記而將職銜部份塗銷者，不能認爲完成背書行爲，應予退票。

9. 支票背面所蓋圖章本身刻明專用於某種用途（例如收件、統一發票專用之章）的字樣而與票據的權利義務毫無關係者，則所蓋該項圖章，難認係票據法第六條所規定爲的票據行爲而代替票上簽名的蓋章，即無同法第十二條之適用，以「非用正式印章背書」理由退票。

10. 背書人倘爲抬頭人隸屬單位，應認爲背書不符，但如係託收票據，而代收行局庫願負責任者，可予照付。

11. 付款行對於金融業（指銀行、信用合作社、農會、漁會）「擔保抬頭人背書無誤」，「證明存入抬頭人背書無誤」文義的簽章，如認爲擔保（證明）人的蓋章有瑕疵或無法驗對時，得予退票。惟在實務處理上，不乏基於同業間的信任，而予付款的情形。

㈡禁止背書轉讓

1.記名票據發票人於票據正面爲「禁止背書轉讓」的記載時，應於該記載緊接處另爲簽章，始生禁止轉讓的效力。若發票人未於「禁止背書轉讓」緊接處簽章，但依社會觀念足認該項記載爲發票人於發票時所爲者，仍發生禁止轉讓的效力。

2.背書人於票背記載禁止轉讓者(應於其記載下簽名或蓋章)，仍得依背書而轉讓之，但禁止轉讓者，對於禁止後再由背書取得票據人，不負責任。故背書人記載禁止轉讓的票據，不論有無轉讓行爲，本行均應依規付款。

3.發票人記載禁止背書轉讓且未劃平行線的記名式支票，儘可能不付現金，請受款人以轉帳方式處理，如受款人堅持提領現金，不得拒絕，應審愼處理，但應注意票據背面不得有「受款人以外之他人」背書，始得付現。

4.發票人禁止背書轉讓支票限存入受款人的帳戶，前項支票的受款人爲工商企業、公司行號團體時，由各該工商企業、公司行號團體背書之外，如加蓋其負責人的私章或簽名，暨蓋有其他印章者，應由收受的行庫社證明存入抬頭人的帳戶，否則視爲背書轉讓，予以退票。

5.經發票人禁止背書轉讓的記名式票據，除票背有抬頭人簽章外，另有科目略稱及存款帳戶的票據者，無須經由提示行庫社證明存入抬頭人帳戶，而可予付款。但如票背加註科目略稱及帳號與抬頭人非屬同一人，而因此發生糾紛，應由提示行庫社負責辦理。

6.發票人禁止背書轉讓的記名式票據，經由代收銀行託收，而其票背除抬頭人簽章外，如另有其他簽章抹銷者，付款行應予照付，但如有未存入抬頭人帳戶發生糾紛時，應由代收行負責處理。

7.經記載禁止背書轉讓的劃平行線支票，受款人在金融業因無往來帳戶而委託在金融業有往來的存戶代收者，受款人除應於票據背面書明「票面金額委託受任領款人○○○代為取款」的文字及親自簽章外，受任領款人亦應親自簽章。並應由提示行簽章證明「存入受任領款人帳戶無誤」後，付款行始得付款。

8.發票人記載禁止背書轉讓的記名式票據，經提出交換到付款行社，如票據背面有二個以上的背書，不論發票人有無足額存款，應一律以「禁止背書轉讓」三聯式退票理由單辦理退票。

9.記載「禁止背書轉讓」支票，未填寫「受款人」，此項支票經交換提示，如票背有兩個以上之背書時，應予付款，不得以「禁止背書轉讓」理由予以退票。

10.支票正面有受款人並記載「禁止背書轉讓」字樣，而票背除受款人背書章外另有其他背書人，經提出交換銀行擔保存入抬頭人帳戶（或收入抬頭人帳無誤）者，付款銀行應予照付，但將來如發生糾紛，應由擔保（或證明）銀行自行負責處理，但擔保（或證明）人僅蓋「××銀行××分行」直式或橫式戳記另加蓋私人圖章（或簽章），而付款銀行認為擔保（或證明）人的蓋章有瑕疵時，得予退票。

11.記名並記載「禁止背書轉讓」且劃線的支票經註銷劃線後，由抬頭人背書，並由抬頭人持之以匯款人的身份申請轉匯予第三人時，應可受理。

(三)背書的連續

1.背書連續者，係指自受款人至最後的被背書人之背書，在形式上均相連續不間斷而言（參照最高法院五十三年臺上字第一二〇七號判決）。記名票據因須以背書轉讓，故會發生背書連續與否的問題，即使只有一個背書，而非受款人所為者，亦為背書不連續。至於無記名票據，得僅依交付為轉讓，執票人應以占有證明其權利，執票人即為權利人，自不發生背書連續與否的問題。倘無記名票據依背書而轉讓，在法律上，其轉讓的效果，係基於交付而生，並非因背書而生，在該票據所爲背書的簽名，依票據法第五條第一項規定，依票上所載文義負責。

2.執票人應以背書的連續，證明其權利。但背書中有空白背書時，其次的背書人，視爲前空白背書的被背書人。

3.經數度轉讓的票據，應查核其背書是否連續，不連續者不得付款，但空白背書不能辨別背書有無連續時，不在此限。

第五節　支票存款的其他處理

一、空白票據的保管及核發

(一)空白票據的保管

1.空白票據由總行領到時，應先逐本檢查有無欠頁，然後順序登入「空白帳頁單據登記簿」，並由事務部門主辦人員負責保管。

2.空白票據保管人員均應設置「空白帳頁單據登記簿」隨時登記收付及餘額，空白票據並應嚴密存庫保管。

(二)空白票據的核發

1.存戶領取支（本）票簿時，需於支（本）票領用單上加蓋原留印鑑，憑以領用新票據。

2.經辦員將支（本）票領用單上的原留印鑑驗對無誤後，應核計存戶的往來實績，作「存戶平均餘額查詢」交易，過去領用票據情形，以及已領用未回行票據張數，作「領用票據查詢」交易，曾否退票，作「票據退票紀錄查詢」交易，將上述資料附訂於領用單背面，送請主管人員核定應否發給及發給張數，經辦員不得擅自先行發給。

3.金融機構應本維護社會信用秩序，並衡酌存戶實際需要及其使用情形發給空白支（本）票。

4.存戶如有下列情形之一者，應即嚴格限制發給空白支票及空白本票：

⑴已發生存款不足退票情事，或經常於退票後再予清償申請註銷紀錄者。

⑵使用支票有其他不正常情形者。

5.存戶的存款被扣押者，應即停止發給空白支票、空白本票。但被扣押的存款額經如數提存備付者，不在此限。

6.存戶繳回的作廢票據，支票號碼從左上角花紋部份及右邊日期部份剪下，本票號碼連同下方到期日部份剪下，貼於支（本）票領用單背面，以防套領。

7.空白支（本）票簿應加蓋帳號後，將票據號數記入「交付票據登記簿」及領用單，然後一併送經主管人員核章。支（本）票領用單經主管人員核章後，即交記帳人員作「領用空白支（本）票」交易，以利兌付時由電腦自動檢核。

8.支（本）票領用單應按領用日期及帳號順序裝訂成冊保管。

㈢空白票據的收費

1.存戶申領空白票據，其平均存款餘額未達銀行所訂標準者，應按每張成本收費。

2.向存戶收取的支票簿工本費，可先以（貸）其他應付款科目票據工本費子目整理入帳，俟月底再將該月所收總數，編製（借）其他應付款——票據工本費及（貸）業務費用——印刷費傳票，予以沖減印刷費開支數。

二、票據的掛失止付

支票發票人在提示期限內，依法不得撤銷付款的委託，惟如遺失或被盜，票據權利人得依票據法第十八條規定爲止付之通知。茲將支票的掛失止付處理準則說明於下：

㈠票據權利人應塡具掛失止付通知書，通知付款行庫。通知書應載明：票據喪失經過、帳號、號碼、金額，止付人姓名、年齡、住址或公司行號名稱等。

㈡於提出止付通知後五日內，向付款行庫提出已爲聲請公示催告的證明，否則止付通知失其效力。

㈢付款行庫對存款不足或超過允許墊借票款的票據，應先於其存款或允許墊借額度內，予以止付，其後再有存款或續允墊借，續予止付。

㈣經止付的金額，應由付款行庫留存，由發票人支票存款帳內轉到「其他應付款——掛失止付備付款」。

㈤掛失止付准予辦理後，付款行庫應通知票據交換所，並將止付票據之日期、號碼、金額等登入支票存款明細帳掛失止付記錄欄。

㈥保留備付款，應俟法院除權判決取得確定證明書後，由票據權利人具據申請支付；或由占有票據之人及止付人的同意，會同塡具註銷申請書，始得支付。

㈦凡已掛失止付的支票，於占有票據人提示請求付款，如存款或允許墊借的金額足敷票據金額者，以「已經止付」論，如不敷票據金額者，以「票據部分止付」及「存款不足」雙重理由處理。

㈧公示催告程序開始後，其經到期的票據，聲請人得提供擔保，請求票據金額的支付；不能提供擔保時，得請求將票據金額依法提存。其尚未到期的票據，聲請人得提供擔保，請求給予新票據。

㈨票據權利人就票載發票日屆至前的支票爲止付通知時，付款行庫應先予登記，俟到期日後，再依規定辦理。

(十)發票人如係捏造事實，以遺失、盜竊等理由掛失止付支票，而事後經法院判決敗訴者，銀行應予拒絕往來。

三、退票的處理

(一)一般注意事項

1.票據經本行拒絕付款時，應一律使用票據交換所印製編具號碼的退票理由單，於辦理退票後隨即通知當地票據交換所(或銀行公會)，不得私相退還。

2.填寫退票理由單應逐欄註明帳號戶名及負責人姓名、票據種類及號碼、票面金額、發票日、到期日、退票日等。

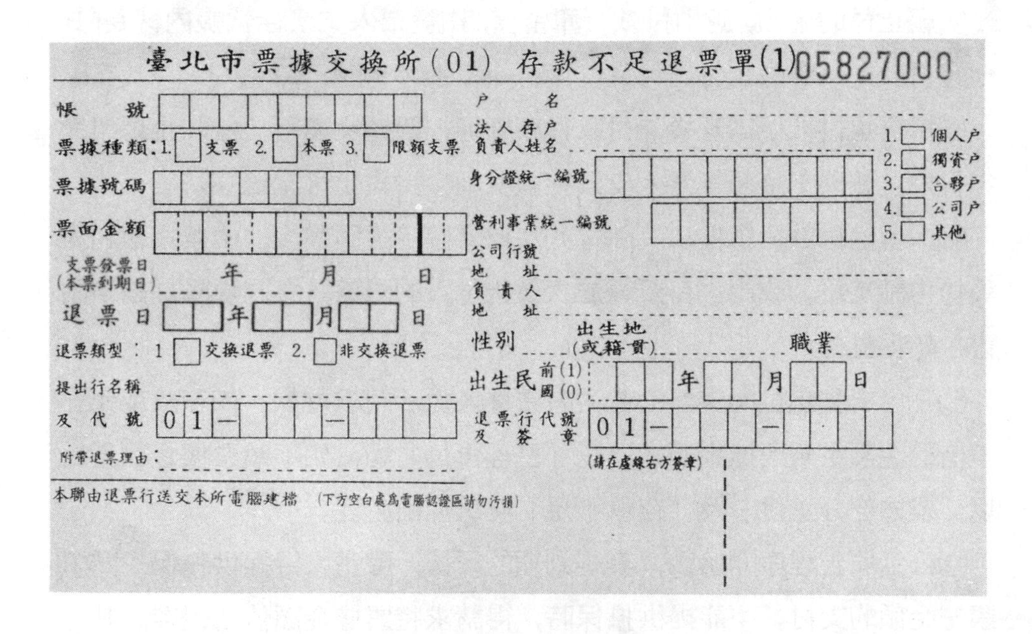

臺北市票據交換所(01) 存款不足退票單(1)05827000

帳　號
票據種類：1. 支票 2. 本票 3. 限額支票
票據號碼
票面金額
支票發票日(本票到期日)　年　月　日
退票日　年　月　日
退票類型：1 交換退票 2. 非交換退票
提出行名稱及代號 01－　－
附帶退票理由：
本聯由退票行送交本所電腦建檔 (下方空白處為電腦認證區請勿污損)

戶　名
法人存戶負責人姓名
身分證統一編號
營利事業統一編號
1. 個人戶
2. 獨資戶
3. 合夥戶
4. 公司戶
5. 其他
公司行號地址
負責人地址
性別　出生地(或籍貫)　職業
出生民前(1)國(0)　年　月　日
退票行代號及簽章 01－　－
(請在虛線右方簽章)

存款不足退票單

臺北市票據交換所（三聯式）退票理由單(1)　00357926

帳　號
戶　名
票據號碼
法人存戶負責人姓名
1.□個人戶
2.□獨資戶
3.□合夥戶
4.□公司戶
5.□其他
票面金額
身分證統一編號
支票發票日（本票到期日）　年　月　日
營利事業統一編號
性別　籍貫　職業
公司行號地址
出生民前(1)國(0)　年　月　日
負責人地址

上述票據因下列標有√記號之理由退票（※請參照底頁說明填寫）

	1.發票人簽章不符		19.經掛失止付（檢附票據正反面影本）
	4.支票未到發票日，本票及滙票未到到期日		20.掛失空白票據（檢附票據正反面影本）
	6.記名票據未經受款人背書或受款人背書不全、不符		21.經撤銷付款委託
	8.記名票據禁止背書轉讓經轉讓		終止擔當付款契約
	12.更改處未經發票人照原留印鑑簽章證明		擅指金融業爲擔當付款人
		其他理由	※

退票銀行及代號　0 1 －　－
簽章

退票日期　年　月　日　退票類型：1.□交換退票　2.□非交換退票

提出銀行及代號　0 1 －　－

本聯由退票行送交本所留存備查

退票理由單

3.退票理由單有關事項之塡寫應力求正確、淸晰，且不得疏漏以免發生糾紛。

4.公司與其負責人本人的退票紀錄應予分別計算，獨資或合夥經營之行號，負責人若爲同一人，其退票紀錄應予合併計算。

5.凡列入退票紀錄的退票案件（存款不足、發票人簽章不符），塡製「支票存款票據退票登錄單」，作「退票登錄」交易，並按理由單號碼順序登記於「退票登記簿」。

6.提回的交換票據，如發現其中有僞造支票時，爲使警察機關便於偵查起見，可用支票影本及付款銀行正式公函辦理退票而將原支票由付款銀行移送警察機關偵辦。

7.參加交換單位電腦連線作業故障，無法於規定退票時間內辦理退票的補救措施要點：

⑴發生電腦連線作業故障的交換單位(以下簡稱電腦故障單位)，經確定無法於當日退票交換時間辦理退票者，應於退票交換時間開始前三十分鐘，以書面報請當地票據交換所（以下簡稱交換所）核備，並應以書面於當日退票交換時間通知提示票據的交換單位（以下簡稱提示行)。

⑵前項書面通知經交換所同意備查後，即於當日退票交換時間，在交換所的交換廳當場宣佈，並張貼公告欄周知。

⑶電腦故障單位未能於當日退票交換時間辦理的「存款不足」理由退票，准予延至次營業日上午九時以前，由該單位自行派員送至提示行補辦退票手續，該提示行不得拒收，提示行收到補辦的退票後，應以電話通知交換所。如提示行同意，電腦故障單位亦得先以電話補辦退票手續。已同意接受電話退票之提示行，不得將票款支付予託收人。

⑷電腦故障單位應於次營業日上午九時卅分前，將補辦退票的退票理由單送達交換所。

⑸電腦故障單位及提示行的應收、應付退票交換金額，均由交換所併入次營業日退票交換差額結算。

㈡其他理由退票的處理

1.提示的票據有下列情形之一者，應填具三聯式退票理由單辦理退票，其第三聯退票行留底，第二聯加貼於所退票據上，第一聯送交換所。

⑴發票人簽章不符。

⑵金額文字不清。

⑶發票年月日不全或不明。

⑷支票未到發票日，本票及匯票未到到期日。

⑸支票照發票日期已滿一年。

⑹記名票據未經受款人背書或受款人背書不全、不符。

⑺背書不連續。

⑻記名票據禁止背書轉讓經轉讓。

⑼票據破損致法定要項不全。

⑽票據塗壞。

⑾字經擦改。

⑿更改處未經發票人照原留印鑑簽章證明。

⒀字跡模糊。

⒁使用易擦拭或易褪色之筆塡寫。

⒂保付後字經塗改。

⒃畫線支票未由金融業經收。

⒄特別畫線支票未由特定金融業經收。

⒅外埠付款票據只可代收。

⒆經掛失止付。

⒇掛失空白票據。

(21)經撤銷付款委託。

(22)經法院禁止提示票據。

(23)非參加交換的金融業或法定機關印發的票據。

(24)發票人死亡。

(25)未經發票人簽章。

(26)發票人簽章不淸。

(27)記名票據受款人背書不淸。

(28)依「中央銀行管理票據交換業務辦法」以外的其他規定應予退票情形。

前述第一款「發票人簽章不符」及第十九款「經掛失止付」的情形而發票人存款不足時，應以四聯式「存款不足」及「發票人簽章不符」或「存款不足」及「經掛失止付」雙重理由退票，其餘各款，不論存款足否，一律以三聯式退票理由單辦理退票。

2.法定要項不全的票據提示時，不論存戶是否有足額存款，應以三聯式退票理由單以法定要項不全理由退票。

3.支票存款戶的發票人爲自然人，如存戶已死亡，其生前所簽發的票據，經提示付款無論存款足否，均應用三聯式退票單，以「發票人死亡」理由退票。支票存款戶如係法人其負責人或代表人死亡時，該存戶所簽發票據經提示無足額存款時，仍應用四聯式退票單，以「存款不足」理由退票，如有足額存款時，應照付。

㈢存款不足退票的處理

1.提示的票據無前述㈡之1所列情形之一，而發票人的存款不足者，應填具四聯式存款不足退票理由單辦理退票，其第三聯退票行留底，第二聯加貼於所退票據上，第一、四聯送交換所。

2.存戶結清帳戶後仍有退票時，應以「存款不足」爲主要理由及「此戶已結清」爲附帶理由退票。

3.支票存款戶簽發的支票，經執票人依法提示，因存款不足應予退票者，塡發四聯式退票理由單，送請主管人員覆核簽章後辦理退票。

4.存款不足及發票人簽章不符的退票應按退票理由單號碼順序填列「支票存款戶退票登記簿」，不得缺號，作廢時亦應塡明，憑以登載註銷退票記錄事項違約金扣繳之收費登記。

5.凡屬存款不足退票再重行提示的票據，復因存款不足再予退票，應塡具存款不足重行提示退票理由單，第三聯退票行留底，第二聯加貼於所退票據上，第一、四聯送交換所。

㈣退票違約金的扣繳

1.各項退票違約金（含手續費）標準如下

頁　　　目	費用負擔　者	金　額	費　用　分　配		
			本行	交換所	金資中心
存款不足退票違約金	存　戶	每張 200 元	50 元	150 元	
其他理由退票違約金	提出行	每張 20 元		20 元	
註銷退票紀錄手續費	存　戶	每張 150 元	37.5 元	112.5 元	
開戶查詢或徵信查詢手續費	存　戶	每張 100 元 向聯合徵得中心查詢每張 110 元	5 元	100 元	5 元
票據退票資料查詢手續費	客　戶	每張 50 元	12.5 元	37.5 元	
其他依規定應繳之違約金及手續費					

2.向存户扣取的退票違約金全部歸交換所時的處理

⑴存戶退票應繳的違約金，可依支票存款戶約定書的約定，逐筆填製「扣繳退票違約金轉帳支出傳票」於每日營業結束或翌日就各存戶存款帳上扣取作「扣繳退票違約金」交易，同時並彙總填製一張轉帳收入傳票，貸記「其他應付款」科目、「退票違約金」子目。

⑵如因拒絕往來或其他原因，致無法自存戶帳中扣繳的退票違約金，於每月底清理逐筆填製轉帳支出傳票借記「其他應收款」科目「退票違約金」子目，及彙總填製轉帳收入傳票，貸記「其他應付款」科目「退票違約金」子目時，每筆得僅以應繳交票據交換所的 150 元列帳，但嗣後有機會向存戶收取時，仍應每筆計收 200 元，除沖抵「其他應收款」150 元外，另 50 元再以手續費收入入帳。

⑶每月根據票據交換所應繳手續費統計表及應繳違約金明細表，繳納各項手續費及違約金時，應自「其他應付款」科目「註銷退票手續費」與「退票違約金」等子目已收數額中，報繳票據交換所。因故作廢退票理由單時，免繳違約金。

⑷除應由存戶負擔之退票違約金外，對其他如缺號罰規、其他罰規、

帳務處理錯誤、遲送退票紀錄等應由本行負擔的違約金，於報繳票據交換所時，可於「手續費支出」科目「雜項手續費」子目列支；但平日應慎重處理，務期減少此類違約金之開支。

⑸對於無法扣收暫記「其他應收款」科目的退票違約金，經辦員俟機隨時向客戶催討追收，如經過六個月以上確實無法歸收者，可以每期結算前一個月，逐筆填列發生日期、帳號、戶名、無法收回理由、金額等，專案報總行核准後，於「手續費支出」科目「雜項手續費」子目項下列支。惟經辦員仍應設法繼續向客戶催討追收，並於收回時貸記「手續費支出」科目「雜項手續費」子目，以沖抵實支數，假如超過結算期時，以「雜項收入」科目「收回呆帳及過期帳」子目列帳。

⑹每期結算編製結算表各科目明細表時，對「其他應付款」科目項下「退票違約金」「註銷退票手續費」連同「開戶查詢費」等子目以及「其他應收款」科目項下「退票違約金」子目的帳列金額，可於摘要欄內註明子目名稱及○○等○戶，以各該子目的期底餘額一筆填列。

3.向存戶扣取的退票違約金部分歸交換所時的處理

存款不足退票違約金於每日營業結束或翌日自各存戶存款帳上扣取每張退票新臺幣 200 元，其中 75%新臺幣 150 元繳交票據交換所，另 25%新臺幣 50 元由本行收取，其扣繳作業手續如下：(其他同性質的退票違約金比照辦理)

⑴扣取時

（借）支票存款，逐筆填製「扣繳退票違約金轉帳支出傳票」於每日營業結束或翌日就各存戶存款帳上扣取，作「扣繳退票違約金」交易。並（貸）其他應付款——退票違約金。悉數彙總填製一張傳票。

⑵繳付交換所及列收手續費時，憑交換所統計表，核算存款不足退票張數及金額，分別填製傳票。

借：其他應付款——退票違約金。每張退票 2 百元計算。

貸：存放銀行同業或有關科目。應繳交換所 75%部分，即每張 150 元。

貸：手續費收入——什項手續費。本行收取 25%部分，則每張 50 元。

(3)扣取的違約金不足支付時，以借方「其他應收款——退票違約金」墊支，並隨時俟機向存戶催討收回。若確實無法歸收者，依前述2.之(5)規定，於報經總行核准後辦理。

4.存户要求開具扣取退票違約金的收據時，按扣取的金額（包括轉付交換所 75%部分）填製收據存根聯，收據聯需依印花稅法貼印花，交存户收執。

5.退票違約金扣取或收費時，應隨同傳票及退票登記簿送請主管核對，並由主管蓋騎縫章。

6.因跨行通匯系統故障，匯款滯留金融資訊服務中心，無法當日解匯入帳，致發生存款不足的退票，經票據交換所同意撤銷該退票紀錄者，免收退票違約金及註銷退票手續費。

四、拒絕往來戶的處理

(一)拒絕往來的處分

1.支票存款戶於一年以內發生存款不足退票列入紀錄未經註銷達三張或因使用票據涉及犯罪，經判刑確定並通知票據交換所者，票據交換所應公告爲拒絕往來戶，其拒絕往來期間爲三年。

一年以內發生存款不足退票，列入紀錄未經註銷超過三張，或自原拒絕往來日起算三年內，繼續發生存款不足退票者，其拒絕往來期間延長爲六年，惟仍視同一次拒絕往來。經兩次拒絕往來或自拒絕往來期間屆滿後，繼續發生存款不足退票紀錄未經註銷一年內達三張者，應予永久拒絕往來。

2. 支票存款戶發票人簽章不符退票，列入紀錄未經註銷一年內達三張以上者，或僞報票據遺失經法院判刑確定三年內列入紀錄達三次者，票據交換所應通知各金融業予以拒絕往來，拒絕往來期間爲三年。但該項拒絕往來的紀錄，應與存款不足退票紀錄分別計算，不適用永久拒絕往來之規定。

支票存款戶一年內有三張撤銷付款委託的本票經退票未辦理註銷退票紀錄者，銀行應終止爲其擔當付款人的契約，而存戶仍簽發該本票經銀行乃「擅指金融機構爲擔當付款人」理由退票，一年內達三張者，應予拒絕往來。

3. 支票存款戶有下列情形之一者，票據交換所得予拒絕往來

⑴爲發票人、承兌人、保證人或背書人而不履行其責任者。

⑵其他有毀損信用之行爲者。(中央銀行管理票據交換業務辦法第四十二條)

4. 本行由票據交換所公告或經中央銀行核定之日報（中央日報）上知悉存戶被列爲拒絕往來戶時，應將公告文號及本單位部份抄錄或影印留存，及登記於「支票存款拒絕往來戶登記備查簿」備查，並先以「存款事故登錄單」逐戶作「支存拒絕往來」登錄，再將該戶餘額全部以轉帳支出傳票作「拒絕往來戶轉列其他應付款」交易，將其轉列「其他應付款」科目「拒絕往來專戶」子目，逐戶記入「拒絕往來戶轉列其他應付款備查簿」爾後，如續有退票，以人工作業方式將退票違約金由「其他應付款」科目「拒絕往來專戶」子目轉入「其他應付款」科目「退票違約金」子目（屬交換所部分）及「手續費收入」(屬本行部分)。

主管檢印時，應將「支存拒絕往來」登錄單在支存拒往登記備查簿「公告文號／日期」欄押脚。

5. 帳務處理

⑴將拒往戶帳上餘額轉入「拒絕往來專戶」

借：支票存款

　　貸：其他應付款——拒絕往來專戶

⑵拒往戶有退票發生扣繳退票違約金時

借：其他應付款——拒絕往來專戶

　　貸：其他應付款——退票違約金

　　　　手續費收入

6.經轉列其他應付款科目，拒絕往來專戶子目的存戶結清提款，拒絕往來後委託本行兌付或自拒絕日超過十五年轉列「什項收入」科目等，均由其他應付款科目整理，不得再行轉入支票存款科目整理。

7.支票存款戶經列爲拒絕往來戶時，應即以「拒絕往來戶通知函」第一聯留底，保存三年後自行銷毀，第二聯通知存戶前來辦理結清手續並將剩餘空白票據及空白支（本）票領用單悉數收回，如存戶拒絕不繳回時，應通知介紹人協助收回。

8.存戶經拒絕往來後，經辦員應即在該存戶的印鑑卡、戶名戶號登記簿及支票存款戶約定書，註明「○年○月○日拒絕往來」字樣及文號、加蓋私章並送請主管人員核章，然後將印鑑卡抽存備查。

9.經拒絕往來存戶委託銀行兌付者外，存款部門應與出納或其他有關部門密切連繫不得再收受該存戶的存款，如誤收該存戶的款項時，應將其轉入「其他應付款」，並即以書面通知該存戶。存戶於領回該款時，應交回送款簿存根聯，並立收據貼花由「其他應付款」科目支出，存根聯及收據作爲傳票的附件。如存戶本人在銀行或銀行的通匯行庫有帳戶時（需同戶名）可直接撥入，無須另立收據貼花。

㈡票據提示時的處理及解除拒絕往來

1.支票存款戶被拒絕往來後，該存戶簽發的票據，於拒絕往來後提示付款時，本行應不予付款，如有支票提示，其在「其他應付款」的餘額足敷時，以三聯單「拒絕往來戶」理由退票，本行應登記其金額，累計遞減至餘額不足時，註明退票日結存餘額，以四聯式退票理由單「拒絕往來戶」及「存款不足」雙重理由退票。

2.拒絕往來戶於繳回剩餘空白票據時，對其所簽發未經提示付款的票據，得塡具「支票存款戶拒絕往來後申請兌付票據申請書」，連同請兌票據「等額現金」送交銀行列收「其他應付款」科目備付。

3.拒絕往來戶於拒絕往來期間屆滿後，票據交換所應予解除拒絕往來。(拒往戶免個案提出申請解除拒絕往來處分)

4.拒絕往來戶辦理結淸提款時，應直接自「其他應付款——拒絕往來專戶」付款，並請存戶簽發票據作爲其他應付款科目的附件。

5.支票存款戶於一年內簽發空白支票三張應予拒絕往來處分者，係指支票存款戶於發生存款不足退票之前，一年內共計發生三張存款不足退票。因之，第三張退票日期如爲八十四年三月五日，另次退票日期爲八十五年三月五日即屬超過一年。

五、靜止尾存戶的處理

「靜止尾存戶」簡稱靜止戶，亦稱存款休眠戶，就是存款餘額甚微，而又久不與銀行發生往來，呈休眠狀態的存款戶。此種休眠戶日積月累以後，戶數常甚可觀，如任其混雜於其他經常往來戶帳頁中，不但使帳簿頁數加多，翻閱不便，而每日加計各戶存款餘額以與總帳餘額核對時，亦因戶數過多而添不少麻煩；且對每期結帳的結轉新帳頁，也會增加帳務工作。所以銀行爲便利帳務整理，乃於各活期性存款（支票存款、活期存款、活期儲蓄存款）科目分戶帳內，另設一靜止尾存戶帳頁，由經辦人按規定將久未往來的存戶，轉入靜止尾存戶。

靜止尾存戶的處理手續，說明於下：

㈠電腦中心於每年五月及十一月上旬對於合乎下列條件之一者，列印「靜止尾存戶參考表」，供營業單位作爲轉入靜止尾存戶的參考。各營業單位對久無往來的存戶，設法請其繼續往來，如無繼續往來希望或無特定用途的存戶，逐戶由端末機以「靜止尾存戶登錄與解除」交易，鍵入電腦主檔。

1. 存款餘額未滿 500 元，繼續靜止期間達半年。

2. 超過前項餘額，且過去一年間無存取款者。

㈡營業單位接到電腦中心印錄的「靜止尾存戶餘額表」後，應於當日覆核其合計金額無誤後，以其總金額一筆，填製支票存款科目借貸方轉帳傳票予以轉帳；傳票摘要應註明：「○○○等○戶轉入靜止尾存戶」，並將其金額記入「靜止尾存戶記入簿」貸方，同時結計其餘額。另於該簿戶名欄註明：「靜止尾存戶集中轉帳○○○號○戶」，免逐筆登帳，但事後應在「靜止尾存戶餘額表」戶名欄內逐戶詳塡存戶戶名，並在「戶名戶號登記簿」上註明轉入日期，以便查考。主管人員應分別在靜止尾存戶記入簿貸方欄及靜止尾存戶餘額表餘額欄合計金額前首押脚。

「靜止尾存戶餘額表」應裝訂成冊，作爲「靜止尾存戶記入簿」的附表，永久保存。

㈢已經轉入靜止尾存戶的客戶申請恢復往來時，由「靜止尾存戶」轉出，以原帳號復活使用，轉帳時，作「靜止戶復活」交易，傳票上註明「由靜止尾存戶轉出」字樣。並註明於戶名戶號登記簿及靜止尾存戶餘額表。

㈣靜止尾存戶辦理結淸時，自「靜止尾存戶記入簿」直接辦理結淸，作「靜止戶結淸」交易，並在「靜止尾存戶餘額表」內銷戶。

㈤靜止尾存戶復活、結淸，應逐戶登載於靜止尾存戶記入簿，主管人員應在其借方金額前首押脚。經辦人員應同時在靜止尾存戶記入簿、靜止尾存戶餘額表及戶名戶號登記簿內，註明復活或結淸及日期。並由有關人員蓋章，以明責任。

㈥靜止尾存戶的印鑑卡應另行抽存按帳號順序保管，俟存戶申請恢復往來時，再行抽出使用。其復活應先辦理徵信查詢無不良紀錄時，始可恢復往來。

六、支票存款戶的結清

支票存款戶結清解約時，應開具支票將全部存款提出，並將未用完的空白支票悉數繳還銀行。空白支票中如有缺號，應由存戶用書面保證負責以後所生的一切責任。

存戶結清時，經辦員應將領款支票，以及該戶的往來約定書、印鑑卡及帳頁註明結淸字樣及結淸日期，並加蓋私章後，送經主管人員核章。已經結淸銷戶的帳號，不得再行使用。

第六節　保付支票、本行支票、限額支票與限額保證支票

一、支票的保付

支票發票人爲提高支票的信用，俾他人樂於接受起見，常簽發支票申請銀行予以保證付款。凡存戶簽發的支票，經付款銀行記載照付、保付或其他同義字樣並簽名後，予以保證付款者爲「保付支票」。支票的發票人及執票人均得申請保付。保付的手續如下：

㈠保付手續

1.存戶或執票人以本行付款的支票向本行申請保付時，應請塡寫保

付支票申請書，在申請書上簽章，如申請人非發票人時，則須塡寫地址，以備查考。

2.經辦員收到申請書與支票後，應先審核支票（審核要領參照支票的審核）。支票經審核無誤後，則將其與申請書所記逐項核對，憑申請書作「保付支票登錄」，以便自該支票發票人存款餘額中扣除保付的金額，同時記入保付支票帳的貸方，並加編號。該申請書第一聯代替「支票存款」科目的支出傳票，第二聯爲「支票存款——保付支票」科目的收入傳票。

3.經辦員於記帳後，應於支票正面加蓋「保付」戳記，在支票背面塡記保付日期、金額及保付號碼連同申請書送經主管人員核章並在支票背面簽章證明。

㈡支取手續

1.保付支票支取時，經辦員應重新審核支票，並應特別注意支票金額，抬頭人的背書，背書是否連續，有無平行線等。

2.支票經審核後，經辦員應憑該支票代替支出傳票記入支票存款——保付支票帳的借方，並在原貸方金額後「銷帳」欄內加註銷帳日期。

㈢其他應注意事項

○○商業銀行　　保付支票申請書　　　傳票＿＿＿號

保付日期中華民國　　年　　月　　日　保付第　　　號

<table>
<tr><td rowspan="4">代
轉
帳
支
出
傳
票

1</td><td>發票人
帳　號</td><td></td><td>發票人
戶　名</td><td></td><td colspan="10">（借）：支票存款</td><td rowspan="4">主管

會計

登錄

核章</td></tr>
<tr><td>支　票
號　碼</td><td></td><td colspan="2">發票日期：中華民國　年　月　日</td><td>千萬</td><td>百萬</td><td>拾萬</td><td>萬</td><td>千</td><td>百</td><td>拾</td><td>元</td><td>角</td><td>分</td></tr>
<tr><td>支票金額
（大寫）</td><td colspan="3">新台幣</td><td></td><td></td><td></td><td></td><td></td><td></td><td></td><td></td><td></td><td></td></tr>
<tr><td colspan="4">請將上列支票壹紙惠予保付後，仍將原支票交還爲荷
此致
○○商業銀行　　台照
申請人：姓名：
住址：</td><td colspan="10">（轉帳訖戳記）

對方科目　保付支票</td></tr>
</table>

○○商業銀行　　轉帳收入傳票　　　傳票＿＿＿號

保付日期中華民國　　年　　月　　日　保付第　　　號

<table>
<tr><td rowspan="4">2</td><td>發票人
帳　號</td><td></td><td>發票人
戶　名</td><td></td><td colspan="10">（貸）：支票存款
子目：保付支票</td><td rowspan="4">主管

會計

登錄

核章</td></tr>
<tr><td>支　票
號　碼</td><td></td><td colspan="2">發票日期：中華民國　年　月　日</td><td>千萬</td><td>百萬</td><td>拾萬</td><td>萬</td><td>千</td><td>百</td><td>拾</td><td>元</td><td>角</td><td>分</td></tr>
<tr><td>支票金額
（大寫）</td><td colspan="3">新台幣</td><td></td><td></td><td></td><td></td><td></td><td></td><td></td><td></td><td></td><td></td></tr>
<tr><td colspan="4">請將上列支票壹紙惠予保付後，仍將原支票交還爲荷
此致
○○商業銀行　　台照
申請人：姓名：
住址：</td><td colspan="10">（轉帳訖戳記）

對方科目　支票存款</td></tr>
</table>

1.保付支票除主管人員簽章外，其他人員不得於支票上蓋章。

2.付款銀行將支票加以保付後，應負絕對付款責任，不得以任何理由拒絕付款。

3.保付支票的發票人不得撤銷付款的委託，而發票日期雖超過一年仍應照付。

4.保付支票喪失時執票人不得爲止付的通知，但得聲請公示催告或禁止支付的命令，並經取得除權判決後憑以辦理付款。

5.保付支票付款人的付款責任與匯票承兌人同，而匯票承兌人付款責任的時效爲三年，故似以援用視爲三年爲宜。

二、本行支票

(一)一般規定

1.本行支票爲銀行開具以本行爲付款人的支票，係屬存款業務的一種。

2.本行支票的簽發暫限於本行對外支付款項或存戶開具領款憑證調換。

3.簽發本行支票，應記載受款人，並加劃平行線。

4.各營業單位應設置「本行支票帳」，憑轉帳收入傳票及「本行支票」(代支出傳票) 記入有關各欄。

5.簽發本行支票，應以庫存現金及存放中央銀行往來戶存款爲付款準備，此項金額，在計算存款準備金時，應予扣除(即100%提存準備)。

(二)申請及填發

1.存戶申請簽發本行支票的金額，每張不得低於新臺幣1萬元。

2.受理簽發本行支票，應填製轉帳收入傳票，科目：「本行支票」，載明受款人、申請人、支票號碼、金額等(受款人名稱得請申請人塡寫)與本行支付款項的傳票或存戶領款憑證轉帳，即：(借)存款或有關科目，(貸) 本行支票。該領款憑證等應先經存款部門或有關部門記帳。

前項借貸方傳票，經主管人員檢印後，不得拆開，均應一併交予「本行支票」經辦員，憑以塡發本行支票。

㈢支付

1. 支付時，需審查票據要項及受款人背書是否相符、有無連續等後，以「本行支票」代支出傳票，(借) 本行支票，(貸) 有關科目，並記入「本行支票帳」，由檢印主管人員於借方金額前與該張本行支票押章，爲簡化作業，支付時「本行支票帳」之「申請人」與「受款人」欄可省略免塡。

2. 支付時，經辦員另應於「本行支票帳」該筆本行支票簽發紀錄的支付日期欄內蓋支付日期戳記，同時由主管人員於支付日期戳後銷印欄蓋扁型私印核銷。

㈣逾期本行支票的處理

1. 超過一年未兌付時：借：本行支票，貸：其他應付款——逾期本行支票，若持票人請求兌付時，借記「其他應付款——逾期本行支票」，該支票作爲傳票附件。

2. 轉入「其他應付款」後，自發票日起滿五年未兌付時，報請總行核准轉入「雜項收入」科目。

3. 經轉入「雜項收入」後，持票人來行請求兌付時，應陳報總行核准，以「雜項支出」科目支付，該支票作傳票附件。

簽發本行支票後，由有權簽章人員在「本行支票帳」貸方金額前與本行支票轉帳收入傳票押章。

㈤帳簿整理

1.本行支票帳記滿過頁時，因借貸方金額經過押章，免予累計借貸方總數，僅將餘額轉次頁、承前頁過之。餘額如為零時，於元位記載「0」過頁之。

2.新舊帳頁承轉金額，應經檢印主管人員核章證明。本帳簿依會計年度裝訂成冊。

3.上期底（每年六月三十日）結轉時，於最終借方或貸方數字下，劃一橫線作為結轉手續，橫線長度以借貸兩欄全幅為準。

4.下期底（每年十二月三十一日）舊帳的結帳，於帳頁最末格餘額欄塡餘額，將「轉次頁」文字改為「轉次期」。如有空格應以斜線註銷之，餘額如為零時，空格劃一斜線註銷，不必轉次期。

5.新年度（每年一月一日）過入新帳時，未銷帳支票應逐筆承前期，支票號碼、申請人、受款人、貸方金額等資料需一併過入，發票日期加註於「支票號碼」欄中，貸方承轉金額前由檢印主管人員蓋扁型私印證明之。

㈥日結

存款部門根據本行支票帳編製存款核算表，求出本日借貸總數及餘額，然後交會計人員與「本行支票」科目日結單核對相符。

㈦結算報表

編製負債明細表，逐筆塡列未銷帳支票，摘要欄則註明發票年月日及支票號碼、申請人、受款人等。

三、限額保證支票

「限額保證支票」係指核准開立的「限額支票存款戶」，經銀行核定保證額度，發給限額保證支票，由該存戶簽發每張以1萬元爲最高限額，由本行保證付款的支票。

㈠申領條件

存戶符合下列條件之一者，得申請銀行核定保證額度發給限額保證支票。

1. 提供銀行認可的擔保品。
2. 提供銀行認可的保證人。
3. 經由銀行辦理信用保險者。

㈡申領手續

本項業務一律授權營業單位於授權額度外辦理，辦理時應請申請人填具「限額支票存款戶領用限額保證支票申請書及約定書」乙份，「印鑑卡」二份，「限額保證支票存款戶印鑑證明卡」乙份及「限額保證支票簿領用單」。

㈢收回作廢保證支票或空白保證支票之處理

1. 存戶作廢支票或結清銷戶繳回尙未使用的空白支票，應整張全部繳還銀行註銷作廢，否則應視爲已簽發未兌付支票，由銀行留存票款(每張支票按新臺幣1萬元計算）備付。

2. 經收回的作廢支票或剩餘空白支票，應另設「收回空白票據備查簿」登記以備查考，並即打洞作廢，另依照支票存款結清銷戶收回剩餘空白支票辦法辦理。

㈣帳務處理及透支、墊款利息的計算

1.本存款以「支票存款」科目「限額保證支票」子目處理。

2.存戶透支款項，應依其透支方式分別按「透支」或「擔保透支」利率計息。

3.存戶透支利息悉依銀行有關規定辦理（即除結、決算月份計算至月底日外，其他各月份得計至月底前一日，而月底日利息則併在下月計算）。

4.中途結清銷戶者，應同時計收透支息。

㈤經由銀行辦理信用保險的限額保證支票處理方式

1.本保險以銀行爲要保人及被保險人，由總行彙總投保；存戶簽發限額保證支票，因存款餘額不足支付票款亦不能償還票款，由銀行追償無著而遭受損失時由承保公司對銀行負理賠之責。

2.承保對象以經保險公司同意承保的軍公教機關、公營事業及金融機構編制內的現職職員或現役軍官無退票紀錄者爲限。

3.以辦理信用保險方式者得視爲擔保，存戶（含行員）應簽訂擔保透支契約(限額保證支票專用)，透支期限訂爲一年，透支額度最高爲新臺幣 10 萬元；於透支契約內：□投保信用保險的方格內打「√」表示投保信用保險方式，並應塡列各項明細；帳務處理比照一般擔保透支方式辦理。

4.辦理信用保險存戶，限發空白限額保證支票十張一本。

5.惟銀行員工如退休或離職時應即終止或改以其他方式（提供擔保品或保證人）辦理。

第七節 支票存款交易事項的借貸分錄

一、存入款項時的分錄

㈠存入現金時

借：庫存現金

貸：支票存款

㈡存入本行其他存戶所開支票時

借：支票存款

貸：支票存款

㈢存入本行所簽發的本票時

借：本行支票

貸：支票存款

㈣以到期的定期存款轉存時

借：定期存款

貸：支票存款

㈤由短期放款轉存時

借：短期放款

貸：支票存款

㈥存入他行付款票據，經提出交換時

借：庫存現金

貸：支票存款

㈦持來外埠票據，委託代收時

借：應收代收款

貸：受託代收款

㈧託收票據經委託聯行收妥時

1.借：聯行往來

　　貸：支票存款

2.借：受託代收款

　　貸：應收代收款

㈨託收票據經委託同業收妥時

1.借：存放銀行同業

　　貸：支票存款

2.借：受託代收款

　　貸：應收代收款

㈩由外埠聯行撥入款項時

借：聯行往來

　　貸：支票存款

⑪存入另一存戶支票，部分提現時

借：支票存款

　　貸：庫存現金

　　　　支票存款

⑫同時存入本行付款支票及他行票據時

借：庫存現金

　　支票存款

　　貸：支票存款

二、提取款項時的分錄

㈠由交換提回本行存戶所開支票時

借：支票存款

　　貸：庫存現金

㈡存戶簽發支票請求保付時

借：支票存款

貸：支票存款——保付支票

㈢聯行委託代收本行存戶所開支票時

借：支票存款

貸：聯行往來

㈣存戶持所開支票來行辦理匯款時

借：支票存款

貸：匯出匯款

手續費收入——匯費收入

㈤存戶以所開支票轉存定期存款時

借：支票存款

貸：定期存款

㈥存戶持所簽支票來行申請開給本票時

借：支票存款

貸：本行支票

㈦存戶存入他行票據遭退票而通知領回時

借：支票存款

貸：庫存現金

㈧存戶簽發支票繳納分期償還的本息時

借：支票存款

貸：長期擔保放款

應收利息——長期擔保放款

三、其他有關的分錄

㈠向存戶收取支票簿代金時

1.收取時

借：庫存現金

貸：其他應付款——票據工本費

2.月底沖轉業務費用時

借：其他應付款——票據工本費

貸：業務費用——印刷費

㈡保付支票兌付時

借：支票存款——保付支票

貸：庫存現金（或支票存款或其他適當科目）

㈢保付支票逾一年未兌付轉入其他應付款時

借：如票存款——保付支票

貸：其他應付款——逾期保付支票

㈣掛失止付票款由存戶帳轉出時

借：支票存款

貸：其他應付款——掛失止付備付款

㈤收取票據止付手續費時

借：庫存現金

貸：手續費收入或其他應付款——雜項印刷費

㈥存戶因退票三次經拒絕往來時

借：支票存款

貸：其他應付款——拒絕往來專戶

㈦經拒絕往來又誤收存款時

借：庫存現金

貸：其他應付款——拒絕往來專戶

㈧存戶久無往來，轉入靜止尾存戶時

借：支票存款

貸：支票存款——靜止尾存戶

㈨靜止尾存戶又恢復往來時

借：支票存款——靜止尾存戶

貸：支票存款

㈩存戶申請開立限額保證支票存款戶時

借：庫存現金

貸：支票存款——限額保證支票

問　題

一、何謂存款？存款對銀行有何重要性？

二、試說明銀行存款的來源及其產生的方式。

三、試就銀行法的規定及會計科目別，分別列述銀行的存款種類。

四、銀行對存款人往來資料有保守秘密的義務，請就所知列述其有關規定。

五、試說明支票存款的意義及特質。

六、試分別說明支票存款辦理開戶及存、取款的手續。

七、試說明支票存款每日結帳的手續。

八、試說明各種票據的時效以及支票的提示期限。

九、支票存款的登帳，應注意那些事項？

十、試就所知列舉「支票存款」科目的記帳憑證名稱（按收入傳票與支出傳票分類）。

十一、支票應具備那些要項方有效力？

十二、何謂「平行線支票」？該種支票付款應注意那些要點？

十三、試列舉支票退票的理由十項。銀行對何種理由退票的存戶，應予記入退票登記簿？對於此等理由退票的存戶，銀行應予何種限制？

十四、試分別說明退票違約金(1)全部歸交換所，(2)部分歸交換所的會計處理要點。

十五、何謂保付支票？保付的手續如何辦理？銀行對於保付支票負有何種責任？

十六、何謂拒絕往來戶？拒絕往來戶的會計處理手續如何？

十七、何謂靜止尾存戶？靜止尾存戶「轉入」及「恢復往來」應如何處理？

十八、試說明「本行支票」的意義及其會計處理要點。

十九、試說明「限額保證支票」的定義、申領條件及會計處理要點。

習　題

支票存款戶# 612 黑白時裝號八十五年七月份往來的交易如下:

7/1 黑白時裝號負責人顧文賢前來申請開立支票存款戶,經查尙合規定,可准予開戶。該戶今日持現款 50,000 元來行辦理開戶手續,經編定帳號爲# 612,並發給送款簿及支票簿各乙本。

7/2 存入本行支票存款戶# 25 良佳服裝公司所簽支票 5,000 元。

7/3 票據交換提回 No.126301 支票 4,000 元,No.126303 支票 10,000 元。

7/8 存入現款 20,000 元及本埠上海銀行付款支票 9,000 元(支票經提出票據交換收妥)。

7/8 簽發 No.126304 支票 50,000 元請求保付,經予照辦,保付號碼# 78。

7/9 持來華僑銀行高雄分行付款支票 20,000 元來行委託代收,當予照辦。代收號數 B/C 330,支票寄聯行高雄分行代收。

7/11 外埠聯行臺中分行電匯撥入入戶電匯乙筆 50,000 元。

7/11 接外埠聯行高雄分行劃收報單通知,7/9 B/C 330 託收票款已經收妥。

7/12 票據交換提回 No.126302 支票 30,000 元、No.126305 支票 10,000 元。其中 No.126302 支票因背書不連續,應予拒付。

7/14 存入現金 4,000 元、本埠聯行城內分行付款支票 6,000 元、本埠第十信用合作社付款支票 5,000 元。支票經提出票據交換。

7/14 提出交換的票據中,第十信用合作社付款支票 5,000 元因印鑑不符遭該社拒付退票。當即塡寫退票通知書通知顧君領回該紙退票。

7/18 簽發 No.126306 支票 50,000 元,請求換給同額的存放銀行同業戶——臺灣銀行付款支票一紙。

7/20顧君前申請中期擔保放款 100,000 元，本日已經總行通知准予核貸，經辦妥手續後，將貸款轉入顧君存款帳內。

7/25簽發 No.126308 支票 80,008 元，來行辦理票匯 80,000 元，解款行苗栗分行、票匯編號 D/D 790、匯費 8 元。

7/28交換時間後存入現金 6,006 元、及本埠聯行松山分行付款匯票 3,000 元。

7/29昨日交換後票據 3,000 元今日提出交換收妥。

7/30簽發 No.126310 支票 10,000 元，除付現金 1,000 元外，另 9,000 元轉本行活期存款戶# 20、黃金全帳內（編臨時存欠傳票）。

7/30簽發 No.126311 支票 40,000 元，轉存六個月期定期存款，帳號編為# 6-85-49、利率年息六厘七毫五絲、到期日八十六年一月三十日、存單號碼 No.73008。

㈠為上列黑白時裝號七月份往來的交易，編製傳票，傳票如可用原始憑證代替時，並註明原始憑證名稱。

㈡將有關黑白時裝號的收、付傳票記入該戶明細帳內。

第八章　存摺及存單存款

第一節　存摺存款業務概說

一、存摺存款的定義及種類

存摺存款係存戶以存摺作爲記載存款收付的憑證，而以存摺及「存款憑條或取款憑條」或另依約定方式，隨時存取款項的活期性存款。

銀行法第七條規定：「本法稱活期存款，謂存款人憑存摺或依約定方式，隨時提取的存款。」

目前我國銀行業所稱的存摺存款計有下列五種：

㈠活期存款（簡稱活存）

㈡活期儲蓄存款（簡稱活儲）

㈢納稅儲蓄存款（簡稱稅儲）（使用活期儲蓄存款科目）

㈣公教人員儲蓄存款（簡稱公儲）（使用活期儲蓄存款科目）

㈤行員活期儲蓄存款（簡稱行存）

二、存摺存款的開戶手續

㈠開戶資格

1. 活存：本國自然人、公司行號、機關團體均可申請開戶。

2. 活儲及稅儲：限於自然人及非營利法人。

3.公儲：限於公教人員及民意代表（不含公營事業人員）。

4.行存：限本行在職員工、退休（職）人員。

㈡開戶手續

1.存摺存款開戶時，應請存戶填寫印鑑卡兩份，印鑑便查卡若干份（份數由各營業單位自行決定），並簽蓋印鑑。

2.經辦員應就該印鑑卡所記載事項與證照逐項核對。如本國人的國民身分證、華僑與外僑的護照及居留證、公司行號的公司執照與營利事業登記證、其他法人團體由主管機關核准登記的證件，公文或稅捐機關核發的稅籍統一編號。

3.如以未成年人名義開戶，應徵得法定代理人「允許未成年人開立存款帳戶同意書」並請其法定代理人在印鑑卡正面戶名處左邊簽章，範例如下：

「戶名○○○印

右法定代理人○○○印」

法定代理人的身分證件應加以核對。如已簽具同意書者，其同意書應作爲印鑑卡的附件。

印鑑卡上各欄應填載未成年人的資料，同時將法定代理人與存戶的關係及身分證統一編號、住址等資料註明於印鑑卡上以備查考。

4.請存戶填寫存款憑條，並在摘要欄註明「新開戶」字樣後，連同款項憑以存款。（該憑條不宜由經辦員代爲填寫。）

5.款項存妥後，經辦員即在該存款憑條及印鑑卡（含便查卡）編列帳號，登記戶名戶號登記簿，並填發存摺後作「存摺現金開戶」、「存摺轉帳開戶」或「本交票據開戶」交易。

6.將存摺、傳票、印鑑卡、印鑑便查卡、空白帳頁單據登記簿及戶名戶號登記簿一併送請主管蓋章，存摺應於「第一行」摘要欄及封面裡頁「承舊摺 No」空白處註明「新開戶」字樣。存摺經主管人員簽章後，交存戶收執。

7.開戶初次存入的最低限額，活存、行存與活儲存各爲新臺幣一百元。開戶往來後，其存、取、及餘額的數目不予限制。

8.存戶開戶後，應作「客戶資料變更補項登錄單」及「中文資料登錄」交易，以建立正確的客戶資料檔。

9.對於自然人或法人申請開立存摺存款戶，原則上應由開戶人本人（自然人或法人的負責人）親自憑身分證辦理，並就簽名或蓋章擇一或合併留存。但本人因特殊情況無法親自辦理開戶手續，得依法委任或授權第三人代辦，銀行對委任或授權事項，應辦理徵信調查。

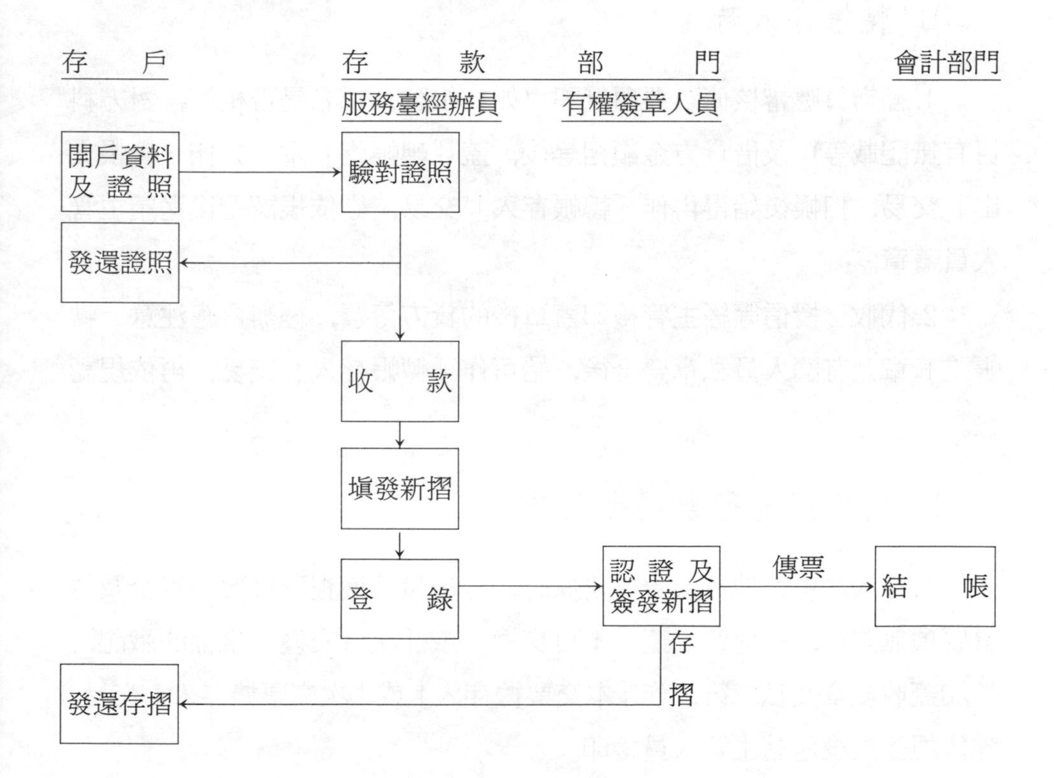

存摺存款開戶流程圖

三、存摺存款的存款手續

存入款項時應使用存款憑條經收妥款項後，用以代替收入傳票記入各該帳戶貸方及存摺的「存入」欄。

㈠以現金存入時

1.收款時，得將款項明細記載於傳票背面，以利查對。

2.款項收妥，傳票加蓋收款章及私章，由經辦員審核傳票要項無誤後（如帳號、戶名是否相符等），作「現金存入」交易，經依規認證後送請主管人員檢印。

㈡以轉帳存入時

1.經辦員應審核傳票要項無誤（如：帳號、戶名是否相符，對方科目有無記載等）及借貸方金額相等後，蓋「轉帳訖」章。先作「轉帳支出」交易，扣帳後始得再作「轉帳存入」交易，經依規認證後送請主管人員蓋章。

2.代收、授信等經主管檢印蓋章後的貸方傳票，經辦員應注意「轉帳訖」章及有關人員私章齊全後，始可作「轉帳存入」交易，再依規認證。

㈢以聯行或他行票據存入時

1.存入款項為他行或聯行票據時，經辦員應檢查票據要項齊全及傳票要項無誤後，在傳票上蓋「本日交換」或「次日交換」字樣的戳記，並加蓋收款章及私章後，作「本交票據存入」或「次交票據存入」交易，經依規認證後送請主管人員檢印。

2.票據須俟收妥後方可動用，不可事先抵用。

3.存戶存入的票據經提出交換而退票時，應即填具三聯式退票通知書以第一、二聯儘速通知存戶，第三聯「退票憑單」作爲代支出傳票，逕自該戶內扣減，並請存戶在第二聯「存戶領回退票憑單」上加蓋原留印鑑來行領取退票後作爲支出傳票（退票憑單）的附件。如該項退票經存戶重新存入者可免加蓋原留印鑑，但須在「存戶領回退票憑單」上註明並加蓋經辦員及主管印章以備查考，或以送款單存根聯作爲附件。

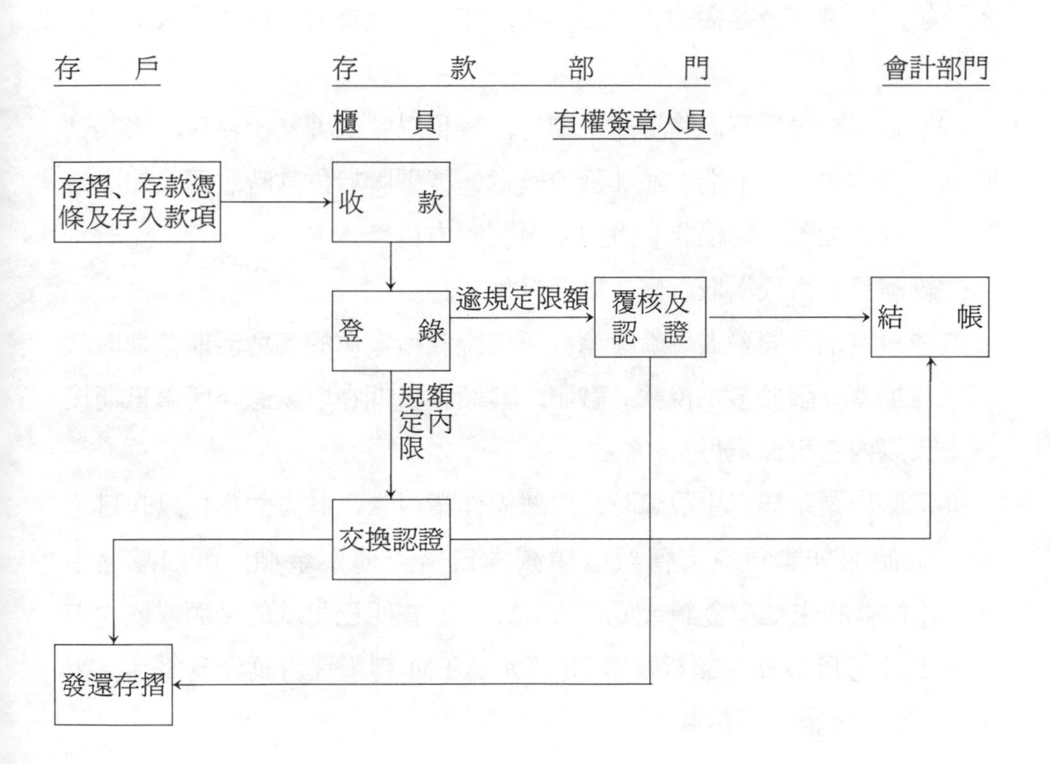

存摺存款收款流程圖

四、存摺存款的取款手續

㈠存戶取款時，應請其填具「取款憑條」檢同存摺辦理，或憑金融卡取款轉帳或電話轉帳。經辦員接到存摺與取款憑條時，應審視所填日期（應爲領款當日或在領款日期前七天以內）、金額、核對印鑑，並查明有無餘額及掛失止付（存摺遺失）等，以該憑條代替支出傳票，憑以記入各該帳戶的借方及存摺的「支出」欄，作「現金支出」或「轉帳支出」交易。

㈡取款如屬付現時，除上述手續外，得另以號碼牌交予存戶，將其號數記入取款憑條左上端，並加蓋騎縫章；號碼牌於付款時收回。如屬轉帳時，則應加蓋「轉帳訖」戳記並填明對方科目。

㈢經辦員不得代填取款條，以免發生糾葛。

㈣依規定納稅義務人爲備繳綜合所得稅款所簽填的各種活期存款取款憑條應加蓋「限於繳納稅款」戳記，其領款日期在取款憑條所填日期後三十天以內者可以照付。

㈤電腦作業系統發生故障時，以離線作業付款，其方式爲：以昨日餘額表上餘額加本日貸方傳票金額減本日借方傳票金額，再扣減經由ATM付款的未登摺金額（可向ATM中心查明已付款的金額或依約扣減ATM每日最高金額新臺幣10萬元ATM轉帳3百萬元及電話轉帳5百萬元）後，再行付款。

㈥存摺存款除依約定方式付款者外，不得辦理無摺付款，且不得代客戶保管已蓋妥印鑑的空白取款憑條，存戶存取款項後，應立即交還存摺，不得代爲保管。

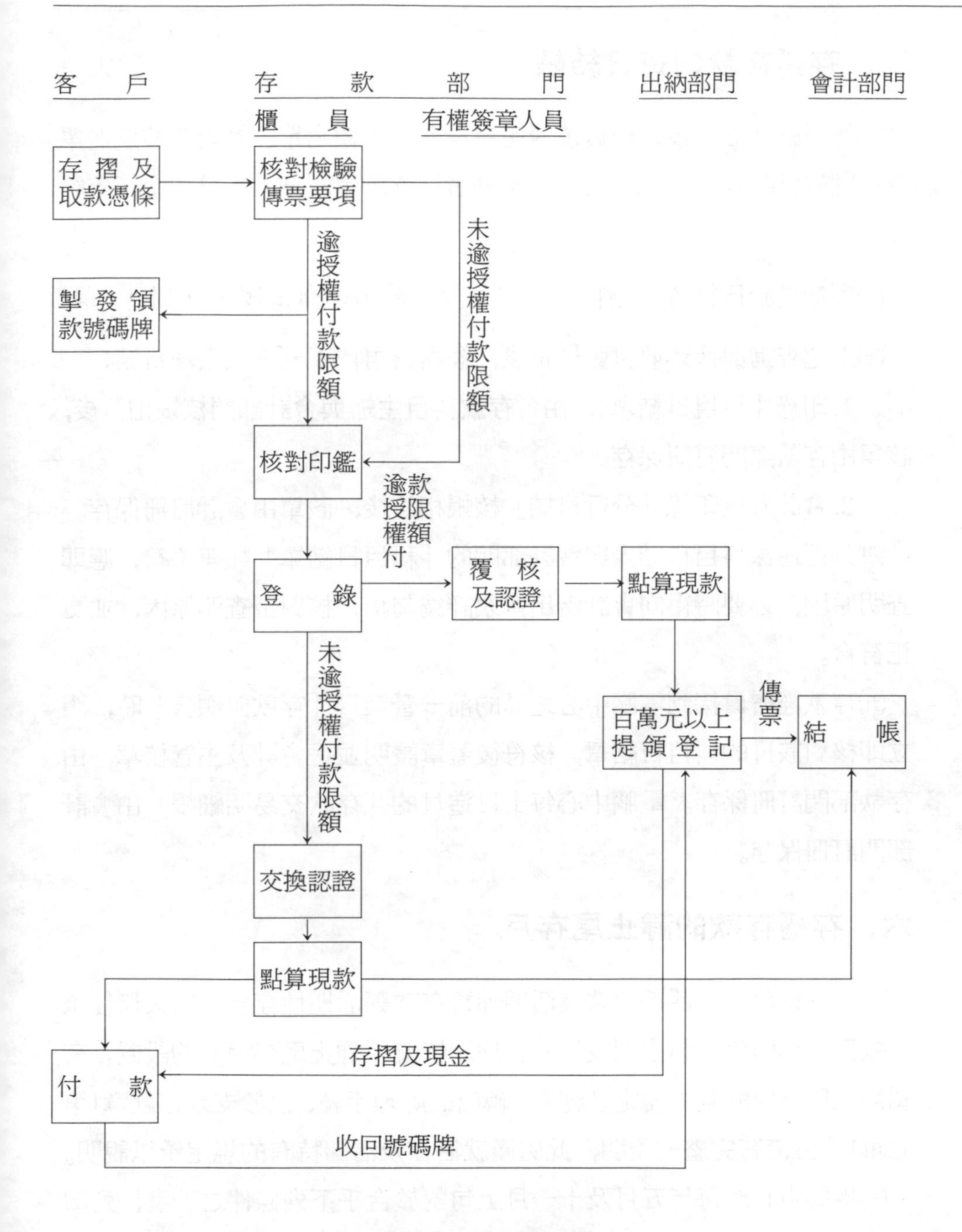
客　戶
存　款　部　門
出納部門
會計部門
櫃　員
有權簽章人員
存摺及取款憑條
核對檢驗傳票要項
逾授權付款限額
未逾授權付款限額
掣發領款號碼牌
核對印鑑
逾款授限權額付
登　錄
覆　核及認證
點算現款
未逾授權付款限額
百萬元以上提領登記
傳票
結　帳
交換認證
點算現款
存摺及現金
付　款
收回號碼牌

存摺存款取款流程圖

五、存摺存款的每日結帳

㈠每日營業終了後，櫃員依據櫃員現金借入繳出單、櫃員票據遞送單及作「櫃員現金收付明細查詢」、印錄櫃員查詢單，結計本日現金正確餘額。

㈡經辦員於日結時，先作「各科目的收付數額查詢」印錄科子目查詢日結單。

㈢上述查詢與傳票收付數核符後，經辦員再依下列方式辦理日結：

1. 印錄「科目日結單」，由各存款科目主辦與會計部門核帳相符後，該單由存款部門訂冊保存。

2. 會計人員印錄「分行日結」核帳相符後，該單由會計訂冊保存。

㈣分行連線科目日結表與會計部門的「科目日結單」如有不符，應即查明原因，必要時得向會計借出傳票詳爲勾稽，核對至查明原因，並更正符合。

㈤存款經辦員接到電腦中心造具的前一營業日「存款餘額表」時，應立即核對該日的科目日結單，核符後蓋章證明並送會計及主管核章，由存款部門訂冊保存。電腦中心每十日造具的「存款交易明細帳」由會計部門訂冊保存。

六、存摺存款的靜止尾存戶

凡支票存款、活期存款及活期儲蓄存款等活期性存款，對久無往來的帳戶，爲簡化帳務處理及便於管理，皆有「靜止尾存戶」的設置。有關靜止尾存戶的基本規定及轉入、轉出的處理手續，已於支票存款章(第七章)第五節有完整的說明，此處僅就活存及活儲特有的規定予以說明。

㈠電腦中心於每年五月及十一月上旬對於合乎下列條件之一者，列印「靜止尾存戶參考表」，供營業單位作爲轉入靜止尾存戶的參考。各營業單位對久無往來的存戶，應設法請其繼續往來，如無繼續往來希望或無特定用途的存戶，逐戶由端末機鍵入電腦主檔，改列靜止尾存戶。

1.

存款種類	存款餘額	繼續靜止期間
活期存款	未滿500元	半年
活期儲蓄存款	未滿100元	半年

2.超過前項的餘額，且過去一年間無存取款者。

㈡復活的存摺存款戶，應將靜止尾存戶餘額表內「上次異動日止積數」欄的積數及自上次異動日至復活日止的積數(以人工計算)，合併辦理「存摺存款補積數」的登錄交易。

㈢轉入靜止尾存戶的存款，若超過中華民國銀行公會規定的起息點，將來復活或結清時，得依前項的規定補積數或補付利息。

七、存摺的管理

㈠存摺的塡發

1.塡發存摺時，經辦員應將其日期、數量及號碼分別登記於「空白帳頁單據登記簿」的「發出」欄，並將該存戶的帳號及戶名登記於「領用人」欄。

2.新開戶的存摺須俟存款確實收妥後方可塡發。

3.存摺封面裡頁「承舊摺」處：

⑴經辦員註明新開戶。

⑵在右側由主管加蓋附日期橡皮印及有權簽章人員職印或私印及經辦員私章。

4. 全行通提戶經辦妥申請手續後，於存摺封面裡頁加蓋原留印鑑由主管及經辦簽章後加貼專用保護貼紙。

㈡存摺的換發

1. 存戶的存摺用完，換發新存摺手續與新開戶塡發存摺手續同。

2. 換發新摺時櫃員應作「換新存摺建磁條資料」交易，將帳號輸入新摺磁條內，同時將舊摺（含磁條）逐頁打洞，註銷並加蓋「作廢」字樣戳記，並將舊存摺左下角截去。新摺封面裡頁「承舊摺」處註明舊摺的編號。

3. 主管人員核對舊摺末頁最後一筆餘額與新摺首頁第一筆餘額相符後，於舊摺末頁下端及新摺首頁上端加蓋騎縫章，並於新摺承前頁餘額前加蓋主管人員私章，經審視舊摺逐頁打洞、註銷作廢、截角無誤後，撕下磁條剪毀，新舊摺由櫃員交還存戶。

4. 辦理全行通存通提業務，代收付的聯行記帳時，如遇存摺用完，應代為換發新摺。

㈢存摺最後餘額前首，應依下列規定蓋章證明後，始可交還存户收執

1. 補登存摺，無其他交易時，只由櫃員作「補登存摺」交易者，由櫃員蓋私章。

2. 有存取交易或補摺又有存取交易時，其交易金額新臺幣 30 萬元以內（含本數）者，蓋櫃員私章，超過新臺幣 30 萬元者蓋主管私章。

3. 更換或補發新摺，不論有無其他交易，一律蓋主管私章。

㈣存摺的掛失

1. 經辦員受理掛失時　應即詢明遺失原因、日期、地點及存款種類、

戶名、帳號、餘額等，並請存戶憑原印鑑塡具「存摺掛失通知書」，並在銀行同意的當地日報登載作廢啓事一天，將原報紙乙份檢送銀行備查，啓事應剪貼於通知書上，並註明報紙名稱及日期。

存戶爲自然人並提示身分證件親自辦理存摺掛失手續者，得免登報。經銀行認爲無任何糾葛可能時，經主管人員核准，亦得免登報。

2.經辦員辦理存摺掛失時，應審查通知書上應具備各項要件是否齊全並於核對印鑑相符後，登記於「存款事故登錄備查簿」作「存摺掛失止付」交易，即將通知書及有關文件送請主管人員核章。然後在印鑑卡及便查卡上明顯處以紅筆註明「存摺掛失止付」字樣及掛失日期以備查考。

㈤存摺的補發

1.存摺掛失的補發，請存戶塡具「遺失補領新存摺申請書」，對於個人（或公司行號的負責人）應由存戶本人親自憑身分證辦理（或銀行派員驗對），但本人因特殊情況無法親自辦理者，得依法委任或授權第三人代辦，銀行對委任或授權事項，應辦理徵信調查。

存戶爲自然人並提示身分證件，親自辦理者免保證人，經銀行認爲無任何糾葛可能時，經主管核准，亦免保證人。

2.經辦員塡製新存摺，應作「存摺補發」交易，然後連同通知書及補領新摺申請書送經主管核章。

3.「存摺掛失通知書」應與「遺失補領新存摺申請書」「客戶資料查詢申請單」一併按年裝訂成冊保管十五年。

4.爲方便存戶，並簡化作業手續，掛失存摺的補發，得不另立新戶，延用原帳號，但應於「印鑑卡」「印鑑便查卡」及「新存摺」封面上以紅字註明「○年○月○日存摺補發」字樣（每次遺失存摺補發均應註明），以提醒各經辦人或櫃員付款時（尤其離線時）應特別留意切勿憑舊存摺付款而遭致損失。

八、存摺存款的結清

㈠已辦妥金融卡的存戶，其領用的金融卡，應同時繳還銀行作廢，並作「金融卡註銷」交易後，始可辦理結清。

㈡存戶結清時，櫃員應在存摺、取款憑條、印鑑卡、印鑑便查卡及戶名戶號登記簿上註明「結清」字樣及結清日期，將存摺（含磁條）逐頁打洞、加蓋「作廢」戳記並予以截角。

㈢主管人員檢印時，經查核存摺逐頁打洞、註銷作廢、截角無誤後，撕下磁條剪斷銷毀，由櫃員將作廢後的存摺交還存戶，如存戶不願收回時，可自行銷毀。

㈣存戶於結息日前結清解約時，其結存利息應予照付。於結清前先以「存款帳戶資料查詢」交易查明存款利息，以加計稅後利息的餘額做「現金結清」或「轉帳結清」交易，同時印製利息所得稅扣繳憑單交給存戶。

㈤結清戶印鑑卡應另行抽存按帳號順序保管。

㈥已結清銷戶的帳號不得再行使用。

第二節　存摺存款的結息及扣繳

一、利息計算的通則

資金借貸的存放款業務，爲銀行的主要業務，對於資金借貸利息的收付以及應收應付利息的提存，實爲銀行日常重要會計事務。茲將各種利息計算的通則，先說明於下，至於每種存款、放款利息的計算方法，當於下文及有關各章分別再予詳細說明：

㈠利率的種類

利率分爲年息、月息、日息三種，寫法如下：

1. 稱年息一分五厘者，即每百元每年利息 15 元。亦即年率爲 15%或 0.15。

2. 稱月息一分五厘者，即每百元每月利息 1 元 5 角（每 1 千元每月利息 15 元）。亦即月率爲 1.5%或 15‰或 0.015。

3. 稱日息一分五厘，即每百元每日利息一分五厘（每 1 萬元每日利息 1 元 5 角），亦即日率爲 0.015%或 1.5‱或 0.00015。

如係無息則稱不計息。

㈡利率的單位及揭示

銀行法第四十條規定：「銀行利率應以年率爲準，並於營業場所揭示」。

㈢利率的轉換

計算利息時，期間的單位與利率的種類，務須配合，如期間係以日數作單位時，即應將利率化爲日息。各種利率相互換算時，應依下列規定辦理：

1. 年息變月息以十二除之，如年息 12%÷12＝0.01＝月息 10‰。

2. 年息變日息以三百六十五除之，如年息 12%÷365＝0.000328767123＝日息 3.2876‱。

3. 月息變年息以十二乘之，如月息12‰×12＝0.144＝年息14.4%。

4. 月息變日息以三十除之，如月息10.5‰÷30＝0.00035＝日息 3.5‱。

5. 日息變年息以三百六十五乘之，如日息 0.4‱×365＝0.0146＝年息 1.46%。

6. 日息變月息以三十乘之，如日息1.5‱×30＝0.0045＝月息4.5‰。

7. 各種利率相互換算時的乘除計算，其有效數字一律求至小數位數第四位，以下不計。例如年息 12%化爲日息時，12%÷365＝0.000328767123＝日息 3.2876‱。

㈣期間的計算

1. 期間的起訖

⑴各種存放款利息起訖日期均計首不計尾，自存入或放出之日起息，計至取出或還款前一日止。

⑵各種活期存款的結息，上期爲六月二十日，而算至六月二十日止，下期爲十二月二十日，而算至十二月二十日止。六月二十一日起及十二月二十一日起的利息，歸入次期計算。

⑶各種定期存款的利息，按契約辦理，通常是按月計算，不足一月者則按日計算。

⑷各種放款及透支的利息，除契約另有規定外，按月計息一次。放款算至自放出日起滿一個月止；透支計算至月底止，次日起的利息歸入下月份計算。

⑸月算、結算、結息時，應將該日計算在內。

2. 到期日的推定

⑴凡每月開始日存入者，到期日爲到期月份開始日，如 1/1 起六個月，其到期日爲 7/1。

⑵凡月中存入者，到期日爲到期月份與存入月份的同一日，如 1/28 起一個月期，到期日爲 2/28。倘到期月份無相同日期，則以最末一日爲到期日，設 1/29 起一個月，如當年二月爲平年，到期日爲 2/28；如當年爲閏年，到期日爲 2/29。

⑶凡月終存入者，到期日爲到期月份的最末一日，如平年 2/28 起一個月，到期日爲 3/31；又如 1/31 起一個月，到期日爲 2/28，兩個月爲

3/31，三個月爲 4/30。

⑷如期間爲數個月零數天時，應先推算數個月的到期日，再加算零頭日數，如 1/5 起三個半月，其到期日爲 4/20。

⑸所稱月初、月中、月終即指每月的第一天，每月的十五及每月的最後一天而言。

㈤計算利息的單位

各種存款、放款的利息，一律計算至新臺幣元位爲止，元位以下四捨五入。

二、存摺存款的結息

存摺存款的利息係採用積數法計算。所謂「積數」，乃係每日按存款（或透支）變動的餘額，乘存款（或透支）不變動日數（即從上次存款或透支餘額的變動日起，算至本次存款或透支餘額變動日止的日數）所得的結果。積數法亦名每日餘額法，或稱德國法。茲再分別說明於下：

㈠結算日期、計息期間及付息轉存日期

1.行存

每月二十日爲結息日，計息期間自上月二十一日至當月二十日止。

2.活存與活儲（含綜存、稅儲及公儲）

依會計年度分兩期結算利息。

上期結息日爲六月二十日，計息期間爲上年十二月二十一日至本年六月二十日。

下期結息日爲十二月二十日，計息期間爲該年六月二十一日至十二月二十日。

3.利息轉存日期爲結息的次一營業日，落後的積數由電腦中心自動

補足，於次一利息結算時併計。

㈡結息前的準備工作

1.將靜止尾存户鍵入電腦主檔。

2.查明各存户所適用的利息所得税扣繳率。

㈢利息的結算

活存的起息點爲5百元，活儲存（含綜存、稅儲及公儲）與行存的起息點爲1百元，以每日存款餘額爲準。自起息點起以百元爲計息單位，乘以日數算出積數，於結息日將該存戶積數的總和，乘以年利率再除以365，求得利息(即利息＝積數×年利率÷365)。電腦連線作業後，利息的結算統由電腦計出。

年利率以％表示；日利率係以年利率除以365即得，算至小數點以下8位，並以‱表示之。

利息算至元爲止，元以下四捨五入。

利息應扣除利息所得稅，稅款算至元爲止，元以下捨棄。

利息於結息日的次一營業日轉入本金，其落後積數應予照補。其手續如下：

1.積數的計列

⑴存戶每次取款時，隨即計出該存戶每日存款餘額的積數。

⑵日數的計算，係自上次存取款日起至本次存取款日的前一日止的日數。例如，上次三月六日存款，本次於三月十七日取款，則日數爲11天。

⑶將日數乘前次存取款的最後餘額，自起息點起以百元爲單位（未滿百元者概不計積數）計算積數。例如存款日數爲10天，餘額爲99元時其積數即爲零，又如餘額爲1199元時則積數爲11,000。

⑷例如：本行於三月六日調升活期儲蓄存款牌告利率，由4.75%調升至5%當時積數爲800，則積數折算計算式如下：

$$800\times\frac{4.75}{5}=760$$

利率調整，統一由電腦中心作積數折算處理，分行可不必做調整手續。

2.利息及利息所得稅的計算

⑴利息算出後將其乘以利息所得稅率，計出應代扣的利息所得稅額，本期利息額減利息所得稅額，即爲該戶本期實得利息額。

⑵利息及利息所得稅，於結息日由電腦中心彙總處理編造「利息記入簿」，於結息次一營業日送達各營業單位。

⑶利息所得稅的扣繳率，依本章「利息所得稅的扣繳」的規定辦理。

⑷凡合乎免稅規定的存戶，應由存戶向稅捐機關辦妥免稅手續並提出免稅證明者，方可免扣繳。

⑸行存及退休人員優惠存款等有最高存額的限制，超過部分，按活儲利率計息。

（稅儲及公儲另有特別規定，請參閱本章第四節。）

3.利息的轉存

⑴結算利息的入帳，於結息日的次一營業日辦理，將結息日存款餘額，填入利息記入簿的「結轉存款餘額」欄內，經加計扣稅後結算利息之和，填入「承轉餘額（本利合計）」欄內。

⑵所結出利息，則於轉存日（結息日的次一營業日），填製（借）利息支出（或應付利息），（貸）其他應付款，（子目：代扣利息所得稅）及（貸）存款科目（即扣稅後利息）等科目轉帳傳票一筆轉帳。存戶利息由電腦中心按戶記入各帳戶貸方欄，對於該筆結算利息，從結息日至轉存日止的落後積數，應予照補。

三、利息所得稅的扣繳

依照所得稅法第八十八條及八十九條規定，各種存款利息所得稅應由扣繳義務人即銀行代爲扣繳。

㈠免扣繳利息所得稅的存款

1. 下列各種存款的利息所得免扣所得稅

⑴依法令規定，具有強制性儲蓄存款的利息。(所得稅法第四條第四款)

⑵教育、文化、公益、慈善機關或團體，符合行政院規定標準者，其本身的所得及其附屬作業組織之所得。(所得稅法第四條第十三款)

⑶各級政府機關的各種所得。(所得稅法第四條第十八款)

⑷各級政府公有事業的所得。(所得稅法第四條第十九款)

⑸其他依法令規定免扣利息所得稅者。

2. 銀行同業間存款或信託投資公司在銀行存款的利息所得，利息給付單位得依所得稅法施行細則第八十三條第二項規定，免予扣繳所得稅款，並免填報免扣繳憑單申報稅捐機關。(財政部 80.3.23 臺財稅第 801254871 號函)

3. 銀行業購買公債、公司債、金融債券等所取得的利息收入，各利息給付單位，應依所得稅法第八十八條規定，扣繳稅款。(財政部 80.7.27 臺財稅第 800716098 號函)

註： 金融業購買短期票券之利息收入，仍應依規定扣取百分之二十，不適用前述 2. 及 3. 之規定。

4. 短期票券免扣繳利息所得稅規定如下：(財政部 67.9.13 臺財稅第 36180 號函)。

⑴合於所得稅法第四條第十三款規定的機關或團體，購買短期票券，

如係首次發售時取得，取得後繼續持有至到期兌償者，扣繳義務人於到期時，可憑其買賣成交單，免予扣繳全部利息所得稅。

⑵該機關團體持有的短期票券，如係中途買入，買入後繼續持有至到期兌償者，扣繳義務人於到期兌償時，可憑其買賣成交單，免予扣繳其實際持有期間利息所得的所得稅，但非由該免稅機關、團體持有期間的利息，應依法扣繳稅款。

⑶該機關團體持有的短期票券，如係首次發售時購入、中途賣出或中途買入、中途賣出者，扣繳義務人於到期兌償時，應對於該項票券全部利息所得扣繳所得稅，但該機關團體可憑買賣成交單申請稽徵機關退還其實際持有期間利息所得已扣繳的稅款。

5. 各項免扣利息所得稅之存款如不易認定者，宜由存戶自行向稅捐機關申請免稅，並將核准文件送交銀行後始得免扣，在未經核准免稅前的利息仍應照扣所得稅，俟核准通知銀行後，由存戶自行辦理退稅手續。

㈡各種利息所得稅的扣繳如下

1. 納稅義務人如爲中華民國境內居住的個人，或在中華民國境內有固定營業場所的營利事業，利息按下列規定扣繳：

⑴短期票券的利息按給付額扣取百分之二十。

⑵軍、公、教退休（伍）金優惠存款的利息免予扣繳，但應準用所得稅法第八十九條第三項的規定，由扣繳義務人列單申報該管稽徵機關。

⑶各種存款、公債、公司債、金融債券的利息及信託資金的收益，一律按給付額扣取百分之十。

⑷納稅義務人及與其合併申報綜合所得稅的配偶暨受其扶養的親屬有下列所得者，得依儲蓄投資特別扣除登記證實施辦法規定領用登記證，持交扣繳義務人於給付時登記，累計不超過新臺幣 27 萬元部分，免予扣繳。

①除郵政存簿儲金及短期票券以外的金融機構存款或工商企業向員工借入款的利息。

②公債、公司債、金融債券的利息。

③儲蓄性質信託資金的收益。

④公司公開發行並上市之記名股票的股利。

2. 納稅義務人如爲非中華民國境內居住的個人，或在中華民國境內無固定營業場所的營利事業，其利息所得按給付額扣取百分之二十。

3. 可轉讓定期存單、商業票據(包括商業本票及商業承兌匯票)、銀行承兌匯票、國庫券等屬短期票券，其利息應按給付額扣取百分之二十，如到期由銀行兌付者，應由銀行扣繳利息所得稅，如提出交換者，應由提出交換銀行扣繳利息所得稅。

4. 中華民國境內居住的個人如有前述的1.之⑷④規定的所得，扣繳義務人對每次給付金額不超過新臺幣5仟元者，得免予扣繳。

前項規定以外的所得，每次應扣繳稅額不超過新臺幣6百元者，得免予扣繳。但短期票券的利息及政府舉辦的獎券中獎獎金仍應依規定扣繳。

對同一納稅義務人全年給付金額不超過新臺幣1千元者，得免依所得稅法第八十九條第三項的規定列單申報該管稽徵機關。

所謂「每次」係指同一存款人同一時間於同一櫃臺所取得的利息所得合計數爲基準，其利息所得合計數不超過新臺幣6千元者得免扣繳利息所得稅。

㈢扣繳手續

1. 各種活期性存款於每期結息時扣繳利息所得稅，定期性存款則於每次或到期領取利息時扣繳。

2. 凡以本行爲擔當付款人的本票及承兌匯票，經貨幣市場買賣或轉讓，到期提示兌償時，應注意該票據背面首次發售價格的記載，其到期兌領金額（即票面金額）超過首次發售價格（即承銷價格）部分即為利息所得，應依所得額扣繳百分之二十利息所得稅，並發給「扣繳憑單」。扣繳憑單以最後領款人為納稅義務人並在備註欄加註「短期票券分離課稅利息所得」，對納稅義務人的統一編號、里鄰、住所等亦應填列。（例如票面金額為 1 百萬元，承銷價格為 95 萬元，則利息所得為 5 萬元，應扣繳利息所得稅 1 萬元）。

3. 利息所得稅由存戶應得利息中扣除，其扣繳額計算至元位，以下免扣。

4. 各項代扣的利息所得稅款應於次月十日前辦理報繳，並填製「各類所得稅額繳款書」一份三聯及「其他應付款」科目「代扣利息所得稅」子目支出傳票，經主管人員覆核後解繳公庫，繳款書收據聯正本，於每年元月底送稅捐稽徵機關查檢完畢後，自行裝訂或黏貼於十二月底銀行月報表，繳款書收據聯副本作為本行支出傳票的附件。

5. 目前一般銀行係媒體申報單位，其扣繳憑單一式二份及媒體扣繳明細表一份，由電腦中心於次年元月底直接列印產生，扣繳憑單二份寄交納稅義務人收執，媒體扣繳明細表由各營業單位留存備查，其他非媒體申報部份（如經付公債息，身分證字號錯誤等）則採人工填製扣繳憑單一式四份。一份留底，二份交納稅義務人收執，一份彙報國稅局（稅捐稽徵機關）。

6. 非中華民國境內居住的個人，或在中華民國境內無固定營業場所的營利事業，其利息所得應於代扣稅款之日起十日內，將稅款向國庫繳清並開具扣繳憑單，向稽徵機關申報核驗。

7. 為配合繳稅義務人提早申報綜合所得稅需要，每年應於一月卅一日前，將前一年度存款戶利息所得稅扣繳憑單製妥逕寄納稅義務人。

第三節　活期存款及活期儲蓄存款

一、活期存款的意義及特質

銀行法第七條規定:「本法稱活期存款,謂存款人憑存摺或依約定方式,隨時提取的存款」。申言之,凡以存摺爲記載存款收付的憑證,而可隨時存取的存款,稱爲「活期存款」。此種存款與支票存款不同者,有下列六點:

1. 支票存款憑送款簿存款,而憑存款人所簽發的支票取款;活期存款則須憑存摺存款、取款。

2. 支票存款銀行不計給利息;活期存款戶每日存支次數一般較支票存款爲少,服務成本較低,故銀行酌付利息,於每年六月二十日及十二月二十日結息期計給利息。

3. 支票存款戶可與銀行訂立透支契約,以便於存款餘額外融通資金;但活期存款戶則不能訂約透支。

4. 主管機關對支票存款的開戶有限制,以往並有介紹人的規定;而活期存款的開戶並無特別限制,也無需介紹人,規定第一次存入的金額也較少。

5. 支票存款大多係工商行號或機關團體爲便於收支款項所開立;活期存款則爲一般個人、小型工商業或對外收支不多的團體所開立。

6. 支票存款戶所簽發的支票,爲一可隨時流通轉讓的支付工具,貨幣性最高,所應提繳的準備金高於活期存款及他類存款。

二、活期存款的開戶

㈠活期存款的存款人可爲任何個人、公司行號及機關團體。

㈡開戶的初次存入最低金額爲新臺幣 1 佰元以上。

㈢開戶的手續依本章第一節「開戶手續」的說明辦理。

㈣本存款以銀行部「活期存款」科目整理。

三、活期存款的存取款

㈠存款：憑「活期存款存摺」及「存款憑條」。

㈡取款：憑存摺及加蓋原留印鑑的「取款憑條」或憑金融卡取款、轉帳。

㈢存取手續應依本章第一節「存取手續」的說明辦理。

㈣活期存款戶平時留存餘額不得爲零。

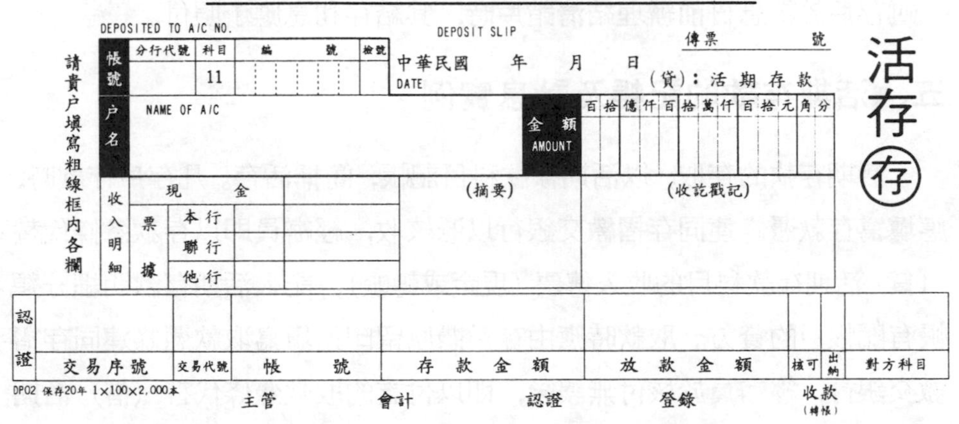

中興商業銀行　活期存款存款憑條

DEPOSITED TO A/C NO.　DEPOSIT SLIP　傳票　號

請貴户填寫粗線框內各欄

帳號	分行代號	科目	編	號	檢號
		11			

中華民國　年　月　日　DATE

（貸）：活期存款

户名　NAME OF A/C

金額 AMOUNT：百 拾 億 仟 百 拾 萬 仟 百 拾 元 角 分

收入明細			(摘要)	(收訖戳記)
現金				
票據	本行			
	聯行			
	他行			

活存 ㊂

認證	交易序號	交易代號	帳號	存款金額	放款金額	核可	出納	對方科目

DP02 保存20年 1×100×2,000本

主管　會計　認證　登錄　收款（轉帳）

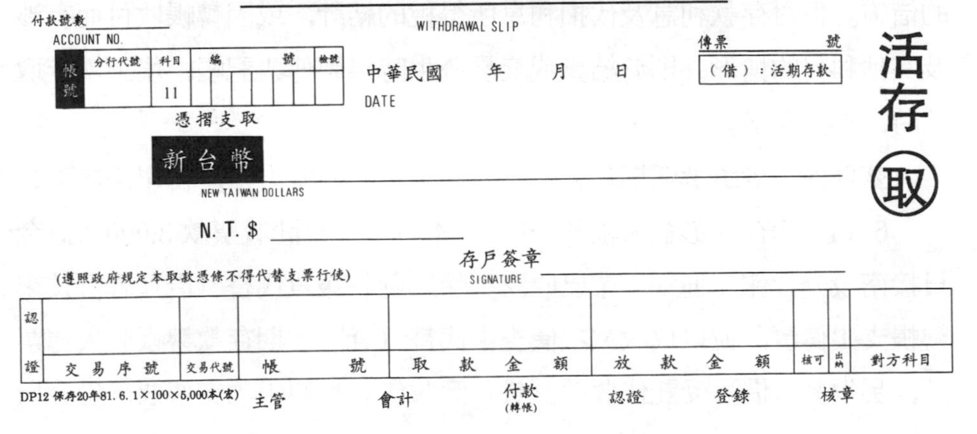

中興商業銀行 活期存款取款憑條

付款號數　ACCOUNT NO.　WITHDRAWAL SLIP　傳票　號

帳號	分行代號	科目	編	號	檢號
		11			

中華民國　年　月　日　DATE

（借）：活期存款

憑摺支取

新台幣　NEW TAIWAN DOLLARS

N. T. $

存戶簽章　SIGNATURE

(遵照政府規定本取款憑條不得代替支票行使)

活存 取

認證	交易序號	交易代號	帳號	取款金額	放款金額	核可	出納	對方科目

DP12 保存20年81. 6. 1×100×5,000本(宏)

主管　會計　付款（轉帳）　認證　登錄　核章

四、活期存款的計息

㈠活期存款的起息點爲新臺幣 5 佰元，以每日結存餘額爲準，自起息點起以百元爲單位計息。

㈡利息的結算悉依本章第二節「結息」的說明辦理。

㈢對於籌設中的公司行號團體戶，得應存戶所請暫不結算利息，而將存款積數繼續累計，俟其登記完竣變更戶名後同時作「客戶資料內容變更補項」交易，變更計息別爲計息及將累計積數作「存摺補積數」交易，於次期結息日一併計息。

㈣存戶於結息日前辦理結清銷戶時，其結存利息應予照付。

五、活期存款的記帳及計息實例

活期存款的存取，以活期存款科目記帳，簡稱活存。凡存戶存款時，應填寫存款憑條連同存摺繳交銀行以憑核收，經辦員即以存款憑條代替（貸）活期存款科目的收入傳票（現金或轉帳），記入活期存款明細分類帳有關帳戶的貸方。取款時應由存戶憑原留印鑑填寫取款憑條連同存摺繳交銀行，經辦員於核付無誤後，即以付訖的取款憑條代替（借）活期存款科目的支出傳票（現金或轉帳），記入活期存款明細分類帳有關帳戶的借方。但對存款利息及代扣利息所得稅的結計，或因轉帳收付而有涉及其他科目的情形，則於結算或交易發生時另製傳票記帳，俟下次存取款時，補登存摺。

茲爲進一步瞭解活期存款各種交易事項的記帳方法，特舉例於下：

6/14　活存戶彭紅來帳號 463，於本月十二日託收票款 3,000 元，今日接南投分行報單通知，業已收訖。除以劃收報單代替（借）聯行往來轉帳支出傳票，並以代收款項便查卡代替（貸）活期存款轉帳收入傳票外，另填製（借）受託代收款（貸）應收代收款轉帳收支傳票一份。填就後的便查卡和報單形式如下：

○○銀行代收款項便查卡　總第　號　貸

中華民國 85 年 6 月 14 日轉帳
活存 No.463　中華民國 85 年 6 月 12 日託收

科目：活期存款

收妥時代轉帳收入傳票
退票時代退票送達回條

託收人	發票人	付款人	代收號數	到期		金額
彭紅來	張自強	南投分行	B/C 49	6	13	NT$ 300000
票據種類號數	支票××××		備註：			
收款日期	85 年 6 月 13 日					
對方科目	聯行往來					

代收行　南投分行　　託收行　新竹分行

經副襄理　會計　營業　記帳　覆核　製票

○○銀行劃收報單　借

民國 85 年 6 月 14 日轉帳
新竹分行 台照　民國 85 年 6 月 12 日劃收

科目：聯行往來

起算日		對方行	摘要	金額
6	12		B/C 49	NT$ 300000
合計金額				
合計新臺幣──百──拾──萬　參仟──佰──拾──元──角──分整				

劃收行經副襄理

會計

製票

對方科目	活期存款

劃收行　南投分行 具

經副襄理　會計　營業　記帳　覆核　核章

6/18　彭君簽具活期存款取款憑條一紙，金額 3,456 元連同存摺交來，囑轉入本行支票存款戶# 163 張紹彬帳內。即以存款取條代替（借）活期存款轉帳支出傳票，送款單代替（貸）支票存款轉帳收入傳票。送款單及存款取條格式已見前文，不再列出。

6/19 彭君簽具取款憑條一紙，金額 1,689.52 元，持同存摺來行提取現款。當即以存款取條代替（借）活期存款現金支出傳票之用。

6/19 彭君於第一次交換時間內，存入現金 2,450 元及聯行城內分行付款支票乙紙面額 3,000 元。當以存款憑條代替（貸）活期存款現金收入傳票，而註明「第一次交換」字樣，於交換時間內，將此一聯行付款票據，連同其他應提出交換票據，送交辦理票據交換人員提出交換。

6/21 本期結算利息，彭君應得 148.00 元，扣除按百分之十所計利息所得稅 14.00 元，實得利息 134.00 元，當即轉入該戶存款帳內。對此一交易，應先將所有活存戶的利息、利息所得稅及扣稅後利息淨額三項加以彙總，再用總額一面編製（借）應付利息及利息支出轉帳支出傳票。一面編製（貸）其他應付款——代扣利息所得稅及（貸）活期存款轉帳收入傳票，如此一筆轉帳，不必逐戶編製傳票。

○○銀行活期存款帳

年	月	日	摘　　要	借方		貸方		餘額		日數	積　　數
85	6	13	承前頁					3,768	26	175	26,594
	6	14	聯行 B/C 未記入存摺 85/6/18 補記			3,000	00	6,768	26	4	268
	6	18	T支票存款	3,456	00			3,312	26	1	33
	6	19	C	1,689	52			1,622	74		
	6	19	C 及①聯行票據			5,450	00	7,072	74	2	140
										182	27,035
										2%	(利息) 148.00
										10%	(所得稅) 14.00
											扣稅後利息 134.00
85	6	21	扣稅後結算利息			134	00	7,206	74		

註：1.上面所舉係人工作業時代的記帳及結算利息結果，目前銀行大都已進入電腦化作業，所有「活期存款」的記帳及結算利息，均已可於電腦中心的資料庫中自動處理；上面所舉存款帳卡，可用電腦中心每月印製的存款交易明細帳代替。
2.利息的計算如下：
27,035×2%÷365×100＝148.1369（因積數單位爲百元，故乘以 100）

至於此等事項的普通分錄內容，與第七章支票存款相同，僅須將「支票存款」科目改爲「活期存款」科目即可，不再贅述。

六、活期儲蓄存款的開戶

㈠本存款之存戶資格限於自然人及非營利法人，憑身分證及有關證件開戶。

㈡開戶金額最低爲 1 佰元。

㈢本存款以「活期儲蓄存款」科目整理。

㈣其他有關開戶的規定，請參閱本章第一節說明。

七、活期儲蓄存款的存取款

㈠存戶憑存摺及「存款憑條」存款；憑存摺及加蓋原留印鑑的「取款憑條」或金融卡取款或以電話轉帳存入或轉出款項。

㈡有關活期儲蓄存款存取款的其他有關規定，請參閱第一節說明。

八、活期儲蓄存款的結息

㈠本存款起息點爲新臺幣 1 佰元，以佰元爲計息單位，每半年結息一次轉入本金。

㈡如遇利率調整時，應先計列屬舊利率的積數，俾利結息時依不同利率計息。

㈢利息的結算依本章第二節「結算利息」的說明辦理。

㈣本存款戶於結算日前辦理結清時，其結存利息應予照付。

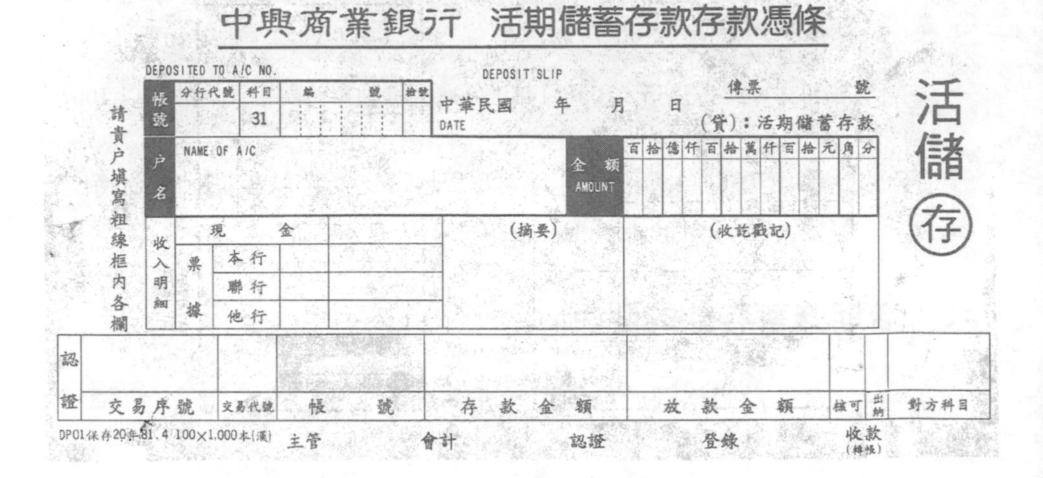

中興商業銀行　活期儲蓄存款存款憑條

DEPOSIT SLIP

DEPOSITED TO A/C NO.

請貴戶填寫粗線框內各欄

帳號	分行代號	科目	編號	檢號
		31		

中華民國　年　月　日
DATE

傳票　號

（貸）：活期儲蓄存款

戶名 NAME OF A/C

金額 AMOUNT

百	拾	億	仟	百	拾	萬	仟	百	拾	元	角	分

收入明細		
現金		
票據	本行	
	聯行	
	他行	

（摘要）

（收訖戳記）

活儲 存

認證								
	交易序號	交易代號	帳號	存款金額	放款金額	核可	出納	對方科目

DP01保存20年81.4 100×1,000本（漢）　主管　會計　認證　登錄　收款（轉帳）

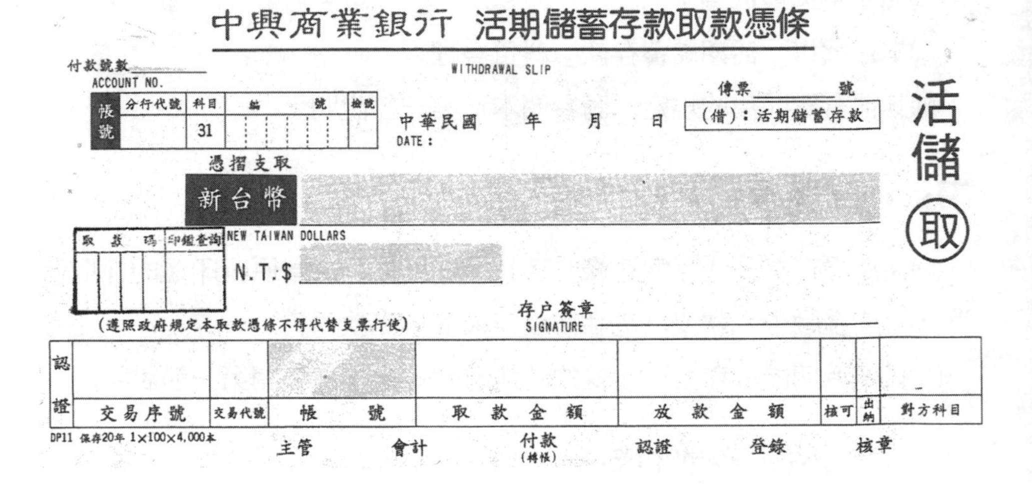

中興商業銀行　活期儲蓄存款取款憑條

WITHDRAWAL SLIP

付款號數

ACCOUNT NO.

帳號	分行代號	科目	編號	檢號
		31		

中華民國　年　月　日
DATE：

傳票　號

（借）：活期儲蓄存款

憑摺支取

新台幣

NEW TAIWAN DOLLARS

N.T.$

取款碼			印鑑查詢

存戶簽章
SIGNATURE

（遵照政府規定本取款憑條不得代替支票行使）

活儲 取

認證								
	交易序號	交易代號	帳號	取款金額	放款金額	核可	出納	對方科目

DP11 保存20年 1×100×4,000本　主管　會計　付款（轉帳）　認證　登錄　核章

第四節　其他存摺存款

一、納稅儲蓄存款

㈠開戶

1.納稅儲蓄存款（以下稱本存款）乃爲鼓勵納稅義務人儲蓄平時的節餘款項，作爲繳納稅款之用，並由銀行代辦繳稅手續，以便利存戶繳稅的存款。

2.本存款開戶對象，限於個人或非營利法人。

3.本存款的科目，以「活期儲蓄存款」科目整理。

4.本存款的帳號，爲與一般活期儲蓄存款戶有所區別起見，其存摺上的存款帳號應冠以「稅儲」字樣，並另自一號編起。

5.本存款的記帳憑證及存摺，仍沿用一般活期儲蓄的存款所使用的存、取款憑條及存摺，但須加蓋「稅儲」戳記。

6.本存款無最高存款的限制。

㈡存取款項

1.存款

⑴不定期限及金額，存戶得隨時存入。

⑵存款手續比照存摺存款辦理。

2.取款

⑴本存款不得提現，其支付僅限於劃帳繳稅之用，存戶繳稅時憑「繳稅通知書」、「取款憑條」及存摺或依約定方式，由本行代辦繳款手續。

⑵取款手續比照存摺存款方式辦理。

㈢每日結帳

併入一般活期儲蓄存款辦理。

㈣結算利息

1.按銀行六個月期定期存款牌告利率計息，每半年結息日結算一次，利息轉入本金。結算期內如遇利率調整時，則以新舊利率孰低者爲準計息。

2.以百元爲計息單位，不滿1百元部份不計，其平日積數的計算，每月應付利息的計提，以及每期結息時利息的轉帳，均併入一般活期儲蓄存款辦理。

3.本存款的應付利息以「利息支出」(或應付利息) 科目，「活期儲蓄存款息」子目整理。

㈤結清

1.存戶如因故必須結清時，須俟劃帳繳稅後的餘額不足新臺幣1千元，並於最後一次存取款日起，半年以後始得結清銷戶。

2.結清時雖未屆結息日，其存款利息應予照付。

3.如不按上項規定結清，而需中途解約時，除未屆結息日前的存款概不計息外，並追繳上次結算期間所生的利息由存款餘額中扣除之，如存款餘額不夠扣繳，應追回利息時，該存戶應再補繳。

二、公教人員儲蓄存款

㈠開戶

1.本存款的開戶對象以公教人員(不包括機關編制外的約聘僱人員及公營事業人員) 及民意代表爲限。

2.本存款的開戶，由各機構學校備文檢附「公教人員儲蓄存款開戶清冊」，各開戶人印鑑卡及款項辦理，經辦人受理開戶時應核對開戶人印鑑卡各項記載，與「公教人員儲蓄存款開戶清冊」或身分證是否符合。

3.本項存款以「活期儲蓄存款」科目整理。

4.本存款的帳號應與一般活期儲蓄存款分開編號。

5.本存款的記帳憑證及存摺，仍沿用一般活期儲蓄存款所使用的存、取款憑條及存摺，惟須加蓋「公儲」戳記。

㈡存取款項

1.存款

⑴每月每一職員最高儲存額爲 1 萬元，工友 5 仟元，而每戶最高限額爲職員 70 萬元，工友 35 萬元，超出部分，改按活期儲蓄存款利率計息。

⑵每月於發薪時由各機關學校會計（出納）人員彙總來行辦理。

⑶爲簡化作業，得以「公教人員儲蓄存款開戶清冊」(開戶時用)，或「公教人員儲蓄存款清冊」(第二次存入時用)，爲傳票附件，每一機關學校開製「活期儲蓄存款憑條」一張，金額以各戶合計數填入，帳號處填○○○○～○○○○(如 6001～6050)，戶名處填「○○○等○○戶」（如陳勇等五十戶)，並按清冊分別記入各該帳戶及存摺，主管人員憑冊檢印。

2.取款

存戶得隨時自由憑存摺及取款憑條取款。本項存款於提取後，不得由存戶個別自行再存入。

㈢每日結帳

併入一般活期儲蓄存款辦理。

㈣計息

本存款的利息，按牌告二年期定期儲蓄存款利率計算，其計息方式比照活期儲蓄存款辦理。

(五)存款移轉

調職人員原有的儲蓄存款的移轉，可依下列情形辦理：

1.新職機關的承辦銀行與原職機關的承辦銀行屬同一銀行者，應由新職機關通知該銀行辦理續存。

2.新職機關的承辦銀行與原職機關的承辦銀行不屬同一銀行者，可由調職人員向原存銀行辦理存款結清手續，並由原存銀行將原存摺註銷後，交還原存戶憑以向新職機關的承辦銀行，就原存摺最後結存餘額及利息辦理續存。

三、行員儲蓄存款

凡為鼓勵員工節約，提倡儲蓄美德，安定家庭生活，並提高服務精神而設立的存款，稱為「行員儲蓄存款」。此項存款因係優待性質，存戶只限銀行內部員工，且有額度的限制。

茲將本項存款存支、計息，及其他有關事項說明於下：

(一)本存款限銀行現職員工及退休（職）人員（工員退休稱退職）以及銀行董事、有給職顧問，在本人服務單位開設。長期服務的工讀生則比照工員辦理。

(二)本存款存入最高限額依照中華民國銀行公會決議報財政部同意後隨時調整，目前行員為48萬元，工員28萬元。

(三)本存款以儲蓄部的「行員活期儲蓄存款」科目整理，憑存摺及存款憑條及取款憑條或金融卡存取。

(四)本存款於每月二十日結息一次，轉入本金生息，按照員工限定額度的總積數範圍內按銀行規定利率計息，超過部分以活期儲蓄存款利率計息；每日計算存款積數，惟餘額不滿1佰元者不予計息。

員工限定額度之總積數，如日數為三十天，行員為1,440萬元，工員爲 840 萬元；如日數爲三十一天，行員爲 1,488 萬元，工員爲 868 萬元，餘此類推。

㈤員工調職時，應將本存款結清並至新服務單位開戶；惟退休（職）人員如需變更存儲單位應以移管方式辦理。

㈥員工應召入伍或留職停薪者，准予繼續在原單位存儲；但如有特殊理由須變更存款單位者，應以移管方式辦理。

㈦員工離職或因故停職者，在辦理離職或停職當日，應即結清行員儲蓄存款，未結清者一律按活期儲蓄存款計息。

㈧本存款未至結息日而結清者，應計給利息。

㈨退休（職）人員印鑑卡備考欄應註明「人事單位任免人員通知書」的生效日期、文號及退休或退職字樣。

㈩退休（職）人員可保留本存款繼續往來。

(十一)行員儲蓄存款以往係按最高放款利率計息，以爲優待。利率自由化以後，各銀行利率標準不一，且利率變動頻繁，無法再以最高放款利率作爲計息標準。故於民國七十八年間，各銀行乃以當時中央銀行短期融通利率年息 12%加 1%即年息 13%，作爲計息標準，並沿用迄今。惟銀行開放新設後，部分民營銀行，認爲年息 13%的利率高出一般存款利率頗多，乃另訂適當利率作爲行員儲蓄存款計息標準。

第五節　存摺存款的全行通存及通提

目前我國銀行的分支機構遍佈全省各地，爲便利客戶於各營業單位均可辦理代收、代付業務，以減少現金運送風險與奔波異地之苦，各銀行大多已開辦存摺存款的全行「通存」、「通提」業務。其中凡同一銀行客戶均可至該行各分支機構存款；惟至聯行提款，則需先至原開戶行申請「通提」，辦理留存全行通提印鑑，並設定全行通提密碼後，始能至各分支機構提款。

一、全行通存的概述

存摺存款全行通存（以下簡稱通存）爲同一銀行各營業單位相互辦理存摺存款戶的代收款項業務。在同一銀行各營業單位往來的活期存款、活期儲蓄存款（含綜合存款戶的活存、活儲存部分）及行員活期儲蓄存款均可辦理全行通存。

辦理全行通存業務時，經辦員應確實認證全行通存存款憑條的戶名、帳號及存入金額，尤其認證欄的帳戶與戶名應與憑條上的帳戶及戶名相同，以免誤存帳戶，產生糾葛。

全行通存款項，以現金、本埠即期交換票據（含次日交換票據）及代收行的付款憑證存入爲原則。

二、全行通存的作業處理

㈠應請存款人詳填「全行通存存款憑條」一式四聯。（特別注意存款人及其電話欄，務必填入以利聯繫）

第一聯：代收行留存聯，作爲通存「聯行往來收入彙總傳票」的附件。

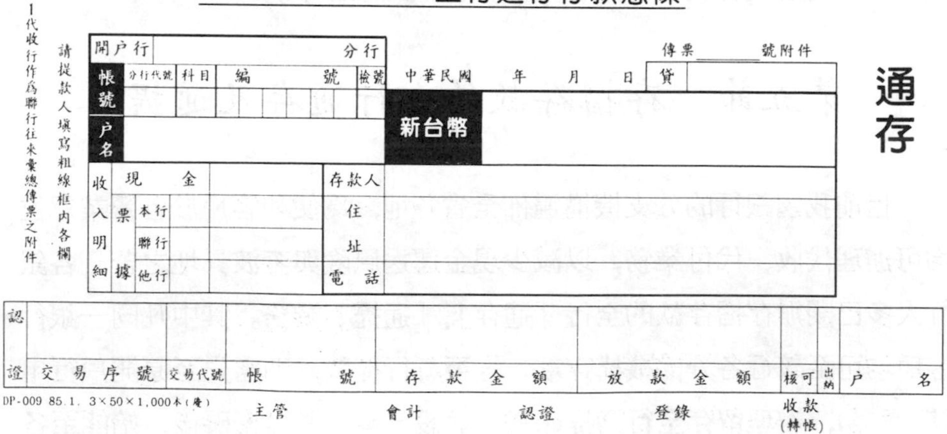
中興商業銀行 全行通存存款憑條

1代收行作爲聯行往來彙總傳票之附件

請提款人填寫粗線框內各欄

開戶行　　分行　　傳票＿＿＿號附件

帳號：分行代號｜科目｜編　號｜檢號　　中華民國　年　月　日　貸

戶名　　新台幣

收入明細：現金；票據：本行、聯行、他行　　存款人住址　電話

通存

認證							
交易序號	交易代號	帳號	存款金額	放款金額	核可	出納	戶名

DP-009 85.1. 3×50×1,000本(卷)　主管　會計　認證　登錄　收款(轉帳)

第二聯：送開戶行作爲各該存款科目彙總傳票的附件，於代收當日即送開戶行。

第三聯：備查聯，供匯兌部門日結核對後，按期裝訂成冊保管一年。

第四聯：存款人收執聯。

㈡全行通存由櫃員或大額收付專櫃受理。

㈢鍵入通存存款每戶每日存入累計金額未超過 2 百萬元（含本數）者，應讀入一級（存款課長）、初級專員或經理指定的人員主管卡；累計金額超過 2 百萬元者，應讀入三級（襄理）以上的主管卡。

㈣全行通存存款憑條印錄後，應由主管人員立即認證。

㈤經受理的全行通存交易，如無法入戶，應即取消通存，其手續：

1. 凡無法入戶，取消通存的交易均應在備查聯（第三聯）註明。

2. 存款人在代收行設有存款帳戶者：

應收回全行通存存款憑條收執聯（第四聯）併同第一、第二聯作爲存入存款人帳戶傳票的附件。

3. 存款人在代收行無存款帳戶者：

⑴將款項存入「其他應付款」科目，並應收回通存存款憑條存戶收執聯（第四聯），併同第一、二聯作爲傳票的附件。

⑵支付款項時，再由「其他應付款」科目付出。

⑶收回的存戶收執聯應請存戶在背面註明身分證統一編號、地址、及簽章。如付現或轉入他人帳戶時，應貼足印花稅票。

4. 存款人遺失收執聯（全行通存存款憑條第四聯）者：

應請存款人提示身分證明、出具切結書（代替收據），經確認無誤後，再依前述處理方式辦理。但切結書應作爲其他應付款支出傳票或存款憑條傳票的附件。

㈥存摺的更換

1. 如遇存款人存摺用完，代收行得代爲換發新存摺。

2. 換發新存摺除照本行有關規定辦理外，代收行有權簽章人員應於新存摺封面內頁「○○商業銀行」行銜下端加蓋開戶行名稱，並於簽章後加註「代行」字樣以資區別。

㈦當日交易更正的處理

1. 全行通存交易更正，限由代收行辦理。

2. 存款人未離行時：

通收傳票登錄後立即發現錯誤，則其交易的更正得經代收行主管人員核可，並登記於「主管核准交易備查簿」後，辦理更正。

如更正事項涉及傳票內容時，應收回或更正「全行通存存款憑條收執聯」。

3. 存款人已離行時：

錯誤的登錄應經代收行主管人員核可後，先辦理更正，再請主管人員電告開戶行主管人員更正緣由，並由開戶行向存戶說明更正原因。

開戶行主管應將其更正內容登記於「主管核准交易備查簿」，並對代收行寄來的全行通存存款憑條第二聯更正內容追加核對。但代收行應對該筆交易更正負完全之責。

4. 開戶行的存戶如存款餘額不足付或其他原因，致代收行無法依規辦理交易更正時，其應辦手續如下

⑴代收行

①將入帳差額暫以（借）「其他應收款」科目整理，並將事實依規向總行報備。

②填製正確入帳金額的存款憑條，將原全行通存存款憑條第二聯作附件註明原因寄送開戶行。

③請開戶行協助追償款項。

⑵開戶行

①協助代收行向存戶追償款項。

②於收回款項時作（借）○○存款或現金，（貸）聯行往來分錄，將款項悉數撥付代收行沖轉其他應收款。

㈧系統故障的處理

1. 電腦連線作業系統發生故障時，全行通存業務即暫予停止作業，俟系統修復後，再恢復辦理。

2. 如存戶急需存入款項，或存款人已離行且款項已收妥，可改爲 A/C 轉撥電告或電匯方式辦理。

三、全行通存的帳務處理

㈠代收行

1. 匯兌部門應彙集全行通存存款憑條（第一聯）的現金與轉帳交易金額、件數後，與「聯行往來」連線科子目查詢日結單的「聯行代收現金、轉帳欄」的貸方金額、件數核對無誤後，填製（貸）通存聯行往來收入傳票。

2. 該聯行往來傳票轉帳交易者蓋「轉帳章」，現金交易者送出納部門核對後蓋「現金收訖章」，再送主管人員蓋章。

3. 通存聯行往來收入傳票共二聯

第一聯：代收行收入傳票，應另附全行通存存款憑條第一聯爲附件。

第二聯：電腦聯，其金額應併計於聯行往來報單彙計表內送電腦中心。

4. 結帳時如電腦連線作業系統故障，匯兌部門應分別彙計當日已登錄的全行通存存款憑條（第一聯）的現金及轉帳交易金額、件數，編製通存聯行往來收入傳票送主管人員蓋章，其他帳務處理與未故障時同。

㈡開戶行

1.由匯兌部門查詢「聯行往來」連線科子目查詢日結單上「聯行代收現金、轉帳欄」的借方金額、件數，填製：(借)通存聯行往來支出傳票。

2.由存款部門查詢「各存款科目」連線科子目查詢日結單上「聯行代收現金、轉帳欄」的貸方金額、件數，填製：(貸)各存款科目收入傳票。

3.各存款科目收入傳票應經存款部門覆核後，再與通存聯行往來支出轉帳。再送主管人員蓋章。

4.通存聯行往來支出傳票共二聯

第一聯：開戶行傳票，應另附「聯行代收付明細表」爲附件。

第二聯：電腦聯，其金額應併計於聯行往來報單彙計表內送電腦中心。

5.次營業日收到電腦中心印製的「聯行代收付明細表」及代收行寄來的全行通存存款憑條第二聯時，會計部門應詳細核對下列單據的相關金額。

(1)各代收行的全行通存存款憑條第二聯。(核對無誤後，加蓋轉帳章作爲各該類存款科目收入傳票的附件。)

(2)各存款科目收入傳票。

(3)聯行代收付明細表。(作爲通存聯行往來支出傳票的附件。)

(4)通存聯行往來支出傳票。

6.若全行通存存款憑條第二聯未到齊者，應即向代收行查詢，促請代收行補送，以利傳票整理。

7.結帳時，如電腦連線作業系統故障，應向電腦中心電詢各項全行通存存款資料，以便結帳。

(三)通存聯行往來的起算日爲存款人的存款日，不得發生未達事項

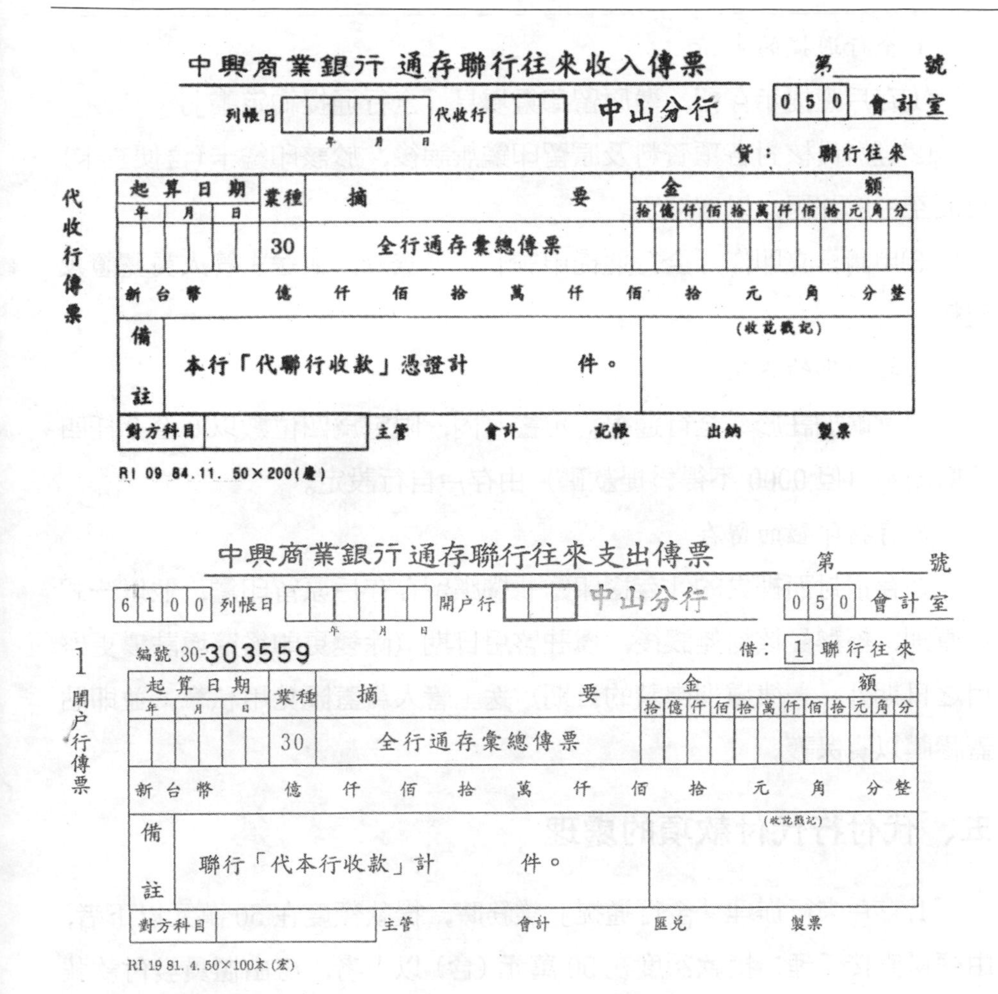
中興商業銀行 通存聯行往來收入傳票　第＿＿＿號

列帳日　年　月　日　代收行　中山分行　050 會計室

貸：聯行往來

代收行傳票

起算日期 年 月 日	業種	摘要	金額 拾 億 仟 佰 拾 萬 仟 佰 拾 元 角 分
	30	全行通存彙總傳票	
新台幣		億 仟 佰 拾 萬 仟 佰 拾 元 角 分整	

備註：本行「代聯行收款」憑證計　　件。　(收訖戳記)

對方科目　主管　會計　記帳　出納　製票

RI 09 84.11. 50×200(處)

中興商業銀行通存聯行往來支出傳票　第＿＿＿號

6100 列帳日　年　月　日　開戶行　中山分行　050 會計室

編號 30-303559　借：1 聯行往來

1 開戶行傳票

起算日期 年 月 日	業種	摘要	金額 拾 億 仟 佰 拾 萬 仟 佰 拾 元 角 分
	30	全行通存彙總傳票	
新台幣		億 仟 佰 拾 萬 仟 佰 拾 元 角 分整	

備註：聯行「代本行收款」計　　件。　(收訖戳記)

對方科目　主管　會計　匯兌　製票

RI 19 81. 4. 50×100本(宏)

四、全行通提的概述

㈠本項業務的對象限於活期存款、活期儲蓄存款（含綜存帳戶內的活存、活儲存）及行員活期儲蓄存款等帳戶。

㈡銀行爲加強服務客戶，各營業單位得於開戶時，請存戶同時辦妥全行通提的申請。

㈢存戶申請全行通提，須於營業時間內憑存摺，原留印鑑親自向開戶行辦妥下列手續，始可受理。

1. 全行通提的申請

⑴存戶應提示存摺，憑原留印鑑填具「全行通提約定書」。

⑵經辦員核對各項資料及原留印鑑無誤後，於該印鑑卡(含便查卡)正面空白處註記，以資識別。

⑶申請日立即作「全行通提申請」交易登錄，並送主管人員認證及覆核。

2. 提款碼的設定

提款碼加註於「全行通提約定書」內，限定爲四位數以 0 至 9 任四位數組合（但 0000 不得爲提款碼）由存戶自行設定。

3. 存摺印鑑的留存

在存摺封面裡頁的「存摺印鑑」欄應留存存戶原留印鑑，並以一式爲原則，經辦員核對無誤後，塡註啓用日期（除變更印鑑應塡註變更啓用之日期外，一律塡列申請的日期）送主管人員蓋匯兌用私章，並即貼蓋膠膜以資保護。

五、代付行代付款項的處理

1. 存戶來行辦理「全行通提」業務時，提款額度在 50 萬元以下者，由櫃員直接受理；提款額度在 50 萬元(含)以上者，應由櫃員發付款號碼牌，於登錄並經主管人員認證蓋章後由大出納付款。

2. 櫃員受理「全行通提」時：

⑴應請客戶塡具「全行通提取款憑條」一式三聯，簽蓋原留印鑑連同存摺辦理。

⑵審核取款憑條所塡日期、金額並核對印鑑無誤。

⑶作查詢交易查明有無掛失止付及「存摺印鑑」登錄有效日期等資料確認無誤後，再作「現金支出」或「轉帳支出」交易。

(4)存戶的提款碼由電腦自動核對，傳票的認證及存摺餘額前首蓋章，均由主管辦理。

3.「全行通提取款憑條」一式三聯。

第一聯：「提款聯」由代付行做爲借方「聯行往來彙總傳票」的附件。

第二聯：「留存聯」由代付行寄送開戶行做爲各該存款科目彙總傳票的附件。

第三聯：「備查聯」供代付行匯兌部門辦理日結用，經核對後裝冊保管一年。

4.全行通提的取款額，以今日「可動用的餘額」（含透支額）範圍內最高5佰萬元爲限。取款額超過50萬元（含）時應讀入三級（襄理）主管卡，始可交易。

5.存摺的更換比照本章第一節說明辦理，但經換發的新存摺需交由存戶攜返原開戶行核對留存印鑑並簽章證明。倘新存摺未經原開戶行核對留存印鑑前，存戶得以提示經代付行註銷後的舊摺印鑑替代之。

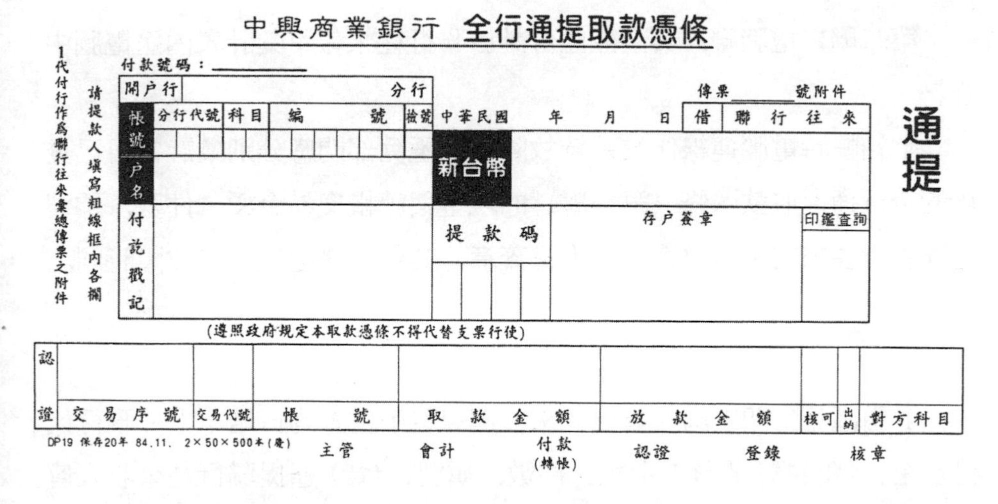
中興商業銀行　全行通提取款憑條

1 代付行作爲聯行往來彙總傳票之附件

請提款人填寫粗線框內各欄

通提

付款號碼：＿＿＿＿

傳票＿＿＿號附件

開戶行	分行				
帳號	分行代號	科目	編　號	檢號	中華民國　年　月　日
戶名					新台幣
付訖戳記					提款碼

借	聯行往來

存戶簽章	印鑑查詢

(遵照政府規定本取款憑條不得代替支票行使)

認證	交易序號	交易代號	帳　號	取款金額	放款金額	核可	出納	對方科目

DP19 保存20年 84.11. 2×50×500本(慶)　主管　會計　付款(轉帳)　認證　登錄　核章

註：第2、3聯「提款碼」不予顯示，以便保密。

六、全行通提的帳務處理

匯兌部門結帳時，聯行往來傳票應就通存或通提分別彙計填製，不可合併或抵銷。

㈠代付行

1. 匯兌部門應分別彙集通提取款憑條（第一聯）的現金與轉帳交易金額、件數，與「聯行往來」連線科子目查詢日結單上「聯行代付現金、轉帳欄」的借方金額、件數核對無誤後，填製：（借）通提聯行往來支出傳票。

2. 該聯行往來傳票轉帳交易者蓋「轉帳章」，現金交易者送出納部門核對後蓋「現金付訖章」，再送主管人員蓋章。

3. 通提聯行往來支出傳票共二聯

第一聯：爲代付行支出傳票，應另附全行通提取款憑條第一聯爲附件。

第二聯：電腦聯，其金額應併計於聯行往來報單彙計表內送電腦中心。

4. 結帳時電腦連線作業系統故障，則匯兌部門應分別彙計當日已登錄的全行通提取款憑條（第一聯）的現金與轉帳交易金額、件數，編製通提聯行往來支出傳票送主管人員蓋章，其他帳務處理與未故障時同。

㈡開戶行

1. 由匯兌部門查詢「聯行往來」連線科子目查詢日結單上「聯行代付現金、轉帳欄」的貸方金額、件數，填製：（貸）通提聯行往來收入傳票。

2.由存款部門查詢「各存款科目」連線科子目查詢日結單上「聯行代付現金、轉帳欄」的借方金額、件數，填製：(借) 各存款科目支出傳票。

3.各存款科目支出傳票送匯兌部門覆核，同時與通提聯行往來收入傳票轉帳，再送主管人員蓋章。

4.通提聯行往來收入傳票共二聯

第一聯：開戶行傳票，應另附「聯行代收付明細表」爲附件。

第二聯：電腦聯、其金額應併計於聯行往來報單彙計表內送電腦中心。

5.次營業日收到電腦中心印製「聯行代收付明細表」及代付行寄來的全行通提取款憑條第二聯時，會計部門應詳細核對下列單據的相關金額。

⑴各代付行的全行通提取款憑條第二聯。(核對無誤後，加蓋「轉帳章」作爲各該類存款科目支出傳票的附件。)

⑵各存款科目支出傳票。

⑶聯行代收付明細表 (作爲通提聯行往來收入傳票的附件)。

⑷通提聯行往來收入傳票。

6.若「全行通提取款憑條第二聯」未到齊者，應即向代付行查詢，促請代付行補送，以利傳票整理。

7.結帳時，如電腦連線作業系統故障，應向電腦中心電詢各項全行通提取款資料，以便結帳。

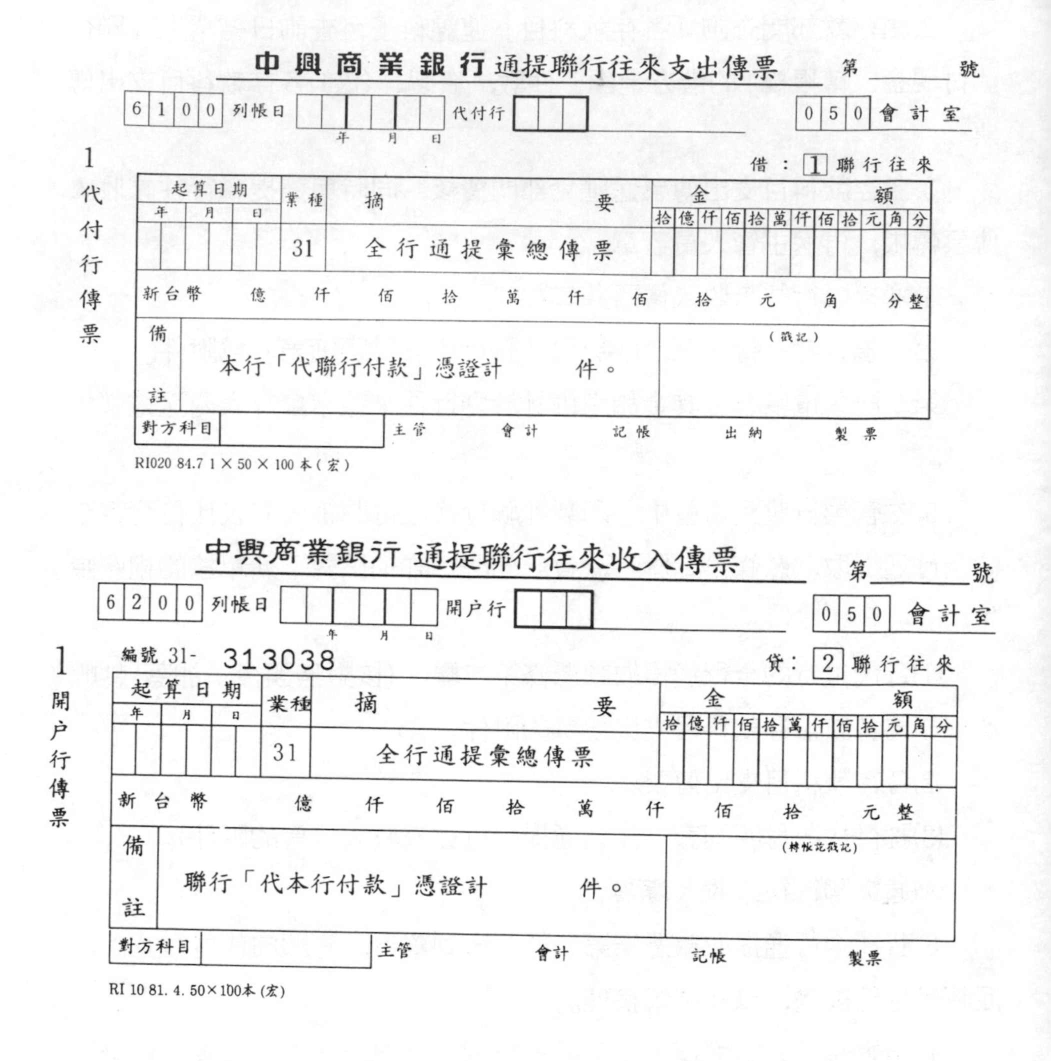

中興商業銀行通提聯行往來支出傳票　第　　號

6100 列帳日　　年　月　日　代付行　　　　050 會計室

1 代付行傳票

借：1 聯行往來

起算日期（年 月 日）	業種	摘要	金額（拾 億 仟 佰 拾 萬 仟 佰 拾 元 角 分）
	31	全行通提彙總傳票	

新台幣　億　仟　佰　拾　萬　仟　佰　拾　元　角　分整

備註：本行「代聯行付款」憑證計　　件。　（戳記）

對方科目　　主管　會計　記帳　出納　製票

RI020 84.7 1×50×100本(宏)

中興商業銀行通提聯行往來收入傳票　第　　號

6200 列帳日　　年　月　日　開户行　　　　050 會計室

1 開户行傳票

編號 31- 313038

貸：2 聯行往來

起算日期（年 月 日）	業種	摘要	金額（拾 億 仟 佰 拾 萬 仟 佰 拾 元 角 分）
	31	全行通提彙總傳票	

新台幣　億　仟　佰　拾　萬　仟　佰　拾　元整

備註：聯行「代本行付款」憑證計　　件。　（轉帳訖戳記）

對方科目　　主管　會計　記帳　製票

RI 10 81. 4. 50×100本 (宏)

第六節　存單存款業務概說

一、存單存款的定義及種類

「存單存款」係以存單作爲記載存儲金額及期間，憑以領息及到期提取本金的定期性存款。目前銀行業使用存單的存款除較爲特殊而可作

爲貨幣市場交易工具的「可轉讓定期存單」外，本節所稱的存單存款依會計科目別可分爲下列四種:

㈠定期存款（簡稱定存）

㈡存本取息儲蓄存款（簡稱存本取息）

㈢整存整付儲蓄存款（簡稱整存整付）

含：1.甲種整存整付儲蓄存款（簡稱甲種整存整付）

2.乙種整存整付儲蓄存款（簡稱乙種整存整付）

3.購屋儲蓄存款（簡稱購屋儲存）

㈣零存整付儲蓄存款（簡稱零存整付）

含：1.甲種零存整付儲蓄存款（簡稱甲種零存整付）

2.乙種零存整付儲蓄存款（簡稱乙種零存整付）

3.購屋儲蓄存款（簡稱購屋儲存）

上述㈡、㈢、㈣等項儲蓄存款合稱爲「定期儲蓄存款」（簡稱定儲存）。

二、存單存款的開戶手續

㈠開戶對象

1.定期存款：開戶人無資格的限制。

2.定期儲蓄存款（零存整付、整存整付、存本取息）：開戶人限於自然人及非營利法人。

外國自然人及法人開設存單存款帳戶，必須在臺有住所始得開戶。

㈡開戶證件

申請開戶時，個人存戶應親持身分證件辦理；公司、行號憑其主管機關登記證照；其他團體則憑其主管機關登記證照或核准成立或備案的文件辦理。

㈢存款期間

1.定期存款：分為一個月期、三個月期、六個月期、九個月期、一年期、二年期、三年期及超過一個月定月或定日定期存款(自一個月起，最長35個月，以月或日為單位，由存戶選擇約定)。

2.定期儲蓄存款：分為一年期、二年期、三年期及超過一個月定月或定日定期儲蓄存款(自一個月起，最長35個月，以月或日為單位，由存戶選擇約定)。

3.外國專業投資機構開設的新臺幣定期存款帳戶，期限不得超過三個月，期滿得續存三個月，但以一次為限；其定期存款的比例不得超過匯入資金結售成新臺幣總金額的百分之十。

㈣存款利率

1.存單存款的利率，按銀行牌告的存款利率固定計息或機動計息，由存戶於開戶時選擇約定，如經選定，中途不得變更。但零存整付僅可適用牌告利率機動計息。

2.金額較大的大額存款，一般銀行大多另訂牌告利率（由銀行視本身及市場資金、利率狀況訂定，可高於或低於一般定期存款的利率)。

㈤最初起存金額

1.定期存款：不得低於新臺幣1仟元。

2.定期儲蓄存款

⑴存本取息及整存整付不得低於新臺幣1仟元。

⑵零存整付不得低於新臺幣1佰元。

三、存單存款的存入手續

1.存戶來行開戶時，應請其塡寫印鑑卡兩份（若沿用前留的印鑑卡者，得免塡具）及存款憑條，憑條背面各欄由經辦員塡妥，以存款憑條代入傳票憑以存款，並得以次交票或匯款方式開戶。經辦員得於收妥款項時，另發號碼牌予存戶，於領取存單時收回。

2.同一存戶陸續存入多筆存單存款，以一套印鑑卡爲準時，須於印鑑卡備註欄註明「嗣後續存憑該印鑑有效」或「本人在貴行的定期性存款概以本印鑑爲憑」字樣，由存戶簽章確認。

3.存入款項依收款程序收妥後，經辦員即於該存款憑條依開戶順序加以編號，將存款憑條於端末機作「現金開戶」或「轉帳開戶」的輸入操作；優良客戶以本（次）交票據開戶，經辦員應於電腦交易完成後，於當日將存單交予存戶；並在存單正面加蓋「次日交換」及「本存單次日交換款項收妥後始生效」字樣戳記。

4.傳票登錄認證後，經辦員即將存單送印錄機印錄，存單印錄後經辦員應在存單金額末端加蓋私章，並將存單置於存根的金額欄末端押脚。

5.經辦員辦妥上述手續後，應將存單、存款憑條及印鑑卡送主管人員簽章。主管人員應於：

⑴存單簽章處簽字並蓋職章及私章。

⑵存單大寫金額上應加蓋押數章。

⑶存單置於收入傳票金額前端押脚。

⑷存單金額前端加蓋私章。

⑸將存單置於存根的金額欄末端押脚。（蓋職章及私章）

6.存單簽妥後經辦員應向存戶詢明存入金額及期限無誤並收回號碼牌後，始可將存單交予存戶收執。

四、存單存款開戶及存入流程圖

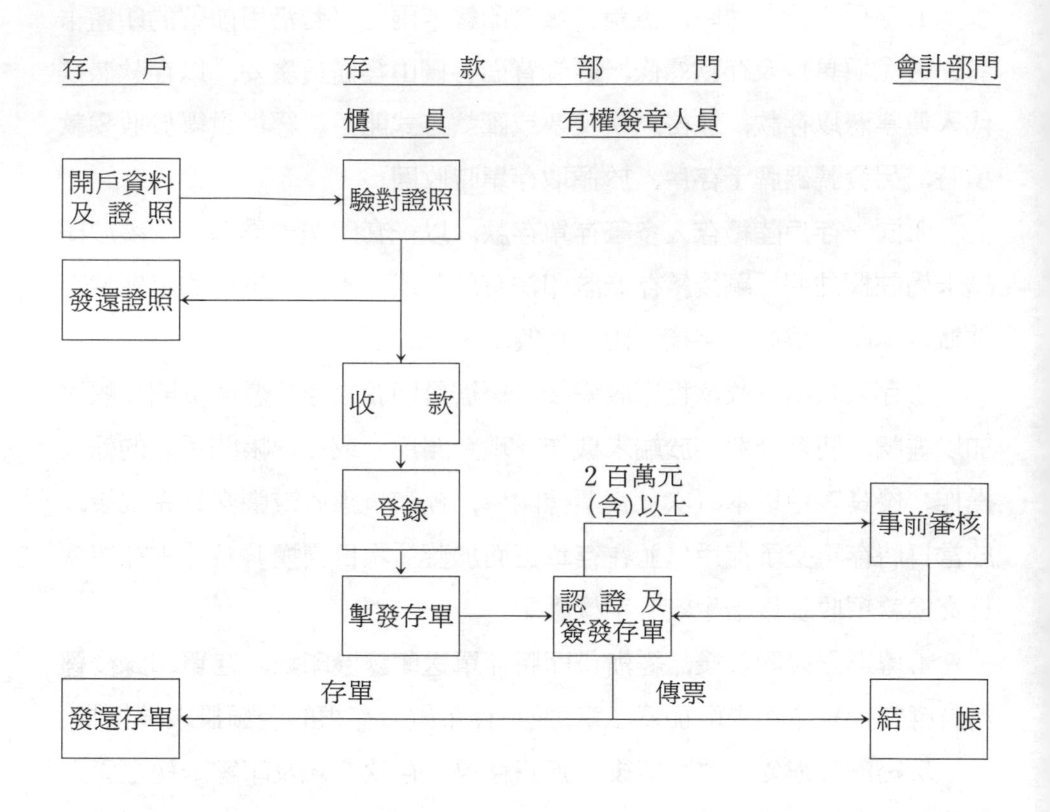

五、存單存款的帳號

㈠存單存款帳號爲十二位數，其格式爲

分行代號			科目		編號						檢號

㈡編號六位數，自一號開始順序編列。

㈢檢號向電腦中心依科目別分別申請。

六、存單存款的按月取息

㈠定存及存本取息得按月支付利息，每屆開戶日的相當日，得採下列方式擇一辦理。

1. 自動轉息

爲避免按月來行領息的不便，得塡具「定期存款/定期儲蓄存款利息自動轉帳通知書」，委託銀行按月將存款利息自動轉帳（按照本節第十三項辦理）。

2. 存戶辦理本人帳戶轉息

存戶應攜帶存單領息，存單利息以轉帳方式直接轉入存戶本人在本單位或聯行帳戶者，利息支出傳票正面「存戶簽章」欄，不必由存戶簽章，且無須貼用印花稅票。

3. 存戶辦理現金領息或非本人帳戶轉息

存戶應攜帶存單及原留印鑑領息，存單利息如領取現金、票據、或轉入本單位或聯行非存戶本人帳戶者，利息支出傳票正面「存戶簽章」欄加蓋「領到利息無誤」橡皮戳記，並由存戶加蓋原留印鑑，以代替領息收據，並依法代扣印花稅款千分之四。

㈡領息時，櫃員作「定存現金取息」交易或作「定存轉帳取息」交易，如結清時作「現金結淸」或「轉帳結淸」交易，經查無掛失止付後，即在「利息支出傳票」上計算利息（本金×利率×期間）及應扣繳的利息所得稅與印花稅，經覆核無誤後，再將付息日期、計息期間等記入存單付息記錄各欄內，然後將傳票及存單一併送經主管人員核章後付款。

㈢如同一存戶持數張存單同時領取利息時，其應否扣繳利息所得稅，應以每次給付利息所得是否逾新臺幣 6 千元爲準，「每次」係指同一存款人同一時間於同一櫃臺所取得的利息所得合計數爲基準。

㈣如存戶要求存單存款利息計算明細時，經辦員應作「利息明細查詢」

交易，將利息明細資料送交存戶，以供參考。

㈤所得稅的扣繳應依本章第二節「利息所得稅的扣繳」有關規定辦理；印花稅則按利息金額千分之四代扣。（銀行一般採印花稅總繳）

七、存單存款的到期提取本息

㈠存單到期，存戶來行提取本息時，其付息手續與前述相同（如需貼花時，僅利息部分貼花，本金部分免貼花），另經辦員應請存戶在存單上簽蓋原留印鑑後，將號碼牌交由存戶憑以取款。

㈡經辦員應即核對印鑑、日期、帳號、利率、金額相符，並查明存單有無掛失止付或質權設定等情事，作「現金結清」或「轉帳結清」交易，並在存單加蓋「解約」橡皮章並加註解約日期，利息支出傳票經覆核無誤後，連同存單一併遞送主管人員核章，憑以付款。存單上加蓋「解約」字樣，即成該存款科目之代支出傳票，出納人員（或櫃員）付款時不得再交給原存戶。

八、存單存款領息及解約取款流程圖

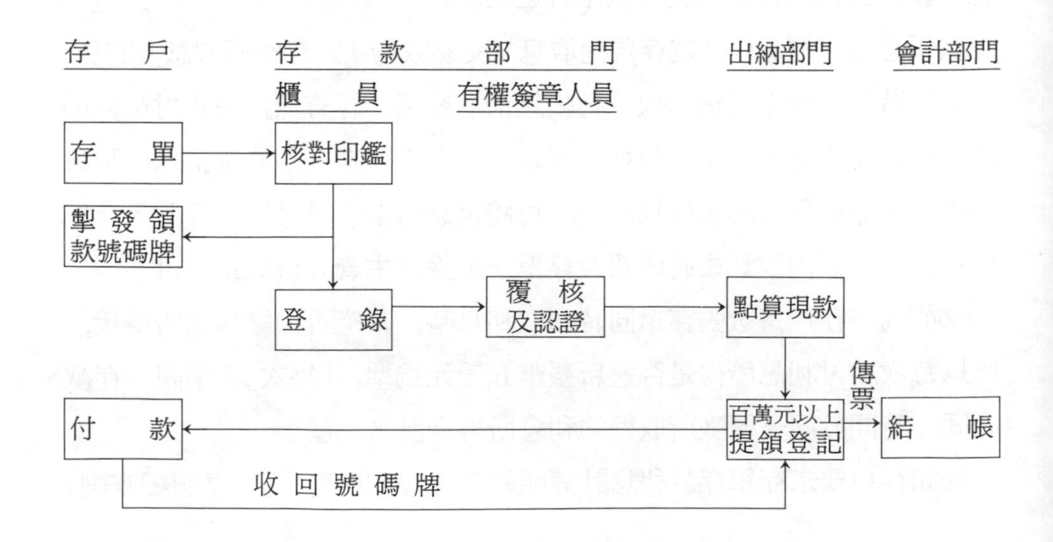

九、存單存款的中途提取

存單存款戶到期前得中途解約，惟應於七日前通知銀行，如未能於七日前通知銀行經銀行同意後亦得受理。中途解約應將存款全部一次結清，其利息的計算，依照下列方式辦理：

㈠未存滿一個月者，不計息。

㈡凡存滿一個月以上者（包括不足整月的零星日數）均按實存期間單利計息，即：

1.存滿一個月未滿三個月者，按其實存期間，照銀行一個月期定期存款牌告利率八折計息。

2.存滿三個月未滿六個月者，按其實存期間，照銀行三個月期定期存款牌告利率八折計息。

3.存滿六個月未滿九個月者，按其實存期間，照銀行六個月期定期存款牌告利率八折計息。

4.存滿九個月未滿一年者，按其實存期間，照銀行九個月期定期存款牌告利率八折計息。

5.存滿一年以上未滿二年者，按其實存期間，照銀行一年期定期存款牌告利率八折計息。

6.存滿二年以上者，按其實存期間，照銀行二年期定期存款牌告利率八折計息。

㈢如存期內遇有利率調整，採固定計息者，應以起存日的牌告利率固定計息，但採機動計息者，按其實存期間各該期間的牌告利率分段計息。

㈣存單存款中途解約零星日數按日計息以零星日數的積數爲分子，365天爲分母，乘以適用利率，再按八折計，即爲中途解約零星日數的利息。

㈤存單存款戶如採按月領息，其在中途提取前已領之利息超過解約時依照規定計算的利息數時，應將存戶超領部分予以扣回，以（貸）：「利息支出」或「應付利息」科目入帳。

十、存單存款的逾期提取

㈠存單存款的到期日如為銀行休假日，而存戶於次營業日提取時，應按存單利率另計給休假日的利息。

㈡除休假日外，其自營業日至提取日止的逾期利息，應照提取日銀行牌告活期存款利率折合日息單利計給。

十一、存單存款的到期續存或轉存

㈠存單存款戶於到期日來行依照原存款科目及期間辦理「續存」或改以其他科目或期間辦理「轉存」者，應依「提取本息」手續將舊存單解約，並於舊存單上加蓋「續存」或「轉存」戳記，然後依新開戶手續填發新存單。

零存整付僅得到期轉存他種存單存款，不得續存。

㈡定存、存本取息及整存整付存戶為避免逾期提取或轉期續存時利息遭受損失，得申請存款到期自動轉期。

十二、存單存款的逾期續存或轉存

㈠定期存款

1. 定期存款逾期轉期續存或逾期轉存定期儲蓄存款，如逾期一個月以內者，得自原到期日起息，其到期未領的利息得併同本金轉存，新存款利率以轉存日銀行牌告利率為準。採用機動利率的定期存款逾期續存比照本項規定辦理，如採機動利率計息者，自轉存日起利率再行調整時開始機動。

2. 逾期超過一個月之續存或轉存，應自轉存日起息，其原到期日至轉存前一日的逾期利息，依照逾期提取的逾期息規定計給。

㈡定期儲蓄存款

1.定期儲蓄存款逾期轉期續存或逾期轉存一年期以上的定期存款如逾期二個月以內者得自原到期日起息，其到期未領的利息得併同本金轉存，新存款利率以轉存日銀行牌告利率爲準。採機動利率的定期儲蓄存款逾期轉期續存比照本項規定辦理，如其採機動利率計息者，應自轉存日起利率再行調整時開始機動。

2.定期儲蓄存款逾期轉存未滿一年的定期存款，如逾期一個月以內者，得自原到期日起息，其到期未領的利息得併同本金轉存，新存款利率以轉存日銀行牌告利率爲準。

3.逾期超過上列兩項規定期間的續存或轉存，應自轉存日起息，其原到期日至轉存前一日的逾期利息，依照逾期提取的逾期息規定計給。

㈢存單存款逾期而部分續存或轉存時，提現部分照逾期提取的規定計給逾期息，續存或轉存部分仍照逾期續存或轉存的規定辦理。

十三、存款利息自動轉帳

㈠定期存款及存本取息儲蓄存款戶爲免除按月來行領息的不便，得申請存款利息自動轉帳。

㈡存戶於開戶時申請存款利息自動轉帳，應請其在存款憑條上「本存款利息委託貴行按月悉數轉入貴行○○分行帳號○○○戶名○○○帳戶」處簽蓋原留印鑑，中途申請時，則填具「定期存款
定期儲蓄存款利息自動轉帳通知書」委託銀行辦理。

㈢存款利息自動轉帳，可轉入「本單位存戶本人」帳戶、「本單位非存戶本人」帳戶、「聯行存戶本人」帳戶或「聯行非存戶本人」帳戶，均由電腦自動辦理轉帳。但轉入非本人帳戶時，應刷三級以上的主管卡。

㈣存款利息如轉入非存戶本人名義帳戶時，應依法代扣印花稅款千分之四，但「利息支出傳票」存戶簽章欄免蓋原留印鑑。

㈤存戶於提出利息自動轉帳的通知後，經辦員應作「自動轉息」交易，再於存單付息紀錄欄加蓋「利息自動轉帳」字樣橡皮章及日期戳記，並另加註轉入的科目，戶名及帳號以利查考。如存戶於存期中申請利息自動轉帳者，須作「客戶資料變更、補項」交易，鍵入利息轉存帳號。

㈥每次付息轉帳時，傳票上應同時填寫轉入的科目、戶名及帳號。若經電腦中心辦理整批利息自動轉帳時，則依各存款科目別以「存單存款利息自動轉帳明細表」作爲應付利息傳票附件，並以其合計數填製「應付利息」傳票，以憑與「相關存款」科目轉帳。

㈦存單如經辦妥存款利息自動轉帳後，中途將該存單爲設定質權的通知時，應即停止代爲自動轉帳付息，並須作「客戶資料變更、補項」交易，撤銷其利息自動轉帳。惟若質權人已於質權設定通知書上同意或另出具「同意書」言明該出質存單所孳生的利息仍由原存戶領取者，可繼續代爲自動轉帳付息。

㈧存戶於通知自動轉帳付息後，因故於中途擬終止自動轉帳付息時，應請存戶填具「撤銷定期存款/定期儲蓄存款利息自動轉帳通知書」，始可停止轉帳付息並須作「客戶資料變更補項」交易，撤銷其利息自動轉帳。

㈨存款利息自動轉帳通知書及撤銷通知書均應合併保管，俟存款到期或中途解約時，作爲存單附件存查。

十四、存單存款自動轉期

㈠定期存款、存本取息及整存整付儲蓄存款户，爲便利其轉期續存暨避免因疏忽遺致利息損失，得申請存款到期自動轉期。

1.申請自動轉期，以原存款同科目、同期限、同金額爲限，但存戶到期時未曾具領的利息亦得一併辦理轉期。

2.轉期的次數：

轉期次數原則上不予限制，但累計存款期間不得超過六年。

3.轉存利率依轉期當日銀行同期限別牌告利率爲準。

㈡申請手續

1.存戶申請存款到期自動轉期者，得於開戶時或開戶後（存單尚未屆到期日以前）填具「定期存款 定期儲蓄存款自動轉期通知書」，蓋妥原留印鑑，連同存單交經辦員辦理。

2.經辦員核對通知書上所蓋印鑑與其原留印鑑無誤後，應於存單上加蓋「自動轉期次數以○次爲限」字樣橡皮章。並作「自動轉期登錄或變更」交易，鍵入自動轉期。

3.本金自動轉期而不含利息者，應請存戶填具「定期存款 定期儲蓄存款利息自動轉帳通知書」委託本行將利息自動轉帳。

4.通知書背面由經辦員於申請時即填列日期、到期日、存款種類、期間、帳號、存單號碼、金額，並預先填入每次轉期的日期備查。

㈢轉期手續

1.自動轉期無須填發新存單，惟應於到期時由電腦中心辦理整批到期轉期。

2. 電腦中心每日依各存款科目別編製「存單存款到期自動轉期明細表」作爲轉期各科目傳票的附件，經辦員並以其合計數填製各科目的轉帳傳票。

3. 辦理轉期時，於轉期同時扣繳利息所得稅。

4. 自動轉期以前或轉期後存款未到期前如因中途解約提取，仍照中途提取計息辦法辦理。自動轉期戶超過最長自動轉期期限的逾期轉期續存或逾期提現，均依逾期續存、逾期轉存、逾期提現有關規定辦理。

5. 自動轉期存款最後到期或期中解約銷戶時，應收回存單始得解約銷戶，根據「存單存款帳戶資料查詢單」的存單面額欄的金額填製存款科目支出傳票，並在原存單上加蓋「附件」橡皮章並打洞，連同轉期通知書一併作爲傳票附件，以防出納憑傳票及存單重複付款。

6. 存戶於通知自動轉期後，因故於中途擬解除自動轉期時，應請存戶塡具「定期存款／定期儲蓄存款自動轉期解除通知書」，經辦員作「自動轉期登錄或變更」交易解除自動轉期。

十五、存單質權的設定及消滅

㈠質權設定

1. 質權設定應由存戶與質權人聯名塡具「質權設定通知書」乙份，附具存單，通知銀行，經銀行同意並辦妥設質手續後，以「銀行覆函」函覆之。

2. 經辦員應核對「質權設定通知書」上塡載事項及存戶原留印鑑無誤後蓋章證明，再將質權設定事項記錄於「定儲存設定質權備查簿」，並於存單背面加蓋橡皮章，塡註質權人名稱及設定日期。

再作「質權設定登錄」交易，將登錄單連同通知書、銀行覆函、存單、備查簿等送請有權簽章人員簽章，並於存單設定年月日上蓋章。

3.質權設定辦妥後，經辦員應將存單連同覆函送交質權人收執，基於質權設定必須占有質物（即存單）之關係，切勿將存單交還存戶。

4.質權設定時，如質權人爲本行時，應請存戶於存單上簽蓋原留印鑑；如質權人爲非本行的第三人時，得免要求存戶於存單上簽蓋原留印鑑。

5.經質權設定的存款利息，依質權設定通知書內質權人與出質人的約定辦理。如不願被出質人領取時，則須把約定的條文刪除，並加蓋雙方印章。

㈡質權消滅

1.質權消滅應由質權人塡具「質權消滅通知書」乙份簽蓋原留印鑑並檢附原質權設定的存單通知銀行解除。

2.經辦員審核「質權消滅通知書」所塡事項及質權人所蓋印鑑無誤後，將質權消滅日期登記於存單背面的「質權設定」橡皮章的「解除日期」欄及「定儲存設定質權備查簿」的「解除日期」欄，再作「質權設定」的解除交易，將通知書連同備查簿、登錄單、存單等送請主管人員蓋章後發還存單。惟質權人爲本行時，備查簿應先經放款人員蓋章。

3.經設定質權之存單存款，應先辦妥上項質權解除手續後，方可辦理提取或轉（續）存手續。

十六、機動利率的處理

㈠採行機動利率，以適用於新存入者爲原則。

存戶申請開戶時，應先選擇約定之。凡經選定，在其存續期間中，如遇銀行調整存款牌告利率時，自調整之日起，自動按新利率計息，存戶不得於中途申請變更爲一般固定利率。

㈡開戶所需用紙均沿用一般存單存款所使用的用紙，惟於「存款憑條」及「存單」上加註「牌告利率機動計息」。

㈢銀行調整存款牌告利率時的處理方法

1. 定期存款及存本取息儲蓄存款

自調整之日起即按新利率計息，其利率變動月的利息，應按新、舊利率佔該月份實際日數的比例，分段計算一個月的應付利息額，其方式爲：

$$本金\times(舊年利率\times\frac{1}{12})\times\frac{舊利率天數}{變動月實際天數}$$

$$+本金\times(新年利率\times\frac{1}{12})\times\frac{新利率天數}{變動月實際天數}=本月應付利息$$

註：變動月實際天數係自上次付息日（起息日）訖本次付息日的實際天數，因月的大小，有 31 天、30 天、29 天及 28 天之分。

茲舉例說明如下：

⑴假設某甲於 84/3/4 存入一年期機動利率存款（定存或存本取息）一筆，當時利率爲年息$X\%$，迨 85/3/16 銀行調整存款牌告利率爲 $Y\%$，則 84/4/4 某甲來行領利息，其應付利息爲：

$$本金\times(X\%\times\frac{1}{12})\times\frac{12}{31}+本金\times(Y\%\times\frac{1}{12})\times\frac{19}{31}$$

註：自 3/4 至 4/4 共 31 天，舊利率 12 天，新利率 19 天。

⑵假設某乙於 84/9/6 存入一年期機動利率存款（定存或存本取息）一筆，當時利率爲年息$X\%$，迨 84/9/18 銀行調整存款牌告利率爲 $Y\%$，則 84/10/6 某乙來行領利息，其應付利息爲：

$$本金\times(X\%\times\frac{1}{12})\times\frac{12}{30}+本金\times(Y\%\times\frac{1}{12})\times\frac{18}{30}$$

註：自 9/6 至 10/6 共 30 天，舊利率 12 天，新利率 18 天。

⑶假設某丙於 84/2/17 存入一年期機動利率存款(定存或存本取息)

一筆，當時利率為年息$X\%$，迨 84/2/26 銀行調整存款牌告利率為$Y\%$，則 84/3/17 某乙來行領利息，其應付利息為：

$$本金\times(X\%\times\frac{1}{12})\times\frac{9}{28}+本金\times(Y\%\times\frac{1}{12})\times\frac{19}{28}$$

(84 年 2 月份為平年 28 天，如閏年為 29 天)

註：自 2/17 至 3/17 共 28 天，舊利率 9 天，新利率 19 天。

2. **整存整付儲蓄存款**

自利率調整之日起改按新利率繼續按月複利計息，其計算公式如下：

$$(1+R_1)^{N_1}\times(1+\frac{R_1D_1+R_2D_2+\cdots+R_mD_m}{變動月實際天數})$$

$$\times(1+R_2)^{N_2}\times(1+\frac{R_2D_2'+R_3D_3+\cdots+R_mD_m}{變動月實際天數})$$

$$\times(1+R_3)^{N_3}\times(1+\frac{R_3D_3'\times R_4D_4+\cdots+R_mD_m}{變動月實際天數})$$

$$\times(1+R_4)^{N_4}\times\cdots$$

R_1表第一段月利率，N_1表適用第一段利率月數，D_1表適用第一段利率未足月之零星日數，D_2D_2'均表適用第二段利率未足月的零星日數……餘額類推，惟$D_1+D_2+\cdots+D_m=$第一次利率調整月的實際天數。

$D_2'+D_3+\cdots+D_m=$第二次利率調整月的實際天數。

茲舉例說明如下，俾增進了解：

假設利率調整情況為

82.12.30 以前利率為R_1調整後月利率為R_2

83.3.16 調整後月利率為R_3

84.5.9 調整後月利率為R_4

某甲於 82.9.21 存入本存款，存期二年，至 84.9.21 到期，初存時即採機動利率，則：

82.9.21～82.12.21 止計 3 個月(N_1)適用R_1利率。

82.12.21～82.12.30 止計 9 天(D_1)適用R_1利率。

82.12.30～83.1.21 止計 22 天(D_2)適用R_2利率。

83.1.21～83.2.21 止計 1 個月(N_2)適用R_2利率。

83.2.21～83.3.16 止計 23 天(D_2')適用R_2利率。

83.3.16～83.3.21 止計 5 天(D_3)適用R_3利率。

83.3.21～84.4.21 止計 13 個月(N_3)適用R_3利率。

84.4.21～84.5.9 止計 18 天(D_3')適用R_3利率。

84.5.9～84.5.21 止計 12 天(D_4)適用R_4利率。

84.5.21～84.9.21 止計 4 個月(N_4)適用R_4利率。

轉入公式其本利和＝

$$本金\times(1+R_1)^3\times(1+\frac{9\times R_1+22\times R_2}{31})$$

$$\times(1+R_2)^1\times(1+\frac{23\times R_2+5\times R_3}{28})$$

$$\times(1+R_3)^{13}\times(1+\frac{18\times R_3+12\times R_4}{30})\times(1+R_4)^4$$

十七、存單存款往來對帳單的發送

爲防止弊端，應依規定照下列方法寄發對帳單：

㈠對政府機關、公營事業、學校、公司行號及其他團體的定期性存款客戶，其存期在三個月以上（包括三個月）者，於存續期間內至少抄送帳單一次，但經客戶指定日期抄送或表示無須抄送者，仍依客戶要求辦理。

㈡對個人的定期性存款得依客戶要求不定期抄送對帳單。

十八、存單的掛失及補發

㈠存單的掛失

1.存戶如遺失存單而來行申請掛失時，經辦人應即詢明掛失原因、發生日期、地點存款種類、戶名、金額，並查明存單號數、到期日等。

2.經辦員辦理存單掛失時，應請存戶憑原留印鑑填具「存單掛失通知書」，並在當地日報登載作廢啓事一天，將原報紙乙份檢送本行備查，啓事應剪貼於通知書上，並註明報紙名稱及日期。

存戶爲自然人並提示身分證件親自辦理存單掛失手續者，得免登報。

3.經辦員應審查通知書上應具備各項要件是否齊全，並於印鑑核對相符後，登記於「存款事故登錄備查簿」，作「存單掛失止付」交易，將通知書及有關文件送經主管人員核章，然後在印鑑卡上明顯處以紅筆註明「存單掛失止付」字樣及掛失日期以備查考。

㈡存單之補發

1.存單掛失的補發，請存戶塡具「遺失補領新存單申請書」，對於個人（或公司行號的負責人）應由存戶本人親自憑身分證辦理，但本人因特殊情況無法親自辦理者，得依法委任或授權第三人代辦，銀行對委任或授權事項，應辦理徵信調查。存戶爲自然人並提示身分證件，親自辦理者免保證人。

2.除補發日期外，按原存的存款種類、金額、期限、利率及起訖日期等，印錄新存單（但仍應用原戶名原帳號）新存單上應蓋「掛失補發」字樣戳記，並作「定存存單補發」交易。

3.經辦員應將新存單連同「存單掛失通知書」、「遺失補領新存單申請書」、「存款事故登錄備查簿」，送請主管人員蓋章。

4.補發日如存單業已到期，可按上述2.規定辦理後，將本息一併結淸，或由存戶立具收據或申請書，免另簽發新存單，將本息一併結淸，收據或申請書作為支出傳票附件。

十九、存單存款的每日結帳

㈠每日營業時間終了後，經辦員即作存單存款「各科目之收付查詢」印錄科子目查詢日結單，並按科目別分別依下列方式填列「簽發存單核對備查簿」：

1. 存單存根聯依實物數填列。

2. 定期性無簽發存單部份，須於營業時間逐筆登記備查，營業終了填列合計筆數及總金額。

3. 科目貸方合計數依據「科目收付查詢」數字填列。

㈡經辦員將填妥的「簽發存單核對備查簿」蓋章後，連同剩餘空白存單及已簽發存單存根聯送請會計主辦人員覆核。會計人員須作

1. 存根聯與實物數核符。

2. 定期性無簽發存單部分與傳票核符。

3. 科目貸方合計數與科目日結單暨連線科目日結單貸方合計數核符。

㈢會計人員將核符的「簽發存單核對備查簿」蓋章後，送主管人員蓋章，再送存款部門保管。

㈣次日接到電腦中心列印的「存單存款收支暨餘額表」時，按科目代號別存款餘額與總分類帳各該科目餘額核對，並在餘額前蓋章後，再送主管蓋章。

第七節 定期存款

一、定期存款的意義及特質

凡款項一次存入且約定期限，憑存單或依約定方式，按月領取利息並於到期時一次提取款項的存款，為定期存款。

銀行法第八條：「本法稱定期存款，謂有一定時期的限制，存款人憑存單或依約定方式提取的存款。」定期存款的特質如下：

1.有一定時期的限制，於到期時提取。

2.存款人應憑存單或依約定方式提取。

3.因提款有一定時期的限制，具有安定性，銀行可作較長期的運用，所計給的利息，高於活期存款；且存期愈長，利率愈高。

4.因提款有受限制，所應提繳的準備金，亦較活期存款為低。

二、定期存款的開戶及存入手續

㈠凡本國自然人、公司、行號、團體、機關均可申請開戶。

㈡外國自然人及法人開設定期存款帳戶，必須在本國有住所始得開戶。

㈢定期存款每筆存入的最低金額新臺幣1仟元。

㈣開戶時須先由存戶塡具印鑑卡兩份，存款憑條一份憑以存款，憑條背面各欄由經辦員塡妥。

㈤存款憑條經有關部門收妥並加蓋收入戳記後，經辦員應依開戶先後順序編列帳號，將帳號塡入憑條，並以存款憑條代替（貸）「定期存款」科目收入傳票登錄。

㈥其他手續參照本章第六節的說明辦理。

中興商業銀行 定期存款存款憑條

定存

請貴戶填寫粗線框內各欄

DEPOSITED TO A/C NO.　　DEPOSIT SLIP　　傳票　號

帳號	分行代號	科目	編　號	檢號	中華民國　年　月　日 DATE	(貸)：定期存款
		21				

戶名	NAME OF A/C	金額 AMOUNT	百	拾	億	仟	百	拾	萬	仟	百	拾	元	角	分

期間		收入明細	現　金			(收訖戳記)
			票據	本行		
利率	□固定 %			聯行		
	□機動			他行		

本存款利息委託貴行按月悉數轉入貴行　分行　存款帳號　戶名　帳戶　印

認證								
	交易序號	交易代號	帳　號	存款金額	放款金額	核可	出納	對方科目

DT01 保存20年 1×100×1,000本

主管　會計　認證　登錄　收款(轉帳)

三、定期存款的提取手續

(一)定期存款戶得按月於開戶的相當日持存單及原留印鑑來行領取利息或申請自動轉息，存戶如未按月支取利息，不複利計息，其手續依照本章第六節的說明辦理。

(二)到期來行提取本金及利息，依本章第六節的說明辦理。

四、定期存款中途提取利息計算釋例

定期存款的中途提取依照本章第六節的說明辦理，其中途解約利息的計算，特舉例說明於下：

某君於民國八十四年十月八日存入一年期定期存款新臺幣10萬元，假定銀行一年期定期存款牌告利率為年息7%(六個月期為6.5%)，至八十五年六月十日，因急需用錢乃持存單來行中途解約，則其利息計算如下：

(一)採固定利率計息時

1.假定該存單從未領過利息

從 84/10/8 至 85/6/10 實存期間為八個月又二天，適用六個月期存

款利率 6.5%（利率以起存日之利率爲準），計可領利息爲：

$$(\$100{,}000\times6.5\%\div12\times8+\$100{,}000\times6.5\%\times\frac{2}{365})\times80\%=3{,}495\text{元}$$

2. 假定該存單的利息已領到八十五年二月八日

則：已領利息＝$100,000×7%÷12×4＝2,333 元

可領利息＝3,495－2,333 元＝1,162 元

3. 假定該存單的利息已領到八十五年六月八日

則：已領利息＝$100,000×7%÷12×8＝4,667 元

應扣回利息＝4,667 元－3,495 元＝1,172 元

㈡採機動利率計息時：（假定銀行 84/10/8 一年期存款牌告機動利率爲 7%，六個月期爲 6.5%）

1. 假定該存單從未領過利息

從 84/10/8 至 85/6/10 實存期間爲八個月又二天，適用六個月期存款利率，假定銀行於 84/12/30 調整一年期存款牌告機動利率爲 6.8%（六個月期爲 6.3%），85/3/16 調整一年期存款牌告利率爲 6.6%（六個月期爲 6.1%），則其適用利率分別爲：

84/10/8～84/12/30,
計 $2\frac{22}{31}$個月，適用六個月期 6.5%利率八折計息

84/12/30～85/3/8,
計 $2\frac{9}{31}$個月，適用六個月期 6.3%利率八折計息

（以上兩者合計爲 5 個月…①）

85/3/8～85/3/16,
計$\frac{8}{31}$個月，適用六個月期 6.3%利率八折計息

（84/12/30～85/3/16 兩者利率同爲 6.3% 可合併爲一）

85/3/16～85/6/8,
計 $2\frac{23}{31}$個月，適用六個月期 6.1%利率八折計息

（以上兩者合計爲 3 個月…②）

85/6/8～85/6/10,
計二天，適用六個月期 6.1%利率八折計息…③

以上①＋②＋③共計 8 個月又$\frac{2}{30}$天

$\$100,000 \times 6.5\% \div 12 \times 2\frac{22}{31} \times 80\% = 1,174$ 元

$\$100,000 \times 6.3\% \div 12 \times 2\frac{9}{31} \times 80\% = 962$ 元

$\$100,000 \times 6.3\% \div 12 \times \frac{8}{31} \times 80\% = 108$ 元

$\$100,000 \times 6.1\% \div 12 \times 2\frac{23}{31} \times 80\% = 1,115$ 元

$\$100,000 \times 6.1\% \times \frac{2}{365} \times 80\% = 27$ 元

應付利息合計爲　　3,386 元

2.假定該存單的利息已領到八十五年二月八日則已領利息爲

84/10/8～84/12/30,
計 $2\frac{22}{31}$個月, 利率 7%（一年期利率）
84/12/30～85/2/8,
計 $1\frac{9}{31}$個月, 利率 6.8%（一年期利率）
} 兩者合計爲 4 個月

$\$100,000 \times 7\% \div 12 \times 2\frac{22}{31} = 1,581$ 元

$\$100,000 \times 6.8\% \div 12 \times 1\frac{9}{31} = 731$ 元

已領利息合計　　2,312 元

可領利息＝\$3,386－\$2,312＝\$1,074

3.假定該存單的利息已領到八十五年六月八日則已領利息爲

84/10/8～84/12/30,
計 $2\frac{22}{31}$個月，利率 7%（一年期利率）
84/12/30～85/3/8,
計 $2\frac{9}{31}$個月，利率 6.8%（一年期利率）
（兩者合計為五個月）

85/3/8～85/3/16,
計$\frac{8}{31}$個月，利率 6.8%（一年期利率）
85/3/16～85/6/8,
計 $2\frac{23}{31}$個月，利率 6.6%（一年期利率）
（兩者合計為三個月）

$$\$100{,}000\times 7\%\div 12\times 2\frac{22}{31}=1{,}581\text{ 元}$$

$$\$100{,}000\times 6.8\%\div 12\times 2\frac{9}{31}=1{,}298\text{ 元}$$

$$\$100{,}000\times 6.8\%\div 12\times \frac{8}{31}=146\text{ 元}$$

$$\$100{,}000\times 6.6\%\div 12\times 2\frac{23}{31}=1{,}508\text{ 元}$$

已領利息合計　　4,533 元

應扣回的利息＝$4,533－$3,386＝$1,147

五、定期存款逾期提取利息計算釋例

定期存款到期後逾期來行提取，依照本章第六節說明辦理，其逾期提取利息的計算，特舉例說明於下：

㈠自到期日（到期日非休假日）至提取日止的逾期利息，照提取日的銀行活期存款牌告利率折合日息單利計給。茲舉例說明如下：

某君於民國八十四年十月八日存入六個月期定存新臺幣 10 萬元，利率為 6.5%，至民國八十五年六月十日方來提現共逾期 63 天，提取日當時活存利率為 2%，則其逾期利息為：

$100,000×2.00%÷365×63=345 元

㈡如到期日爲休假日，而存戶於次營業日提取時，則應按存單利率另給休假日的利息。但在第二營業日以後才提取時，除休假日按存單利率計付利息外，第二營業日至提取日的逾期期間，應照提取日活期存款利率給付利息。假定上例的到期日(85/4/8)爲休假日，則其逾期利息爲：

$100,000×6.5%÷365×1=18 元

$100,000×2%÷365×62=340 元

340+18=358 元……逾期利息

六、定期存款交易的普通分錄

㈠存入本金的分錄

1. 存入現金時

借：庫存現金

　　貸：定期存款

2. 存入本行付款的支票、本票或保付支票時

借：支票存款或本行支票或支票存款——保付支票

　　貸：定期存款

3. 存入他行付款票據時

借：庫存現金

　　貸：定期存款

㈡分期取息的分錄

1. 提取現款時

借：應付利息（或利息支出）

貸：庫存現金

其他應付款——代扣利息所得稅

其他應付款——代扣印花稅

2.轉入同一户名其他活期性存款帳内時（免扣印花稅）

借：應付利息（或利息支出）

貸：支票存款（或活期存款或活期儲蓄存款）

其他應付款——代扣利息所得稅

3.轉入其他存户帳内時

借：應付利息（或利息支出）

貸：支票存款（或活期存款或活期儲蓄存款）

其他應付款——代扣利息所得稅

其他應付款——代扣印花稅

㈢到期解約的分錄

1.本息一併提現時

借：定期存款

應付利息（或利息支出）

貸：其他應付款——代扣利息所得稅

其他應付款——代扣印花稅

庫存現金

2.本息一併續存時

借：定期存款

應付利息（或利息支出）

貸：其他應付款——代扣利息所得稅

定期存款

3.本息轉入同——户名活存帳時

借：定期存款
　　應付利息（或利息支出）
　　貸：其他應付款——代扣利息所得稅
　　　　支票存款（或活期存款或活期儲蓄存款）

4.利息提現本金續存時

借：定期存款
　　貸：定期存款
借：應付利息（或利息支出）
　　貸：其他應付款——代扣利息所得稅
　　　　其他應付款——代扣印花稅
　　　　庫存現金

第八節　定期儲蓄存款

一、儲蓄存款的意義及特質

所謂「儲蓄存款」，乃個人或非營利法人，以積蓄資金為目的的活期及定期存款。儲蓄存款的特質為：

㈠營利事業資金運用範圍，應與業務有關，縱使一時擁有閑散資金，必屬短期性質，不宜以儲蓄存款為誘導；故排除「營利法人」而強調存戶僅限於「個人或非營利法人」。

㈡儲蓄存款的目的既在鼓勵國民儲蓄，期能集腋成裘，聚沙成塔，吸收民間資金，用之於國家建設，故強調以「積蓄資金」為目的。

㈢儲蓄存款既係為積蓄資金，鼓勵儲蓄而設，應以較優厚的利率以為透導，甚至可以複利計算；儲蓄存款利率之優於一般存款，乃各國常例。

(四)由於儲蓄存款存期較長，且此類資金每呈累積遞增趨向，最具安定性，其應提的存款準備金，也較他類存款為低。

(五)儲蓄存款大多係一般大眾平日血汗的積儲，故為保障存款人權益，各國政府大都訂有保障存戶權益的規定。

二、定期儲蓄存款的種類

儲蓄存款可分為活期及定期兩類，活期儲蓄存款已於第三節有所說明，本節將就定期儲蓄存款部分加以說明。

定期儲蓄存款共分四種，茲分別說明於下：

(一)零存整付儲蓄存款

「零存整付儲蓄存款」乃存戶於開戶時約定年限及數額，將本金分次勻存，由銀行簽發存單爲憑，到期本息一併領取的複利儲蓄存款。此種儲蓄存款並分下列兩種：

甲種：按月於固定日期存儲新臺幣 10 元或其倍數的款項，到期支取本息。

乙種：按月於固定日期存儲一定金額的款項，到期支取新臺幣 1 佰元整數或其倍數的本息。

(二)整存零付儲蓄存款（目前本項存款各銀行大都已停辦）

「整存零付儲蓄存款」乃存戶於開戶時約定年限及數額，將本金一次存入，由銀行簽發存單爲憑，分期支取本息的複利儲蓄存款。此種存款分爲下列兩種：

甲種：一次存入新臺幣 1 佰元或其倍數的款項，存滿一個月時，得按月支領一定金額的本息。

乙種：一次存入一定金額的款項，按月支取新臺幣 1 佰元整數或其倍數的本息。

㈢整存整付儲蓄存款

「整存整付儲蓄存款」乃存戶於開戶時約定年限及數額，將本金一次存入，由銀行簽發存單爲憑，到期一併提取本息的複利儲蓄存款。此種存款分爲下列兩種：

甲種：一次存入本金不得少於新臺幣 5 佰元，到期支取本息。

乙種：一次存入一定金額的本金，到期支取新臺幣 1 仟元整數或其倍數的本息。

㈣存本取息儲蓄存款

「存本取息儲蓄存款」乃存戶於開戶時約定年限及數額，將本金一次存入，由銀行簽發存單爲憑，分期支取利息，期滿取回原本的儲蓄存款。此種儲蓄存款分爲下列兩種：

甲種：一次存入本金不得少於新臺幣 5 佰元，存滿一個月後按月支取利息。

乙種：一次存入一定金額的本金，存滿一個月後，按月支取新臺幣 1 佰元整數或其倍數的利息。

以上四種儲蓄存款的存期，可分爲一年、二年、三年三種，按月複利計算利息。

三、各種定期儲蓄存款的處理

㈠存本取息儲蓄存款

1. 存款憑條經有關部門收妥並加蓋收入戳記後，經辦員應依開戶先後順序編列帳號，將帳號填入憑條，並以存款憑條代替(貸)「存本取息儲蓄存款」科目收入傳票登錄。到期時則以存單代替（借）存本取息儲蓄存款科目支出傳票登錄。

2.存本取息儲蓄存款戶得按月領取利息，存戶如不按月領取概不複利計息。其手續依照本章第六節的說明辦理。

3.到期領取本息，依照本章第六節的說明辦理。

4.逾期提取本息及中途解約，依照本章第六節的說明辦理。(利息的計算，請一併參閱第七節的釋例)

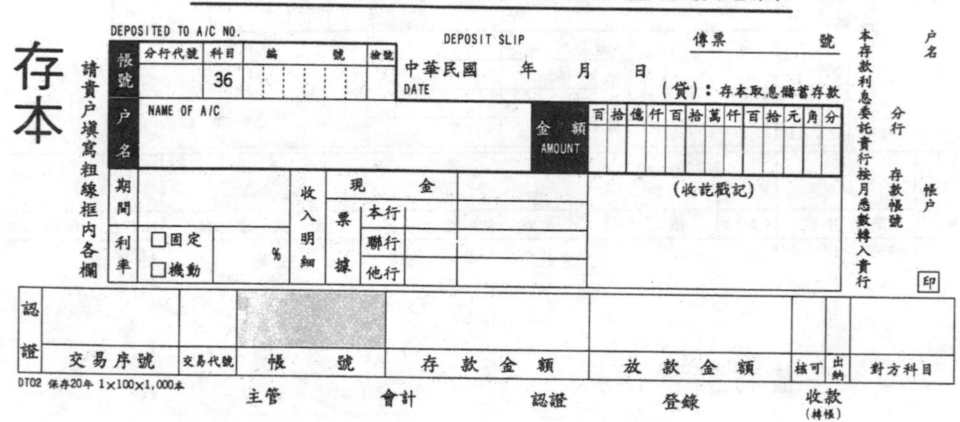

中興商業銀行　存本取息儲蓄存款憑條

存本

請貴戶填寫粗線框內各欄

DEPOSITED TO A/C NO.

帳號	分行代號	科目	編號	檢號
		36		

DEPOSIT SLIP

傳票　號

中華民國　年　月　日

DATE

(貸)：存本取息儲蓄存款

戶名　NAME OF A/C

金額 AMOUNT

百	拾	億	仟	百	拾	萬	仟	百	拾	元	角	分

期間

利率　□固定　□機動　%

收入明細：現金；票據：本行、聯行、他行

(收訖戳記)

本存款利息委託貴行按月悉數轉入貴行　分行　存款帳號　戶名　帳戶　印

認證

交易序號	交易代號	帳號	存款金額	放款金額	核可	出納	對方科目

DT02 保存20年 1×100×1,000本

主管　會計　認證　登錄　收款(轉帳)

(二)整存整付儲蓄存款

1.存款憑條經有關部門收妥並加蓋收入戳記後，經辦員應依開戶先後順序編列帳號，將帳號填入憑條，並以存款憑條代替(貸)「整存整付儲蓄存款」科目收入傳票登錄。

2.存戶到期支取本息時，應於存單背面簽蓋原留印鑑，以憑驗付。存單代替（借）整存整付儲蓄存款支出傳票，予以登錄整存整付帳的借方。

3.登錄完畢後，一面就應付利息額(可由電腦自動計算出)印錄(借)「利息支出」或「應付利息」科目支出傳票，同時印錄（貸）「其他應付款」科目收入傳票依法扣繳利息所得稅及印花稅。對應付利息減應付款後的差額，應填製（貸）臨時存欠轉帳收入傳票及（借）臨時存欠的現金支出傳票。

4.本項存款如逾期支取，原則上不補給利息。

中興商業銀行 整存整付儲蓄存款憑條

整存

請貴戶填寫粗線框內各欄

DEPOSITED TO A/C NO.

DEPOSIT SLIP

傳票 號

帳號	分行代號	科目	編 號	檢號
		35		

中華民國 年 月 日
DATE

（貸）：整存整付儲蓄存款

戶名 NAME OF A/C

金額 AMOUNT

百	拾	億	仟	百	拾	萬	仟	百	拾	元	角	分

期間

利率 □固定 □機動 %

收入明細：現金；票據：本行、聯行、他行

(收訖戳記)

認證

交易序號	交易代號	帳號	存款金額	放款金額	核可	出納	對方科目

DT03 保存20年 1×100×1,000本

主管 會計 認證 登錄 收款(轉帳)

㈢零存整付儲蓄存款

1.存款憑條經有關部門收妥並加蓋收入戳記後，經辦員應依開戶先後順序編列帳號，將帳號填入憑條，並以存款憑條代替（貸）:「零存整付儲蓄存款」科目收入傳票登錄。

2.傳票登錄認證後，經辦員將存單送印錄機印錄，然後再於存單背面第一次存入欄加蓋收入日期。

3.經辦員覆核內容後，將存單、存款憑條及印鑑卡送經主管人員蓋章，主管人員應於存單背面存入欄加蓋私章。

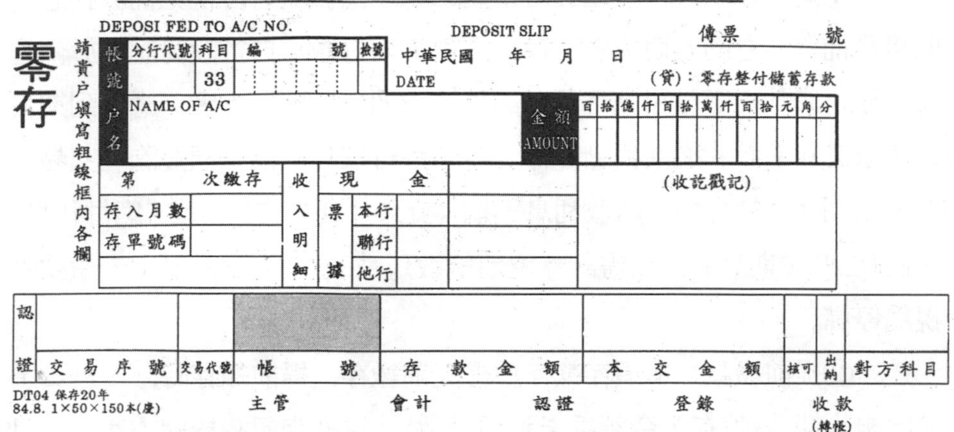

中興商業銀行　零存整付儲蓄存款憑條

零存

DEPOSI FED TO A/C NO.　DEPOSIT SLIP　傳票　號

請貴户填寫粗線框內各欄

帳號：分行代號　科目 33　編　號　檢號

中華民國　年　月　日

DATE

(貸)：零存整付儲蓄存款

户名 NAME OF A/C

金額 AMOUNT：百　拾　億　仟　百　拾　萬　仟　百　拾　元　角　分

第　次繳存

存入月數

存單號碼

收入明細：現金；票據：本行、聯行、他行

(收訖戳記)

認證：交易序號　交易代號　帳號　存款金額　本交金額　核可　出納　對方科目

DT04 保存20年

84.8. 1×50×150本(慶)

主管　會計　認證　登錄　收款(轉帳)

4. 零存整付儲蓄存款一律以牌告利率機動計息，中途如遇利率調整，自銀行調整存款牌告後續存部分按新利率計息。

5. 每月繳存手續

(1)存戶於次月起，按約定日期（如無相當日者，則爲月底）持存單來行續存時，作「零存整付按月續存金額查詢」交易，據以填製存款憑條代替（貸）「零存整付儲蓄存款」科目收入傳票憑以存款，其餘手續與第一次存入時相同（存單背面「繳訖印」欄，應一律由主管人員蓋章），如發現存單上「已存入月次數」較查詢單「已存入月次數」爲少時，應作「存單交易明細查詢」交易，將實際交易日期補記於存單背面相當次數欄內，查詢單連同存單送請主管人員加蓋私章後送交存戶收執。

(2)零存整付儲蓄存款，中途如遇利率調整，調整後續存部分照新利率計息。

①甲種零存整付，其到期一次支付的本息額，應以「利息支出傳票（結清用）」印錄其應付的本息金額。

②乙種零存整付，對利率調整後續存部分，改按調整後新利率求出的每月應存入金額計收。

⑶逾期繳款與提前繳款

①逾期繳款：存戶逾約定日期三天以內繳款者，得免補繳利息。但將免補繳利息的逾期積數（存入額乘逾期日數）自行設簿記載於備查簿，於月底計提應付利息時予以調整。逾期過三天以上者，應自到期日起按原訂利率計收逾期利息，作「零存整付按月續存金額查詢」交易，查出逾期繳款補息額。所收利息則以（貸）：「利息支出」或「應付利息」入帳(已收逾期息者，無需計算逾期積數)。如逾期六個月以上未繳款者視爲停儲。

②提前繳款：本項存款存戶得提前繳存，提前繳存時，經辦員須求出未到期積數(存入金額乘未到期日數)，以紅字記載於備查簿，於月底計提應付利息時由總積數中予以扣除。

6. 提取手續(到期提取)

⑴存戶到期提取本息時，須攜帶存單，並於存單背面簽蓋原留印鑑，以憑驗付。

⑵經辦員根據「零存整付按月續存查詢」，注意核對存單的金額是否相符，各次存款是否按期繳足，原留印鑑是否相符等情事，然後塡製(借)「零存整付」科目支出傳票（存單及查詢單作爲零存整付傳票的附件)。

⑶經辦員於存單加蓋「解約」戳記及日期，登錄後，檢同存單、傳票、查詢單等送請主管人員蓋章，蓋章後的支出傳票則憑以付款。

7. 中途提取

應按照「到期提取」暨本章第六節及第七節中途提取的說明，按照實存期間定期存款利率八折計息。茲舉例說明，假定銀行存款牌告利率變動情形如下：

84/12/8 一年期 5%，六個月期 4.5%，三個月期 4%，一個月期 3.5%
84/12/30 一年期 4.8%，六個月期 4.3%，三個月期 3.8%，一個月期 3.3%
85/3/16 一年期 4.6%，六個月期 4.1%，三個月期 3.6%，一個月期 3.1%

某甲於民國八十四年十二月八日來行開立甲種零存整付存款戶，存期一年，每月存入1千元，至八十五年五月八日因急需用款，持存單來行解約，則其利息之計算如下：

(1) 84/12/8 存期五個月：$\$1,000 \times 4\% \div 12 \times 5 \times 80\% = 14$

（存入時銀行存款牌告三個月期利率爲4%）

(2) 85/1/8 存期四個月：$\$1,000 \times 3.8\% \div 12 \times 4 \times 80\% = 10$

（存入時銀行存款牌告三個月期利率爲3.8%）

(3) 85/2/8 存期三個月：$\$1,000 \times 3.8\% \div 12 \times 3 \times 80\% = 7$

（存入時銀行存款牌告三個月期利率爲3.8%）

(4) 85/3/8 存期二個月：$\$1,000 \times 3.3\% \div 12 \times 2 \times 80\% = 5$

（存入時銀行存款牌告一個月期利率爲3.3%）

(5) 85/4/8 存期一個月：$\$1,000 \times 3.1\% \div 12 \times 1 \times 80\% = 2$

（存入時銀行存款牌告一個月期利率爲3.1%）

本件中途提取共可支取本息爲：

$\$1,000 \times 5 + \$14 + \$10 + \$7 + \$5 + \$2 = \$5,038$

8. 中途停儲戶到期提取

零存整付儲蓄存款未按約定存期繳完各期應繳存款額，而於存單到期提領已繳部分存款額時，應依已繳各期存款的存儲期間，按月數以存入當時銀行牌告的同一期限利率，個別複利計算，並依「到期提取」手續辦理。茲舉例說明如下：

設某甲於民國八十四年十二月八日來行開立甲種零存整付存款戶，存期一年，每月存入1千元，存五次後即停儲，至八十五年十二月八日持單來行解約提款，則其本息的計算爲：（銀行存款牌告利率變動情形如上例）

(1) 84/12/8 存入者本息爲：

$\$1,000 \times (1 + 5\% \div 12)^{12} = \$1,000 \times 1.05116190 = \$1,051$

⑵ 85/1/8 存入者本息爲：

$\$1,000 \times (1+4.8\% \div 12)^{11} = \$1,000 \times 1.04489064 = \$1,045$

⑶ 85/2/8 存入者本息爲：

$\$1,000 \times (1+4.8\% \div 12)^{10} = \$1,000 \times 1.04072773 = \$1,041$

⑷ 85/3/8 存入者本息爲：

$\$1,000 \times (1+4.8\% \div 12)^{9} = \$1,000 \times 1.03658141 = \$1,037$

⑸ 85/4/8 存入者本息爲：

$\$1,000 \times (1+4.6\% \div 12)^{8} = \$1,000 \times 1.03108128 = \$1,031$

本件中途停儲到期支取本息爲：

$1,051＋$1,045＋$1,041＋$1,037＋$1,031＝5,205 元

9. 逾期提取及逾期轉存，悉依本章第六節的說明辦理

四、定期儲蓄存款的計算公式

定期儲蓄存款除存本取息係按月以單利計息外，其餘均係按月以複利計息。「複利」乃是於一定期間（通常按月，也可按季或按期或按年）計算乙次利息，每次計算的利息，於下次計息時滾入原本，一併計息，亦即俗語所謂的「利上滾利」。由於複利方式計息的結果，利息本身可孳生利息，所以實際利率較名義利率爲高，因此銀行吸收複利儲蓄存款的成本，也較一般單利計息的定期存款爲高。

複利儲蓄存款由於存取方式的不同，有按月儲存一定金額的款項，到期一併支取本息；也有一次存入一定金額的本金，按月支取一定金額的本息；更有一次存入一定金額的本金，到期支取全部本息。在各種不同存儲方式下，如欲計算所應存儲或所能支取的金額，就得採用不同的計算公式，茲特舉例說明於下：

㈠零存整付

甲種：假定某存戶每月存入 10 元，存期一年，年息 12%（合月息 10‰），按月複利，期滿所得本息，應如下式所計：

設 R＝本息合計　K＝每次存入金額　i＝利率

n＝複利及存款次數

$$R=K\div\frac{i}{(1+i)^{n+1}-(1+i)}=10\div\frac{0.01}{(1+0.01)^{12+1}-(1+0.01)}$$

$$=128.0932804$$

註：(1)利率自由化以後，各銀行儲蓄存款的牌告利率已不一致，且常行改訂，為簡明起見，上例以年息 12%合月息 10‰計算。

(2)利息所得稅扣繳率財政部每年可視財政需要予以改訂，早期為 5%，目前已提高為 10%，此處仍按 5%計算，以免與 10%的利率混淆。

乙種：假定某存戶來行存款，存期一年，年息 12%，每月儲存一次並複利計息乙次，該存戶欲於期滿取得 100 元，每月所繳數額，應為下式所計：

由上例公式　$R=K\div\frac{i}{(1+i)^{n+1}-(1+i)}$

可知　$K=R\times\frac{i}{(1+i)^{n+1}-(1+i)}$

$$=100\times\frac{i}{(1+0.01)^{12+1}-(1+0.01)}=7.806810$$

由上式所得數額扣除 5%利息所得稅後，結果如下：

(1)由上例公式　$R=K\div\frac{i}{(1+i)^{n+1}-(1+i)}$

得知　$R=128.0932804$

(2)扣除利息所得稅 5%後實得本息為 127.688616

(3)設每月應繳數額為 X，用比例法 10：127.688616＝X：100

$$X=\frac{10\times 100}{127.688616}=7.8315517$$

(二)整存零付

甲種：假定某存戶一次存入1百元，存期一年，年息12%，按月複利，該存戶每月可勻支的本息數額，應如下式所計：

設　P=本金　A=每次勻支額　i=利率　n=支取及複利次數

則　$A=P\div\frac{1-(1+i)^{-n}}{i}=100\div\frac{1-(1+0.01)^{-12}}{0.01}$

$$=100\div\frac{1-\frac{1}{(1.01)^{12}}}{0.01}=8.884878$$

扣除5%利息所得稅後，實得本息爲8.90，算式如下：

$$8.884878-(8.884878\times 12-100)\times 0.05\div 12=8.857301$$

乙種：假定某存戶來行存款，存期一年，年息12%，按月複利，該存戶意欲每月領取本息1百元，期滿即可取盡本息，則一次存入的數額，應如下式所計：

由上例公式　$A=P\div\frac{1-(1+\mathrm{i})^{-n}}{i}$

可知　$P=A\times\frac{1-(1+i)^{-n}}{i}=100\times\frac{1-(1+0.01)^{-12}}{0.01}$

$$=100\times\frac{1-\frac{1}{(0.01)^{12}}}{0.01}=1{,}125.507747$$

從上數中利息部分扣除5%的利息所得稅後，結果如下：

1. 由上例公式　$A=P\div\frac{1-(1+i)^{-n}}{i}$

得知　$A=8.884878$

2. 扣除利息所得稅 5%後，實得本息 8.857301

3. 設一次存入的數額爲X，則 100:8.857301＝X:100

$$X=\frac{100\times100}{8.857301}=1,129.0121$$ 即 1,129 元

(三)整存整付

甲種：假定某存戶一次存入本金 5 百元，存期一年，年息 12%，按月複利，期滿所得本息數額，應如下式所計：

設　R＝本息合計數　P＝本金　i＝利率　n＝時期（複利次數）

則　$R=P(1+i)^n=500\times(1+0.01)^{12}=500\times1.12682503$

$=563.412515$（563.40 元）

扣除利息所得稅 5%後，實得本息爲 560.30 元，算式如下：

$563.40-(563.40-500)\times0.05=560.30$

乙種：假定某存戶來行存款，定期一年，年息 12%，按月複利，期滿後該存戶欲得本利 1 千元，則開戶時一次應存入的本金數額，當如下式所計：

由上例公式　$R=P(1+i)^n$

可得　$P=R\div(1+i)^n$

$P=1,000\div1.12682503=887.44922$（887.40 元）

從上數中的利息部分扣除 5%利息所得稅後，結果如下：

(1)由上例公式　$R=P(1+i)^n$　得知　$R=563.412515$

(2)扣除利息所得稅 5%後，實得本息 560.241889

(3)設一次存入的本金爲X，則 500:560.241889＝X:1,000

$$X=\frac{500\times1,000}{560.241889}=892.47164$$（892.50 元）

㈣存本取息

甲種：假定某存戶一次存入本金5百元，存期一年，按月複利，年息12%，存滿一個月後，按月取息，該存戶每月所得利息數，應如下式所計：

設 I=每次取息額 P=本金 i=利率 n=時期

則 $I=P[(1+i)^n-1]=500\times[(1+0.01)^1-1]=500\times0.01=5$

亦即 $I=P\times i=500\times0.01=5$

扣除利息所得稅5%後實得利息4.80元，算式如下：

$5-5\times0.05=5-0.20=4.80$

乙種：假定某存戶來行存款，存期一年，按月複利，年息12%，該存戶意欲每月領取利息1百元，則開戶時一次存入的本金，應如下式所計：

依上例公式 $I=P[(1+i)^n-1]$

可知 $P=\dfrac{I}{(1+i)^n-1}=\dfrac{100}{(1+0.01)^1-1}=\dfrac{100}{0.01}=10{,}000$

如意欲每月領取的利息，於扣除5%的利息所得稅後仍爲100元，則一次存入的本金數額應爲：

1.由上列公式 $I=P[(1+i)^n-1]$ 得知 $I=5$

2.扣除利息所得稅5%後實得4.75

3. $500:4.75=X:100$

$X=\dfrac{500\times100}{4.75}=10{,}526.30$

4.上數亦可按下式求計：

$100\div[0.01\times(1-5\%)]=10{,}526.30$

五、定期儲蓄存款的計算表

上述各種儲蓄存款計息公式，較爲繁複，故銀行多於事先根據當時通行的年期、利率及存取次數，分別計算後編成一覽表，印發各分行，以便存戶查詢時有所參考，內容如下：

㈠零存整付

種　別	甲	乙
期　限	年金終價（到期本息）	年金現價（每月儲款）
一年期	（月息 10‰）12.80932804	0.07806810
二年期	（月息 10‰）27.24319950	0.03070640
三年期	（月息 10‰）43.50764714	0.02298446

㈡整存零付

種　別	甲	乙
期　限	期金終價（每月付款）	期金現價（一次存入本金）
一年期	（月息 10‰）0.0888478	11.25507747
二年期	（月息 10‰）0.04707347	21.24338725
三年期	（月息 10‰）0.03321430	30.10750503

㈢整存整付

種　別	甲	乙
期　限	複利終價（到期本息）	複利現價（一次存入本金）
一年期	（月息 10‰）1.12682503	0.88744922
二年期	（月息 10‰）1.26973464	0.78756613
三年期	（月息 10‰）1.43076878	0.69892495

註：1. 以上所列數字，均未扣除利息所得稅，如欲瞭解扣稅後的結果，可分別參照前述計算公式求計。

2. 到期支取本息與存戶實存本金的差額，即爲利息，應照規定代扣利息所得稅。

3. ⑴年金終價：即期初年金 1 元爲單位，按月複利計算到期應付本息之數。

⑵每月儲款：即以期初年金 1 元爲單位，按月複利計算每月應存儲之數。

⑶每月付款：即以期末年金現價 1 元爲單位，按月複利計算每月應付本息之數。

⑷期金現價：係以每月支取本息 1 元爲單位，一次應存入本金之數。

⑸複利終價：係以本金 1 元爲單位，按月複利計算求得之數。

⑹複利現價：係以本金 1 元爲單位，以複利逆算之數。

六、複利利息的記帳方法

零存整付、整存零付及整存整付等三種定期儲蓄存款的利息係以複利方法計算，此項複利利息的記帳方法，視是否轉入本金而分爲下列兩種：

㈠利息轉入本金

此法月算所提應付利息，於每屆計息期將該期利息由應付利息科目轉出，貸記各該複利儲蓄存款科目，俟支付本息時，全部於存款科目出帳。

㈡利息不轉入本金

此法月算所提應付利息，於每屆計息期不轉入各該存款科目，俟支付本息時，算出應付本金及複利利息，再分別以存款及應付利息科目出帳。

以上兩法各有優劣，前法將每期利息滾入本金，可於各存戶帳面存款金額複利計息，而到期支付本息時，本金及利息部分，不必分開記帳，是其優點；但此法須按戶逐期將利息滾入本金，手續繁複，而各戶利息轉帳日期又不相同，極易發生差錯。後法則可避免逐期將利息轉入本金之煩，故目前一般銀行均採用此法。

七、購屋儲蓄存款

購屋儲蓄存款爲存戶儲存購置住宅所需資金，以零存整付或整存整付方式儲存，本行於存款屆滿一年以上，按實存期間及本息額予以倍數貸款之存款。

㈠適用範圍

存戶須具有行爲能力及固定收入。

凡年滿二十歲或未滿二十歲已結婚且未被宣告禁治產者，皆具有行爲能力。凡有正當職業者皆得視爲有固定收入。上項行爲能力及固定收入，可憑國民身分證查明之；如身分證上登記爲無職業者，亦得予受理開戶，但應予表明申請貸款時仍須提出存戶本人或其配偶之職業證明文件。

㈡開戶手續

1.本存款的存款憑條，會計科目及存單沿用現有的零存整付或整存整付存款憑條、會計科目及存單，但爲區別起見，該等用紙均須加蓋「購屋儲蓄存款」的橡皮章，以利查核。

2.本存款存單應於背面「存戶須知」條文最後加蓋「本存款儲存期滿申貸購屋貸款悉依財政部訂頒『購屋儲蓄存款實施要點』以及有關規定辦理」的文句。

㈢計息

1.本存款的利息比照本章第六、八各節有關的計息辦法辦理。

2.本存款內的整存整付儲蓄存款的利率，可採用固定或機動，任由存戶選擇，但一經選定不得更改。

㈣本存款到期的提取本息、續（轉）存、及中途提取、逾期提現、逾期續（轉）存均比照本章第六節説明辦理。

㈤本存款儲存期間內得予質借，惟質借總期間超過實際存期五分之一者，喪失貸款權利。

㈥其他應注意事項

1.存戶於本存款儲存期滿而未申請貸款，願就其到期本息合併繼續儲存者，可予接受。其申請貸款憑以核算貸款期限的儲存期間，得溯自第一次開戶時起算，但貸款期限最長仍爲二十年。

2.儲存的期間、利率及貸款年限

⑴儲存滿一年者，貸款年限最長爲五年。

⑵儲存滿二年者，貸款年限最長爲十年。

⑶儲存滿三年者，貸款年限最長爲十五年。

⑷儲存滿四年者，貸款年限最長爲二十年。

儲存利率依照銀行存款牌告定期儲蓄存款利率計息，四年期利率比照三年期定期儲蓄存款利率計算。貸款年限，應由借款人視實際需要在前項所訂年限幅度中擇定之。

八、各項定期儲蓄存款的普通分錄

㈠零存整付儲蓄存款

1.每次存款時

借：庫存現金

　　貸：零存整付儲蓄存款

2.逾期存款補收利息時

借：庫存現金

　　貸：應付利息

3.逾期六個月以上視爲停儲時

借：零存整付儲蓄存款

　　貸：停繳儲蓄存款

(實務上亦有不作此一轉帳分錄，而任其留於零存整付儲蓄存款帳上)

4.到期支付本利時

借：零存整付儲蓄存款（所存本金部分）

　　貸：應付利息——零存整付息（複利利息）

　　　　其他應付款——代扣利息所得稅及印花稅

庫存現金

㈡整存零付儲蓄存款

1.存入本金時

借：庫存現金

貸：整存零付儲蓄存款

2.每月提取本息時

⑴該戶整存零付儲蓄存款帳尚有餘額時

借：整存零付儲蓄存款

貸：庫存現金

⑵該戶整存零付儲蓄存款帳餘額不足時

借：整存零付儲蓄存款

貸：應付利息——整存零付息……（不足額）

庫存現金

3.最後一次提取本息時

⑴借：應付利息——整存零付息

（最後乙次提款時，該戶整存零付帳往往已無餘額，故逕以應付利息付出）

貸：其他應付款——代扣利息所得稅及印花稅

（根據各次所提本息總數減去原存本金的差額計出）

整存零付儲蓄存款

（扣稅後淨額轉入該戶存款帳）

⑵借：整存零付儲蓄存款（結清該戶存款帳）

貸：庫存現金

㈢整存整付儲蓄存款

1.存入本金時

借：庫存現金

　　貸：整存整付儲蓄存款

2.到期提取本息時

借：整存整付儲蓄存款

　　貸：應付利息——整存整付息

　　　　其他應付款——代扣利息所得稅及印花稅

　　　　庫存現金

㈣存本取息儲蓄存款

1.存入本金時

借：庫存現金

　　貸：存本取息儲蓄存款

2.按月提領利息時

借：應付利息——存本取息

　　貸：其他應付款——代扣利息所得稅及印花稅

　　　　庫存現金

3.最後乙次提領本息時

借：存本取息儲蓄存款

　　貸：應付利息——存本取息

　　　　其他應付款——代扣利息所得稅及印花稅

　　　　庫存現金

第九節　其他存款的處理

一、綜合性的存款

本省各大銀行爲配合政府鼓勵國民儲蓄政策，積極吸收民間游資，竭誠爲社會大衆服務，相繼開辦「綜合存款」，爲顧客提供方便有利的綜合性服務。綜合存款並非獨立的存款科目，而是將活期性存款（活期存款或活期儲蓄存款）、定期性存款（定期存款或存本取息、整存整付儲蓄存款）、放款等三種明細帳綜合納入一本存摺內，客戶憑一本存摺可隨時存取、儲蓄、借款，一本存摺具有三種功用。客戶可將日用資金存入本項存款的活期性存款戶，依活期性存款辦法隨時存取；如其餘額積存達新臺幣 1 萬元以上，得隨時依客戶意願以「萬元」爲單位轉存定期性存款，協助客戶聚積財富；客戶如因支取款項超過其活期性存款餘額，得在該戶所存定期性存款全部金額九成範圍內隨時透借款項，既方便又合算；又本項存款定期性存款的到期轉存、利息的支領以及借款或還款，均由銀行以自動轉帳方式處理，可免除客戶往返奔波銀行的煩瑣。開立本項存款戶，祇要填具存款約定書並留存印鑑，嗣後憑存摺及印鑑隨時存取、儲蓄、借款，手續簡便，並免具保證人，可謂既便利，又迅速。綜上所述，綜合存款的特質爲：

1. 一本存摺具有隨時存取、儲蓄、借款三種功用。
2. 有活期性存款的便利，又有定期性存款的厚利。
3. 隨存隨借，手續簡便，又免具保證人。
4. 以自動轉帳方式處理轉存、計息、借款等。
5. 祇要開戶時辦一次手續，既便利，又迅速。

至於綜合存款的處理辦法，列述於下：

(一)開戶條件

1.凡具有行為能力的個人、團體或公司行號均可申請開戶。

2.本存款之活期性存款包括活期存款及活期儲蓄存款兩種，存戶為自然人及非營利法人，以活期儲蓄存款科目整理，其他身分的存戶以活期存款科目整理。

3.本存款的定期性存款，包括定期存款、存本取息、整存整付儲蓄存款均以自動轉期為原則，存戶為自然人，或非營利法人得存上列各種定期性存款，其他身分的存戶僅得存定期存款。

4.本存款的起存額，活期性存款為新臺幣1佰元；定期性存款為新臺幣1萬元，存入額以萬元為單位。

5.存戶開戶時，得同時存入活期性存款（以下簡稱活存）及定期性存款（以下簡稱定儲存）亦得先存入活期性存款嗣後轉存定期性存款。

(二)開戶手續

概比照一般存摺存款新開戶手續辦理。

1.本存款於開戶時，經辦員應請存戶填寫印鑑卡二份、印鑑便查卡若干份及綜合存款約定書一份，簽蓋印鑑，並核驗身分證及有關證照文件。

2.辦妥上項手續後，即請存戶填寫活存及定儲存存款憑條，在憑條上加蓋「綜」字的橡皮章，連同存入款項辦理存款手續，經辦人即編列帳號，填製存摺。

3.經辦員於填妥存摺及約定書後，在存摺第一行摘要欄註明「新開戶」字樣，連同印鑑卡、約定書及憑條一併送經主管人員簽章後僅將存摺交予客戶。印鑑卡一份留存於會計，另一份及便查卡均留經辦員處，以備存戶存取款或借款時核對印鑑之用；而約定書則按SY號碼裝訂成冊，由經辦員負責每日收藏於金庫室保管。

4.質權設定、貸款限度

(1)存摺末頁「定期性存款明細表」，應將定存、定儲存逐筆由端末機印錄。

(2)本存款項下的定存、定儲存，存戶僅提供銀行設質，銀行不另簽發定存、定儲存存單。存戶亦不得將本存款項下的定存、定儲存，再行對外質押或轉讓。

(3)貸款限額為設質定存、定儲存合計餘額之九成為原則，最高可至九五成，但要作資料變更交易。

(4)本存款的貸款期限不得超過該設質定存、定儲存之到期日。惟該定存、定儲存到期未解約而自動轉期者，貸款期限得比照延長。

(5)前述的貸款期限及貸款金額，係按定存、定儲存筆數的多寡，隨時由電腦配合調整。

(三)存款手續

1.本存款存戶於開戶後，隨時得憑存摺與存款憑條，按現行活期存款存款手續辦理存款，惟如活存餘額積存達新臺幣1萬元以上者，銀行得應存戶的要求，以萬元為單位轉存定儲存（存戶應開具取款憑條憑以轉帳）。

2.存戶得隨時以萬元為單位，追加存入定儲存。

3.定存及定儲存可直接轉期續存，不必先存入活存再轉存定儲存。

(四)取款及借款手續

1.本存款存戶於開戶後，隨時得憑存摺與取款憑條按現行活存取款手續辦理取款。

2.

⑴本存款具有自動質借功能，存戶提領款項如逾活存餘額時，其超過部分即為以其提供銀行質押的全部定儲存為擔保的放款，以「短期擔保放款」科目整理。

⑵存戶可於開戶時（或後）向銀行約定取消自動質借的功能或約定僅於櫃臺辦理取款質借而不以金融卡質借，存戶應於銀行存款戶約定書勾選並簽蓋原留印鑑，經辦員亦可應存戶要求作「客戶資料變更補項交易」，約定可或不可以金融卡質借綜存定期存款。

3.存戶於存款期間需款時，可憑存摺開具活存取款憑條，簽蓋原留印鑑在借款限度內隨時借款，無須覓具保證人。

4.本存款無論收入或支出傳票，如未涉及借款科目，則可比照活存辦法辦理；如全部屬於放款科目者，應於傳票上加蓋「綜擔放」戳記，以示區別；如收入或支出傳票金額有一部分涉及借款時，加蓋「活存、綜擔放」分割章。將其金額分割為活存部分以藍或黑字，借款部分以

活　存	
綜擔放	

紅字填寫，俾便營業終了後結帳之用。但上述各種傳票於登記活存或活儲帳及存摺時，應依未分割前的金額一筆塡記。

5.出納及櫃員，對於綜合存款的現金收付，可不必考慮有無涉及放款科目，一律以活存或活儲科目之收付處理。

㈤每日結帳

1.綜合存款活儲存或活存部分（即藍字部分）於每日結帳時已併入一般活儲存（活存）科目中辦理，可不必另行辦理日結，涉及借款或還款金額者(即紅字部分)，經辦員應印錄短擔放的科目查詢日結單查出各相關欄金額與張數，由會計憑以塡製各該所屬放款科目的「集計用副傳

票」與一般短擔放傳票彙編「短擔放」科目日結單，並將其作爲其附件。

2.綜合存款戶的存款憑條及取款憑條無論是全部或部分涉及綜擔放者，均應裝訂於一般活存戶及活儲戶傳票之後（如按一般活存或活儲現金收入傳票、綜擔放現金收入傳票、一般活存或活儲轉帳收入傳票、綜擔放轉帳收入傳票之順序，餘類推）。其傳票張數並應計入該存款科目日結單，而綜擔放金額則不必計入，如此，綜合存款資料完整，便於查考。

3.爲便於管理統計，綜合存款定儲存部份，於「存單存款收支暨餘額表」中編列於一般定、儲存之後以供參考，其數字仍應與一般定儲存部分併計，以便與會計對帳。

4.每月終計收綜擔放利息時，應塡製貸方「利息收入」科目傳票計收之。惟爲顧及營業單位月底較忙，除上、下期結算月份外，普通月份得計至月底前一日止，而將月底的積數併入次月份計收；每月計息日晚間由電腦中心辦理借款利息滾入作業，並將清單於次日送抵分行，作爲傳票附件。

5.每期結算塡製明細表時，綜合存款戶帳內最終的餘額如屬借款，應併列於「短期擔保放款」科目明細表內。

(六)計息方法

1.綜合存款「存款」部分的利息，依照一般存摺及存單類的計息規定辦理。

2.有關本存款的放款，以每日餘額提列積數以元爲單位計息，惟對於借款當日還款者，則應以當日最高借款額作爲當日計息的積數，放款利率適用定期存款及定期儲蓄存款存單質借利率，對同一綜存戶的放款適用數種不同利率者，爲便於計息起見，採用依各利率別總積數由低利率先放方式辦理。

3.本存款的利息均屬自動轉帳性質，存款利息可直接沖還借款額，借款利息可追加入原借款額，若該借款額超過其借款限度時，超過部分應以現金清償之，如經銀行按照印鑑卡所載地址通知後兩個月仍未來清償者，銀行得依約定自動將其定儲存解約，以清償借款本息。

(七)中途提取、到期與解約

1.本存款中定存、定儲存的中途提取及逾期處理，到期解約，悉依存單存款有關規定分別辦理。惟均不得逕行提領現款，須先轉帳存入活存帳戶後，憑本存款存摺及取款憑條提現，如該存戶尚有借款餘額時，應先抵償借款本息。

2.本存款項下的定存、定儲存均以自動照原存期、原金額、原利率型態及原種類轉期爲限。存戶如於該存款到期不欲轉期續存，可於到期前申請終止自動轉期續存。存戶到期雖仍續存但欲改變其存款期限及種類者，應將原存款解約，再依新存入手續辦理。

3.存戶來行辦理定儲存解約時，定儲存經辦人應填製定儲存有關科目轉帳支出傳票，連同領息（包括借款利息）有關傳票與另填製的活存轉帳收入傳票送主管人員核章。

4.綜合存款的定期性存款解約時，其存摺內的「定期性存款明細表」內，應將該筆存款劃二道紅線註銷，並註明解約字樣及日期，加蓋主管私章。

(八)其他事項

1.本存款換發存摺，應依本章第一節「存摺的換發」規定辦理，有關定存、定儲存部分應按實逐筆印錄。舊存摺內「定期性存款明細表」中未到期部分的解約日期欄內應逐筆加蓋「已轉錄新摺」字樣的橡皮章，以利客戶對帳。

2.本存款的存摺，爲活期性存款與定期性存款合併使用的存摺，定期性不敷使用時，以「定期性存款明細表」黏貼方式處理，惟黏貼處需加蓋經辦員及主管人員私章。活期性用完時，活存、定存必須同時一併結轉新摺。

㈨綜合存款往來舉例

科目	(1)甲公司來行開戶同時存入活存及定存	(2)領取現金5萬元	(3)存款利息自動轉入1千元	(3)存入現金5萬元	(4)放款利息自動轉帳5百元
活期存款餘額	20,000			21,000	20,500
定期存款餘額	100,000	100,000	100,000	100,000	100,000
短期擔保放款餘額		30,000	29,000		

二、可轉讓定期存單的意義及特質

可轉讓定期存單(Negotiable Certificate of Deposit，簡稱NCD)係銀行爲便利工商企業及一般民衆短期資金的運用，提高銀行資金調度效能並促進貨幣市場的發展，而發行者。屬於比較特殊的存款，記帳科目仍屬於定期存款，是銀行對較大額的存款，發行一種可在貨幣市場買賣的附有利息且可轉讓的定期存款單；期限爲一個月至一年，通常面額以10萬元爲最低，利率可參照普通定期存款利率加碼或減碼議價，利息採分離扣稅方式（現按給付額扣取百分之二十所得稅）。

此種存單面額可分爲新臺幣10萬元、50萬元、1佰萬元、5佰萬元、1仟萬元、5仟萬元及1億元等七種，期限以月爲單位，得按月的倍數發行，但最長不得超過十二個月期。可轉讓定期存單與一般定期存款存單均以銀行部「定期存款」科目整理，兩者的主要不同點如下：

㈠一般定期存單不得轉讓；可轉讓定期存單可隨時轉讓。

㈡一般定期存單存戶的利息所得除由銀行給付時依規定扣繳率扣繳利息所得稅外，尚須併入其所得總額申報綜合（或營利事業）所得稅；可轉讓定期存單存戶的利息所得則由銀行依規定稅率(目前爲百分之二十)於存單到期兌償時一次扣繳稅款，不再併計存戶（納稅義務人）的綜合所得總額或營利事業所得額。

㈢一般定期存款戶開戶時應徵求印鑑卡兩份；可轉讓定期存單不論記名或無記名發行時申購人免填印鑑卡。

㈣一般定期存單得中途解約；可轉讓定期存單不得中途解約，不得按月付息，應於到期時一次償付本息。

三、可轉讓定期存單的處理

㈠發行（開户）手續

1.本存單分記名式與無記名式兩種，任由客戶選擇，依發行當時總行核定各期別的可轉讓定期存單利率照面額以「到期一次還本付息」方式發行。發行後持有人不得中途要求記名或取消記名。

2.個人及公司、行號、團體均可申購（或承購）本存單。

3.本存單無論記名或無記名，均不必預留印鑑。

(1)發行記名式存單時，應請申購人塡寫「定期存款存款憑條」代替申購書，寫明姓名或事業團體名稱、期間、利率、金額，並於存款憑條空白處加註承購人國民身分證（或事業團體）統一編號及地址。

經辦員將該存款憑條所載事項與申購人所提示的各有關證件核對無誤經收妥款項後，即按一般定期存款辦法編列帳號、登錄、印錄存單。爲與一般定期存款有所區別，存款憑條上應加蓋「可轉讓」或「CD」字樣，記名式存單應在存單正面戶名欄塡入申購人姓名或名稱。

⑵發行無記名式存單時，應依記名式辦法填製存款憑條及存單，惟因其爲無記名式，故應在存單正面戶名欄加蓋「CD 無記名」或「無記名」字樣橡皮章，以與記名式有別。

4.本存單的帳號按「一般定期存款」編列方法辦理。

經辦員編妥帳號後，即將有關傳票、存單等交有權簽章人員簽章及加註密碼於存單上編註於帳號的尾端，以「——」連接而成，密碼僅加註於存單上，存款憑條不必加註密碼。

5.主管人員簽發本存單時應將存單置於存根聯上押脚，以資將來還本付息時核對之用。

㈡每日結帳

可轉讓定期存單每日結帳時應併入一般定期存款辦理，但「存單存款收支暨餘額表」應依期限別、利率別分列。

㈢中途轉讓

1.本存單不論記名與否，其中途轉讓除應於存單背面「讓與人」欄記載讓與人的姓名或名稱、國民身分證或事業團體統一編號、地址、讓與日期及讓與價格，並由讓與人簽章外，且應於「受讓人」欄記載受讓人姓名或事業名稱。

2.存單背面的轉讓記錄，讓與人欄內所填讓與人姓名或名稱，應與前次受讓人欄（或存單正面戶名欄）名稱相符，受讓人應審愼核對其各項有關證照文件。

本存單如係經票券金融公司買賣者，得由該票券金融公司在存單背面下端「經辦機關蓋章」欄蓋章證明。

本存單於存單到期兌償本息時，按規定稅率（目前爲 20%）一次由銀行代爲扣繳所得稅，因此，受讓人於受讓存單時應自行在價款中扣減其各前手的所得稅。

3.本存單背面的轉讓紀錄欄如不敷記載時，得以黏單延長之，黏單騎縫處應由黏單後第一欄之讓與人簽章。

4.掛失止付

⑴可轉讓定期存單的掛失止付，應由持有人向原發行單位辦理，持有人須塡具「存單掛失通知書」，同時應依法向法院辦理公示催告，經辦員作「存單掛失止付」交易，並由原發行單位立即通知各聯行共同止付，俟除權判決後，憑除權判決書具據補發新存單，補發新存單應在原存單存根上註明「○年○月○日掛失，○年○月○日補發，新存單號碼No.××××」如屆時存單已到期，可逕塡製支出傳票將扣稅後本息轉入掛失人帳戶。如掛失人未在存款行設立帳戶者，得開具以掛失人爲抬頭並註明「禁止背書轉讓」的臺銀支票交付。

⑵應在補發的新存單正面加蓋「補發」字樣。

⑶如存戶提供擔保可於未取得除權判決前憑切結書先行辦理「補發」或「還本付息」。

5.還本付息

⑴存單到期，持有人領取本息時，應依中途轉讓方式在存單背面「讓與人」欄完全背書並加簽章。

如其在存款行設有存款戶，得核對要項將本息扣除所得稅逕轉入其存款戶內；如其未在存款行設戶，則應憑存單及國民身分證或事業團體證照（如係影本應加蓋該機構印章並提示負責人身分證）領取扣稅後本息，如逾期提取，除到期日爲銀行休假日，應另給付休假日利息外，自逾期之日起停止計息。本存單不適用存單存款的中途提取及逾期處理辦法的規定。

⑵存單到期其本息全行均得代付，除應請持有人依照前項辦理外，代付單位應核對存單暗記、密碼及有權人員簽章，並向原發行單位以電

話查詢存單各要項無誤及無掛失止付後付款。代付行代付存單本息後，應在存單正面加蓋付訖章後，連同報單劃付原發行單位。如代付行對存單眞僞有疑義，得送原發行單位核對無誤後，由原發行單位將扣稅後本息轉發代付行付款。

(3)本存單的利息所得係依修正所得稅法規定採分離課稅，於存單到期兌償本息時由銀行一次依規定稅率（目前為 20%）扣繳稅款，不再併入所得人的綜合所得總額或營利事業所得額，因此對本存單所得稅的扣繳，應註明「可轉讓定期存單分離課稅利息所得」字樣，以與一般代扣利息所得稅有所區別。

(4)可轉讓定期存單由聯行代付時，代付行應以電告方式辦理，告知開戶行該存單號碼、帳號、金額，領款人姓名、住址、身分證統一編號，劃付報單傳票號碼等。開戶行應立即計出應付利息、代扣利息所得稅額、代扣印花稅額等，並告知代付行，雙方即日以聯行往來科目起帳。代扣各項稅款由開戶行向稅捐機關報繳，同時開戶行應填製扣繳憑單寄交領款人或代付行轉交領款人。

其帳務處理如下：

①開戶行

借：定期存款

　　應付利息（利息支出）

　　貸：聯行往來

　　　　其他應付款——代扣利息所得稅
　　　　　　　　　　　　　印　花　稅

②代付行

借：聯行往來

　　貸：現　　金（存款科目）

聯行往來金額係實付本息金額，摘要欄應註明「代付第××號 CD 扣稅後本息」字樣。

四、公庫存款的處理

凡受各級公庫委託代理收存的各項公款，稱爲公庫存款，簡稱公庫存。公庫爲政府經管現金、票據、證券及其他財務的機關。中央政府的公庫稱國庫，省縣市政府的公庫稱省庫縣庫市庫。公庫除法律另有規定外，應指定銀行代理。公庫存款分爲三種，一爲收入總存款，二爲普通經費存款，三爲特種基金存款。代庫銀行如設有公庫部，即由該部代理收存，否則由銀行部代辦。政府預算內及預算外的一切收入，除依法應歸入特種基金存款外，均應歸入收入總存款，由總庫集中經管；一切經費應依據預算由收入總存款撥入普通經費存款或特種基金存款後，始得支用。公庫存款的處理手續如下：

㈠公庫存款應以代理的公庫爲戶名，並應分別年度、性質及利率各立一戶，俾與對方公庫所立「存放銀行」下各帳戶相對照。

㈡存款時應憑庫方填送的公庫存款憑單，照數列收，並蓋回單，同時以此項存款憑單代替（貸）公庫存款收入傳票，連同庫方的「存放銀行」支出傳票，送經主管人員覆核蓋章後憑以記帳。

㈢支付時應憑庫方填送的「公庫存款支款憑單」如數照付，同時即以此項支款憑單代替（借）公庫存款科目支出傳票，連同庫方的「存放銀行」收入傳票，送經主管人員覆核蓋章後憑以記帳。

㈣公庫存款的取款亦可由庫方簽發公庫支票，此種支票多爲記名式，且未經審計背簽不得付款。公庫支票的背書、掛失止付等手續與普通支票相同。

第十節　存款準備金及流動準備

一、存款準備金的意義及作用

所謂「存款準備金」，係銀行按其每日存款餘額，依照中央銀行核定的比率，存於中央銀行的存款及本行庫內的現金。

目前世界各國銀行，對顧客存入存款大都祇保有相當低的準備金，其餘則供放款、貼現、投資賺取收入，以便支應存款利息及各種營業費用，並對股東分派股息紅利。但存款準備金所佔比率愈低，雖可提高銀行獲利能力，卻將增加銀行因流動性不足而倒閉的危險性及存戶存款的不安全程度。所以自一九三○年代初期，美國發生銀行倒閉風潮，聯邦準備制度於一九三三年正式獲得核定銀行存款準備金授權以來，其他國家的中央銀行相繼師法其義，對銀行所吸收的存款，都訂有法定存款準備金的規定，以保障存戶存款的安全。

由於中央銀行得於銀行法所訂比率範圍內，斟酌金融情況，機動採取適當標準，藉以影響市場信用的擴張或緊縮。故三十年來原為保障存戶存款安全的存款準備金，遂轉變成為一項重要的貨幣管理工具。

二、存款準備金的比率

依據中央銀行法第二十三條的規定:

「本行收管應適用銀行法規定之金融機構存款及其他各種負債準備金，並得於下列最高比率範圍內隨時調整各種存款及其他負債準備金比率，其調整及查核辦法，由本行定之:

一、支票存款，百分之二十五。

二、活期存款，百分之二十五。

三、儲蓄存款，百分之十五。

四、定期存款，百分之十五。

五、其他各種負債，百分之二十五。

前項其他各種負債之範圍，由本行另定之。

本行於必要時對自一定期日起之支票存款，活期存款及其他各種負債增加額，得另訂額外準備金比率，不受前項所列最高比率之限制。

本行對繳存準備金不足之金融機構，得就不足部分按第十九條第一項第二款無擔保短期融通，依第二十一條所定之利率加收一倍以下之利息。」

根據上項中央銀行法第二十三條的規定，中央銀行得於上列最高比率範圍內隨時調整各種存款準備金比率，例如於八十五年八月二十三日以(85)臺央業字第 1089 號函，調整訂定各種存款準備金比率，並自八月二十四日起實施：

1. 支票存款　22.00%（原爲 22.50%）。

2. 活期存款　20.00%（原爲 20.50%）。

3. 定期存款　8.40%（原爲 8.525%）。

4. 儲蓄存款

(1)活期儲蓄存款　12.50%（原爲 13%）。

(2)定期儲蓄存款　6.40%（原爲 6.525%）。

三、存款準備金的調整及查核辦法

中央銀行爲辦理銀行存款準備金的調整及查核，特依據銀行法第十七條及第四十二條的規定，訂定有關調整及查核辦法，最近乙次於八十五年三月十三日以(85)臺央業字第 336 號函修訂通知各銀行實施。茲將該調整及查核辦法的要點節述於次：

㈠收受存款機構

收存的下列各種新臺幣存款，均應提存存款準備金

1.支票存款（包括支票存款、保付支票、旅行支票等）。

2.活期存款（包括郵政劃撥儲金）。

3.儲蓄存款（包括活期儲蓄存款、行員活期儲蓄存款、郵政存簿儲金；整存整付儲蓄存款、零存整付儲蓄存款、整存零付儲蓄存款、存本付息儲蓄存款、行員定期儲蓄存款等）。

4.定期存款（包括定期存款、可轉讓定期存單等）。

收受存款機構的同業存款、公庫存款、公教人員退休金、國軍退伍金、及國軍同袍儲蓄會等的優惠存款，暫免提存存款準備金。

基層金融機構收受的定期性存款，依中央銀行（以下簡稱央行）規定條件轉存農業行庫者，免提存款準備金，其處理要點另訂之。

「本行支票」應以庫存現金及存放中央銀行往來戶存款爲付款準備，此項金額，在計算存款準備金時，應予扣除。

㈡收受存款機構的存款準備金，以下列項目爲限

1.適用於本國一般銀行、外國銀行在臺分行、郵政儲金匯業局及中小企業銀行總機構設在臺北市者

⑴庫存現金。

⑵在央行業務局所開存款準備金帳戶的存款。

⑶在臺灣銀行所開同業存款帳戶的存款經央行認可者。（僅限老行庫，新銀行除外）

⑷撥存金融資訊服務中心在央行業務局所開政府機關存款戶——跨行業務清算基金專戶的存款經央行認可者。（目前規定以當期法定準備額百分之四爲限）

2.適用於中小企業銀行總機構設在臺北市以外者

⑴庫存現金。

⑵在央行委託代爲收管準備金的臺灣銀行分行所開存款準備金帳戶的存款。

⑶撥存金融資訊服務中心在臺灣銀行所開支票存款戶——跨行業務清算基金專戶的存款經央行認可者。

前項所稱存款準備金帳戶，謂下列兩個帳戶

1.準備金甲戶

爲憑開戶收受存款機構所簽發的支票，隨時存取，不計利息的存款。

2.準備金乙戶

爲開戶收受存款機構憑存摺，非依央行規定或依第三項設定的質權實行時不得存取的存款，得酌予給息。(現爲年息 2.4%)

收受存款機構發生存款人異常提領等緊急資金需求時，得於其準備金乙戶餘額內，並以之爲質，向其準備金收管機構申請融通。央行委託代爲收管準備金的機構必要時，得於其受理質借金額範圍內，以其彙存央行的受託收管準備金轉存專戶相當於該質借金額部分爲質，向央行申請再融通。

㈢各收受存款機構存款準備金的核算及調整事項，應由其總機構彙總辦理之。

㈣應提法定存款準備金應按月計算

各月應提法定存款準備金每日平均餘額（以下簡稱法定準備額）係以當月每日各種存款的平均餘額乘以該月各種法定準備率，所得各乘積相加之和。

星期日及假日各種存款餘額以其前一營業日的餘額列計。

新開業收受存款機構當月的法定準備額自開業日起算。

㈤各收受存款機構每月法定準備額應提存期間爲自當月第四日起至次月第三日止(以下簡稱法定準備額提存期)。該提存期間內每日實際存款準備金的平均金額不得低於法定準備額。

新開業收受存款機構開業當月法定準備額的提存期間爲自開業日起至次月第三日止。

星期日及假日實際存款準備金以其前一營業日的餘額列計。

收受存款機構的實際準備餘額如有不足，應於法定準備額提存期間內自行設法調度或得依照央行有關規定申請短期融通。

各收受存款機構應按法定準備額提存期填報存款準備金調整表，檢同有關各營業日的日計表，於該期期末後六個營業日內送請其存款準備金的收管單位查核。

前項存款準備金調整表的格式，由央行業務局定之。

㈥各收受存款機構準備金乙戶的金額，應按每月法定準備額若干成數提存（現爲六成），其成數由央行業務局通函規定之。

前項金額應於前條存款準備金調整表送查核期限內按法定準備額規定成數調整，不依規定辦理者，該月準備金乙戶的利息不予給付。

收受存款機構已於期限內辦理調整，惟因計算錯誤或疏忽遺漏致未達規定成數者，應於調整期限內或其後五個營業日內辦理更正，如仍不更正，照本條第二項規定辦理。

四、存款準備金調整表釋例

見 529～530 頁。

五、呈報中央銀行的速報表

見 531～532 頁。

六、存款準備金的匡計及會計處理

銀行的存款、放款、貼現、投資等資金性業務，每日均有收支發生，其資金營運情況也隨而變動。各銀行內部大都設有調度營運資金的部門，負責匡計調度全行頭寸及資金，以期有效運用資金，而不致發生過鉅的資金正負差額。

上述調度資金的部門，平日對當月各種存款應提的準備金，應根據全行日計表及有關資料等，預爲匡計估列。如預計當旬全行「庫存現金」、「存放央行——甲戶及乙戶」以及「存放金資中心」等實有準備金，將超過法定應提的存款準備金而有超額準備時，即應設法將超額準備運用於有收益較高的放款，買入短期票券或存、拆予同業等，或保留預估下月法定準備額的百分之一，留抵次月不足額。反之，如預計全行實有準備金低於法定應提數而將發生不足差額時，可先以上月保留的百分之一超額準備抵充；如仍有不足，即應設法出售握存的短期票券，或臨時向其他同業拆借，或照規定向中央銀行申請融通，以免次月被中央銀行按短期融通利率的百分之一百五十徵收補息。

各銀行於中央銀行業務局均應開立「一般往來戶——甲戶」及「準備金戶——乙戶」。

前者屬支票存款，不計給利息，各銀行平日可隨時憑送款簿存款及簽發支票或本票取款；上述存款準備金餘絀數的調整，也於此戶調度。後者屬活期存款，憑存摺存取款，中央銀行特准按年息 2.4%利率，於每期結息日結息乙次；但此戶每日餘額不得低於各銀行上一月應提存款準備金的六成，於次月九日內辦理調整(當月應提準備金如較上一月增加，即應按六成比例增繳；反之，即應按比例提減)。

有關存款準備金的會計處理列述於下：

各銀行	中央銀行
㈠以現金存入一般往來戶時	
借：存放央行——一般往來戶	借：庫存現金
貸：庫存現金	貸：銀行業存款
	——○銀行往來戶
㈡簽發存放其他同業的支票存入時	
借：存放央行——一般往來戶	同㈠
貸：存放銀行同業——○○銀行	
㈢向甲銀行拆借款，並以甲銀行所簽發的央行付款支票存入一般往來戶時	
借：存放央行——一般往來戶	借：銀行業存款——甲銀行往來戶
貸：銀行同業拆放	貸：銀行業存款
——甲銀行	——○銀行往來戶
㈣簽發央行付款本票償還甲銀行，並於中央銀行轉帳時	
借：銀行同業拆放——甲銀行	借：銀行業存款——○銀行往來戶
貸：存放央行	貸：銀行業存款
——一般往來戶	——甲銀行往來戶
㈤簽發央行往來戶支票增繳準備金戶時	
借：存放央行——準備金戶	借：銀行業存款——○銀行往來戶
貸：存放央行	貸：銀行業存款
——一般往來戶	——○銀行準備金戶
㈥因存款減少，由準備金戶提減轉存一般往來戶時	
借：存放央行	借：銀行業存款
——一般往來戶	——○銀行準備金戶
貸：存放央行	貸：銀行業存款
——準備金戶	——○銀行往來戶

㈦簽發央行往來戶支票拆借予乙銀行，並於中央銀行轉帳時

借：拆放銀行同業——乙銀行 借：銀行業存款——○銀行往來戶
貸：存放央行 貸：銀行業存款
——一般往來戶 ——乙銀行往來戶

㈧向中央銀行短期融通以彌補準備金不足差額時

借：存放央行——一般往來戶 借：短期融通——○銀行
貸：央行其他融資 貸：銀行業存款
——○銀行往來戶

註：償還時，借貸相反。

㈨收到中央銀行所撥準備金戶存款利息時

借：存放央行——準備金戶
貸：應收利息——存款準備金息
(六月或十二月以前各月月算已提存的利息)
利息收入——存款準備金息
(截至六月或十二月二十日尚未提存的利息)

七、銀行的流動準備

一九六○年代以後，各國金融管理當局鑑於銀行資產的流動性關係存戶的利益及金融安定，對銀行現金資產及一般流動性資產開始加以管制，多有「流動資產比率」的規定。六十四年七月銀行法修正時，特師法各國金融當局管制銀行資產流動性的精義，於第四十三條增列有關「流動資產比率」的規定，以便於必要時採行適切的通盤性措施。銀行法第四十三條的原文爲：「爲促使銀行對其資產保持適當的流動性，中央銀行經洽商中央主管機關後，得隨時就銀行流動資產與各項負債的比率，規定其最低比率。未達最低標準者，中央主管機關應通知限期調整之。」中央銀行依據上項銀行法的規定，特於六十六年七月訂定銀行流動資產與

各項負債的比率：（簡稱流動比率）最低爲5%，並於六十七年七月調高爲7%，實施迄今。

中央銀行爲查核各銀行流動準備持有內容，亦依據上項銀行法第四十三條的規定，特訂定金融機構流動準備查核要點，最近乙次係於八十四年八月十四日修訂實施，茲將其要點節述於下：

㈠金融機構其收存的下列各種新臺幣存款餘額，均應提流動準備

1. 支票存款（包括支票存款、保付支票、旅行支票等）。
2. 活期存款。
3. 儲蓄存款（包括活期儲蓄存款、整存整付儲蓄存款、零存整付儲蓄存款、整存零付儲蓄存款、存本付息儲蓄存款、行員儲蓄存款等）。
4. 定期存款（包括定期存款、可轉讓定期存單等）。
5. 公庫存款（扣除轉存本行國庫局轉存款後的淨額）。

㈡各種存款應提流動準備的最低標準(以下簡稱流動比率)，由央行洽商財政部後訂定之。(現爲7%)

㈢各銀行的流動準備，以下列項目爲限

1. 超額準備。
2. 銀行互拆借差（包括各銀行對信託投資公司及票券金融公司的短期融通款項）。
3. 國庫券。
4. 可轉讓定期存單（各銀行持有部分扣除其本身發行後的淨額）。
5. 銀行承兌匯票。
6. 商業承兌匯票。
7. 商業本票。
8. 公債。
9. 公司債。

日期	應提流動		
	各種存款總餘額	比率	應準
1	59758905	7%	
2	59751911	7%	
3	59775980	7%	
4	59791706	7%	
5	59791706	7%	
6	59514082	7%	
7	59669546	7%	4
8	59717563	7%	4
9	59778277	7%	4
10	59958661	7%	4
11	60090326	7%	4
12	60090326	7%	4
13	60216891	7%	4
14	60482110	7%	4
15	60626548	7%	4
16	60581824	7%	4
17	60572110	7%	4
18	60841779	7%	4
19	60841779	7%	4
20	61543168	7%	4
21	61257173	7%	4
22	61155233	7%	4
23	61120275	7%	4
24	61312019	7%	4
25	61317744	7%	4
26	61317744	7%	4
27	61027889	7%	4
28	60806714	7%	4
29	60718555	7%	4
30	60852253	7%	4
31	60774073	7%	4
合計	1875054870	7%	131
平均數	60485640	7%	4

註：※銀行互

會計主任：

10.金融債券（以其自行發行的金融債券與其持有他行發行的金融債券兩者相抵後的借差淨額爲限）。

11.其他經央行核准的「流動資產」。

5.6.7.各款所列票券以依票券商管理辦法第二條第一、二項規定所發行並以自貨幣市場買入者爲限。

㈣各金融機構流動準備的核算應由其總機構彙總辦理之。

㈤各金融機構應提流動準備按月核算。當月各日應提流動準備的平均餘額爲當月各日以㈠的各種存款平均餘額乘以規定的流動比率。

㈥各金融機構對當月各日實際流動準備的平均餘額，應自行調整使其不低於央行訂定的最低比率，並應編造當月流動準備調整表，檢同有關明細表於次月十五日以前送央行業務局查核。

㈦央行就各金融機構塡送的流動準備調整表，依據其日計表及有關明細表進行查核，編製金融機構流動準備狀況彙總表，並送洽財政部。

㈧央行查核銀行的實際流動準備，若發現其違反㈡的最低規定標準者，由央行洽請財政部通知於限期內調整。其有虛假不實情節重大者，央行得派員檢查銀行。

八、應提流動準備調整表釋例

見 537～538 頁。

問　題

一、試分別繪製存摺存款開戶及收款、取款流程圖。

二、試計算下列各筆定期存款的到期日:

存入日期	存款期間	備註
85年1月8日	三個月	
85年1月30日	一個月	85年爲閏年
85年2月27日	六個月	
85年2月28日	六個月	
85年3月30日	三個月	
85年3月31日	三個月	
85年8月29日	六個月	
85年11月30日	九個月	

三、何種存款的利息所得可免扣所得稅?

四、試分別說明存摺存款的計息方法、計息單位、結息日期及利息轉帳時的有關分錄。

五、何謂活期存款? 活期存款與支票存款有何不同?

六、何謂行員儲蓄存款? 行員儲蓄存款的限額、計息方法、計息單位、利率及計息日期各如何?

七、何謂全行「通存」及「通提」? 全行通存時「代收行」及「開戶行」如何做帳務處理?

八、試說明定期存款的意義及特質。

九、何謂公庫存款? 公庫存款可分爲幾種?

十、何謂 NCD? 有何優點? 其會計處理的要點如何?

十一、何謂綜合存款？何以綜合存款一本存摺有三種功用？

十二、試說明綜合存款的每日結帳手續。

十三、試列述定期儲蓄存款的種類。

十四、何謂存款準備金？存款準備金的作用爲何？

十五、關於各種存款準備金比率，銀行法及中央銀行分別作如何的規定？

十六、總機構設於臺北市的銀行，其存款準備金有那些項目？

十七、試分別就存取款方式、利率及存款準備金比率高低、計息方法、計息日期五方面，比較支票存款、活期存款、定期存款及行員儲蓄存款的不同。

十八、銀行對其存款準備金應如何調度匡計？

十九、何謂流動準備？中央銀行對流動比率及可充流動資產的項目，各作如何的規定？

習 題

一、將下列各月息化為日息

1.月息三厘五毫　2.月息 7.2‰　3.月息一分一厘七毫

二、將下列各年息化為月息

1.年息 12%　2.年息一分七毫五絲　3.年息一厘

三、將下列日息化為年息

1.日息一分　2.日息 3.7‰　3.日息一分四厘

四、將下列日息化為月息

1.日息 2.7‱　2.日息三分九厘　3.日息 1.05‱

五、活期存款戶# 911 湯文光往來的交易情形如下：

4/3 存入現金 20,000 元開立活期存款戶、帳號# 911，經發給存摺乙冊。

4/3 持存摺並簽具取款憑條領取現金 6,000 元。

4/11存入現金 20,000 元及本埠華僑銀行付款支票 10,000 元。支票經提出票據交換收妥。

4/12交換時間過後存入現金 5,000 元及本埠聯行中山路分行付款匯票 6,500 元（假設本日為星期六）。

4/14十二日交換後票據 6,500 元，提出票據交換收妥。

5/1 持存摺並簽具面額 50,000 元取款憑條，來行轉存三個月期定期存款、利率年息六厘、帳號# 3-66-99、存單號碼 No.17391。

5/2 存入現金 3,000 元及本行# 81 保付支票 7,800 元。

5/9 交換時間過後存入本埠交通銀行承兌匯票 30,000 元。

5/10昨日交換後票據 30,000 元經提出交換後收妥。

5/19持存摺並簽具 20,508 元取款憑條，來行兌付現金 500 元，另 20,000 元以信匯方式劃撥外埠聯行汐止分行支票存款戶# 39 星星公司帳內，信匯編號 D/D 45，另 8 元係匯費。

6/1 五月一日所存三個月期定期存款，本日剛屆滿一個月，來行領取利息，經轉入湯君活存帳內(利息可(借)「應付利息」科目)。

6/4 存入本埠第二信用合作社付款支票 5,000 元，支票提出交換，因「業經止付」而遭退票，經塡發退票通知書通知湯君領回。

6/16外埠聯行豐原分行撥入電匯乙筆24,204元，電匯編號T/cn53。

㈠將上列各交易分別編製傳票，傳票可用原始憑證代替時，並須說明名稱。

㈡將有關活存戶# 911 湯文光的收付傳票，記入該戶活存明細分類帳內。

㈢計出該戶六月二十日結息時的應得利息，並於次星期一六月二十三日將利息轉入該戶存款帳內。

六、某銀行八十四年九月份有關定期存款的交易如下。

9/5 王清傳持現款 100,000 元來行存作定期存款，期限六個月、利率年息六厘七毫五絲、帳號編爲# 6-84-800、存單號碼 No.23981。

9/8 大新機械公司持本行支票存款戶# 8 黃氏兄弟公司所簽支票 500,000 元乙紙，來行存作定期存款，期限一個月、利率年息五厘二毫五絲、帳號編爲# 1-84-438、存單號碼 No.23982。

9/10宏大茶莊前於六月五日所存三個月期定期存款 100,000 元，延至今日始來行解約，應得本息當以現金付訖。該戶帳號#

3-84-506、利率年息六厘、逾期利息按活存利率年息一厘計算，利息所得稅應代扣 10%，印花稅應代扣 0.4%。

9/19大新機械公司於九月八日所存一個月期定期存款，因臨時急需，要求中途解約，經予照辦。

9/20東方食品公司於六月二十日存入三個月期定期存款 200,000 元帳號# 3-84-530，利率年息六厘。本日來行辦理解約手續，除本金部分仍續存三個月外，扣除所得稅及印花稅後的利息淨額提領現金。該戶利息已領至八月二十日，新存款帳號爲# 3-84-630。

9/23亞洲企業公司於八月二十三日存入一個月期定期存款 150,000 元帳號# 1-84-402，利率年息五厘二毫五絲，本日來行辦理解約手續，除應得本息外，另持現金 50,000 元，一併續存九個月期定期存款、利率年息七厘五毫、帳號# 9-66-84。

9/23王清傳君因臨時急需現金，今日提供存單作擔保來行洽借短期擔保放款 50,000 元，經予辦理，利率年息一分七毫五絲，期限一個月。

將上列各交易分別編製傳票（以上各筆存款利息付息時假定應付利息科目尚有餘額），如傳票可用原始憑證代替時，並應註明名稱。

七、某商業銀行八十五年七月份存款及有關存款準備金科目的平均餘額如下：

庫存現金	$3,100,000	支票存款	$30,000,000
存放央行		活期存款	23,000,000
準備金戶	12,400,000	定期存款	20,000,000
一般往來戶	9,600,000	活期儲蓄存款	22,000,000
跨行業務清算基金	1,000,000	行員儲蓄存款	2,000,000

存放同業		定期儲蓄存款	40,000,000
內臺銀(限額2百萬)	4,000,000	保付支票	1,000,000
華銀活存	2,000,000	公庫存款	3,000,000
同業存款		買入有價證券	
內華銀活存	3,400,000	內政府公債	3,000,000
一銀定存	5,000,000	國庫券	2,000,000
拆放同業（土銀）	14,000,000	公司債	1,000,000
同業拆放（臺銀）	10,000,000	商業本票	5,000,000
		銀行承兌匯票	4,500,000

㈠試根據上列資料計算

1. 該行實有存款準備，法定應提存款準備及超額準備。
2. 該行「存放央行——準備金戶」應增繳額，並列示增繳時的借貸分錄（假設⑴七月十日準備金戶的餘額爲10,000,000元，⑵簽發存放臺銀戶支票增繳）。

㈡試根據上列資料計算

1. 該行實有流動準備。
2. 該行應提流動準備。

八、李小薇持本日到期九個月期年率9.25%的定期存款200萬元存單乙紙，來行辦理解約，言明將本息一併轉存其支票存款本人帳戶內，該存單已領了三個月的利息，試計算小薇實得本息，並作有關的分錄。

九、張三於民國八十四年十二月十五日存入一年期存本取息儲蓄存款新臺幣2佰萬元，約定以固定利率9.5%計息(當時定期存款牌告利率一年期爲9.5%，九個月期爲9.25%，六個月期爲9%）至八十五年八月十五日張君急需用錢，乃持存單來行辦理中途解約提取本息。請計算張君可獲得的本息淨額（扣稅後），並作有關的分錄。

十、王五於八十五年五月十二日存入三個月期可轉讓定期存單5佰萬元，議訂利率爲9.5%，到期日八十五年八月十二日適逢星期日，王君於八月十三日持該存單來行辦理解約，提取現金，請問王君可領本息若干？並作有關的分錄。

民法繼承新論	陳棋炎、黃宗樂、郭振恭 著	臺灣大學
商事法新論	王立中 著	中興大學
商事法	編輯部 編	
商事法論(緒論、商業登記法、公司法、票據法)	張國鍵 著	前臺灣大學
商事法論(保險法)	張國鍵 著	前臺灣大學
商事法要論	梁宇賢 著	中興大學
商事法概要	張國鍵著、梁宇賢修訂	中興大學
商事法概要	蔡蔭恩著、梁宇賢修訂	中興大學
商事法	劉渝生 著	東海大學
商事法	潘維大、羅美隆、范建得合著	東吳大學
公司法	鄭玉波 著	前臺灣大學
公司法論	柯芳枝 著	臺灣大學
公司法論	梁宇賢 著	中興大學
公司法要義	柯芳枝 著	臺灣大學
公司法論	王泰銓 著	臺灣大學
稅務法規概要	劉代洋、林長友 著	臺灣工業技術學院、臺北商專
證券交易法論	吳光明 著	中興大學
票據法	鄭玉波 著	前臺灣大學
銀行法	金桐林 著	中興銀行
銀行法釋義	楊承厚編著	銘傳管理學院
國際商品買賣契約法	鄧越今編著	外貿協會
國際貿易法概要(修訂版)	于政長編著	東吳大學
國際貿易法	張錦源 著	政治大學
貿易法規	張錦源、白允宜 編著	政治大學、中華徵信所
海商法	鄭玉波 著	前臺灣大學
海商法論	梁宇賢 著	中興大學
保險法論	鄭玉波 著	前臺灣大學
保險法規	陳俊郎 著	成功大學
國際商務契約——實用中英對照範例集	陳春山 著	中興大學
合作社法論	李錫勛 著	前政治大學
民事訴訟法	陳榮宗、林慶苗 著	臺灣大學、銘傳管理學院
民事訴訟法概要	莊柏林 著	律師
民事訴訟法釋義	石志泉原著、楊建華修訂	文化大學
民事訴訟法論(上)、(下)	陳計男 著	司法院大法官

破產法	陳榮宗 著	臺灣大學
破產法論	陳計男 著	司法院大法官
刑法總整理	曾榮振 著	律師
刑法總論	蔡墩銘 著	臺灣大學
刑法各論	蔡墩銘 著	臺灣大學
刑法特論(上)、(下)	林山田 著	臺灣大學
刑法概要	周冶平 著	前臺灣大學
刑法概要	蔡墩銘 著	臺灣大學
刑法之理論與實際	陶龍生 著	律師
刑事政策(增訂版)	張甘妹 著	臺灣大學
刑事訴訟法論	黃東熊 著	中興大學
刑事訴訟法論	胡開誠 著	監察委員
刑事訴訟法概要	蔡墩銘 著	臺灣大學
行政法	林紀東 著	前臺灣大學
行政法	張家洋 著	政治大學
行政法之一般法律原則(一)、(二)	城仲模主編	司法院大法官
行政法總論(增訂新版)	黃異 著	海洋大學
行政法概要	管歐 著	前東吳大學
行政法概要	左潞生 著	前中興大學
行政法之基礎理論	城仲模 著	司法院大法官
現代行政法導論	李震山 著	警察大學
少年事件處理法	劉作揖 著	中華醫專
犯罪學	林山田、林東茂 著	臺灣大學等
監獄學	林紀東 著	前臺灣大學
交通法規概要	管歐 著	國策顧問
郵政法原理	劉承漢 著	前成功大學
土地法釋論	焦祖涵 著	前東吳大學
土地登記之理論與實務	焦祖涵 著	前東吳大學
引渡之理論與實踐	陳榮傑 著	外交部
國際私法	劉甲一 著	前臺灣大學
國際私法論	劉鐵錚 陳榮傳 著	司法院大法官 東吳大學
國際私法新論	梅仲協 著	前臺灣大學
國際私法論叢	劉鐵錚 著	司法院大法官
現代國際法	丘宏達 著	馬利蘭大學
現代國際法參考文件	丘宏達編輯 陳純一助編	馬利蘭大學 文化大學
國際法概要	彭明敏 著	

三民大專用書書目——會計・審計・統計

書名	作者		單位
會計制度設計之方法	趙仁達	著	
銀行會計	文大熙	著	
銀行會計（上）、（下）（革新版）	金桐林	著	中興銀行
銀行會計實務	趙仁達	著	
初級會計學（上）、（下）	洪國賜	著	前淡水工商管理學院
中級會計學（上）、（下）	洪國賜	著	前淡水工商管理學院
中級會計學題解	洪國賜	著	前淡水工商管理學院
中等會計（上）、（下）	薛光圻、張鴻春	著	西東大學
會計學（上）、（下）	幸世間	著	前臺灣大學
會計學題解	幸世間	著	前臺灣大學
會計學概要	李兆萱	著	前臺灣大學
會計學概要習題	李兆萱	著	前臺灣大學
成本會計	張昌齡	著	成功大學
成本會計（上）、（下）（增訂新版）	洪國賜	著	前淡水工商管理學院
成本會計題解（上）、（下）（增訂新版）	洪國賜	著	前淡水工商管理學院
成本會計	盛禮約	著	淡水工商管理學院
成本會計習題	盛禮約	著	淡水工商管理學院
成本會計概要	童綷	著	
成本會計（上）、（下）	費鴻泰、王怡心	著	中興大學
成本會計習題與解答（上）、（下）	費鴻泰、王怡心	著	中興大學
管理會計	王怡心	著	中興大學
管理會計習題與解答	王怡心	著	中興大學
政府會計	李增榮	著	政治大學
政府會計	張鴻春	著	臺灣大學
政府會計題解	張鴻春	著	臺灣大學
財務報表分析	洪國賜 盧聯生	著	前淡水工商管理學院 輔仁大學
財務報表分析題解	洪國賜	著	前淡水工商管理學院
財務報表分析（增訂新版）	李祖培	著	中興大學
財務報表分析題解	李祖培	著	中興大學
稅務會計（最新版）	卓敏枝 盧聯生 莊傳成	著	臺灣大學 輔仁大學 文化大學

三民大專用書書目——社會

書名	作者	單位
社會學	蔡文輝 著	印第安那州立大學
社會學	龍冠海 著	前臺灣大學
社會學	張華葆主編	東海大學
社會學理論	蔡文輝 著	印第安那州立大學
社會學理論	陳秉璋 著	政治大學
社會學概要	張曉春等著	臺灣大學
社會心理學	劉安彥 著	傑克遜州立大學
社會心理學	張華葆 著	東海大學
社會心理學	趙淑賢 著	
社會心理學理論	張華葆 著	東海大學
歷史社會學	張華葆 著	東海大學
鄉村社會學	蔡宏進 著	臺灣大學
人口教育	孫得雄編著	
社會階層	張華葆 著	東海大學
西洋社會思想史	龍冠海、張承漢 著	前臺灣大學
中國社會思想史（上）、（下）	張承漢 著	前臺灣大學
社會變遷	蔡文輝 著	印第安那州立大學
社會政策與社會行政	陳國鈞 著	中興大學
社會福利服務——理論與實踐	萬育維 著	陽明大學
社會福利行政	白秀雄 著	臺北市政府
老人福利	白秀雄 著	臺北市政府
社會工作	白秀雄 著	臺北市政府
社會工作管理——人群服務經營藝術	廖榮利 著	臺灣大學
社會工作概要	廖榮利 著	臺灣大學
團體工作：理論與技術	林萬億 著	臺灣大學
都市社會學理論與應用	龍冠海 著	前臺灣大學
社會科學概論	薩孟武 著	前臺灣大學
文化人類學	陳國鈞 著	中興大學
一九九一文化評論	龔鵬程 編	中正大學
實用國際禮儀	黃貴美編著	文化大學
勞工問題	陳國鈞 著	中興大學
勞工政策與勞工行政	陳國鈞 著	中興大學

三民大專用書書目——國父遺教

三民大專用書書目——教育

書名	作者		單位
教育概論	張鈿富	著	政治大學
教育哲學	賈馥茗	著	國策顧問
教育哲學	葉學志	著	彰化師大
教育原理	賈馥茗	著	國策顧問
教育計畫	林文達	著	政治大學
普通教學法	方炳林	著	臺灣師大
各國教育制度	雷國鼎	著	臺灣師大
清末留學教育	瞿立鶴	著	
教育心理學	溫世頌	著	傑克遜州立大學
教育心理學	胡秉正	著	政治大學
教育社會學	陳奎憙	著	臺灣師大
教育行政學	林文達	著	政治大學
教育經濟學	蓋浙生	著	臺灣師大
教育經濟學	林文達	著	政治大學
教育財政學	林文達	著	政治大學
工業教育學	袁立錕	著	彰化師大
技術職業教育行政與視導	張天津	著	臺北技術學院
技職教育測量與評鑑	李大偉	著	臺灣師大
高科技與技職教育	楊啟棟	著	臺灣師大
工業職業技術教育	陳昭雄	著	臺灣師大
技術職業教育教學法	陳昭雄	著	臺灣師大
技術職業教育辭典	楊朝祥	編著	教育部
技術職業教育理論與實務	楊朝祥	著	教育部
工業安全衛生	羅文基	著	高雄市教育局
人力發展理論與實施	彭台臨	著	臺灣師大
職業教育師資培育	周談輝	著	臺灣師大
家庭教育	張振宇	著	淡江大學
教育與人生	李建興	著	臺灣師大
教育即奉獻	劉真	著	總統府資政
人文教育十二講	陳立夫等	著	國策顧問
當代教育思潮	徐南號	著	臺灣大學
心理與教育統計學	余民寧	著	政治大學
教育理念與教育問題	李錫津	著	臺北市教育局
比較國民教育	雷國鼎	著	臺灣師大